상담학총서
COUNSELING SERIES

상호작용을 통한
독서치료

김현희 · 김재숙 · 강은주 · 나해숙 · 양유성 · 이영식 · 이지영 · 정선혜 공저
한국독서치료학회

학지사

머리말

아동문학 및 그림책에 관심이 많던 나는 독일 서점에 들러 구경하다 『전래동화를 통한 치유』라는 책을 보고 강한 충격과 함께 설렘을 느꼈다. 문학은 그 자체로 즐거움을 주어야 한다는 입장에 더 기울어 있던 나는, 문학에서 교훈적인 면이 너무 부각되어서는 안 되며, 그래서 문학이 어떤 교육을 위한 수단이 되어서는 안 된다고 생각해 왔다. 그러던 차에 우연히 접한 문학작품이 갖는 치유적 힘을 다룬 그 책은 내게 문학에 대한 시각을 새로이 열어 주었다. 그리고 그것이 지금의 독서치료에 대한 학문적 관심을 가지게 한 뜻밖의 계기가 되었다. 어쩌면 이는 당연한 귀결인지도 모른다. 그동안 심리학과 아동문학을 공부해 온 내가 자연스럽게 도달할 수밖에 없는 지점이 바로 그것이기 때문이다.

1999년부터 한국어린이문학교육학회 산하에 독서치료 연구분과를 만들어 관련 논문과 원서를 모아 공부한 것을 기초로 하여 2001년에 『독서치료』를 발간하였고, 이를 2004년에 개정한 후 이제 증보, 보완하여 『상호작용을 통한 독서치료』를 내게 되었다. 여기에서는 상호작용과 구체적 활동을 위해 필요한 독서치료의 방법론을 새롭게 포함시키고, 독서치료의 전망을 정리하였다. 그동안 독서치료가 많이 알려지면서 학교 현장에서 방과 후 학교 프로그램으로 채택되고, 또 도서관, 사회복지관, 쉼터, 병원 등에서 활용되고 있으니 참 감사한 일이다.

독서치료는 우리나라에서 관련 전문 분야에 따라 여러 가지 용어가 혼용되어 사용되고 있다. 또 문헌 정보, 문학, 심리학적 접근에 따라 강조하는 방법도 다양하다. 여기에서는 독서치료 자료에 시를 비롯한 모든 장르의 문학작품과 자기계발서를 비롯한 비문학류를 모두 다 포함하며, 인쇄된 모든 글은 물론 동영상, 영화 등의 시청각 자료까지도 포함한다. 그리고 소극적으로 수용하는 것만이 아니라 치료적 글쓰기와 토론 등 구체적인 활동과 상호작용을 강조하는 입장의 독서치료를 다룬다.

지금까지 우리나라에서 독서치료를 가장 활발하게 적용하고 있는 대상은 아마도 정상적인 발달과정에서 과업 수행 중 어려움을 겪으며 도움이 필요한 초등학생과 중·고등학생일 것이다. 더 나아가 청년기와 중년기의 성인을 대상으로 한 독서모임에서도 활발하게 진행되어 왔다고 볼 수 있다. 그러나 임상적 독서치료에 해당하는 우울증과 정서불안의 치료에 관한 연구는 상대적으로 부족한 편이다.

미국에서는 알코올 의존증도 독서치료로 고쳤다는 연구가 있지만 우리나라에서는 아직 이에 관한 연구가 없다. 가끔 외국 아동문학 연구자들은 독서치료가 치료 수단으로 사용되기보다 개인의 인성을 확장시키고 자존감(self-esteem)을 높여주는 긍정적인 역할을 하는 데 초점을 둔다면 그 영향력이 훨씬 커질 것이라고 얘기한다. 그러나 그런 주장은 학교 현장에서뿐 아니라 건강하고 통합된 인격을 갖기를 원하는 성인을 대상으로 할 때 설득력을 가진다.

따라서 앞으로 독서치료는 교도소 수감자나 보호감찰 대상, 성매매 여성, 해외 이주 노동자, 노숙자 및 새터민까지 그 대상을 확대하고, 아울러 약물치료와 병행하여 ADHD 아동과 우울증을 앓고 있는 사람들을 대상으로도 독서치료가 활발하게 시행되어야 할 것이다. 이 책이 이러한 독서치료의 발전에 조금이나마 기여할 수 있길 바란다.

　이 책은 총 3부 10장으로 구성되었다. 1부는 '독서치료의 이해'로 독서치료에 대한 기본 이해와 이론적 기초, 독서치료의 과정 및 방법, 독서치료 자료, 독서치료자의 자질 등 독서치료의 이론에 대해 다룬다. 2부는 '독서치료의 방법론'으로 글쓰기치료, 시치료, 이야기치료 및 문제 유형별 독서치료 프로그램에 대해 살펴본다. 그리고 3부에서는 독서치료의 연구 동향을 정리하고 그 전망에 대해 탐색해 본다.

　지금까지 독서치료에 대한 관심을 같이하며 이 책을 집필해 주신 모든 집필자 분들의 노고에 감사드린다. 아울러 새롭고 생경한 분야일 수 있는 독서치료에 대하여 열정과 관심을 가지고 격려해 준 한국독서치료학회 독서치료 전문가과정을 거쳐 간 수많은 학생에게 감사의 마음을 전한다. 그들이 없었다면 한국의 독서치료는 자리 잡을 수 없었을 것이다. 또 지금까지 이 길을 걸어올 수 있도록 뒤에서 묵묵히 도와주고 앞에서 인도해 준 우리 가족과 하나님께 감사드린다. 그리고 독서치료학회를 물심양면으로 아낌없이 지원해 주시고 이 책을 출간하도록 격려해 주신 학지사 김진환 사장님과 편집부 최임배 상무님, 그리고 출판과정에서 수고해 주신 김경민 선생님 외 편집부 관계자 여러분께 감사드린다.

2010년 2월
집필자를 대표하여
김현희

차 례

머리말 · 3

| 제1부 | 독서치료의 이해 |

제1장 독서치료에 대한 기본 이해 / 김현희　13

　　1. 독서치료의 정의 14
　　2. 독서치료의 유형 28
　　3. 독서치료의 발전과정 38
　　4. 독서치료의 원리 48
　　5. 독서치료의 목적과 가치 51

제2장 독서치료의 이론적 기초 / 이지영　67

　　1. 문학작품을 활용한 치료적 방안의 이론적 기초 68
　　2. 독서치료의 심리학적 기초 70

제3장 독서치료의 과정 및 방법 / 김재숙　97

　　1. 독서치료의 단계 98
　　2. 독서치료의 과정 102
　　3. 독서치료의 절차 112
　　4. 독서치료의 전략 131
　　5. 독서치료의 활동 144

제4장 독서치료를 위한 자료 / 정선혜   149

    1. 독서치료 자료의 성격 150
    2. 독서치료 자료의 선정 기준 151
    3. 선정 기준의 적용 164
    4. 독서치료 자료 선정 시 고려사항 185
    5. 독서치료 자료의 제시 방식 195
    6. 독서치료 자료의 자원과 관리 204

제5장 독서치료자의 자질 / 나해숙   213

    1. 독서치료자의 정의와 전문적 자질 214
    2. 독서치료자의 유형과 자격 기준 226
    3. 독서치료자의 인성적 자질 236

제2부 독서치료의 방법론

제6장 글쓰기치료의 이론과 기법 / 강은주   249

    1. 글쓰기치료의 역사적 기원과 개념 250
    2. 글쓰기치료의 이론적 기초 253
    3. 글쓰기치료의 임상적 효과 257
    4. 독서치료 과정에서 활용할 수 있는 글쓰기치료 기법 263
    5. 나가는 글 269

제7장 시치료의 이론과 기법 / 김현희   271

    1. 시치료의 정의 272
    2. 역사적 배경과 발전과정 276
    3. 이론적 배경 279
    4. 시치료의 모델 283
    5. 시치료에 사용되는 시 선정과 주제별 시 목록 304

6. 시치료의 임상 적용 시 주의사항 306

제8장 이야기치료의 이론과 기법 / 양유성   309

1. 이야기치료의 개념 310
2. 이야기치료의 기본 전제 312
3. 이야기치료의 과정 318
4. 이야기치료의 방법론 323
5. 나가는 글 339

제9장 문제 유형별 독서치료 프로그램 / 김재숙   341

1. 자아존중감 342
2. 사회적 기술 358
3. 형제관계 366
4. 이혼가정 혹은 한부모가정 아동 369

제3부   독서치료의 전망

제10장 독서치료 분야의 발전 방향과 연구를 위한 제언 / 이영식   375

1. 국내 독서치료 연구 동향 377
2. 독서치료의 양적 연구 383
3. 독서치료의 질적 연구 395
4. 독서치료의 미래 404

부록 413
참고문헌 459
찾아보기 489

제1부

독서치료의 이해

제1장 독서치료에 대한 기본 이해

제2장 독서치료의 이론적 기초

제3장 독서치료의 과정 및 방법

제4장 독서치료를 위한 자료

제5장 독서치료자의 자질

독서치료에 대한 기본 이해*

학습 목표 및 개요 ● ● ● ●

이 장에서는 독서치료에 대한 이해를 돕기 위하여 포괄적이면서도 기본적인 내용을 다루고자 한다. 우선 독서치료의 어원을 비롯하여 일반적인 정의와 여러 특성을 종합하고, 비슷하게 혼용되고 있는 용어들을 살피면서 독서치료의 정의를 정리한다. 이어 독서치료가 우리나라와 미국, 일본에서 어떻게 발전되어 왔는지를 검토하고 우리나라 독서치료의 현황을 소개한다. 또한 독서치료 자료, 참여자, 촉진자(치료자) 사이의 상호작용을 강조하는 독서치료를 소개하면서 이에 대해 개괄적으로 살펴본다. 마지막으로 독서치료의 대상, 시기, 상황, 치유과정, 실시 시점 등에 따른 독서치료의 유형과 독서치료의 원리, 목적, 가치가 무엇인지를 다룬다.

---

* 이 장은 독서치료(2004), 1장 내용을 수정, 보완한 것으로 독서아카데미 교육과정, 그 밖의 독서치료 연수 과정에서 발표한 자료를 포함하여 재정리한 것이다.

1. 독서치료의 정의

독서치료란 무엇인가? 혼자서 책을 보거나 영화를 보거나 시를 읽은 후 기분 전
환이 되고 도움을 받은 적은 누구나 있을 것인데, 그것으로 마음속의 상처가 치유
되고 행동의 변화가 일어나는가? 그렇다면 그것은 어떤 단계를 거쳐서 어떠한 독
서치료 자료를 활용하여 진행되는가? 그리고 독서치료자는 어떤 사람이 할 수 있
는가? 다른 장에서 좀 더 구체적이고 심층적으로 다루어지지만 여기에서는 이러한
전반적인 질문에 대한 답을 개괄적으로 전개해 보고자 한다.

독서치료라는 용어에 대해 요즘 건강하지 못한 사회에 대한 반증이라도 하듯
유행처럼 늘어난 '치료'라는 단어에 책이나 문학이나 독서를 그냥 붙인 게 아니냐
는 부정적인 시선도 있다.

그러나 유아부터 노인에 이르기까지 전 연령대에 걸쳐서 다양한 자료, 즉 책이
나 시 등을 가지고 얘기를 나누고 활동을 함으로써 문제 해결과 치유를 한 경우를
많이 보아 왔다. 예를 들어, 숀 탠(Shaun Tan)의 『빨간 나무』(2002)라는 그림책을
본 한 학교부적응 여중생은 그림책의 그림과 내용에 대하여 얘기를 나눈 후 본문
과 다르게 글을 쓰고 그 글에 맞는 이미지를 찾아가며 책 만들기를 하였는데, 이것

숀 탠의 『빨간 나무』의 마지막 장면(좌)과 여중생이 만든 같은 장면(우)

이 학교생활에 변화를 가져오기도 하였다(고정원, 2007). 이는 그림책을 가지고 활동하는 과정 중에 자신의 아픔을 얘기하면서 삶의 목적을 새롭게 찾아간 좋은 사례다.

부부관계에 어려움을 겪으면서 이혼 위기에 있던 주부들도 디트리히 본회퍼(Dietrich Bonhoeffer)의 「나는 누구인가?」라는 시와 『30년 만의 휴식』(이무석, 2006), 『숨겨진 상처의 치유』(정태기, 2002)라는 책을 읽고 토의를 하고 자서전 쓰기를 한 후 느낌을 공유하면서 어린 시절 생긴 상처를 돌이켜보며 자신을 새롭게 알게 되었다. 그러한 과정을 거치면서 그들은 상대방만을 문제로 본 그동안의 생각에서 벗어나 자신도 갈등을 일으키는 데 문제가 많았다는 것을 인식하게 되었고, 자기 자신을 정확하게 알게 되면서 상대방에 대해서도 깊이 이해하게 되었다. 그 후 『그 남자가 원하는 여자 그 여자가 원하는 남자』(김성묵, 2002), 『화성에서 온 남자 금성에서 온 여자』(존 그레이, 2008), 『말을 듣지 않는 남자 지도를 읽지 못하는 여자』(앨런 피즈, 바바라 피즈, 2000)와 같은 남녀의 차이를 다룬 책을 보고 얘기를 나누면서 의사소통과 행동 양식에서의 남녀 차이를 알게 하여 서로의 이해를 도왔던 경험이 있다.

물론 독서치료는 한 회기에 끝나는 것이 아니다. 내담자에 따라 독서치료가 진행되는 회기는 다르다. 또 상황과 참여자에 따라 집단으로 이루어지는 경우와 일대일로 이루어지는 경우가 있다. 발달적 독서치료의 경우 특히 집단으로 하는 것이 집단 역동으로 인하여 매우 효과가 높다는 결과가 많이 나와 있다. 요즘 초·중·고등학생뿐 아니라 성인을 대상으로 하는 독서치료는 집단 안에서 서로 많은 도움을 주고받는다.

1) 독서치료의 어원과 일반적인 정의

(1) 독서치료의 어원에 의한 정의

독서치료(bibliotherapy)란 말은 'biblion'(책, 문학)과 'therapeia'(도움이 되다, 의학적으로 돕다, 병을 고쳐 주다)라는 그리스어의 두 단어에서 유래되었다. 따라서 근본적으로 독서치료는 책을 사용하여 정신건강을 증진시키고 개인의 문제를 해결하며 사회적 관심이 무엇인지를 알게 한다는 의미를 갖는다(Bromley, 1992; Hynes & Hynes-Berry, 1994). 즉, 책과 문학이 치료적인 특성을 가졌다는 기본 가정에서 출발한다고 볼 수 있다(Gornicki, 1981). 따라서 독서치료가 무엇인지 가장 단순하게 정의를 내린다면 책을 읽음으로써 치료가 되고 도움을 받는다는 것이다(Ashley, 1987; Bernstein, 1989; Smith, 1989). 다시 말해, 독서를 통한 심리치료라고 할 수 있다.

(2) 독서치료의 일반적인 정의와 특징
① 독서치료의 일반적 정의

돌과 돌(Doll & Doll, 1997)은 일반적인 독서치료의 정의로 『교육학 사전』(Good, 1966, p. 212)의 내용을 인용했다. 즉, "전반적인 발달을 위해 책을 사용하며, 책은 독자의 성격을 측정하고 적응과 성장, 정신건강을 위해 사용되기도 하는데, 그 책과 독자 사이의 상호작용 과정이 독서치료다. 그리고 선택된 독서 자료에 내재된 생각이 독자의 정신적 또는 심리적 질병에 치료적인 영향을 줄 수 있다는 개념"이다.

이와 비슷하게 하트(Hart, 1988)는 치료자와 도서관 사서가 읽으라고 지시한 책을 참여자가 읽음으로써 개인의 문제를 해결할 수 있도록 안내해 주는 것이 독서치료라고 정의하고 있다. 슐리히터와 버크(Schlichter & Burke, 1994)도 독서치료가 아동에게 문학작품과 민감하게 상호작용하도록 하여 아동의 발달과업에 도전해 보도록 돕는 것이라는 넓은 의미의 정의를 내렸다.

독서치료는 고대부터 알려지고 실시되어 왔지만 그 용어 자체의 기원은 20세기 초 미국의 크라더스(S. M. Crothers)에게서 찾을 수 있다. 그는 『애틀랜틱 먼슬리(*Atlantic Monthly*)』(1916, pp. 291-301)에서 "독서치료는 새로운 학문이다. 독서치료를 하는 중에 특정한 책이 가지는 실제적인 치료 효과에 대하여 의견이 분분하다는 것은 당연하다."라고 밝혔다(Moody & Limper, 1971에서 재인용).

그러나 의학적 치료의 의미를 불러일으키는 독서치료가 처음 등장한 것은 아일

랜드(Ireland, 1930)의 논문에서다. 정서적으로 건강하지 못한 사람들에게 치료 형
태로 처음 사용되었는데, 처음에 문제를 진단하고 적절한 처방책을 주는 것이었
다(Ouzts, 1991에서 재인용).

『돌랜드 의학 도해사전(*Dorland's Illustrated Medical Dictionary*)』(1941)에서
는 독서치료를 "신경증을 치료하기 위해 책들을 골라서 읽는 것"이라고 정의했다
(Moody & Limper, 1971에서 재인용). 한편 튜스(Tews, 1961)는 설문 결과에 기초해
다양한 내용을 포함시켜 독서치료를 설명했다. 즉, 독서치료는 읽기 자료가 들어
가도록 선택된 활동 프로그램으로서 의사가 치료방법으로서 계획하고 실시하고
통제하는 것이라는 것이다.

미국의 정신분석학자인 메닝거(K. Menninger)와 몇몇 학자는 약물 사용과 독서
치료를 비교하기도 했다(Moody & Limper, 1971에서 재인용). 그들에 따르면 예측
할 수 있는 결과를 기대하며 내리는 의약품 처방처럼 독서치료에서도 읽기 자료
를 없애기도 하고 권하기도 한다는 것이다. 임상적인 입장과는 다소 다르게 슈로
즈(Shrodes, 1949, 1960)는 독서치료를 독자의 인성과 문학의 상호작용 과정으로
정의하기도 했다.

병원-도서관협회는 『웹스터 신 국제사전 제3판(*Webster's Third New International
Dictionary*)』(1961)의 사전적 정의를 공식적으로 받아들였다. 즉, 독서치료란 정
신의학과 의약 분야에서 치료 보조 수단으로 읽기 자료를 사용하고, 지시받은 대
로 읽음으로써 개인적인 문제를 해결하도록 안내하며, 적응을 제대로 하지 못하는
사람들을 사회에 복귀시키기 위한 치료이고, 사회적인 긴장을 없애기 위한 활동이
라는 것이다. 이러한 정의는 독서치료에 대한 광범위한 해석을 허용하는 것이며,
정신의학과 의약 분야뿐 아니라 사회와 교육 영역 안에서 독서치료를 사용할 수
있음을 인정한 것이라고 볼 수 있다(Moody & Limper, 1971에서 재인용).

1960년대에 이르러서는 독서치료에 대한 정의가 심리치료에서 임상적으로 사
용되는 것과 학교에서 교사 또는 상담자가 교육적인 목적으로 사용하는 것으로
구별되기 시작했다(Lejeune, 1969; Moses & Zaccaria, 1969). 1970년대에 와서 베리
(Berry, 1977)도 **임상적 독서치료**와 교육적인 목적으로 사용되는 **발달적 독서치료**를

다음의 세 가지 측면으로 구분했다. 첫째는 치료자의 역할과 기능의 차이(치료자 대 집단지도자, 관리자, 토론자), 둘째는 참여자 특성의 차이(환자 대 건강한 사람), 셋째는 독서치료 과정에서 목적의 차이(건강해지기 위한 것인가 대 자아실현이나 교육적인 목적을 달성하기 위한 것인가)다. 이런 과정을 통해 베리(1977)는 독서치료를 시에서부터 단편소설, 자서전, 개인 일기, 생활사 등에 이르기까지 활용 가능한 모든 문학 형태를 포함하는 작품을 가지고 치료자와 참여자가 같이 이해하고 나누는 상호작용 기술을 의미하는 것으로 정의했다.

책을 읽기만 해도 카타르시스가 되고 문제 해결에 도움을 받기는 하지만, 책이 가지고 있는 치유적 힘을 좀 더 효율적으로 극대화하기 위해서는 구체적인 활동과 상호작용이 반드시 수반되어야 한다는 것이 1980년대 후반부터의 움직임이다.

허버트(Hebert, 1991), 파덱(Pardeck, 1994), 로슨(Rosen, 1987) 등에 따르면, 독서치료는 독서 자료를 읽거나 들은 후에 토론이나 역할극, 글쓰기, 미술 활동, 창의적인 문제해결 활동 등 **구체적으로 계획된 활동**을 함으로써 독서 자료에서 문제에 대한 통찰력을 이끌어 내도록 돕는다. 다시 말하면, 책을 읽은 후에 구체적인 활동이 반드시 함께 일어나야 한다는 것이다. 책을 읽은 후의 가장 일반적인 활동은 책에 대한 느낌을 나누는 것인데, 이 경우 책 내용 자체보다는 참여자의 생활과 연관 지어서 얘기를 나누도록 한다. 책을 읽기만 한 집단보다는 토론을 한 집단에서 더 많은 변화가 있었다는 연구 결과(Grindler, Stratton, & McKenna, 1994)가 이의 중요성을 뒷받침해 준다.

상호작용을 강조한 하인스와 하인스-베리(Hynes & Hynes-Berry, 1994, p. 17)는 "상호작용적 독서치료에서 훈련된 치료자는 임상적 또는 발달적 독서치료의 참여자가 감정과 인지적 반응을 통합하도록 도와주기 위하여 선택된 문학작품, 인쇄된 글, 시청각 자료, 참여자 자신의 창의적인 글쓰기 작품에 대한 토론을 유도하고 이끌어 나간다."라고 하였다. 따라서 그들은 독서치료가 문학작품을 통하여 참여자와 치료자의 치료적 상호작용을 유발시킴으로써 참여자를 도와주는 것이라고 했다. 따라서 치료자는 참여자가 감정과 인지적 반응을 통합하도록 도와주기 위하여 공감이나 수용 등의 상호작용을 잘해 주어야 한다.

이러한 정의에는 다음과 같은 몇 가지 가정이 포함된다(김현희, 2000).

① 독서치료는 상호작용 과정이다.
② 문학을 더 넓은 의미로 본다.
③ 기술된 과정들은 임상적 독서치료와 발달적 독서치료 모두에서 일어난다.
④ 독서치료 상황은 일대일 또는 집단으로 이루어질 수 있다.
⑤ 효율적인 독서치료는 자아존중감을 증대시켜 주고, 참여자의 개성과 행동이 적절한 심리적 · 사회적 가치에 융화되는 것을 증진시켜 준다.
⑥ 독서치료는 (말 그대로) 치료다. 그러나 독서치료만이 가지고 있는 고유한 효과는 기본 도구로 책을 사용한다는 데 있다. 이 점에서 독서치료는 발달적 · 임상적 독서치료 참여자 모두에게 정신의 건강한 측면에 있어서 특별한 호소력을 지닌다. 상호작용적 독서치료가 강조하는 것은 문제를 일으키는 영역에 대한 진단보다는 참여자가 가지고 있는 능력에 대한 더 많은 격려와 강화라고 볼 수 있다.
⑦ 독서치료가 효과가 있는지의 여부는 다음과 같은 치료자의 능력에 달려 있다. 즉, 참여자의 욕구와 흥미에 맞는 자료를 고르는지, 참여자의 반응에 대하여 적절하고 감정이입적인 해석을 내리는지, 문학작품과 그에 대한 대화를 통하여 깊은 자기이해를 할 수 있도록 이끌어 내는지 등이다. 요약하면, 훌륭한 독서치료자는 남의 말을 듣는 데 숙련된 경청하는 사람이다.

이상의 여러 가지 정의를 종합하여 보면, 일반적으로 독서치료는 참여자가 다양한 독서치료 자료를 매개로 하여 치료자와 일대일이나 집단으로 토론, 글쓰기, 그림 그리기 등 다양한 방법의 구체적 활동과 상호작용을 통해서 참여자 자신의 적응과 성장 및 당면 문제를 해결하는 데 도움을 얻는 것을 뜻하는 넓은 의미로 해석할 수 있다.
이때 참여자에는 특정하고 심각한 문제를 가지고 있는 사람뿐 아니라 발달과정에서 겪을 수 있는 갈등이나 문제를 지닌 일반인도 포함된다. 그리고 다양한 독서치료 자료에는 인쇄된 글, 시청각 자료, 개인 일기 등 글쓰기 작품이 모두 포함될 수 있다. 여기서 말하는 인쇄된 글에는 신문 기사를 비롯하여 그림책, 동화, 시, 소설, 에세이, 자기계발서 등이 모두 다 들어갈 수 있다. 또 시청각 자료에는 대중가요 등 음악을 담은 테이프나 CD, DVD와 영화, 동영상과 CF 자료까지 포함된다. 더불어 자서전과 편지 쓰기, 일기, 모방시 쓰기 등의 글쓰기도 모두 자료가 될 수 있다.

② 독서치료의 포괄적 특징
① 독서치료 자료

앞서 언급했듯이, 독서치료 자료는 매우 다양하다. 그중에서 독서치료에 유용한 책의 범주는 비문학류와 문학류로 나눌 수 있다. 달리 얘기하면, 논픽션 자기계발서(self-help books)와 픽션류의 책으로 나눌 수 있다. 우리나라에서도 문학작품은 위험하다고 보고 자기계발서만 사용하기를 권하는 경우도 있고, 문학작품만 자료가 된다고 주장하는 사람도 있다. 여기에서는 문학류와 비문학류가 다 포함되어야 한다는 입장에서 독서치료 자료를 논할 것이다.

로슨(1987)은 독서치료 자료로 자기계발서를 사용하는 것을 언급하였다. 자기계발 독서치료(self-help bibliotherapy) 대상 역시 사회·정서적으로 기능을 제대로 하지 못하는 환자라고 보았다. 자가 치료를 위한 방법으로 부모나 청소년에게 단순히 책을 주기만 할 수도 있다. 그러나 책을 읽기 전에 문제의 특성이나 정도를 확인하기 위해 토론을 하고, 읽는 동안에는 책의 메시지를 적용하도록 돕고 그것을 잘 따르는지 확인하기 위해 계속해서 검토하며, 책이 추천하고 있는 내용을 성공적으로 실천할 수 있도록 추후 서비스를 하는 것이 더 바람직하다(Doll & Doll, 1997).

사실적인 이야기나 목적을 가지고 쓰인 자기계발서의 효과에 대한 연구는 '별로 효과가 없다'는 것에서부터 '매우 긍정적으로 성공적인 변화가 있었다'는 것에 이르기까지 다양하게 보고되고 있다. 리오던과 윌슨(Riordan & Wilson, 1989)은 심리학자의 80% 이상이 치료와 상담 장면에서 자기계발서를 사용한다고 보고하면서 독서치료에 대한 흥미가 증가하였다고 하였다.

존스(Jones, 2001)는 독서치료 자료가 독자의 감정을 이해하도록 도와주며, 다른 사람의 감정에 민감해지도록 돕고 비슷한 감정을 경험하는 책 속의 등장인물과 동일시하도록 돕는다고 보았다. 존스는 독서치료 자료가 장르와 미디어의 모든 범위를 두루 포괄하지만 모든 독서치료 자료는 언어를 포함해야 하며 내적인 일관성(통일성)이 있어야 한다고 하였다. 따라서 사진, 그림, 음악이 본문의 효과를 강렬하게 하기 위해 자주 사용되지만 본격적인 독서치료 회기에는 적합한 자료가 아니라고 하였다. 따라서 자유연상을 유발하기 위하여 통일성 없이 무작위로 선택된 단어나 구절의 목록을 참여자에게 제시해서는 안 된다. 독서치료 과정은 적어도 참여자가 자체 내 일관성과 성실함을 가지고 있는 자료와 방법에 의존하는 것이다.

책을 읽음으로써 치유가 되는 과정은 선택된 문학작품 내용이 개인이 겪고 있는 문제와 비슷하거나 혹은 아주 재미있고 문학적 완성도가 높게 쓰였을 때 잘 일어난다. 그러한 작품 속 등장인물에 동일시가 잘 되며, 그 과정에서 카타르시스를 느끼고 문제에 대한 통찰을 얻음으로써 자기 자신을 더 잘 이해하게 되고 결국은 문제를 해결하여 현실생활에 적용할 수 있게 된다.

헉(Huck, 1993)에 따르면 독서치료에 적합한 책은 재미있어야 하며 독자를 도와주는 힘이 있어야 한다. 구체적으로는 인간의 행동에 대한 생리학과 심리학에 관한 지식과 정보를 얻을 수 있어야 하며, '자신을 알라'는 의미가 무엇인지 배울 수 있고, 자신의 외부에 대해 흥미를 찾도록 해야 한다. 더불어 알고 있는 자신의 문제를 절제된 태도로 해결하고, 동일시와 보상의 기회로 활용하며, 어려움을 밝히고 자신의 행동에 대한 통찰을 얻도록 해야 한다. 크래고(Crago, 2006)는 그림책이 다중 장애를 가지고 있는 아이들을 사회로 복귀시키는 데 매우 유용하다고 보고하면서, 버틀러(D. Butler)의 『쿠슐라와 그림책 이야기』(1997)가 매우 치료적이라고 언급하였다.

독서치료 자료에 대해서는 4장에서 더 자세히 다룰 것이다.

『쿠슐라와 그림책 이야기』

② 독서치료의 효과

독서치료는 문제를 해결하는 뚜렷한 목적을 넘어서 부수적으로 책과 읽기에 대한 태도를 개선시킬 수 있다(Huck, 1993). 그라인들러, 스트래튼 및 매키나(Grindler, Stratton, & McKenna, 1997)는 독서치료의 효과를 여러 가지로 정리하였다. 체중 조절, 공포감 없애기, 자아개념 고치기, 인종차별의 편견 있는 태도를 고치기 위한 행동적 접근에 관한 연구에서, 그들은 독서치료가 초등학생의 두려움을 감소시키고 미국 원주민인 인디언에 대한 태도 등 여러 면에서 태도를 변화시켰으며, 그들의 자아개념이 긍정적으로 변하고 독해력을 비롯한 학업성취가 있었다고 보고하였다. 이러한 예는 우리나라 학위논문에서도 많이 보고되고 있다.

상상력이 가장 발달하는 시기인 유아를 대상으로 한 독서치료에서 동물, 어둠, 화장실에 대한 두려움을 감소시키기 위한 책으로는 『개가 무서워요』(볼프 에를부르흐 글/그림, 2007), 『어둠을 무서워하는 꼬마 박쥐』(게르다 바게너 글/에밀리오 우르베루아가 그림, 1997), 『율리와 괴물』(유타 바우어 글/그림, 2000) 등이 있다. 이런 책을 가지고 느낌과 반응에 대해 얘기를 나누며 활동함으로써 두려움을 감소시키는 것은 물론 책 보는 즐거움과 정서적 안정감도 얻게 한다.

그라인들러 등(1994)은 유치원에 다니는 유아의 성 학대에 대한 태도 변화를 위해서 '신체 안전'에 관한 네 권의 책을 읽고 토의하면서 그런 상황에서 대처할 수 있는 전략도 같이 얘기하여 많은 변화를 얻게 하였다. 우리나라에 소개된 성추행

『개가 무서워요』

『어둠을 무서워하는 꼬마 박쥐』

『운하의 소녀』 『가족앨범』

에 관한 그림책으로는 『슬픈 란돌린』(카트린 마이어, 2003)과 『가족앨범』(실비아 다이네르트 글/울리케 볼얀 그림, 2004)이 있다. 그리고 청소년과 성인까지 볼 수 있는 소설책으로는 『운하의 소녀』(티에리 르냉, 2002)가 있다. 『슬픈 란돌린』 같은 그림책은 너무 사실적으로 성추행 장면을 그림으로 묘사하고 있기에 예방용으로는 무난하지만 경험이 있는 아이들은 꺼리거나 직면에서 어려움을 가질 수 있으므로 피하도록 한다. 『가족앨범』과 『운하의 소녀』처럼 은유나 상징으로 처리된 책이 내담자로 하여금 이야기를 편안하고 안전하게 할 수 있도록 돕는다.

　장애에 대한 태도를 변화시키는 데는 『에디에게 잘 해주렴』(버지니아 플레임 글/

『에디에게 잘해 주렴』 『알리체의 일기』

플로이드 쿠퍼 그림, 2003), 『이안의 산책』(로리 리어스 글/카렌 리츠 그림, 2005)과
같은 그림책과 『알리체의 일기』(알리체 스투리알레, 2001)와 같은 자료가 큰 도움
이 된다. 또 오래된 영화이기는 하지만 청소년 이상 성인 대상으로는 「엘리펀트
맨」도 장애에 대한 우리의 시각을 크게 변화시켜 줄 수 있는 훌륭한 자료다. 이러
한 자료를 본 후에 토의하는 것은 더 깊이 있게 생각할 수 있도록 유도하고 통찰을
얻게 함으로써 행동의 변화까지 일으킬 수 있도록 돕는다.

③ 독서치료자(촉진자)

독서치료자는 매우 다양한 배경을 가지고 있다. 독서치료는 내담자와 일대일
로 할 수도 있으나 발달적 독서치료의 경우 보통 집단으로 많이 이루어진다. 독서
치료자는 기본적으로 참여자 개인의 요구에 관심을 가져야 한다. 이 부분은 5장
'독서치료자의 자질'에서 구체적으로 다룰 것이다.

2) 독서치료와 비슷하게 사용되는 용어의 비교

독서치료는 도서관치료(librery therapeutics), 독서상담(reading counseling), 문학치료
(literatherapy), 치료적 읽기(therapeutic reading), 독서예방책(biblioprophylaxis),
독서요법(bibliotherapy) 등 다양한 용어로 혼용되어 사용되고 있다. 그 차이점을
비교하면 다음과 같다.

(1) 문학교육과 독서치료

문학교육은 교육 현장인 학급에서 학생과 문학작품과 교사 사이에 상호작용이
일어나는 과정을 통하여 이루어지며, 일반적으로 문학작품은 도구(tool)보다는
토론의 대상(object)으로 간주된다. 따라서 교사의 목표는 학생들이 문학작품의 의
미와 가치에 대한 통찰을 하도록 도와주는 것이다. 여기서 이루어지는 토론은 역
사적인 맥락, 장르의 특성, 이야기 구조, 은유 등의 언어 사용과 중요한 주제가 어
떻게 제시되었는지에 초점이 맞추어진다.

그러나 독서치료는 자기를 더 잘 이해하도록 하는 것에 초점을 두고 있다. 그러므로 참여자가 독서치료에 쓰이는 자료의 의미를 지적으로 이해하는 것보다는 참여자 개인의 감정이나 정서 반응을 더 중요하게 여기게 된다. 그리고 독서치료에서는 자기를 이해하는 것과 관계가 있는 감정이나 통찰력을 유발시킬 수 있다면 본문에 대해 다소 잘못된 해석을 해도 괜찮다고 본다.

(2) 심리치료와 독서치료

고전적 의미에서의 심리치료와 독서치료 사이에도 다른 점이 있다. 대부분의 심리치료 상황에서 치료자와 참여자는 심리적 문제에 직접적으로 초점을 맞추어 참여자가 그 문제를 인식하게 함으로써 문제를 해결하게 한다. 이러한 치료는 참여자-문제-치료자와 같은 삼자관계로 표시될 수 있으며, 이런 맥락에서는 중간에 개입되는 자료가 없다. 그러나 독서치료는 참여자-문학작품-치료자와 같이 치료 상황에서 문학작품 등이 치료의 자료나 도구로 사용된다.

(3) 독서지도 및 독서교육과 독서치료

우리나라에서 성행하고 있는 독서지도와 독서교육은 언어교육이나 국어교육과 맥을 같이하고 있다고 볼 수 있다. 엄격한 의미에서 독서교육과 독서지도는 어떻게 하면 독자들이 책을 즐겁게 읽고 좋아하며, 책 읽는 자체를 즐길 수 있도록 할 것이냐에 해답을 줄 수 있어야 한다. 따라서 독서지도와 독서교육은 독자의 독서 수준이나 흥미 등을 고려하여 좋은 책을 선정해서 올바른 방법으로 책을 읽도록 하는 것이라고 본다. 그러나 우리나라에서 이루어지고 있는 독서교육은 어떻게 하면 독후감을 잘 쓰게 할 것이냐에 초점이 맞추어지고 있다. 독후감을 잘 쓰게 하기 위하여 여러 가지 방법이 동원되는데, 예를 들면 인형극을 보여 주고 동극을 해 보고 그림을 그려 보는 등의 다양한 활동을 통하여 책 내용을 충분히 다루어 보게 한 다음 독후감을 쓰게 하는 것이다. 결과적으로 우리나라의 독서교육은 기능적인 면을 강조하고 있다고 할 수 있다.

그러나 독서치료는 책을 읽은 후 다양한 활동을 하거나 책 내용에 대하여 토론을 하는 과정을 통하여 자기를 더 잘 이해하게 하며, 자신의 문제를 파악하여 결국에는 그 문제를 해결하도록 하는 것이다. 독서지도와 독서치료는 책을 읽은 후의 활동은 같을 수 있으나 그 목적과 효과에는 차이를 보인다.

(4) 독서 클리닉과 독서치료

우리나라에서 실시되고 있는 독서 클리닉은 주로 읽기부진아나 읽기장애아가 그 대상이 되고 있다. 읽기부진아란 정상 지능을 가진 사람이 신체, 인지, 정서, 환경, 교육 등의 다양한 요인 때문에 해당 학년의 읽기 수준에 미치지 못하는 것을 말한다. 이러한 읽기부진아의 원인을 진단하여 그에 맞는 처방을 내려 주는 것이 독서 클리닉이다.

그러나 독서치료는 읽기부진아 외에도 정서장애아나 주의가 산만한 아이뿐 아니라 일반인이라도 성장과정 중에 겪는 갈등이 있는 경우에 그 대상이 될 수 있다. 따라서 독서치료의 대상이 더 포괄적이라고 할 수 있다.

(5) 독서요법과 독서치료

초기에 심리치료(psychotherapy)를 일본에서 번역한 용어인 정신요법으로 그대로 사용했던 것처럼, 독서요법은 일본에서 1937년부터 '독서치료(bibliotherapy)'를 독서요법으로 번역하여 사용하던 것을 우리나라에서 그대로 받아들여 생겨난 것으로 보인다. 따라서 독서치료와 독서요법은 'bibliotherapy'를 다르게 번역했을 뿐 같은 의미라고 하겠다.

(6) 미술치료 및 음악치료와 독서치료

요즘 독서치료와 미술치료 및 음악치료는 무용치료처럼 표현예술치료 범주 안에서 다루어지고 있다. 이들 세 가지 치료는 본질적으로 세 가지 공통점이 있다. 첫째, 과학으로서 심리학적 지식이 필요하다. 치료자는 내담자에 대해 정확하게 알아야 하기 때문에 발달심리학이나 발달장애에 대한 지식을 갖추어야 하고, 검사 도구 등 심리평가에 대한 지식뿐 아니라 다양한 상담 기법을 포함하여 상담심리학에 대하여 알아야 한다. 둘째, 그 치료는 예술을 통해 이루어진다. 여기에는 주관성, 개별성, 창의성 및 아름다움의 요소가 포함된다. 이때 독서치료는 문학, 미술치료는 미술, 음악치료는 음악 활동을 통해 이루어지는 것이 차이점이라고 할 수 있다. 독서치료에 사용되는 매개물이 자기계발서인 경우는 비문학 도서류가 포함되기도 한다. 마지막으로 가장 중요한 대인관계 과정이 필요하다. 이는 치료자와 내담자 간에 상호작용이 잘 이루어져야 한다는 것으로서 공감, 친밀감, 의사소통 능력 등이 포함된다.

(7) 이야기치료, 글쓰기치료 및 시치료와 독서치료

이야기치료, 글쓰기치료와 독서치료는 이야기에 사람을 변화시키는 힘이 있다는 것을 전제로 하고 있다. 그러나 이야기치료는 내담자와 치료자가 직접 대화를 통해 이야기를 만들어 가는 과정에서 치료가 이루어지는 반면, 독서치료는 이미 만들어진 이야기를 매개로 한다는 점이 다르다. 즉, 이야기치료는 이야기를 만들어 가는 과정을 통해서 문제를 해결하거나 상처가 치유되는 것을 말한다.

『죽으면, 아픈 것이 나을까요?』(유리 브레이바르트 글/파트 브레이바르트 그림, 2002)는 이야기치료의 좋은 예가 될 수 있다. 이 책은 동생의 죽음을 받아들이지 못하던 다섯 살 된 형이 아빠와 이야기하면서 동생의 죽음을 수용하게 되었다는 실화를 바탕으로 한 것이다. 그 이야기를 아버지가 쓰고 색연필로 그려서 책으로 만들었는데, 출판된 이 그림책을 보고 그동안 가족의 죽음을 받아들이지 못했던 사람들이 그들의 가족의 죽음을 수용하기도 하고, 세상을 떠난 가족으로 인한 상실감이나 불필요한 죄책감

『죽으면, 아픈 것이 나을까요?』

등을 해결한 사례가 많았다. 이런 경우가 바로 독서치료의 좋은 예라 할 수 있다.

글쓰기치료는 정신적, 육체적, 정서적, 영적으로 더 나은 건강과 행복을 위하여 반성적인 글쓰기를 사용하는 것이다(Adams의 Journal Therapy, http://www.journaltherapy.com). 모든 글쓰기에 치료 효과가 있는 것은 아니지만, 자신에게 상처가 되었던 과거의 사건을 자세히 묘사하고 그때 느꼈던 감정과 그 사건을 보

는 현재의 느낌을 함께 쓸 때 치료 효과가 크다는 것이 밝혀지고 있다. 글쓰기치
료는 표현예술치료 쪽에서도 적극 활용되고 있고, 미국에서는 매우 활성화되어
있다. 가족의 죽음에 대한 내용도 글을 쓰고 그림을 그리며 애도의 형식을 갖추어
표현하고 행동으로 옮김으로써 슬픔이나 상실감이 치유되는 것은 글쓰기치료의
예가 될 수 있을 것이다.

시치료는 문학작품 중에서 주로 시를 활용하여 하는 것인데, 독서치료보다 그
매체가 한정되어 있지만 미국에서는 거의 독서치료와 동의어로 쓰일 정도로 대중
적이다(이 부분의 내용은 7장에서 더 구체적으로 다룬다).

(8) 문학치료와 독서치료

문학치료는 일반적으로 'literatherapy'를 번역한 용어다. 그러나 우리나라의
경우는 가끔씩 'bibliotherapy'를 달리 번역한 것으로서 문학작품을 주요 자료로
쓴다고 볼 수 있다. 하지만 독서치료는 그림책, 시, 동화, 소설, 에세이, 참여자 자
신의 창의적 글쓰기 작품 등 문학작품뿐 아니라 자기계발서 등 비문학 작품도 그
자료로 포함한다.

2. 독서치료의 유형

1) 대상에 따른 유형

독서치료의 대상(target)을 누구로 볼 것이냐에 대해서도 여러 의견이 있어 왔다.
하트(Hart, 1988)와 번스타인(Bernstein, 1989)은 책을 읽음으로써 도움을 받는 모
든 사람을 독서치료의 대상으로 보았다. 그러나 대부분의 사람은 'bibliotherapy'
에서 'therapy'라는 단어 때문에 치료의 효과라든지 도움이 필요한 문제를 가진
사람을 생각하게 된다. 그러한 견해 차이를 명확하게 하기 위해 파덱(Pardeck,
1989)은 독서치료의 대상을 정서적으로 문제를 가지고 있는 사람, 적응에서 어려

움을 겪는 사람, 성장하고 발달하면서 누구나 가지는 전형적인 요구를 가진 사람의 세 분류로 나누어 설명하고 있다.

랙(Lack, 1985)은 독서치료 활동의 종류와 참여자의 특성에 따라 발달적 독서치료와 임상적 독서치료로 구분했다. 그녀에 따르면 발달적 독서치료는 사람이 일상의 과업에 잘 대처할 수 있도록 하기 위하여 문학작품을 활용하는 것이다. 따라서 읽기 자료와 토론 활동이 일반적인 인성 발달을 강조하게 된다. 그러나 임상적 독서치료는 정서나 행동 면에서 심하게 문제를 겪고 있는 사람들을 도와주는 개입의 형태로서 특별한 문제에 초점을 두게 된다.

(1) 임상적 독서치료

임상적 독서치료(clinical bibliotherapy)는 만성 입원, 지체장애(시청각장애), 우울증, ADHD, 외상 후 스트레스, 정서불안, 교도소 수감 등의 심각한 특정 문제를 가지고 있는 사람을 대상으로 한다.

교도소 수감자를 대상으로 할 때는 보통 자원해서 하기보다는 강제적인 명령으로 참여하게 된다. 독서치료자는 교도소 집단에서는 바람직한 행동의 표준이나 사회 규칙을 더 잘 알아서 따르게 하는 데 강조점을 둔다. 그러나 독서치료자는 참여자가 정서적으로 불안정하다는 것을 알아야 한다. 그러한 경우 독서치료는 심리치유에 도움이 될 것이다. 임상적 독서치료 집단은 시설에 있는 약물 의존자와 알코올 의존자의 사회 복귀 프로그램에서 성공적이었다는 보고도 있다(Hynes & Hynes-Berry, 1994).

우울 성향을 가진 사람들에게 숀 탠의 『빨간 나무』는 그 그림으로 인해 많은 영감을 불러일으키며 정서적 반응을 일으킨다. 『끔찍한 것을 보았어요』(마거릿 홈스글/캐리 필로 그림, 2006)라는 그림책은 심리적 어려움을 겪고 있는 아동을 위로하고 격려하는 책을 많이 썼던 미국의 교육심리학자 마거릿 홈스(Margaret Holmes)가 지은 것으로, 외상 후 스트레스 장애로 인해 고통을 받는 이들에게 좋은 책이다. 서울의 모 초등학교에서 자신들과 같이 소방훈련을 받던 어머니들이 사고를 당한 장면을 목격한 아이들이 힘들어할 때, 이 책을 보여 주고 얘기를 나눔으로써

『빨간 나무』   『끔찍한 것을 보았어요』

효과를 얻은 적이 있다.

(2) 발달적 독서치료

발달적 독서치료(developmental bibliotherapy)는 일반적으로 발달해 가는 과정 중에 갈등을 겪거나 문제에 부딪힌 사람을 대상으로 한다. 즉, 모든 사람이 정상적으로 성장하고 발달에 이익이 되도록 돕는 것이다. 따라서 발달적 독서치료는 자존감을 향상시키고 정상적인 성장과 자기인식을 증진시키며 개인의 감정에 직면하도록 돕는다. 그러므로 발달적 독서치료는 학교 현장, 공동체, 도서관, 교회 등지에서 많이 이루어진다. 크래고(2006, p. 187)는 독서치료를 하는 동안 책과 독자 사이에 일어나는 과정을 정서적 '조화(matching)'라고 하면서, 독서치료가 개인의 인성을 긍정적으로 확장시키는 수단으로 사용된다면 훨씬 더 유용할 것이라고 하였다. 이는 발달적 독서치료의 효과를 강조한 것이라고 볼 수 있다.

유아부터 노인에 이르기까지 누구나 발달과업상 겪을 수 있는 갈등을 더 쉽게 해결할 수 있도록 도와주는 발달적 독서치료의 예를 들면 다음과 같다.

① 동생의 출생으로 인한 유아의 갈등
유아기에 유치원에 잘 다니던 아이들이 갑자기 퇴행 현상을 보이거나 위축되거

『달라질 거야』

『아가야, 안녕?』

나 공격적으로 행동할 수 있는데, 그 대표적인 원인으로 동생이 태어난 경우를 들수 있다. 지금까지 자신에게만 기울여지던 부모의 사랑이 갑자기 동생에게로 옮겨지면서 소외감과 질투심, 외로움을 느끼게 된다. 사실 어렸을 때는 부모의 사랑이 '심리적 젖'과도 같기 때문에 부모의 사랑과 관심을 빼앗긴다는 느낌은 유아에게 커다란 스트레스를 줄 수 있다.

이런 경우 『달라질 거야』(앤서니 브라운 글/그림, 2002), 『아가야, 안녕?』(제니 오버랜드 글/줄리 비바스 그림, 2000), 『피터의 의자』(에즈라 잭 키츠 글/그림, 2000), 『만약 내가 갓난아기라면』(이브 타렛 글/그림, 2008) 등의 책을 읽어 주면서 미리 동생을 보게 될 경우에 대비하여 준비시키거나 혹은 이미 동생이 생긴 후에 오는 느낌을 부모와 자연스럽게 나눌 수 있는 기회를 가지면서 부모의 사랑을 확인할 수 있게 해 준다.

『내가 사랑한 야곱』

② 형제간의 갈등

형제간의 갈등도 유아에서부터 초등학교 아동에게 중요한 문제가 되는데, 『내 동생』(주동민 시/조은수 그림, 2003), 『터널』(앤서니 브라운 글/그림, 2002), 『내 동생 싸게 팔아요』(임정자 글/김영수 그림, 2006) 등을 읽으며 형제간의 갈등을 나누고 그러한 갈등이 자신에게만 있는 것이 아니라는 사실에 대해 위안을 느끼고 해결책을 찾아가도록 도와준다. 청소년을 위해서는 『내가 사랑한 야곱』(캐서린 패터슨 글/박지윤 그림, 2001), 그리고 성인을 위해서는 『형제라는 이름의 타인』(양혜영, 2001)도 권해 줄 수 있다.

③ 친구와의 갈등

유아기부터 새롭게 친구와 사귀는 기회가 많아지며 사회성 발달이 본격적으로 이루어지는데, 유아부터 초등학교 저학년까지 친구와의 문제를 다룬 책으로 『미안해』(샘 맥브래트니 글/제니퍼 이처스 그림, 2008), 『우리 친구하자』(쓰쓰이 요리코 글/하야시 아키코 그림, 2001), 『친구랑 싸웠어!』(시바타 아이코 글/이토 히데오 그림, 2006) 등이 있다. 『친구랑 싸웠어!』는 싸운 후 무조건 화해해야 한다는 것을 가르치는 것이 아니라 내키지 않는 화해와 화해 후에도 여전히 지고 싶지 않은 아이들의 심정이 그대로 담겨 있어 많은 공감을 불러일으킨다. 친구와 싸운 후의 감정이 강렬한 색채의 그림으로 잘 나타나 있다.

초등학생을 위한 따돌림을 다룬 책으로는 『까마귀 소년』(야시마 타로 글/그림, 1996), 『양파의 왕따 일기』(문선이 글/박철민 그림, 2001), 『내 짝꿍 최영대』(채인선 글/정순희 그림, 1997), 『문제아』(박기범, 1999), 『모르는 척』(우메다 순사쿠, 우메다 요시코, 1998), 『왜 나만 미워해』(박현진 글/윤정주 그림, 2006) 등이 있다. 따돌림을 다룬 책은 긍정적으로 문제를 해결하는 결말이 별로 없으나, 청소년이 읽을 수 있

『불균형』   『새로운 엘리엇』

는 책으로 『불균형』(우오즈미 나오코, 2004), 『새로운 엘리엇』(그레이엄 가드너, 2006) 등은 매우 추천할 만하다. 『불균형』과 『새로운 엘리엇』은 따돌림 문제를 다루지만 청소년기의 중요한 발달과업인 자기를 찾아가는 자아정체감을 다룬 아주 훌륭한 작품이다. 사춘기에는 일반적으로 문학작품이 그들에게 매우 중요한 관심사인 자아정체감, 진로 탐색, 독립심, 자기가치감을 다루는 것을 도와주는 도구로 사용될 수 있다.

④ 성인기 관계(부부, 부모)에서의 갈등

성인기에 들어서서 남녀의 차이를 다룬 책들은 이성 친구나 부부간의 관계 개선에 많은 도움을 준다. 『화성에서 온 남자 금성에서 온 여자』, 『말을 듣지 않은 남자 지도를 읽지 못하는 여자』, 『그 남자가 원하는 여자 그 여자가 원하는 남자』 등은 읽은 후에 남녀의 다름을 이해함으로써 불필요한 오해를 하지 않도록 해 준다.

중년기에 들어선 남녀 모두 지금까지의 삶을 되돌아보며 내면을 탐색하는 기회를 가지게 되는데, 『30년 만의 휴식』(이무석, 2006), 『하프타임』(서연, 2003), 『상처와 용서』(송봉모, 1998), 『생각이 너무 많은 여자』(수잔 놀렌-혹스마, 2004) 등의 자기계발서, 로버트 피셔의 『갑옷 속에 갇힌 기사』(로버트 피셔, 2002)를 재번역한 『마음의 녹슨 갑옷』(로버트 피셔, 2008)과 『어느 철학적인 오후』(하이츠 쾨르너 외, 2007) 중의 「네 갈래 길」 등 우화 스타일의 짧은 이야기가 많은 도움이 된다. 또한

『마음의 녹슨 갑옷』

『사람 풍경』

김형경의 『사람 풍경』(김형경, 2006)은 참여자가 자신의 마음을 잘 표현한 이 책을 한 개 장씩 읽어 가며 생각나는 사람과 사건에 대한 얘기를 나누고 상호작용을 하면서 스스로에 대해 새롭고도 깊은 이해를 하게 해 준다.

가족은 지금의 자신을 있게 한 중요한 영향을 미친 사람들로서 유아기부터 노년기까지 다 다루어 볼 수 있다. 아버지에 대한 것으로는 『금붕어 2마리와 아빠를 바꾼 날』(닐 게이먼, 2002)이라는 그림책이 있는데, 이 책은 초등학생부터 대학생까지 많은 반향을 일으켰던 책으로 이 시대의 아버지들이 봐도 좋을 것이다. 가족을 다룬 것으로는 에세이나 시 중에서도 좋은 것이 많다. 예컨대, 문정희의 시 「남편」, 마종기의 시 「박꽃」, 이승환의 노래 「가족」 등이 있다.

⑤ 노년기

노년기로 갈수록 『엠마』(웬디 커셀만 글/바바라 쿠니 그림, 2004)처럼 뒤늦게 새로운 일을 시작한 이야기나 『두근두근 우타코씨』(다나베 세이코, 2008)처럼 노년을 지혜롭고 유쾌하게 보내는 내용이 좋다. 「95세 할아버지의 생일에 쓴 편지」나 「인생을 다시 산다면」과 같은 노인이 직접 쓴 시는 중년부터도 권할 만하다. 노인의 경우는 지역 공동체, 도서관, 교회, 복지관이나 요양원을 통해 치료 집단이 조직될 수 있다.

2) 상호작용 정도에 따른 유형

글래딩과 글래딩(Gladding & Gladding, 1991)은 독서치료 중에 이루어지는 상호작용의 정도에 따라 반응적 독서치료(reactive bibliotherapy)와 상호작용적 독서치료(interactive bibliotherapy)로 나누고 있다.

반응적 독서치료는 최소한의 상호작용이 있는 독서치료로, 참여자에게 독서 자료에 대한 과제를 주고 그에 대하여 긍정적인 반응을 주는 정도다. 반면 상호작용적 독서치료는 그 과정 중에 참여자 개개인이 문학작품을 읽는 것을 그다지 강조하지 않는다. 대신 치료자는 참여자가 문학작품을 읽은 후 원활하게 상호작용을 하도록 안내하며, 성장과 치료를 위한 촉매로서 문학작품을 활용하고 그것을 읽은 후의 반응을 창의적으로 쓰게 한다.

3) 상황에 따른 유형

독서치료 상황이 치료자와 참여자 사이에 일대일로 이루어지는지, 아니면 집단으로 이루어지는지에 따라 그 유형이 나뉠 수 있다. 집단으로 이루어지는 독서치료는 비슷한 정도와 유형의 문제를 가지고 있는 사람들이 모여서 시, 동화 등의 인쇄된 글 혹은 시청각 자료를 읽거나 시청한 후에 토론을 하는 형태다. 집단에서 이루어지는 상호작용의 효과가 널리 알려지면서, 발달적 독서치료의 경우 요즘에는 거의 집단으로 독서치료를 하고 있는 추세다. 실제로 나이가 어린 유아나 아동, 그리고 자기방어를 많이 하는 참여자는 일대일로 독서치료를 했을 때 상호작용을 적게 한다. 특히 유아의 경우 4~5명의 소집단이 모여서 이야기를 나눌 때 상호작용을 훨씬 많이 한다는 연구 결과(김양선, 1996)는 소집단으로 이루어지는 독서치료의 효과를 뒷받침해 준다.

4) 독서치료를 받는 시점에 따른 유형

그라인들러 등(1997)은 사전에 예비하는(proactive) 접근방법과 문제에 당면했을 때 하는(reactive) 접근방법의 독서치료를 설명하였다. 전자는 예방적 차원과 발달적 독서치료와 같은 맥락이라고 볼 수 있다. 미래에 만나게 될지도 모르는 문제(예: 임신, 약물중독, 부모의 이혼 등)를 확인하는 것부터 시작해서, 아직 일어나지 않은 상황에 직면하기 전에 어떻게 조절할지를 배우고 정신건강을 증진시키기 위해서 하는 것이다.

문제가 생겼을 때 해결하기 위한 접근은 개개인이 직면하고 있는 문제를 알고서 하는 것이다. 그라인들러 등(1997)은 책을 골라 주되 그 이유를 언급하지 않으며 겉으로 드러내지 않고 하는 사적이며 비지시적인 접근방법이라고 하였다. 그들은 개인에게 관심을 가지고 어려운 상황에 대해 민감하게 대해 주며, 특별한 환경에 처해 있는 학생들에게 따뜻한 관심을 가지고 방어적이 아닌 개방적 태도로 대해야 한다고 주장하고 있다.

5) 치료가 일어나는 과정에 따른 유형

하인스와 하인스-베리(1994, p. 10)는 치료가 일어나는 과정이 어디에 집중되느냐에 따라 세 가지 유형이 있다고 보고 다음과 같이 설명하였다.

(1) 읽는(처방적) 독서치료

치료과정이 읽는 행위 자체를 통해 일어난다고 봄으로써 도서관 사서의 전통적 역할이 독자에게 조언해 주는 서비스에 있다고 하였다. 사실 1920년대 초부터 도서관 사서는 독자에게 치료적 가능성을 위해 독서 자료를 찾아 주기 시작했다. 그때부터 많은 사서, 상담자, 영어교사, 사회복지사 등은 도서 목록을 만들어 책 읽기를 권하는 것이 위기에 처한 사람의 정서적 성장을 도와주거나 통찰력을 갖게 해 준다고 믿었다. 슈로즈(1949)는 독서치료란 치료 가능성이 있는 책을 특별히 선택해서 읽는 과정이라고 보았는데, 이때 중요한 상호작용은 책 자체에 있는 것이 아니라 독자가 그 내용을 어떻게 활용하느냐에 있다는 것을 분명하게 밝혔다. 그렇지만 이러한 정의는 여전히 독서치료가 '책을 처방하는' 과정과 같은 맥락에 있다고 할 수 있다.

(2) 상호작용적 독서치료

성장과 치료의 과정이 책을 읽는 행위에 집중되기보다는 독서치료 자료에 관한 길잡이 대화에 있다고 보았다. 참여자 개인의 반응도 중요하지만 그 반응에 대하여 촉진자와 함께 나누는 대화가 새로운 차원의 통찰을 얻도록 이끈다. 참여자의 감정은 훈련된 촉진자에 의해 진행되는 토론에서 명료해지며, 독서치료에서의 성장 가능성은 참여자가 자신의 순수한 감정에 직면하는 것에서 나온다. 그러나 다듬어지지 않은 감정 자체가 중요한 요인은 아니며 인지적 과정이 필요하다. 즉,

상호작용적 독서치료는 처음에 감정을 인식하고 그다음에 감정-반응을 분류하고 평가하는 과정을 거쳐 유익한 통합을 이루어 낸다.

(3) 상호작용적 글쓰기와 시치료

1920년대에 블랜튼과 그리퍼(Blanton & Griefer)가 치료 도구로 시를 사용하기 시작한 이래 많은 심리치료사가 치료 장면에서 시와 함께 창의적 글쓰기를 사용하였다. 최근의 다른 치료적 접근은 글쓰기, 읽기, 이야기와 교훈적 자료에 대한 토의를 활용하는 모든 것을 고려하고 있다. 또한 독서치료와 시치료를 구분하지 않고 거의 동의어로 사용하고 있다. 둘 다 참여자-문학-촉진자 상호작용의 중요성을 강조하고 있으며 독서치료 자료로 창의적 글쓰기를 사용하는 것을 강조하고 있다. 좀 더 구체적으로 감정을 다스리는 데 도움을 줄 수 있는 방법으로는 『감정 다스리기를 위한 글쓰기』(Jacobs, 2008)를 활용할 수 있다.

한편 이 유형의 분류는 이영식(2006)의 분류와 매우 흡사하다.

첫째, 정보제공형 독서치료다. 이는 '적절한 시기에 적절한 책을 적절한 사람에게 연결시키는 것'으로서, 독서치료자가 참여자의 심리ㆍ정서적 문제, 독서 수준, 책의 난이도를 파악한 후 자료를 제공하여 참여자의 요구에 부응하는 형태다. 자가 치료 역시 이 유형에 속한다.

둘째, 상호작용적 독서치료다. 이는 독서치료자가 참여자에게 적절한 자료를 제공한 후 그 자료와 참여자가 치료적으로 상호작용할 수 있도록 치료적 개입을 하는 유형이다. 치료적 상호작용을 촉진하는 방법으로 질문이 있는데, 독서치료자는 질문을 통하여 참여자로 하여금 문학적 텍스트에 몰입하도록 이끌고 동일시, 정화, 통찰이 더 잘 일어나도록 촉진한다.

셋째, 표현예술치료로서의 독서치료다. 참여자는 자신의 내면에서 일어나는 여러 가지 문제를 해결하기 위해 치료가 필요하다. 이 유형은 문제를 가진 사람이 자신의 내면의 문제를 밖으로 표현하기 시작할 때 해결방법을 찾을 수 있다고 본다. 자신의 충격적 경험이나 문제를 말이나 글로 표현해 내도록 하여 문제해결에 대한 접근을 시작한다. 글쓰기, 시치료 등이 해당된다.

3. 독서치료의 발전과정

1) 미국

독서치료에 관한 연구가 가장 앞선 나라는 미국이라고 볼 수 있다. 미국에서 독서치료가 일찍 발달하게 된 데에는 몇 가지 요인이 있다. 첫째는 종교적인 영향으로 환자에게 성경과 종교서적을 읽게 한 것이다. 둘째는 전쟁에 의한 영향으로 제1차 세계대전 후에 육군병원의 발달과 더불어 환자에게 도서관 봉사가 실제화되기 시작했고, 뒤이은 제2차 세계대전으로 독서치료 연구의 기초를 확립하게 된 것이다. 셋째는 정신의학과 심리학의 영향으로 독서치료의 이론과 실제 연구가 체계화된 것이다. 이 외에도 미국에서 독서치료가 오늘날처럼 발달한 것은 미국의 시골 곳곳에까지 건립되어 운영되고 있는 도서관 발달의 영향이라고 할 수 있겠다.

독서치료에 대한 과학적인 연구가 이루어지고 병원에서 그 적용이 활발하게 이루어진 것이 20세기 들어서이므로 독서치료의 발전과정은 20세기 이전과 이후로 나누어 살펴보고자 한다. 그리고 20세기는 전반기와 후반기로 나누어 역사적인 변천을 개괄하며, 20세기 이전의 흐름은 미국뿐 아니라 유럽 전반에서 이루어진 것을 다룬다.

(1) 20세기 이전

고대 그리스 작가들이 이미 읽기의 치료적인 효과를 잘 알았던 것으로 보아, 독서치료는 고대부터 시작되었다고 볼 수 있다. 예를 들면, 아리스토텔레스(Aristotle)는 『시학(Poetics)』에서 카타르시스에 대하여 논의하면서 문학뿐 아니라 다른 예술이 사람에게 치료를 가능하게 하는 정서를 불러일으킨다고 이야기했다. 이러한 사실을 입증이라도 하듯 비슷한 문구들이 옛 도서관에서 발견되었다. 즉, B.C. 300년경 알렉산드리아에서 발견된 도서관에는 '마음의 약'이라는 문구가, 그리고 테베의 도서관에는 '영혼을 치유하는 장소'라는 문구가 적혀 있다. 또 스위스

생갈 중세 대수도원의 애비(Abby) 도서관에는 '영혼을 위한 약 상자'라는 비슷한 문구가 새겨져 있다. 이것은 사람들이 책을 소중하게 여겼다는 것을 보여 준다. 더불어 당시의 사람들이 책이 가지고 있는 교육과 치료의 힘을 통해 생활이 질적으로 풍부해진다는 것을 잘 알고 있었음을 드러내 준다.

독서치료 연구자들에 따르면 1800년대 초에 벤저민 러시(Benjamin Rush)가 미국인으로는 처음으로 정신적·육체적으로 건강하지 못한 사람들에게 성경과 종교서적을 처방하여 독서를 권장했다고 한다(Rubin, 1978a). 18세기 말까지 프랑스와 영국과 이탈리아에서는 마음이 아픈 사람을 치료하는 데 책이 사용되었으며, 1900년까지는 도서관이 거의 대부분 유럽 정신병원의 일부가 되었다.

맥대니얼(McDaniel), 비티(Beatty), 튜스(Tews) 등은 독서치료의 개념과 병원 도서관 서비스의 발달을 조사하는 글을 발표했다. 그러한 글을 바탕으로 오늘날의 도서관 서비스가 눈에 띄게 성장해 온 것을 다룸으로써 독서치료의 역사적인 개관을 살펴보고자 한다(Moody & Limper, 1971).

의사인 갈트 2세(J. Galt II)는 도서 서비스의 치료적인 특성에 대하여 처음으로 책을 펴낸 미국인이다. 그는 19세기 중반에는 정신질환자를 위하여 어떤 자료를 선택해야 하는지에 대해 매우 진지하게 고려했으며, 주로 신앙과 도덕적인 내용을 다룬 책을 추천했다. 물론 독자가 특별히 요구하지 않으면 너무 어렵지 않고 재미있는 일반적 특성을 가진 책으로 선택의 폭을 넓혔다. 그는 1840년에 환자의 책 읽기와 선택, 도서 취급을 결정하는 일반 규칙을 만들기도 하였다.

(2) 20세기 전반기

20세기 들어서면서 독일과 미국에서는 독서치료라는 아이디어가 도서관 사서를 통해 시작되었다. 영국에서는 정신과 환자를 위해 도서관 사서와 사회복지사가 협력하게 되었는데, 사회복지사의 경우 책을 읽는 것이 통찰과 치료의 자원이 된다는 결론을 얻은 사람들이 협력하게 되었다(Crago, 2006).

20세기 초에는 처음으로 훈련받은 사서가 있는 병원 도서관이 설립되었다. 그 후 미국 도서관협회는 제1차 세계대전이 일어났을 때 무장한 군인에게 잘 짜인 도서관 서비스 프로그램을 후원했다. 미국 의회는 부상당한 군인의 보호를 위하여 그 후원금을 승인했고, 전쟁 후에 재향군인 원호국은 재향군인에게 병원을 관리 하게 하고 도서관 서비스도 제공했다. 딜레이니(Delaney)는 앨라배마의 터스키기 (Tuskegee) 재향군인 병원에서 훌륭한 공헌을 한 도서관 사서로서 독서치료의 선 구자로 불렸다(Gubert, 1993). 그녀는 1938년에 「병원에 있는 독서치료 장소(The Place of Bibliotherapy in a Hospital)」라는 논문을 발표했다. 그녀는 많은 사람이 병원에 입원할 때가 되기 전에는 책 읽을 여유를 갖지 못한다는 것을 깨닫고 정신 과 환자가 입원해 있는 시기를 그들이 독자가 될 기회로 삼았다. 폼로이(Pomeroy) 는 1930년대에 독서치료에 대한 많은 글을 발표하였으며, 1937년에는 62재향군 인 원호국 시설 안에 있는 환자 1,538명의 독서 흥미를 연구한 논문을 발표했다.

미네소타에 있는 도서관 관리자인 존스(Jones)는 병원 도서관 사서를 위한 첫 번째 도서관학교 연구과정을 계획하고 집행했다. 그녀는 치료 프로그램을 계획할 때 여러 정신과 의사의 도움을 받았는데, 그중 캠먼(Kamman) 박사는 의학계 내에 서 독서치료를 활발하게 촉진시킨 한 사람이다.

미국 도서관협회는 20세기 초에 병원과 시설 도서관을 위해 적극적인 후원을 시작했다. 그리고 1931년에 의회는 첫 번째 법안을 통과시켜 점자책을 맹인에게 배포하였고, 1934년에는 음성 지원이 되는 책을 시각장애자에게 우편 요금을 내 지 않고도 이용할 수 있도록 했다.

1930년대와 1940년대에는 심리치료자와 정신분석가들이 책을 환자의 가장 깊 은 부분의 정서에 접근할 수 있는 치료 수단으로 보고 독서치료를 활용했다. 아울 러 정신병원에서는 치료를 총괄하는 의사 한 명과 시행하는 전문사서 한 명이 팀 이 되어 치료방법으로 책을 읽는 활동을 포함한 치료 프로그램을 사용했다(Tews, 1969).

독서치료에 대한 관심은 1940년대에 크게 증가하였고, 이에 따라 1950년대까 지 독서치료에 대한 논문은 약 400편에 이르게 되었다(Rubin, 1978b). 제2차 세계 대전은 군대와 재향군인 병원에 도서관 서비스의 새로운 활성화를 가져오게 했 다. 그러나 동시에 다른 형태의 활동치료가 소개되기 시작했다. 이런 전문화된 치료를 위한 부서가 모든 대형 병원에서 설립되었고, 이들 부서에서 일하기 위한 치료사를 훈련시키는 과정이 시작되었다. 그리하여 점점 병원 도서관에 대한 관심이 줄어들면서 병원에서의 도서관 서비스는 공공 도서관에 의해서 재조직되거나 축소되고 심지어 폐지되었다. 그러나 치료 범위가 확대되면서 독서치료는 다시 필요하게 되었고 그 영역이 교육과 심리학에까지 퍼지게 되었다.

독서치료 분야에서의 획기적인 연구는 1949년 슈로즈에 의해 이루어졌다고 볼 수 있다. 그녀는 독서치료에 대한 첫 번째 박사학위 논문을 썼는데, 그 논문에서 이론적이고 임상적인 연구를 다루었으며 독서치료가 심리치료의 한 방법으로 사용될 수 있음을 보여 주었다.

(3) 20세기 후반기

1959년에 그리퍼는 브루클린에 있는 병원에서 시치료 집단을 조직했다. 그때 이후로 많은 병원과 임상기관에서 비슷한 집단을 만들었고, 그러한 움직임은 널리 확산되었다.

1962년에는 튜스가 편집자로 있으면서 독서치료에 많은 공헌을 한 『라이브러리 트렌드(*Library Trends*)』를 발간했다. 이어서 1964년에는 세인트루이스에서 미국 도서관협회의 연례 회의와 함께 독서치료에 대한 워크숍이 개최되었다. 이 워크숍은 정신의학, 임상심리학, 정신과 간호학, 사회사업 관련 분야의 대표자, 레크리에이션 및 작업치료 실무자, 도서관 사서와 관련된 32개 부서에서 온 관찰자 등 다양한 분야에 종사하는 사람들이 참여한 것으로 유명했다.

1967년에는 재향군인 원호국에서 『We Call It Bibliotherapy』라는 참고도서 목록을 발행했다. 여기에는 1900년부터 1966년까지 병원에 입원했던 성인 환자를 위해 출판된 독서치료 관련 참고도서가 수록되어 있다. 그리고 플랜도프 (Flandorf, 1967)는 『어린이들이 시설 상황에 잘 적응할 수 있도록 도와주기 위한 책들(*Books to Help Children Adjust to a Hospital Situation*)』이라는 책의 목록을 편찬했다.

근래 들어 사람들은 독서치료를 사회학과 교육을 보조하는 것으로 시도해 보고

있다. 인디애나 주에 있는 앤더슨 대학교의 사회복지학과장인 클리어(Clear, 1966)
는 학생의 태도와 가치관을 발달시키기 위해 그의 수업에서 소설과 전기를 사용했
다. 뉴욕 주립 도서관에서는 그의 자료를 도서관 후원 프로그램으로 제안하여 발
행했다. 심리학적이고 사회학적인 관점을 나타내는 책으로는 포터필드
(Porterfield, 1967)가 쓴 『적응을 위한 거울(*Mirror for Adjustment*)』을 들 수 있다.
이것은 『거울, 거울: 책 속에서 자기 자신을 보는 것에 대하여(*Mirror, Mirror: On
Seeing Yourself in Books*)』의 개정판이다.

교육적인 관점은 자카리아와 모지스(Zaccaria & Moses, 1968)가 쓴 『독서를 통
한 인간 발달의 촉진: 가르치고 상담하는 과정 중의 독서치료 활용(*Facilitating
Human Development Through Reading: The Use of Bibliotherapy in Teaching
and Counseling*)』이라는 책에서 발견된다. 리디(Leedy, 1969)는 『시치료(*Poetry
Therapy*)』라는 책을 편집·출판했다. 이 책에서는 시치료 운동의 역사와 발달
상황을 살펴보고, 시 치료자의 전국 연합을 제안하고 있으며, 시 치료자를 훈련
하기 위한 교육과정을 제시하고 있다.

독서치료와 치료적인 도서관 서비스 확대에 대한 지속적이고 다양한 관심은 우
선 양적으로 많은 자료를 모아야 하며 현재 사용하는 자료와 방법을 반드시 평가
해야 한다는 것을 강조하게 했다. 자카리아와 모지스(1968)는 독서치료가 다른 치
료 기술을 대체할 수 없으며, 모든 목적을 위해 모든 사람에게 사용될 수 있는 방
법은 아니라고 주장했다.

현재 미국에서는 시치료가 독서치료로 불릴 만큼 대중적이며 매해 시치료 학회
가 국제적 규모로 열리고 있다.

2) 일본

일본에서는 'bibliotherapy'를 독서요법이라고 번역하여 1937년경부터 사용했
다. 독서치료에 대한 본격적인 연구는 1950년에 사카모토 이치로(阪本一郎)가 쓴
『독서지도(讀書指導)』에서부터 시작되었다. 사카모토 이치로는 심리학을 전공하

여 임상 쪽에도 관심을 가지고 있었기에 독서치료를 소개하는 데 그치지 않고 부적응 아동을 책으로 치료할 수 있다고 기술했다.

일본에서 실시된 독서치료와 그 연구에는 크게 두 가지 흐름이 있다. 하나는 학교에서 학생을 대상으로 성격과 생활 태도를 바꿀 수 있다는 관점에서 시작된 것이다. 즉, 학생지도와 관련하여 인성지도 방법으로서 독서치료를 도입·전개해 왔다는 점이 미국과 다르다고 볼 수 있다. 다른 하나는 실제 현장에서 특히 비행청소년을 대상으로 독서치료를 한 사례를 다루는 것이다. 그 대표적인 예로 가정재판소에 근무하는 오오다미 사다오(大神貞男)는 범행소년을 독서치료로 치료한 사례를 발표했으며, 1973년에는 10여 년의 현장 체험을 기초로 하여 독서치료의 이론과 방법을 실례와 함께 수록하여 출간했다.

일본에서는 1963년에 성격 형성이나 문제 행동을 치료할 때 필요한 도서 목록, 즉 문제 유형에 맞는 도서목록을 만들기 시작했고, 1966년에는 사카모토 이치로(阪本一郎) 등에 의해 『독서요법(讀書療法)』이라는 입문서가 출판되었다. 이 책에는 폭력, 협박, 가출, 반항, 성폭행 등의 비행청소년을 대상으로 독서치료를 실시하여 치료한 사례가 다수 소개되어 있다.

3) 한국

(1) 학계에서의 연구

한국에서의 독서치료 연구는 1970년대 후반부터 이루어졌다고 볼 수 있다(변우열, 1996). 1960년대에 유중희(1964)는 해니건(Hannigan)의 글을 「도서관과 비부리오세라피」로 번역하여 소개했고, 김병수(1968)가 처음으로 '인성치료를 위한 독서요법'이라는 용어를 사용했다.

1970년대 이후 한국에서 이루어진 독서치료에 대한 연구들은 일본에서의 연구 흐름과 같이 고등학교에서 징계를 받은 학생들과 학교생활에 적응을 하지 못한 학생들을 대상으로 한 연구(김용태, 1986; 윤달원, 1990) 등 비행청소년을 대상으로 한 연구(변우열, 1990, 1996)가 주류를 이루었다.

그러나 1985년 이후에는 그 외에도 병원의 신경정신과와 병원 도서관에서 독서치료가 어떻게 실시되고 있는지에 대하여 연구한 논문(김태경, 1985; 이종숙, 1986; 장귀녀, 1985)이 출간되었다. 그리고 1990년도 후반에는 초등학생을 대상으로 자아개념과 인간관계를 증진시키며(권혜영, 2004; 최선희, 1997), 주의력결핍과 과잉행동을 줄이는 데(김욱준, 2000) 독서치료가 어떤 효과가 있는지에 대한 논문이 나왔다.

독서치료에 대하여 이론적으로 언급된 저서로는 손정표(2000)와 황의백(1996)이 그 정의와 역사, 기본 원리와 방법뿐 아니라 외국 사례를 소개한 것이 있다. 독서치료 관련 이론서로는 한국독서치료학회의 『독서치료』(김현희 외, 2001, 2004), 『독서치료의 실제』(김현희 외, 2003), 『시치료』(Mazza, 2005), 『발달적 독서치료의 실제』(양유성 외, 2008) 등이 있다. 『비블리오테라피』(Gold, 2003)와 그 외 문학치료, 이야기치료, 저널치료, 글쓰기치료에 대한 책도 다수 출간되었다(변학수, 2005, 2006, 2007; 양유성, 2004; 이영식, 2006; 한국도서관협회 독서문화위원회, 2008; Adams, 2006a, 2006b; Jacobs, 2008; Morgan, 2003, 2004; Pennebaker, 2007).

① 학위논문

독서치료는 교육학, 심리학, 문헌정보학, 문학, 사회복지학 등과 관련되어 있다. 그러나 아직 우리나라에서는 이들 학문 간의 연계가 잘 이루어지고 있지 않다. 우리나라에서 독서치료와 관련하여 나오는 학위논문은 주로 문헌정보학과, 국문과, 독서지도학과, 독서교육학과 및 상담대학원의 독서치료 분야에서 배출되며, 교육대학원의 상담심리 전공, 간호학과, 아동학과에서 배출되고 있다.

학위논문은 주제별로 볼 때 생활지도나 발달적 독서치료의 측면에서 자아개념이나 자아정체감과 자아존중감에 관련된 논문이 가장 많다. 특수한 문제를 다룬 것으로는 암 환자, 분노 조절, 우울증, 스트레스 감소, 자폐성 아동, 주의력결핍, 따돌림, 이혼, 부정적 정서 해소 등에 관한 것이 있다. 대상별로는 유아에서부터 초등학생, 청소년, 중년, 노년에 이르기까지 다양해지고 있고, 시설 아동을 대상으로 한 논문도 나오고 있다. 그리고 도서관과 사서의 역할을 점검해 본 연구로는 독서치료의 적용을 위한 공공 도서관 봉사와 공공 도서관의 운동사를 다룬 연구가 있다. 학위논문의 연도별, 학위논문 연구 대상의 연령별, 주제별 발행추이는 다음 그림과 같다.

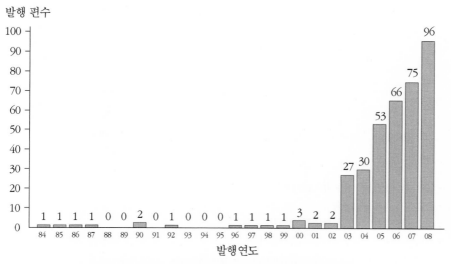

[그림 1-1] 국내 독서치료 관련 학위논문 연도별 발행 추이

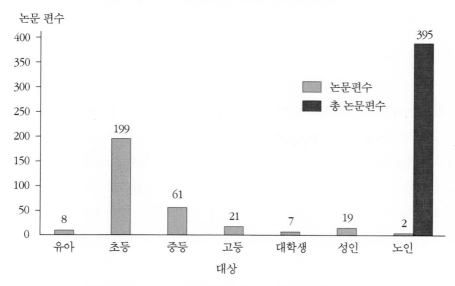

[그림 1-2] 국내 독서치료 관련 학위논문 연구 대상의 연령별 분포(1984~2009)

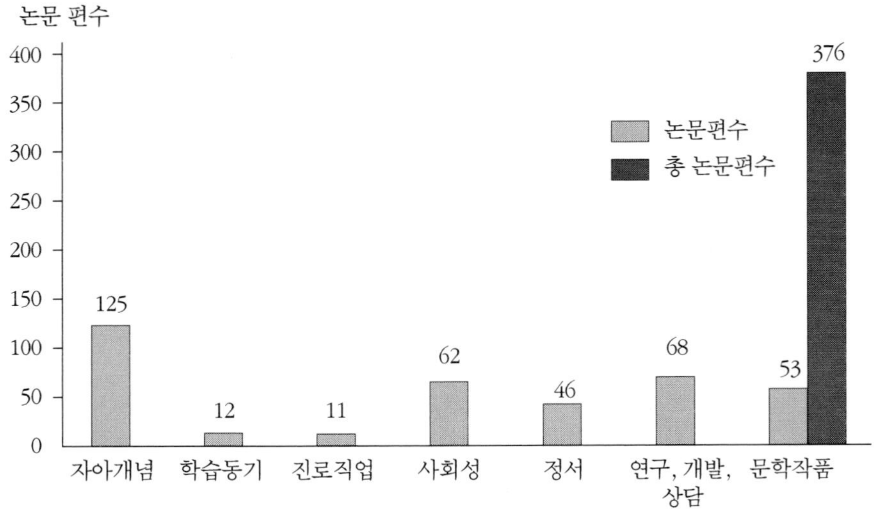

- 자아개념(정체감 · 자존감 · 자기효능감)
- 학습동기(학습향상 · 학습기술 · 학습성취 · 성취동기 · 학업자아)
- 진로(진로결정 · 진로상담 · 진로발달 · 직업)
- 사회성(부적응 · 사회성발달 · 갈등 공격성 · 또래관계 · 적응 · 통제력 · 유능감 · 무기력 · 관계)
- 정서(부정적 정서 · 정서지능 · 불안 · 우울 · 공감능력 · 분노 · 스트레스)
- 독서치료 · 문학치료 · 이야기치료 · 상담(연구 프로그램개발 · 통합연구)
- 문학작품(시 · 도서 · 영화 · 문학 · 읽기 · 쓰기)

[그림 1-3] 국내 독서치료 관련 학위논문의 주제별 분포(1984~2009)

이러한 학위논문은 주로 실험 연구가 많은데, 사전검사를 실시하고 독서치료를 한 후 사후검사를 실시하여 그 효과를 보는 연구가 대부분이다. 그러나 연구방법상 독서치료만의 효과라고 보기는 어려울 정도로 변인 통제가 미흡하고 도서 선정 면에서 많은 문제점을 안고 있다. 드물게는 현상학적 접근을 하여 심층 면담을 한 예를 들면서 우리나라의 독서치료 현황을 잘 설명하고 있는 논문도 있다(송영임, 2003). 자세한 학위논문 내용에 대해서는 10장에서 구체적으로 다루며 한국에서 발행된 독서치료 관련 학위논문의 목록은 부록으로 제시하였다.

② 학회 활동

1999년부터 한국어린이문학교육학회 안에 독서치료연구회가 결성되었고, 2003년 3월에는 그 분과 모임이 한국독서치료학회로 발족되었으며 독서치료사와 독서치료 전문가를 위한 자격 규정도 엄격하게 제정되었다. 한국독서치료학회는 호남지회와 영남지회도 만들어 교육과정을 지방으로 확장하고 있다.

더불어 건국대학교에서 한국문학치료학회, 경북대학교에서 한국통합문학치료학회, 강원대학교에서 한국인문치료학회도 발족하여 활동을 하고 있다. 그 밖에 학회 활동은 아니지만 부산대학교 문헌정보학과의 김정근 명예교수는 대학원 수업을 통해 독서치료를 강의하면서 자가 치료 관점에서 독서치료의 효과를 검증하고 있으며, 많은 독서치료 관련 논문을 배출시키고 있다.

(2) 독서치료 교육기관

독서치료에 관한 교육은 몇몇 대학교의 부설기관에서 이루어지고 있다. 성균관대학교 생활과학연구소에서는 독서치료 전문가과정을 1년 과정으로 개설하였다가 한국독서치료학회의 독서치료 전문가과정으로 옮겨 계속 교육과정을 진행하고 있다. 서울교육대학교, 동아대학교, 부산대학교, 연세대학교, 충남대학교, 신라대학교, 전남대학교, 방송통신대학교의 사회교육원과 평생교육원에서 독서지도사 심화과정과 독서치료사과정을 개설하고 있다. 한국심성교육개발원은 독서치료과정을 개설하여 독서치료사 자격증을 주고 있다.

대학원과정으로는 경북대학교의 문학치료학과가 2004년 1학기부터 석·박사과정으로 개설되었고, 평택대학교의 상담대학원에 독서치료 분야에서 석·박사과정이 2006년부터 열리고 있다. 관련 학과로는 가톨릭대학교 교육대학원에 독서교육학과와 경기대학교 국제대학원에 독서지도학과가 석사과정으로 개설되어 있다.

동영상 강의는 열린 사이버 대학의 예술상담학과와 카운피아, 글나라 독서교육연구소 등에서 이루어지고 있다.

(3) 독서치료 시행기관

현재 우리나라에서 독서치료가 가장 많이 이루어지고 있는 곳은 공공 도서관과 초 · 중 · 고등학교의 방과 후 프로그램, 교육복지실 프로그램, 그리고 지역 아동센터다. 주로 왕따 예방과 자아존중감 및 사회성 증진을 위해 실시되고 있다. 초등학교에서는 한부모 아이 대상, 중 · 고등학교에서는 학교 부적응 학생과 폭력 관련 학생 대상으로 진로 탐색 프로그램과 함께 이루어지는 경우가 많다. 그 외에도 노인 복지관을 비롯한 사회복지관과 쉼터(가정폭력, 성폭력, 성매매 여성, 노숙자), 교도소와 개인 클리닉, 병원에서 이루어지고 있으며, 일부 교회 및 정신건강센터와 병원의 정신과에서 자원봉사로 이루어지는 경우도 있다.

4. 독서치료의 원리

독서치료의 원리를 이해하기 위해서는 책을 읽는 동안 독자의 내면세계 속에서 무엇이 일어나고 있는지를 이해해야만 한다. 이를 위해서는 ① 독서행위론적 관점, ② 정신분석학적 관점, ③ 서사적 관점, ④ 두뇌생리학적 관점과 같은 다양한 관점이 있을 수 있다(이영식의 독서치료, www.bibliotherapy.pe.kr).

1) 독서행위론적 관점

책을 읽는 과정은 인간의 총체적 정신 능력과 관련이 있다. 즉, 책을 읽을 때 신체적으로도 준비되어 있어야 하고 감각, 지각, 정서, 경험, 사고, 학습 등의 모든 측면이 함께 작용해야 한다. 따라서 책을 잘 읽어 낸다는 것은 인간의 총체적 정신 능력이 건강하게 작동하고 있다는 것이라 볼 수 있다. 그러므로 책을 읽는다는 것은 단순히 의미를 도출해 내는 해독의 과정이나 단순한 의미 전달에 그치는 행위가 아니며, 독자가 자신의 경험을 토대로 글을 분석, 종합, 추론, 판단하는 주체적인 사고과정이라는 점에서 독서치료의 근거를 찾아볼 수 있다.

인간은 수많은 정보를 받아들여(입력) 생각한 다음 표현하는(출력) 정신적 유통의 존재다. 입력된 정보를 단순히 반복하는 것이 아니라 고도의 정신 능력으로 재구성하는 것이다. 인간은 이러한 유통의 전체 과정을 거쳐서 성숙하게 되며, 독서치료자는 그 과정에 관심을 가지고 문제 영역에 개입함으로써 치료 효과를 거두는 것이다.

2) 정신분석학적 관점

(1) 동일시의 원리

동일시는 특정 인물의 태도, 감정, 행동을 마치 자기 자신의 체험인 것같이 느끼고, 결과적으로 그 태도, 감정, 행동을 자기 것으로 받아들여 그와 같이 행동하는 무의식적 과정이다. 독서치료의 경우는 독서치료 자료에 나오는 등장인물의 성격, 감정, 행동, 태도를 자기의 내면에 받아들여 그런 상황을 만들게 된다.

(2) 카타르시스의 원리

정신분석에서 카타르시스는 감정 정화라고 하는데, 치료적인 면에서 볼 때는 내담자의 내면에 쌓여 있는 욕구불만이나 심리적 갈등을 언어나 행동으로 표출시켜 충동적 정서나 소극적인 감정을 발산시키는 것을 말한다. 독서치료에서의 카타르시스는 책 속의 등장인물의 감정, 사고, 성격, 태도에 대한 감상을 표현하면서 일어난다. 이러한 등장인물에 대한 감상을 표현하는 것은 사실 내담자 자신의 내면적인 정서나 사고, 성격, 태도의 투영이기 때문에 다른 심리치료에서 흔히 볼 수 있는 저항을 받지 않는다. 이러한 카타르시스를 경험하면 부정적 감정에서 해방되면서 통찰이 가능하게 된다.

(3) 통찰의 원리

통찰은 자기 자신이나 자기 문제에 대하여 올바른 객관적 인식을 갖는 것을 의미한다. 독서치료자는 내담자에게 자신과 비슷한 문제에 봉착한 책 속의 등장인물이 어떻게 그 문제를 긍정적으로 해결해 나가는지를 스스로 깨닫도록 도움으로써 통찰이 일어나도록 촉진한다. 따라서 독서치료에서의 통찰은 계속적인 치료과정을 통해 책 속의 등장인물의 행동을 스스로 깨닫도록 함으로써 내담자 자신의 욕구를 충족시킬 수 있는 카타르시스를 동반한 감정적 통찰력을 갖게 하는 것이다.

3) 서사적 관점

서사(narrative)란 이야기를 기술하는 행위와 내용 그리고 그 행위에 의해 쓰인 작품(text)을 통칭하는 개념이다. 서사적 관점에서 볼 때 인간은 서사적 존재다. 즉, 인간은 이야기를 만들어 가는 주체로 존재하며, 이야기 듣기와 자신의 이야기를 들려주기를 좋아한다. 책에 치료하는 힘이 있는 이유는 이야기를 담고 있는 매체이기 때문이다. 이러한 서사의 치료하는 힘을 발견하고 임상치료에 적용하려는 분야가 이야기치료인데, 이는 독서치료와 같은 맥락에 있다고 볼 수 있다.

4) 두뇌생리학적 관점

독서의 치료 효과를 두뇌 생리학적 관점에서 깊이 연구한 글렌도만(Glendorman) 박사는 평생을 중증 뇌장애자를 치료하는 동안 읽기를 가르치는 것이 뇌장애 치료에 탁월한 효과가 있음을 발견했다. 그는 연구를 통해서 인간의 감각 경로(시각, 청각, 촉각)와 운동 경로(운동, 말하기, 손 사용하기)와 두뇌 발달이 밀접한 상관관계를 갖는다는 것을 밝혀냈다. 일반적으로 중증 뇌장애자의 부모는 자녀가 지능이 낮기 때문에 읽을 수 없다고 가정하고 책을 읽을 수 있는 환경을 아예 제공하지 않는다. 그러나 안타깝게도 뇌장애아는 독서 경험을 해 본 적이 없기 때문에 뇌의 구조가 충분히 발달하지 못하고, 그렇기 때문에 읽기 능력과 생각하는 힘이 저하된다. 다시 말하면, 중증 뇌장애자에게도 충분히 책을 읽도록 해 주면 정상아동과 큰 차이 없이 지능이 발달한다는 것이다.

5. 독서치료의 목적과 가치

사람이 놀이와 미술 활동과 음악을 통해 자신의 내적인 정서를 자유롭게 표현하듯이, 책은 자기방어를 가장 적게 하면서 자신을 표현할 수 있게 하는 매개체다. 왜냐하면 문자언어가 덜 공격적이고 대답을 강요하지 않는 자연스러운 방법으로 참여자의 경험과 생각을 이끌어 내기 때문이다. 이처럼 독서치료는 참여자가 문학작품을 통하여 다양한 경험을 함으로써 부담 없이 자연스럽게 자신을 표현할 수 있도록 해 준다. 이러한 치료는 참여자의 심리적인 문제와 발달해 가면서 겪는 어려움을 돕기 위해 계획된 것이라고 할 수 있다.

이 절에서는 독서치료의 가치와 목적 면에서 조수아와 디메나(Joshua & DiMenna, 2000)의 독서치료의 가치와 돌과 돌(1997)의 일곱 가지 목적을 먼저 소개한 후 하인스와 하인스-베리(1994)의 견해를 소개하고자 한다.

1) 조수아와 디메나의 견해

조수아와 디메나(2000)는 자기계발서가 임상 실제에서 매우 효율적이라고 주장하였다. 그들은 학대, 중독, 입양, 노화, 분노, 만성 질환, 이혼, 섭식장애, 동성연애와 성 전환, 슬픔과 상실, 불임, 약물치료, 정신질환, 돈, 육아/가족, 관계, 영성, 작업장에서의 이슈 등으로 주제를 나누어 책을 소개하였으며, 그들이 제시한 독서치료의 일곱 가지 가치는 다음과 같다.

① 정보를 제공하기 위해서
② 통찰을 주기 위해서
③ 문제에 대한 토의를 격려하기 위해서
④ 새로운 가치와 태도를 나누기 위해서
⑤ 다른 사람도 비슷한 문제를 가지고 있다는 것에 대한 인식을 하도록 하기 위

해서

⑥ 문제의 해결책을 제시하기 위하여

⑦ 문제에 대한 현실적인 해결책을 제시하기 위해서

2) 돌과 돌의 견해

돌과 돌(1997)은 여러 학자의 주장을 정리하여 독서치료의 목적을 다음과 같이 일곱 가지로 제시하고 있다.

① 책을 읽는 참여자 개인에 대한 통찰과 자기이해를 증진시키고자 하는 것이다. 독서 치료의 가치는 자기 자신을 더 잘 알고 인간의 행동을 이해하며 자신의 흥미 와 타인의 관심사를 발견할 기회를 갖는다는 데 있다. 치료를 통해 얻는 통찰 이란 참여자가 책을 읽는 동안 느낀 것을 정확히 알도록 돕는 것이다(Bump, 1990). 더 나아가 책을 읽는 동안 생긴 정서는 자기에 대해 알고 있는 것을 통 합시켜 준다(Hynes, 1990). 콜빌(Colville, 1990, p. 35) 역시 독서치료에서의 통찰은 책을 읽는 사람이 자신 안에 숨겨져 있는 것들을 발견하고 파악하게 해 주며, 자신 안에 있는 은밀한 상처나 분노 또는 욕구를 표면화할 수 있도 록 해 주는 것이라고 했다. 전경원(Jeon, 1992)도 독서치료가 인간 행동에 대 한 심리적 지식, 자신과 같은 문제를 가지고 있는 사람들의 기본 동기에 대한 이해, 자신의 행동에 의해 생긴 어려움을 밝히는 것이라고 했다.

② 정서적인 카타르시스를 경험하도록 하기 위한 것이다. 이 목적은 개인의 통찰을 증진시키고자 하는 목표와 관련이 있다. 카타르시스란 책을 읽는 사람이 문 학작품 속의 등장인물과 같은 느낌을 경험할 때 등장인물과 자신을 동일시함 으로써 정서적·심리적 긴장을 이완하는 것이다. 코먼과 애슐리(Corman & Ashley)는 카타르시스가 독자들의 긴장을 정화시키고 순화시킴으로써 그들 자신을 더 잘 이해할 수 있도록 도와준다고 주장했다. 어떤 이들은 정서적 긴 장의 이완 자체가 치료적인 효과를 가진다고 이야기한다(Chatton, 1988;

Halsted, 1988). 전경원(1992)에 따르면 책을 읽은 후의 느낌은 참여자가 경험하는 다른 자발적인 정서보다 더 예측하기 쉽고 통제하기 쉽기 때문에 참여자가 잘 대처하고 성인이 더 쉽게 도와줄 수 있도록 해 준다는 것이다.

③ 매일의 문제를 해결하도록 도와주기 위한 것이다. 독서치료는 참여자가 겪는 정서적인 혼란에 잘 대처하도록 해 주는 좋은 방법이다(Hendrickson, 1988). 설리번(Sullivan, 1987, p. 875)은 "독서치료 프로그램의 목적은 책을 읽는 사람들을 즐겁게 하려는 데 있는 것이 아니다. 신중하게 선정된 책들은 독자 자신의 문제를 해결하기 위하여 토론을 유도하는 촉매제로 사용하게 된다."라고 했다. 전경원(1992, p. 17)은 유능한 아동에게 독서치료를 사용할 것을 주장하면서, "독서치료는 머리가 좋은 아동이 개인적인 문제와 학업의 문제들을 해결하도록 도와준다."라고 했다. 독서치료는 책을 읽음으로써 독자들이 실생활에서 직접 고통을 겪지 않고도 상상을 통하여 문제 상황을 분석하며 다양한 해결을 할 수 있도록 해 준다(Fraiser & McCannon, 1981; Hebert, 1991). 그리고 문학작품은 독자가 혼자서는 미처 생각하지 못했던 문제에 대한 해결책을 제시하거나 그 해결책에 대한 결과를 묘사해 줌으로써 도움을 준다(Jeon, 1992; Pardeck & Pardeck, 1984). 이러한 문학작품의 특성이 참여자가 문제를 잘 해결할 수 있도록 도와주는 것이다.

④ 다른 사람에게 하는 행동이나 타인과 상호작용하는 방식을 변화시키기 위한 것이다. 글래딩과 글래딩(1991)은 "독서치료란 자신과 비슷한 처지에 있는 책 속의 주인공과 동일시함으로써 정서를 순화시키고, 살아가는 데 필요한 새로운 방향을 얻으며, 새로운 방법으로 다른 사람과 상호작용하도록 도와준다."라고 했다. 이처럼 치료를 통해서 행동이 변화한다는 것은 독서치료의 유용성과 효율성을 입증하는 것이라고 할 수 있다.

⑤ 다른 사람과의 효율적이고 만족스러운 관계를 증진시키기 위한 것이다. 독자는 책을 읽고 그 느낌을 다른 사람과 공유하면서 토의 집단에 연결되어 있다는 유대감을 가진다(Chatton, 1988; Lack, 1985). 책은 주인공과 비슷한 자신의 모습을 인정함으로써 개인적인 고립감을 해소시켜 주며 더 깊은 우정을 위한 기

초를 제공하는 것이다. 홀스테드(Halsted, 1988)는 이를 '모든 사람에게 보편 타당한(universalization)' 목적이라고 하면서, 사람들이 직면하는 어려움이 자신만이 겪는 것이 아니라는 것을 인정하는 것은 매우 중요하다고 주장했다. 다른 사람도 자신과 비슷한 문제에 직면하고 있다는 것을 인정하는 것은 문제를 해결하는 첫 단계라고 할 수 있다.

⑥ 일반 참여자와 다른 특별한 문제에 봉착했을 때 정보를 제공해 주기 위한 것이다. 예를 들면, 양부모와의 관계에서 어려움을 겪는 참여자에게 그 관계에 대한 정보를 줌으로써 잘 적응할 수 있도록 해 준다. 콜먼과 가농(Coleman & Ganong, 1990, p. 327)은 입양 가족을 대상으로 책을 읽혀 보고 독서치료가 입양된 아이와 부모에게 입양관계와 그들이 겪을 수 있는 독특한 변화에 대한 정보를 주는 유용한 방법이라고 주장했다.

⑦ 참여자에게 책을 읽는 동안 즐거움을 느끼게 해 주기 위한 것이다(Chatton, 1988). 우리는 책 읽는 즐거움 때문에 책을 읽는다. 따라서 문학작품과 영화가 주는 즐거움은 치료과정에서 중요한 공헌을 한다. 이것은 독서치료의 가장 기본적인 목적이라고 할 수 있다. 독서치료를 하는 과정 중에 참여자는 다양한 장르와 주제의 책을 접함으로써 독서에 대한 자신의 개인적인 흥미를 확인하고, 문학을 통한 심미적인 경험을 통해 즐거움을 느끼게 된다. 더불어 책이나 다른 유형의 문학작품의 가치에 대해 비판적이고 심미적인 안목을 갖게 되기도 한다.

3) 하인스와 하인스-베리의 견해

하인스와 하인스-베리는 상호작용을 강조하면서 왜 독서치료를 하는지에 대하여 크게 네 가지 목표를 제시했다.

① 참여자가 독서치료를 위한 자료와 자기의 삶에 대하여 반응하는 능력을 향상시킨다.

② 자기에 대한 이해를 증가시킨다.

③ 개인적인 대인관계를 명료화해 준다.

④ 현실을 보는 견해를 넓혀 준다.

그들에 따르면 이러한 목표가 어떤 위계성을 가진 것이 아니라 포괄적이며 상호보완적이다. 이러한 목표는 단기간에 이루어지는 것이 아니며 참여자가 살아가면서 지속적으로 발달시켜야 하는 것들이다. 그리고 그들은 이 모든 목표가 참여자의 자아존중감을 향상시키기 위한 것이라는 것을 명심해야 한다고 주장했다.

독서치료는 참여자 모두를 돕기 위한 것이다. 다시 말하면, 개인이 스스로를 존중하고, 자신을 더욱 건강하게 발달시키기 위한 방법을 발견하며, 자기가 처한 여러 가지 문제를 좀 더 창의적이고 독창적인 방법으로 다룰 수 있도록 도와주려는 것이다.

정신질환자도 그렇지만 정상적인 사람의 경우에도 자기의 가치를 잘 알지 못하고 자신을 존중하지 못하는 경우가 많다. 낮은 자아존중감은 일상의 평범한 상황뿐 아니라 힘들고 어려운 상황에서 더욱 문제를 일으킨다. 자아존중감이 낮은 사람은 어려운 상황에 직면하면 더욱 위축되고 절망하며 무력감을 느끼게 되고, 따라서 더 낮은 자아존중감을 갖게 되는 악순환을 겪게 된다.

상호작용적 독서치료는 개개인의 인성의 건강한 측면에 호소함으로써 낮은 자아존중감이 주는 악순환을 해소시켜 주고, 치료가 끝날 때쯤에는 참여자가 자기의 어려운 상황을 더 잘 이해하도록 도와준다. 임상적 독서치료, 발달적 독서치료 모두에서 참여자가 자아존중감을 갖거나 향상시킬 수 있게 되면 일상생활에서 겪게 되는 자신의 내적 혹은 외적인 문제를 더 잘 이해하고 다룰 수 있는 능력을 발달시키게 된다.

다음에서 앞서 제시한 독서치료의 네 가지 주요 목적에 대해서 자세히 살펴보고 목적 설정을 위해 고려해야 할 사항을 알아보기로 하겠다.

(1) 반응하는 능력을 향상시키기

반응하는 능력을 향상시킨다는 것은 독서치료를 통해 참여자가 독서치료 자료나 일상적인 삶에 대해서 느끼는 이미지(image), 개념, 정서 반응을 촉진하고 풍부하게 만든다는 의미로서 매우 포괄적인 목표라고 할 수 있다. 반응 능력을 향상시켜야 하는 이유는 자기이해를 증진시키며, 대인관계를 명료화하고, 현실을 보는 관점을 개선해 주는 독서치료의 세 가지 목적 모두가 독서치료 자료와 토론에 대한 기본 반응 능력에 의해서 영향을 받기 때문이다. 그리고 독서치료의 효과 역시 치료과정을 통해 보이는 참여자의 반응 능력을 통해서 평가될 수 있기 때문이다.

이처럼 반응하는 능력을 향상시킨다는 것은 매우 포괄적인 목표이므로 참여자의 반응하는 능력과 관계된 네 가지 측면, 즉 생각하도록 자극하고 상상력을 자극하기(mental and imaginative stimulation), 아름다움의 자유롭게 하는 특성을 경험하기(experiencing the liberating quality of beauty), 주의를 집중할 초점을 제공하기(providing focus), 그리고 감정을 인식하고 이해하기(recognition and understanding of feelings)로 나누어 자세히 설명하고자 한다.

① 생각하도록 자극하고 상상력을 자극하기

독서치료에 사용되는 자료는 참여자의 사고와 상상력을 자극함으로써 자신에 대한 편견이나 선입관을 해소할 수 있는 방법을 제공한다. 참여자는 시, 노래, 이야기 등의 독서치료 자료를 읽고 들으면서 자신의 내적 문제에 집착하지 않고 외적 세계에 대해서 상상해 볼 수 있다. 그리고 자료에 제시된 건전하고 새로운 견해나 주제에 대해서 생각해 볼 수 있으며, 자신들이 지금까지 생각하지 못했던 새로운 관점을 만나고 수용해 볼 수 있는 기회를 갖게 된다. 따라서 독서치료 참여자에게 자료를 주는 것은 참여자가 자신의 외적인 세계에 대해 새롭게 인식하도록 함으로써 정서와 사고 발달에 효과적인 치료 자극을 제공하는 것이다.

② 아름다움의 자유롭게 하는 특성을 경험하기

독서치료 과정은 참여자가 아름다움의 특성을 경험할 수 있는 기회를 제공함으로써 반응하는 능력을 향상시켜 준다. 참여자는 잘 쓰인 시나 이야기를 듣고, 멋진 영화를 보거나 음악을 감상하고, 일상의 작은 아름다움을 보여 주는 이미지에 대해서 생각해 보면서 자연스럽게 기쁨과 행복감을 느끼게 된다. 미의 특성을 인식할 수 있는 사람들은 눈송이의 아름다움과 차가운 배의 맛, 추운 겨울날 바깥에 있다가 실내에 들어왔을 때 느껴지는 따뜻함 등과 같은 일상적인 것에서 기쁨을 느끼고 삶을 즐길 수 있게 된다. 우리 주변에 있는 작은 것에 대해 아름다움과 기쁨을 느끼는 것은 믿음이나 사랑과 같은 더 깊고 포괄적인 아름다움을 민감하게 인식할 수 있는 능력을 발달시킬 수 있다. 따라서 독서치료자는 참여자가 아름다움의 특성을 알고 즐기는 건전한 반응을 많이 할 수 있도록 격려해 준다.

③ 주의를 집중할 초점을 제공하기

독서치료는 주의를 집중할 초점을 제공하고 집중력과 정신적인 훈련을 발달시킬 수 있도록 도와줌으로써 참여자의 반응 능력을 증가시킨다. 어디에 주의를 기울여야 할지 알고 집중하는 능력은 사람마다 다르므로, 독서치료자는 치료과정에서 참여자의 주의집중 능력을 고려해야 한다. 따라서 주의집중이 어려운 사람으로 구성된 집단의 독서치료자는 참여자가 주의를 기울여야 할 초점을 제공하면서 좀 더 적극적으로 토론을 이끄는 것이 좋다. 그렇지만 집중하는 데 별 문제가 없는 참여자를 다루는 독서치료자는 될 수 있으면 치료과정에 개입하지 않는 것이 좋다.

독서치료자는 참여자가 하나의 이미지, 이야기, 정서 또는 가치에 대해 외적으로 표현해 놓은 자료를 집중하여 살펴보도록 함으로써 자신의 반응을 구체화하고 명료화할 수 있도록 도와준다. 참여자가 어떤 생각이나 감정과 관련이 있는 개인적인 의미에 대해서 더욱 깊고 정확하게 살펴보도록 하는 것은 참여자가 그 자료의 주제에 대해서 일반적으로 반응하는 능력뿐 아니라 더욱 집중적으로 깊이 있게 반응할 수 있는 능력을 발달시켜 주는 것이다.

④ 감정을 인식하고 이해하기

독서치료 참여자의 반응 능력을 향상시키는 가장 중요한 방법은 그들이 자신의 감정을 인식하고 이해하도록 도와주는 것이다. 효율적인 독서치료는 참여자가 치료과정을 통해서 자신의 감정에 대하여 반응하도록 도와주며 그 반응을 검토하고 명료화하는 데 목적이 있기 때문이다.

참여자는 자신의 일상적인 감정을 표현함으로써 치료의 효과를 경험하기도 한다. 임상적 독서치료와 발달적 독서치료에서 참여자는 자신이 좋아하는 것과 싫어하는 것, 즐거움과 불편함 같은 일상적인 감정을 표현해 보면서 전에는 미처 느끼지 못했던 자신의 삶과 감정을 새롭게 인식하게 된다.

독서치료자는 참여자가 일상적인 감정과 부정적인 감정을 모두 알아내도록 도울 수 있다. 참여자는 때로는 자신이 무기력하고 가치가 없다고 느끼거나, 현실적인 여러 문제 때문에 몹시 화가 나거나, 우울증 때문에 자신의 상황을 개선하기 위한 어떤 노력도 하고 싶지 않은 부정적인 감정을 갖게 되는 경우가 있다. 이때 독서치료자는 참여자 자신이 알고 있는 부정적인 감정을 그대로 표현하도록 허용해 준다. 그리고 대화를 통해서 참여자가 자신의 부정적인 감정에서 벗어날 수 있도록 도와준다. 물론 참여자가 부정적인 감정 상태에서 벗어나는 정도는 각자가 가지고 있는 부정적인 감정의 강도에 따라서 다를 것이다. 하지만 독서치료 과정을 통해서 참여자는 부정적인 감정을 만드는 현실이 변화되지는 않지만 현실에 대한 자신의 자세는 변화시킬 수 있음을 알게 된다.

독서치료자는 또한 이런 부정적인 감정이 누구나 가질 수 있는 것이기는 하지만 이것이 현실에 대처하고 적응할 수 있는 능력을 마비시킬 수도 있음을 알려 줌으로써 참여자가 자신의 부정적인 감정을 적절하게 다룰 수 있도록 도와주어야 할 것이다. 하지만 치료자가 참여자의 감정에 대한 반응을 다루는 방법과 집단 안에서 참여자와 상호 작용하는 방법은 독서치료 집단과 치료 상황, 그리고 무엇보다 참여자 개인에 따라서 다양하게 변화시켜야 할 것이다.

(2) 자신에 대한 이해를 증가시키기

독서치료의 두 번째 중요한 목적은 참여자가 스스로의 가치를 인정하고 더 정확하게 자기지각(self-perception)을 할 수 있도록 하는 것이다. 자기에 대한 이해를 증진시키는 방법은 참여자의 자아를 반영하며 거울 역할을 하는 독서치료 자료를 본 후에 대화하면서 참여자가 자아에 대해 탐색할 수 있는 상호작용의 기회를 가져야만 가능하다. 물론 독서치료 과정을 통해서 내적 자아를 알게 된다는 것은 항상 유쾌한 것만은 아니다. 슬프고 고통스러웠던 성장과정을 인식하게 되기 때문이다. 하지만 독서치료에서의 대화는 참여자가 자기의 내적 자아를 발견하고 타인과 자아에 대한 이해를 나눔으로써 자신에 대해서 확실하게 알 수 있도록 해준다.

① 단순한 반응에 의해서 자아를 확인하기

학습장애와 발달지체 아동은 독서치료 자료에 대하여 간단하면서도 적절한 반응을 할 수 있는 것만으로도 상당한 자부심을 느낀다. 그러나 발달적 독서치료 참여자 중에도 수줍음을 심하게 타거나 다른 사람에게서 바보 같다는 소리를 들을까봐 두려워서 여러 사람이 있는 곳에서 자신을 표현하지 못하는 사람이 있다.

따라서 독서치료자는 참여자의 단순한 반응을 격려하기 위해서 다음과 같은 사항을 명심해야 한다. 첫째, 참여자가 두려움 없이 쉽게 자신을 표현할 수 있도록 긍정적이고 허용적인 분위기를 마련해야 한다. 둘째, 토론은 자료의 내용에 대한 질문이나 참여자의 문제에 관한 것보다는 참여자의 단순한 정서적 반응에 대한 것부터 시작해서 편안하고 자유롭게 진행할 수 있도록 유도해야 한다.

② 과거를 회상함으로써 자아를 확인하기

참여자의 치료적 반응은 과거에 대한 기억에서 나오기도 한다. 참여자는 독서치료 자료나 특별히 계획된 창의적 글쓰기 과제물을 통해서 과거를 회상해 볼 기회를 갖게 된다. 독서치료 과정 중에 토론을 통해서 자신의 과거 기억을 살펴보는 것은 참여자에게 과거의 기억이 회상할 만한 가치가 있는 것임을 알게 해 준다.

그리고 과거의 기억을 다른 참여자와 토론할 수 있는 재료로 사용하게 하며, 토론을 통해서 과거의 경험을 공유하도록 하는 치료적인 의미를 가진다고 할 수 있다.

독서치료 과정에서 과거에 대한 기억을 하도록 했을 때 참여자가 보이는 반응은 매우 다양하다. 과거의 의미 있는 순간을 되새겨 봄으로써 자신의 새로운 장점을 발견하기도 하고, 오랫동안 잊고 있던 과거의 경험이 지금 자신이 처한 현재 삶의 모습에 대해서 더욱 감사할 수 있게 해 준다는 것을 발견하기도 한다. 때로는 어려웠던 과거의 순간을 떠올리는 것이 현재의 문제에 대한 새로운 해결책을 얻는 데 도움이 된다는 것을 깨닫는다. 과거에는 너무나도 고통스러웠던 경험이 현재는 더 이상 자신에게 아무런 영향을 미치지 않는다는 사실에 기뻐한다. 또한 참여자는 그러한 기억을 얘기할 때 다른 참여자가 자연스러운 것으로 인정해 주는 것을 보면서 편안함을 느끼기도 한다.

③ 자신의 의견을 표현함으로써 자아를 확인하기

참여자가 자신의 의견을 표현하는 것은 그들의 내적 자아를 발견하고 확인하는 가장 직접적인 방법이라 할 수 있다. 독서치료는 참여자 자신의 의견을 표현하는 능력을 발달시키기에 매우 안전하다. 독서치료는 내용에 대한 객관적 확인보다는 감정과 의견에 더 강조점을 두며 참여자가 서로 직접적으로 논쟁을 하지 않아도 되기 때문이다. 예를 들면, 참여자는 "나는 작가의 의견에 동의하지 않아." "내 느낌은 너와 달라." 등과 같이 이야기하는 정도면 충분하기 때문이다. 이처럼 독서치료 자료에 대한 반응을 나누는 것은 참여자에게 자신이 표현하고자 하는 것을 자기 자신과 타인에게 명료화할 수 있도록 도와준다.

알코올 의존증 환자와 약물 중독자를 위한 독서치료 프로그램의 경우에는 1인칭으로 자신의 생각을 말할 때 가장 치료적 효과가 크다. 독서치료의 과정에서 참여자들이 "사람들이 ……라고 이야기 해."라고 말하기보다는 "나는 이렇게 생각해……." 혹은 "내가 보기에는…….."이라고 말하는 것이 자신의 말에 기꺼이 책임을 지려 한다는 것을 의미하므로 더 바람직할 수 있다.

(3) 개인적인 대인관계를 명료화하기

인간은 사회적 동물이다. 따라서 어떤 인간도 혼자서는 살 수 없으며, 그 존재 의미도 찾을 수 없다. 따라서 독서치료의 세 번째 목적은 참여자가 자신과 밀접하게 관계를 맺고 살아가는 타인과의 상호 관련성에 대해서 잘 인식할 수 있도록 도와주는 것이다.

① 보편적인 감정에 대한 인식을 발달시키기

사람들은 지금 현재 자신이 겪고 있는 문제와 상황과 감정이 자신만 경험하는 것이라고 느낄 때 불안하게 된다. 그러나 참여자가 치료과정에서 제시된 자료를 읽고 대화에 동참하면서 그 자료(시, 이야기, 영화 등)에 등장하는 주인공이 자신과 비슷한 어려움을 겪고 있으며 비슷한 감정을 경험한다는 것을 알게 되면 안도감을 느낀다. 또한 긍정적이고 지원을 해 주는 독서치료의 경험을 통해 치료자가 참여자의 말을 정확하고 감정이입적으로 받아들이는 사람이라는 것을 알게 된다. 참여자는 자신의 감정과 문제를 다룰 때 치료자의 도움을 받는다는 것을 알아가면서 그들과 함께 공유하는 감정이 자신이 생각하는 것만큼 잘못된 것은 아님을 자연스럽게 알게 된다.

② 타인에 대한 인식을 발달시키기

자신이 누군가와 의사소통할 수 있다는 것을 아는 것은 타인의 존재를 인식하는 가장 기본 단계라고 할 수 있다. 타인에 대한 인식은 참여자가 들을 수 있다는 것을 아는 그 시점에서 현저하게 증가한다.

따라서 매우 심각한 상태에 있는 환자와 아동, 그리고 자아도취에 빠져 있는 사람을 위한 독서치료 과정에서는 독서치료자가 집단 토론을 할 수 있도록 기본적인 사회화 기술을 알려 줌으로써 치료를 시작할 수 있다. 예를 들면, 독서치료자는 참여자에게 집단의 좌석 배치를 도와달라고 요구할 수 있고, 독서치료에 사용되는 자료를 함께 나누도록 요구할 수도 있다.

아울러 치료자는 참여자에게 서로 지켜야 할 '행동 원칙(ground rules)'에 대해 말해 주어야 한다. 예컨대, 참여자가 말할 때 끼어들거나 말을 가로막아서는 안 되며, 주의가 산만한 행동을 하거나 그 치료시간이 끝나기 전에 일어나면 안 된다 등이다. 이런 행동 원칙은 어떤 사람에게는 다소 강압적인 규칙으로 인식될 수도 있을 것이다. 하지만 독서치료에서 이런 행동 원칙을 세우는 것은 모든 사람은 다 가치가 있으므로 타인을 인정하고 존중해야 하며, 우리는 모두 특정 경험과 감정을 공유하고 있고 다른 사람의 말을 들음으로써 스스로에 대해서 배울 수 있다는 것을 전제한 것이므로 유용하게 활용될 수 있다. 독서치료자는 참여자가 자신의 생각과 견해를 치료자에게만 말하는 것이 아니라 다른 참여자와 공유하게 함으로써 다른 사람에 대하여 인식하고 배려할 수 있도록 해야 한다.

참여자는 다른 사람이 '틀렸다'고 할까 봐 자신의 생각이나 느낌을 말하는 것을 꺼리는 경우도 있다. 따라서 독서치료자는 '옳다' 혹은 '그르다'로 명확하게 구분되는 정답이 없음을 참여자가 인식할 수 있는 토론 분위기를 만들어야 한다. 그리고 참여자가 문학작품이나 다른 사람의 말을 듣고 생각하고 반응하는 과정을 통해 다른 사람을 인정하는 치료 경험을 하도록 토론을 이끌어야 한다.

③ 타인의 감정에 대한 이해를 발전시키기

우리는 매일 다른 사람과 서로 관계를 맺으며 살고 있다. 우리가 다른 사람에 대해 어떻게 반응하고 느끼는지를 무시하려고 한다면 그것은 우리의 존재 자체를 부정하는 것이나 마찬가지다. 우리가 좋아하지 않는 사람을 인정하고 또 그 사람과의 관련성을 이해해야 한다는 사실은 우리를 짜증나게 하고 힘들게 할 수도 있다. 하지만 그런 감정을 인식하는 것은 정신건강에 매우 필요한 과정이다. 독서치료에 사용되는 많은 자료도 사람 간의 상호 의존성에 대하여 다루고 있다. 참여자는 책과 영화 속에 등장하는 사람 간의 상호관계에 대하여 이야기를 나눔으로써 자신의 욕구와 타인의 욕구를 통합하는 것이 얼마나 중요한지를 알게 된다. 따라서 참여자는 치료가 진행되는 동안 그들 자신을 더 잘 이해하기 위하여 다른 사람과 의사소통을 하고, 다른 사람과의 관계를 더 명확하게 이해할 수 있게 하는 다양한 목표를 세워서 활동할 수 있어야 한다.

(4) 현실을 보는 견해를 넓히기

정상인도 주변 세계에 대한 인식을 바꿈으로써 살아가는 데 많은 도움을 얻는다. 그러나 우리가 주변 세계를 바르게 보고 또 현실 세계를 보는 방법이 다양하다는 사실을 발견하는 것은 쉬운 일이 아니다. 특히 아동은 어떻게 그들이 성인 세계와 관련되어 있는지 이해하는 데 많은 어려움을 겪는다. 독서치료를 통해 현실을 보는 관점을 확장함으로써 현실에 적응하도록 돕는 것은 독서치료 집단과 참여자의 특성에 따라 다르다. 현실에 대한 적응을 돕기 위한 단계에 대해 설명하면 다음과 같다.

① 구체적인 이미지나 정보와 적절하게 관련시키기

독서치료는 정신지체가 심하거나 퇴행 현상이 심한 아동이 현실과 관계를 맺을 수 있도록 도와주는 효과적인 수단 중 하나다. 사람들이 매일 접하는 구체적인 대상을 다루는 문학작품이 참여자의 언어적 반응을 쉽게 이끌 수 있도록 돕는데, 예컨대 망상에 사로잡힌 환자에게 외적 현실 세계에 관심을 가질 수 있도록 하는 것은 매우 중요한 치료 방법이 된다.

임상적 독서치료 참여자에게 도움을 주는 다른 방법도 있다. 예를 들면, 일부 만성 환자, 정신지체 환자, 집단에서 졸거나 반응을 보이지 않는 환자에게 독서치료 모임이 화요일 오후 3시에 공원 정자에서 있다는 것을 기억하도록 만든다. 그러고 나서, 그들이 독서치료 모임에서 만났을 때 독서치료 자료에 주의를 집중하고, 다른 참여자의 참석 여부에 대해 이야기하고, 토론 주제에 집중하게 한다. 이런 모든 행동은 임상적 독서치료 참여자가 외부 현실과 관계를 맺도록 하는 구체적 치료방법이라고 할 수 있다.

② 사회 · 심리 · 정서적 현실과 관련시키기

독서치료자는 참여자가 자신의 의식적인 생각과 기억을 가지고 자신의 사회 · 심리 · 정서적인 실생활에 대해 탐색하기를 바란다. 참여자는 가끔 토론을 하는 중에 자신의 기대가 얼마나 비현실적인가를 알게 된다. 대체로 독서치료 집단의

토론은 어떤 일에 대해 왜 그런 일이 발생하는지 혹은 왜 그런 자세나 행동이 옳은
지를 논리적으로 설명하는 것에서 시작된다. 그러나 참여자는 토론이 진행되면서
이러한 논리적인 설명만으로는 자신이 느끼는 실제 감정을 충분히 설명하지 못한
다는 것을 알게 된다. 결국 참여자는 그런 상황이 왜 발생했는지에 대한 이유를
조사함으로써 현실 세계를 다루는 방법을 배우게 된다.

실제로 독서치료는 참여자에게 '실존적 문제'에 직면하도록 도와준다. 얄롬
(Yalom, 1975)은 사람들이 살면서 부딪히는 실존적 문제를 다음과 같이 설명
한다.

① 삶은 때로는 불공정하고 불공평하다.
② 인간은 누구도 고통과 죽음에서 벗어날 수 없다.
③ 사람은 홀로 세상에 맞설 수밖에 없다.
④ 사람은 결국 삶과 죽음에 관한 문제에 직면할 수밖에 없으므로 삶을 더욱
　진지하게 대하고, 하찮은 일에는 휘말리지 않도록 열심히 살아야 한다.
⑤ 사람은 결국 자신의 살아가는 방식에 대해 책임을 져야 한다.

인간은 성숙해 나가는 과정에서 이러한 실존적 문제에 부딪히게 된다. 따라서
성숙한 사람은 생활하면서 이런 현실을 계속해서 변화시킬 수 있는 사람이라 하겠
다. 독서치료 자료를 가지고 토론하는 것은 이러한 인간의 실존적 문제를 조사하
고 그것을 통합하기 위한 방법을 탐색하는 중요한 기회가 된다. 그러므로 모든 독
서치료 과정은 현실을 보는 개인의 관점을 바꾸는 것이라고도 할 수 있다.

(5) 목적 설정을 위한 고려사항

독서치료 집단을 위한 일반적 목적과 치료 상황을 위한 구체적 목적을 세울 때
는 다음의 네 가지 측면을 고려해야만 한다.

첫째, 목적은 세부적으로 계획될 수 있는 것이 아니다. 독서치료를 위한 목적을
세울 때 독서치료자는 세부 사항을 매우 세심하게 고려해야 한다. 하지만 치료자

가 독서치료를 위한 이런 목표를 세우는 것과 미리 예상된 시간 계획표를 만드는 것은 다르다는 것을 인식해야만 한다. 가령 독서치료자가 치료과정을 여섯 단계로 나누어 처음 세 단계의 목적은 반응 능력을 향상시키는 것에, 그리고 이후의 세 단계의 목적은 자아에 대한 인식을 증가시키는 것에 중점을 두고 진행해야겠다고 계획을 세우는 것은 옳지 않다는 것이다. 이런 융통성이 발휘되기 어려운 지나치게 구체적인 계획은 독서치료 자료의 상호작용을 통한 치료 효과를 감소시킬 수도 있다.

둘째, 목적은 수량으로 측정될 수 없다. 독서치료의 목적이 어떻게 달성되었는지를 검토하고 평가할 때, 치료자는 치료적 효과를 측정하는 능력이 매우 제한되어 있음을 인정해야 한다. 특히 임상적 독서치료 집단에서 어떤 목적이 의미 있게 충족되었다고 확신하기는 어렵다. 예를 들면, 어떤 독서치료 집단은 치료과정에서의 분위기나 참여자의 반응은 매우 좋았지만 실제로 그들의 일반적인 행동이나 생활 자세는 거의 고쳐지지 않는 경우도 있기 때문이다. 이런 예는 독서치료 목적이 어느 정도 달성되었는가는 눈으로 볼 수 있을 정도로 수량화할 수 없다는 것을 보여 준다.

셋째, 목적은 지속적이며 무한하다. 독서치료 과정에서 참여자가 자신의 생각이나 감정을 표현하는 방법에서 어느 정도 진전을 보였다고 해도 이것으로 그 목표 중 어느 하나를 끝냈다고 말할 수는 없다. 왜냐하면 독서치료는 인간의 전체적인 성장·발달과 밀접하게 관련되어 있어서 그 목표가 지속적이며 무한하기 때문이다. 또한 삶은 정지된 상태가 아니므로 우리 자신을 더욱 완벽하고 유능하게 하는 것 자체가 특정 시점에서 끝날 수 없기 때문이다.

넷째, 목적은 진단이 아닌 치료다. 『정신장애의 진단 및 통계편람 제4판(*Diagnostic and Statistical Manual of Mental Disorders*, 4th ed.)』(APA, 1994)에서 정신과 의사들이 밝힌 것처럼, 치료자는 독서치료를 특정한 병명(label)을 규정하는 도구가 아닌 참여자가 문제를 해결하도록 개인의 장점을 찾아내고 강화하는 목적으로 사용해야 한다.

요 약 >>>

　독서치료가 무엇인지 어원과 발달적 맥락에서 살펴본 여러 정의를 종합해 보면, 그 대
상은 정상적으로 성장하고 있는 사람과 특정하고 심각한 문제를 가지고 있는 사람 모두가
된다. 그리고 독서치료 자료에는 그림책과 시를 비롯한 다양한 문학작품과 자기계발서
등의 인쇄된 글과 시청각 자료, 개인의 일기와 자서전 등 글쓰기 작품이 포함된다. 토론,
글쓰기, 역할극 등의 여러 가지 구체적 활동과 상호작용을 통해서 참여자가 자신의 성장
과 당면한 문제를 해결하는 데 도움을 얻는 것이다. 독서치료의 유형은 대상에 따라 발달
적 독서치료와 임상적 독서치료로 나뉘고, 치유가 일어나는 과정에 따라 처방적 독서치
료, 상호작용적 독서치료, 표현예술적 독서치료로 나뉜다. 독서치료가 어떻게 발전되어
왔는지에 대해서 미국, 일본, 한국으로 나누어 살펴보았고 독서치료의 원리는 독서행위
론적 · 정신분석학적 · 서사적 · 두뇌생리학적 관점에서 논의하였다. 그리고 독서치료의
목적은 조수아와 디메나, 돌과 돌, 그리고 하인스와 하인스–베리의 견해를 중심으로 구체
적으로 탐색해 보았다.

🎓 학습과제

❶ 독서치료에 대한 여러 정의를 통합하여 독서치료가 무엇인지 정리해 보시오.
❷ 임상적 독서치료의 예를 들어 보시오.
❸ 사춘기 아동을 대상으로 발달적 독서치료를 한다면 어디에 초점을 두는 것이
　좋을지 설명하시오.
❹ 독서치료 자료에는 어떤 것이 포함될 수 있는지 나열하고 설명하시오.
❺ 정신분석학적 관점에서의 독서치료 원리를 설명하시오.
❻ 독서치료의 목적을 다섯 가지만 나열해 보시오.

제 2 장

독서치료의 이론적 기초

학습 목표 및 개요 ● ● ● ●

　독서치료의 이론적 기초에는 문학작품이 치료 방안으로 활용되게 된 배경과 심리학적 기초가 있다. 독서치료적인 접근을 하기 위해서는 인간의 발달과정, 성격 형성 요인과 성격의 유형, 그리고 상담의 이론과 기법에 대한 기초 지식을 가져야 치료가 신속하고 효과적일 수 있다. 참여자가 발달과정에서 획득하지 못했던 과업을 치료자가 정확히 알 수 있다면 어려움을 겪고 있는 참여자를 돕기 위한 치료적 접근이 쉬워질 것이다. 또한 참여자의 성격 특성을 이해하고 발달과정과 성격 특성 간의 상호작용에 대해서도 충분히 이해할 수 있다면 효과적인 치료방안을 강구할 수 있다. 이와 같이 발달과정, 성격 유형, 상담 기법에 대한 지식을 가지고 있을 경우, 치료자는 현재 도움을 요청하는 참여자의 문제 원인 규명과 그 증상에 대한 정확한 진단뿐만 아니라 효과적인 상담 기법도 활용할 수 있다.

1. 문학작품을 활용한 치료적 방안의 이론적 기초

문학작품이 치료에 활용이 될 수 있는 이론적 배경은 독자의 반응에 대한 문예이론가들의 관심에서 비롯되었다. 이전에는 문학작품을 이해하고 평가할 때 학문중심 교육과정과 연계하여 텍스트만을 중시하는 지식 위주의 독자반응을 높게 평가했다. 그러나 텍스트만을 중요하게 생각하는 지식 위주의 문학교육이 독자를 지나치게 수동적 위치로 전락시키는 것이 아닌가 하는 비판을 받게 되었다(권혁준, 1977).

다른 한편에서는 독자가 텍스트의 등장인물과 자신을 동일시하거나 특별한 느낌을 갖는 등의 반응이 독자가 문학작품을 읽는 시기나 상황에 따라 다르게 나타난다는 사실에 관심을 갖게 되는데, 이러한 움직임이 모이면서 부분적으로 독자의 존재를 의식하던 문학이론가 사이에서 독자의 반응에 대한 관심이 높아졌다.

1930년경 독일의 문학이론가 로만 잉가르덴(R. Ingarden)의 현상학적 예술이론을 시작으로 하여 문학작품의 이해와 연구에서 독자의 중요성이 본격적으로 부각되기 시작했으며, 그 후 한스베르트 야우스(H. R Jauß)와 볼프강 이저(wolfgang Iser)에 와서 확충되고 체계화되었다(차봉희, 1993).

이러한 독일의 문예이론가와는 별개로 이 시기에 미국에서도 문학작품의 이해에서 독자의 중요성을 인식하는 독자반응이론이 나오게 되었다.

독자반응이론에 대해 간단히 살펴보면 다음과 같다.

첫째, 독자의 개념이 수동적 이해자에서 능동적 참여자로 그 의미가 확대되었다.

둘째, 텍스트는 하나이지만 작품은 여러 개일 수 있다. 즉, 하나의 문학작품이 창작되었을 때, 그 작품이 지니는 미와 가치는 작가정신의 반영이기도 하지만 그 작품이 독자에게 주는 감동과 미적 체험은 반드시 작가의 의도와 일치한다고는 볼 수 없다.

셋째, 기대지평이란 수용자가 지닌 바람, 선입견, 이해 등 작품에 관계된 모든 전제를 설명하는 용어, 즉 수용자가 지닌 작품에 대한 이해의 범주를 말한다. 텍스트의 이해는 수용자의 기대지평과 텍스트의 기대지평이 일치할 때 가장 효과적으로 달성된다.

넷째, 독자의 반응구조와 텍스트가 갖추고 있는 효과구조가 상호작용 함으로써 문학 텍스트의 심미적 구체화가 이루어진다. 구체화란 독자가 능동적인 독서과정을 통하여 독자의 상상에 맡겨진 부분을 채우거나 제거하는 행위를 말한다.

다섯째, 정보추출적 독서를 지양하고 정서적인 반응을 일으키는 심미적 독서를 격려한다.

위와 같은 독자반응이론을 문학교육에 최초로 적용한 학자는 로젠블레트(Rosenblatt)로 그는 책에 대한 독자의 반응을 중시하였다. 일반적으로 반응은 책을 읽거나 이야기를 들은 후에 책에 대한 느낌과 생각을 표현하고 싶은 욕구가 생길 때 나타나게 된다. 따라서 책에 대해 반응을 보인다는 것은 "각자의 필요에 의해 서로 공유할 수 있는 사고의 한 형태이며, 책에 의해 자극된 사고와 정서를 표현하는 하나의 수단"(Chambers, 1983, p. 164)이라고 할 수 있다. 그 후 로젠블레트는 자신의 이론을 발전시켜 독자관점이론(reader's stance theory)이라고 명명했다. 그에 따르면 독자의 텍스트에 대한 태도는 심미적 관점과 정보추출적 관점의 연속선상에 있다고 한다. 심미적 관점으로 책을 읽으면 독자는 이야기 세계 자체에 몰입할 수 있으며 이야기와 관련된 자유로운 상상, 감정이입, 가상놀이가 가능해진다. 이때 독자는 단어가 주는 추상적 개념뿐 아니라 그 대상이 불러일으키는 개인적 느낌, 아이디어, 태도 등의 광범위한 요소를 경험하게 된다(Many & Cox, 1992).

정보추출적 관점에서 책을 읽으면 독자가 독서의 산물에 관심을 두어 정보를 얻거나 문제의 논리적인 해석과 행동 수행 등에 관심을 갖게 된다. 이야기에 대한 몰입보다는 이야기를 통해 교훈을 얻거나 해결책을 찾으려 하며, 평가할 수 있는 지적 반응을 경험하게 된다.

로젠블레트의 말대로 대부분의 독자는 심미적 관점과 정보추출적인 관점의 연속선 사이에서 배회하는 것으로 보인다. 그러나 문학작품을 활용한 치료적 접근에서는 정보추출식 독서로는 치료 효과를 얻기가 어렵다. 독자가 책에서 논리적 해석이나 올바른 행동에 대한 교훈을 얻으려고 할 때는 자신의 아픔이나 괴로움을 표현할 수 없기 때문이다. 독자를 치료하기 위해 문학작품을 활용한다면 심미적 관점을 충분히 강조해야 한다. 독자는 책의 이야기 세계에 몰입하여 개인적인 자유로운 생각을 표현하게 되고 이것을 단서로 상담자는 독자의 아픔이나 괴로움이 무엇인지 판단하게 되어 상담이 편안하게 진행될 수 있다.

2. 독서치료의 심리학적 기초

1) 인간발달의 과정

(1) 인간발달의 개념 정의

발달에 대한 연구가 활발히 진행되기 이전에는 긍정적 변화 또는 진보적 변화만을 발달의 개념에 포함시켰다. 그러므로 발달 단계 또한 태어난 순간부터 성인기 이전까지로 설정되었다. 프로이트(S. Freud)를 위시한 대부분의 발달이론가들은 진보적 변화가 멈춘 것으로 보이는 청년기까지를 발달 단계로 설정했는데, 이 또한 그 시대의 발달 개념을 반영한 것이다. 그러나 발달에 관한 많은 연구 결과가 발표된 이래 발달의 개념은 수정되었다. 즉, 발달의 개념에 긍정적 또는 진보적 변화에 더해 부정적 또는 퇴보적 변화까지도 포함되었다. 그러므로 발달은 수정 순간부터 사망할 때까지 일어나는 모든 변화를 말한다.

이렇게 발달의 개념이 변화하면서 사회정책 또한 바뀌게 되었다. 태교의 중요성 인식과 교육 프로그램 개발, 평생교육과 재교육의 중요성 인식 및 프로그램 개발, 노년학에 대한 활발한 연구 및 노인인구에 대한 정책 개선 등이 그 예다.

인간의 발달에 대한 학자마다의 견해는 다양하나, 여기에서는 치료적 접근에 유용한 몇 가지 이론만을 소개하기로 한다.

(2) 인간발달의 이론

① 프로이트의 심리성적 이론

프로이트에 따르면 성욕과 공격욕의 충족이 인간발달의 성패를 좌우한다. 성욕은 단순하게 성교만을 의미하는 게 아니라 신체에 쾌감을 일으키는 모든 것을 포함한다. 예를 들면, 빠는 행위, 성기를 만지는 것, 타인의 벗은 모습을 보거나 자신의 벗은 모습을 보여 주고자 하는 욕망, 대변을 배설하거나 보유하고자 하는 행위 등이다. 공격욕은 물거나 꼬집거나 때리는 것은 물론 자해나 자살 행위까지도 포함한다.

프로이트가 살던 시대는 성욕의 억압이 심했고, 특히 여성의 경우 그 정도가 심했다. 그래서 성욕은 대부분 무의식적 요소로 자리를 잡았고, 프로이트는 병인을 알 수 없는 환자를 치료해 나가는 과정에서 이러한 무의식적 요소를 발견하게 되었다. 사회적으로 용납될 수 없는 성욕이나 공격욕을 가진 환자들이 그들의 본능을 표현하지 못하고 자기도 모르게 무의식 세계로 억압함으로써 우선은 그것이 해결된 것으로 보였다. 그러나 그것이 다른 형태의 질병으로 결국 나타나 치료를 어렵게 만드는 경우를 많이 경험하면서 프로이트는 성욕과 공격욕의 충족이 신체적·심리적 건강을 유지하는 데 중요하다는 결론을 내리게 되었다. 이에 프로이트는 인간의 발달 단계를 특정 신체 부위의 본능 충족 여부에 따라 다음과 같이 설정하였다.

① 구강기(0~1세): 이 시기에는 입을 통해서 욕구 충족을 한다. 아기가 배가 고프지 않음에도 손가락이나 다른 물건을 빠는 것은 쾌감을 느끼기 때문이다. 이 시기에는 빠는 행위를 충분히 충족시켜 주어야 한다. 이유 시기에 대해서는 학자마다 약간의 견해 차이를 보인다. 적절한 이유 시기는 개인차가 있으므로 아이를 주의 깊게 관찰하여 결정하는 것이 좋다. 프로이트는 과다한 충족보다 심각한 좌절이 발달을 더 지체시킨다고 보았다.

② 항문기(1~3세): 아동이 괄약근을 조절할 수 있을 만큼 성숙하면 배변훈련이 가능하다. 그러나 아동은 그들의 배설물에 흥미를 느껴 갖고 놀거나 만지기를 좋아한다. 엄마는 이런 행동을 엄격히 규제하는데, 아동은 이를 따르려

하기보다는 반대로 자신을 더럽히는 행위를 즐긴다. 너무 엄격한 배변훈련이나 지나치게 너그러운 배변훈련은 발달에 문제를 가져올 수 있다.

③ 남근기(3~6세): 남아나 여아가 자신의 성기에 관심을 가지면서 시작된다. 자신과 타인의 성기가 어떻게 다른지에 관심이 많다. 남아는 지나치게 엄마를 독차지하려는 욕망 때문에 아버지를 경쟁 상대로 느끼며 경쟁에서 이기려고 노력하는데, 결국 이기는 것이 어렵다는 사실을 깨달으면 아버지를 동일시한다. 이러한 동일시는 성 역할을 배우는 최초의 사회화라고 할 수 있다. 이런 현상을 오이디푸스 콤플렉스(Oedipus complex)라고 하는데, 이때 아버지는 그러한 상황에 적절하게 대처할 수 있어야 한다. 여아 또한 아버지를 사랑하는 나머지 아버지의 사랑을 독차지하려 노력하나, 이것이 뜻대로 이루어지지 않기 때문에 엄마를 동일시하게 된다. 이를 엘렉트라 콤플렉스(Electra complex)라고 한다.

④ 잠복기(6~12세): 잠복기라는 단어에서 알 수 있듯이 이 시기는 성적이고 공격적인 욕구 대부분이 잠복하는 시기다. 이는 성욕과 공격욕이 구체적이고 실제적인 운동이나 놀이를 통해서 운동 에너지로 소진되었음을 보여 주는 것이다. 이러한 점을 활용하여 성욕이나 공격욕이 강한 청년에게 체육대회나 단합대회를 갖게 함으로써 일시적으로나마 성욕과 공격욕에서 벗어나게 도울 수 있다.

⑤ 생식기(13~18세): 잠복기의 평안은 오래 지속되지 못한다. 청년은 실제 생활 장면에서 성욕이나 공격욕을 표현하고 싶어 하지만 사회규범은 이를 허용하지 않는다. 그러므로 청년은 인내심과 통제력을 배우게 된다. 그렇지 못하면 성욕과 공격욕은 잘못된 방향으로 표출된다. 이 시기에는 성욕과 공격욕을 사회규범에 저촉되지 않는 범위 내에서 적절히 표현하도록 통로를 마련해 주는 것이 중요하다.

② 볼비의 동물행동학적 견해

볼비(J. M. Bowlby)에 따르면 인간 행동은 '적응환경', 즉 인간 행동이 진화해 온 기본 환경을 고려해야만 이해될 수 있다. 인류 역사의 대부분 기간 동안 인간은 다른 영장류 집단과 마찬가지로 약육강식의 자연 법칙에 의존하여 생존해 왔다. 그러다 보니 종족 번식과 보호를 위해서 아동이 항상 부모와 가까이 있도록 하는 기제가 필요하게 되었다. 즉, 아동은 애착 행동을 발달시켜야만 성숙이 가능하다고 보았다. 다음은 볼비가 애착 행동으로 구분한 발달 단계다.

① 1단계(0~3개월): 누구에게나 비슷한 반응을 보인다. 즉, 출생 후 이 시기의 아기는 사람의 목소리를 듣고 싶어 하며 사람의 얼굴을 보고 싶어 한다. 이는 대부분 사람에게 비슷하게 반응하는 단계다.

② 2단계(3~6개월): 낯익은 사람에게 눈의 초점 맞추기가 특징적으로 나타난다. 이때는 아기의 사회적 반응이 좀 더 선택적으로 시작된다. 예를 들면, 낯익은 사람에게만 미소를 짓는다든가 옹알이를 하게 된다.

③ 3단계(6개월~3세): 능동적 접근 추구의 행동이 나타난다. 이때는 애착 인물에 깊은 관심을 가지므로 애착 인물이 떠나려 하면 적극적으로 따라가려 한다. 이 단계 동안 애착은 점점 더 강해지고 낯선 사람에게는 상당히 배타적이 된다. 부모가 갑자기 시야에서 사라지면 아기가 격렬하게 울기도 하는데, 그것은 분리불안 때문이기도 하다.

④ 4단계(3세~아동기): 동반자 행동이 나타난다. 즉, 함께 있던 공간에서 부모가 잠시 사라진다 해도 그 사라진 이유를 이해하고 기다릴 줄 안다.

볼비는 4단계 이후의 애착 행동에 관해서 거의 언급하지 않았다. 그러나 청년기, 성인기에도 애착이 중요하게 작용하는 몇 가지 사례를 설명했다. 예컨대, 청년은 부모에게서 독립하지만 누군가와 애착관계를 형성하기를 원한다. 성인도 독립적인 모습을 성숙한 성인이라고 생각하나, 위기에 직면할 때는 사랑하는 사람과의 애착관계를 가장 중시하는 모습을 보인다.

③ 피아제의 인지발달이론

피아제(J. Piaget)는 인간의 신체적 발달이나 사회적 발달보다 인지적 발달에 관심이 많았다. 즉, 영아나 유아라 하더라도 외부 세계에 대처하는 그들 나름대로의 도식이 있다고 주장했다. 영아는 성인으로 성장하는 과정에서 여러 가지 인지 변화를 경험하게 되는데 거기에는 세 가지 공통 속성이 있다고 설명하였다. 첫째, 인지적 발달에는 일정한 순서가 있다. 둘째, 동화와 조절에 의해서 새로운 인지적 능력을 획득한다. 셋째, 그렇게 획득한 인지적 능력을 조직화하여 외부 세계에 대처하는 방법을 좀 더 효율적이고 정교하게 구성한다.

다음은 피아제가 인지적 발달의 수준에 따라 발달 단계를 설정한 것이다.

① 감각운동기(출생~2세): 1단계인 단순 반사행동기(출생~1개월)에는 빠는 행위, 단순 반사 행위 등을 한다. 2단계인 1차 순환반응기(1~4개월)에는 빠는 행위와 손동작을 조직화하여 엄지손가락을 빠는 행위, 모빌을 보며 즐거워하는 행위를 한다. 3단계인 2차 순환반응기(4~10개월)에는 머리 위에 있는 모빌이 움직이며 소리를 내는 것을 발견하고 손으로 움직여 보려는 행위를 한다. 4단계인 2차 도식협응기(10~12개월)에는 장애물에 부딪혔을 때 장애물을 치우려 하기보다는 우회해서 도달하려는 행위를 한다. 5단계인 3차 순환반응기(12~18개월)에는 식탁을 주먹으로 쳤을 때 나는 소리와 식탁을 숟가락으로 쳤을 때 나는 소리의 차이를 인식하고 지속적으로 새로운 시도를 해 보려는 행위를 한다. 6단계인 사고의 시작(18개월~2세)에는 성인의 가르침 없이도 스스로 학습하며, 선천적인 호기심을 가지고 도식을 발달시키는 행위(예: 성냥갑을 열어 보인 후 성냥갑을 닫고 나서 주면 흔들어 보는 등의 여러 가지 방법을 활용하여 성냥갑을 여는 행위)를 한다.
② 전조작기(2~7세): 상징적 활동이 증가하며, 양이나 수에 대한 보존개념은 획득하지 못한 상태이며, 자기중심성이 강하다. 도덕적 판단은 타율에 의존하며, 물활론적 사고를 보여 주고, 꿈과 현실을 잘 구분하지 못한다.
③ 구체적 조작기(7~12세): 구체적 활동이 증가하며, 양이나 수에 대한 보존개념과 유목화 개념을 획득한다. 자기중심성에서 벗어나 자기와 다른 타인의 관점을 이해할 수 있는 탈중심화 개념을 획득한다. 또한 자율적인 도덕적 판단을 할 능력을 갖게 된다.

④ 형식적 조작기(13세~성인기): 가설적인 가능성을 추리하는 능력과 귀납적 사고에서 연역적 사고까지 가능하다. 추상적인 원리와 이상에 대해서도 이해할 수 있게 되고 유토피아적 사고도 가능하다.

④ 에릭슨의 심리사회적 이론

에릭슨(E. H. Erikson)은 문화의 차이에 따라 인간 발달이 다르게 나타나기 때문에 인간 발달은 심리사회적 영향을 많이 받는다고 강력히 주장하였다. 이러한 심리사회적 이론은 긍정적 충족만을 중시하고, 각 단계에서 과업을 획득하지 못하면 일평생 그 단계의 문제점이 고착된다고 본 정신분석의 발달이론과는 상당히 큰 차이를 보인다. 즉, 그는 각 단계에서 긍정적 성취가 중요하기는 하나 부정적 경험도 필요하다고 강조했으며, 한 단계에서 성취하지 못한 과업은 다음 단계에서 성취함으로써 극복이 가능하다고 보았다.

① 기본 신뢰감 대 불신감(0~2세): 첫 단계에서 영아는 자기가 필요한 것을 얻으려 할 때 자신을 돌보는 이들과 상호작용을 하게 된다. 아이를 돌보는 부모는 그들의 문화적 가치에 따라 아기를 기른다. 이때 양육 방식에 일관성과 신뢰성이 있을 경우 아이는 기본적인 신뢰감을 획득하게 된다. 그러나 부모의 양육 방식에 일관성이 부족하거나 믿음이 가지 않을 경우 아이는 불신감을 갖게 된다.

② 자율성 대 수치심(2~4세): 스스로 선택적인 행동을 하고 싶어 하는 시기, 즉 스스로 밥을 먹어 보려 한다든가, 걸어 보려 한다든가, '내 거야', '아니야' 라는 표현을 자주 하는 시기에 아기는 자기 마음대로 행동하려 한다. 이때 부모가 적절히 허용하면 자율성을 획득하기 쉽다. 그러나 부모가 아이가 하고 싶어 하는 행동을 하지 못하도록 자주 통제하게 되면 자기가 원하는 대로 시도해 볼 기회가 많지 않아 자율성을 획득하기 어렵다. 그리고 모처럼 기회를 얻어 시도했는데 성공하지 못하면 수치심을 갖는다.

③ 주도성 대 죄의식(4~7세): 자기 자신이 중심이 되어서 커다란 열망과 모험적

인 목적을 성취하고자 하는 의도가 강하게 나타나는 시기다. 부모는 이때 아이의 위험한 충동과 환상을 무조건적으로 금지시키는 경향이 있으나 현명하게 허용할 필요가 있다. 아이는 자기들의 열망이나 목적이 사회적으로 금지되는 것일 때 죄의식을 갖게 되는데, 이는 새로운 형태의 자기 억제 및 통제를 하게 하는 계기를 만든다.

④ 근면성 대 열등감(7~13세): 아동은 이전의 열망과 모험적인 목적을 망각하고 그들이 살고 있는 세계에서 필요한 기술과 도구(예: 초등학교의 교과과정)를 배우는 데 전념한다. 이때 성공적으로 학습하지 못하고 실패를 많이 경험하면 열등감을 얻게 된다. 이를 극복하지 못하면 아동은 적극적인 행동을 취하기 힘들고 부정적 자아개념을 갖게 된다.

⑤ 정체감 획득 대 정체감 혼미(13~25세): 청년은 자신이 어떤 사람이며 무엇을 좋아하고 어떤 능력을 가지고 있는지 확신이 없다. 그래서 어떤 결정을 내려야 할 때 소속 집단이나 부모의 정체감에 동일시하려 한다. 정체감 형성과 확립은 전 생애에 걸친 과정이라고도 할 수 있으나 청년기에 정체감을 확립하는 것이 바람직하다.

⑥ 친밀감 대 고립감(25~35세): 이 시기에는 타인에 대한 사랑과 배려를 충분히 경험함으로써 직장에서 동료나 상사와 원만한 관계를 유지할 수 있고, 자신과 잘 화합할 수 있는 배우자를 만날 수도 있다. 만약 타인과 원만한 관계를 형성할 수 없을 때는 자기몰두 또는 고립감에 빠질 수밖에 없다.

⑦ 생산성 대 자기침체(35~65세): 이 시기에는 자식을 훌륭하게 양육하는 것, 직업적 성공 외에도 주변의 어려운 사람을 돌보는 것, 다음 세대를 위한 사회적 기여 등이 중요하다. 만일 일생 동안 자기 자신 또는 가족만을 위한 삶을 산다면 자기침체에 빠질 수밖에 없다.

⑧ 자아통정성 대 절망감(65세 이상): 죽음을 가까이 느끼는 노인은 자기 생애를 돌아보고 재음미하는 시간을 갖게 된다. 이때 자신의 젊었을 때의 모습이나 능력을 잃어버린 것을 아쉬워한다면 현재를 슬퍼하고 절망할 수밖에 없다. 그러나 노화된 신체 조건, 약화된 경제 조건 등을 직시하고 받아들여 자신의

능력에 맞는 삶을 살게 되면 그 삶은 통정성을 얻게 된다.

(3) 발달이론을 활용한 독서치료적 접근

① 치료자

발달에 관한 기초 지식은 독서치료 장면에서 치료자가 참여자를 선정할 때 유용하다. 특히 일대일 만남에서보다 집단치료에서 치료적 목적에 따라 동질 집단이냐 이질 집단이냐를 결정해야 한다. 이때 일반적으로 연령, 성별, 생활 경험에 따라 집단을 구성하게 된다. 그러나 인간발달을 충분히 이해한 치료자는 구체적으로 동질적인 발달 문제를 가진 참여자(예: 적절한 대소변 통제가 필요한 항문기에 좌절을 경험한 참여자, 애착 시기에 어려움을 경험한 참여자, 인간에 대한 기본적 신뢰감을 잃은 참여자 등)로 구성원을 선정할 수 있고, 또 그 집단의 발달적인 문제를 효과적으로 치료할 수 있는 독서 자료의 선정도 가능하다.

② 참여자

아동의 경우는 치료자의 지시적 도움으로 지체된 또는 이행 중인 발달과업을 성공적으로 획득할 수 있다. 성인의 경우는 치료과정에서 자신의 발달과정에 대한 이해나 직시가 가능하고 발달적인 과정에 문제가 있다고 인정될 때 어떻게 극복할 것인지에 대한 해결방안을 스스로 쉽게 찾을 수 있다.

2) 성격의 개념과 성격이론

(1) 성격의 개념 정의

성격은 크게 두 가지 관점으로 정의될 수 있다. 한 가지 관점은 성격을 독특함으로 정의하는 유럽의 학자들에 따른 것으로 성격을 조각으로 보는 것이다. 즉, 성격은 체질적 경향성이 강하며 변화되기 어려운 것이다. 그러므로 유럽의 성격 이론가들은 개인이 가지고 있는 개성을 잘 파악하여 자기답게 살도록 도와주는 것이 성격 연구의 목적이라고 생각한다.

또 다른 관점은 성격을 사회적 기술로 보는 것이다. 즉, 사람은 여러 가지 가면을 가지고 있으며 그때그때의 상황에 어울리는 가면을 적절히 활용한다는 것이다. 미국의 학자들에 따르면 성격은 유전적 영향보다는 환경적 영향을 많이 받으며 학습에 의해서 성격 변화가 얼마든지 가능하다. 그러므로 미국의 성격 이론가들은 효과적인 사회적 적응을 위해서 적절한 사회적 기술 습득이 필요하며 사회적 기술을 효과적으로 활용하면 건강한 성격이 된다고 보았다.

(2) 성격이론
① 정신분석적 관점

성격 형성은 3세 이전에 결정된다고 보았기 때문에 환경적 영향보다는 유전적 성향을 더 강조하였다. 성격의 구조는 본능(id), 자아(ego), 초자아(superego)로 구성되어 있다. 본능은 성욕과 공격욕과 같은 선천적 요소를 말하는데, 이는 충족만을 원한다. 다시 말하면, 본능은 쾌락의 원리에 의해 작용한다. 자아는 합리적 현실 지향적인 체계를 갖는다. 자아는 본능적 충동을 충족시키고자 하나 즉흥적이기보다는 적당한 대상과 방법이 발견될 때까지 충족을 지연시킬 수 있다. 그러므로 자아는 현실의 원리에 의해 움직인다. 초자아는 사람에게 제시되는 사회의 이상 및 가치다. 이런 이상 및 가치는 체계적 보상 및 처벌을 통해서도 아동 내면에 키워진다. 그것은 주로 도덕성을 의미하며 양심의 원리에 의해 작용한다.

인간은 도덕적·사회적 규범을 벗어나지 않는 선에서 본능적 요소를 충족시키고자 하는데, 도덕성과 본능은 상반된 욕구이기 때문에 갈등 상황에 직면하는 경우가 많다. 이때 본능을 충족시키고자 하면 죄의식을 느끼게 되고 양심을 충족시키고자 하면 강한 스트레스를 경험하게 된다. 프로이트에 따르면 인간의 성격을 건강하게 형성시키기 위해서는 선천적 성향을 파악하여 그에 적절한 양육 방식을 적용해야 한다. 예를 들면, 부모는 욕심이 많은 아이를 무조건 통제할 것이 아니라 적절히 충족시킨 후에 아이 스스로 자제할 능력을 가질 수 있도록 돕는 것이 현명하다.

② 특질이론의 관점

성격은 유전적 영향이 강한 것으로 학습에 의해 쉽게 변화되기 어렵다고 보았다. 특질은 체질적 기질과 유사한 개념이다. 카텔(R. B. Cattell)은 언어사전에서 성격을 나타내 주는 단어들을 유사한 것끼리 묶어 변별하다가 서로 분명히 다르다고 생각되는 16개의 특성을 성격의 구성 요소로 발표하였다. 그 밖에 특질 이론가들은 특질을 수량화함으로써 심리검사를 제작하였으며, 이러한 심리검사의 결과 해석을 통해 개인차를 이해할 수 있도록 하였다.

카텔의 16개의 특성을 살펴보면 다음과 같다(Cattell, 1943).

카텔의 16개 주요인

A.	내성적인	온정적인
B.	구체적으로 생각하는	추상적으로 생각하는
C.	반응적인	정서적으로 안정된
E.	공손한(존중성)	지배적인
F.	진지한	생기 발랄한
G.	편법적인	규칙 지향적인
H.	수줍은	사회적으로 대담한
I.	실용적인	감수성이 풍부한
L.	신뢰하는	경계심이 많은
M.	실제적인	상상력이 풍부한
N.	솔직한	개인 정보를 감추는
O.	자기확신적인	걱정하는
Q1.	보수적인	변화에 개방적인
Q2.	집단의존적인	자족적인
Q3.	무질서를 견디는	완벽주의적인
Q4.	편안한	긴장한

③ 아들러의 개인심리학적 관점

아들러(A. Adler)에 따르면 성격은 선천적인 경향보다는 환경적 영향이 더 중요하다. 그는 인간이 사회적 동물이므로 사회적 상호작용을 얼마나 적극적으로 추구하느냐에 따라 성격이 결정된다고 보았다. 인간은 생활하는 과정에서 여러 동기를 추구하게 된다. 그러나 추구했던 동기가 좌절되면 열등감을 경험할 가능성이 많다. 이때 열등감을 해결하려고 열심히 노력하면 우월감을 성취할 수 있어 건강한 성격이 형성되지만, 그렇게 하지 못할 경우에는 열등감에 빠지게 된다.

아들러는 또한 개인이 속해 있는 사회 양식이나 태어날 때의 출생 순위도 성격에 많은 영향을 준다고 주장했다. 예를 들면, 대가족 제도에서 생활하는 사람의 성격과 핵가족 제도에서 생활하는 사람의 성격은 다르다는 것이다. 즉, 대가족 제도에서 생활한 사람은 타협적인 성향이 강하나 핵가족 제도에서 생활한 사람은 개인주의적인 성향이 강하다. 출생 순위에 따라서도 성격 특성은 달라질 수 있는데, 출생 순위가 첫째인 사람은 폐위된 황제와 같은 성격을 갖는다. 가운데 순위에 해당되는 형제는 적당히 타협할 줄 알고 자기의 목적을 달성하기 위해 적극적인 행동을 취하기도 한다. 그리고 막내에 해당되는 형제는 의존적이고 자기의 일을 스스로 해결하기보다는 상대편이 해결해 주기를 기대하는 경향이 있으며 투쟁적인 성향도 가진다.

④ 융의 분석심리학적 관점

임상 연구를 많이 한 융(C. G. Jung)은 여러 세대 동안 전해 내려오는 사회적 전통이나 관습이 인간의 성격 형성에 영향을 준다고 보았다. 융이 주장하는 성격의 기본 구성 요소는 자아, 개인적 무의식, 집단무의식이다. 자아는 사람이 의식하는 모든 감정, 생각, 기억, 지각 등이다. 개인적 무의식은 특별한 노력 없이도 의식될 수 있는 것, 즉 억압 혹은 망각된 것, 처음 기억될 때 충분히 생생하지 않았던 것 등이다. 집단무의식은 보편적이고 집단적이고 선험적인 이미지다. 자아, 개인적 무의식, 집단무의식 중 성격을 형성하는 데 가장 중추적인 역할을 하는 것은 집단무의식이다. 집단무의식은 우리 자신도 모르는 사이에 조상 대대로 전해 내려오는 어떤 습관이나 가치다. 예를 들면, 수를 세는 손가락의 움직임(예: 서양인은 수를 셀 때 손가락을 펴면서 세지만, 동양인은 손가락을 접으면서 센다), 타인과 처음 마주 설 때 유지하는 거리나 신체적 접촉의 형태(예: 미국인은 낯선 사람과 마주설 때 일정한 거리를 유지하나 브라질인은 낯선 사람과 마주 설 때도 가까운 거리에서 얘기하기를 좋아한다) 등에서 나타난다.

집단무의식은 다음과 같은 몇 가지 원형으로 구성되어 있다.

① 페르소나(persona): 자기가 속해 있는 사회가 인정하는 사회적 · 공적 얼굴, 즉 도덕적이고 규범적인 얼굴을 말한다. 사람들은 되도록이면 타인에게 칭찬받거나 인정받기 위해 행동하려 하는데, 이러한 칭찬이나 규범, 양심에 지나치게 매달리게 되면 도덕적이고 금욕적인 사람, 즉 자신을 은폐시키는 사람이 된다.

② 아니마, 아니무스(Anima, Animus): 무의식에 있는 내적 인격의 특성, 남성의 무의식 속에 있는 여성적 요소를 '아니마', 여성의 무의식 속에 있는 남성적 요소를 '아니무스'라 한다. 이때 말하는 남성적, 여성적이란 사회적 통념을 넘어선 보편적, 원초적 특성을 말한다. 의식의 외적 인격으로서의 남성과 여성은 각기 다른 내적 인격의 특성을 갖추게 되고 이것이 전 인격에 보충됨으로써 하나의 개체를 이룬다. 남성에서의 아니마는 기분(mood)으로 또 정동(emotion)으로 나타나고 여성에서의 아니무스는 생각, 의견(opinion)으로 나타난다.

③ 그림자(shadow): 인간의 욕구, 즉 사회에서 규제받거나 금지되는 본능적인 욕구(잔인성, 부도덕함)를 의미한다. 또한 융은 인간의 정열까지도 그림자에 포함시켰다. 만일 그림자를 표현할 적절한 통로를 찾지 못하면 자기의 본 모습과는 너무나 다른 모습으로 살게 된다. 이는 스트레스를 지나치게 유발시켜서 건강한 성격을 잃게 할 수 있다.

④ 자기(Self): 통일, 조화, 전체성을 찾는 역할을 한다. 즉, 페르소나, 여성성과 남성성, 그리고 그림자를 잘 통합하여 건강한 성격을 형성하도록 이끄는 역

할을 한다.

융이 주장하는 건강한 성격이란 노출하기 어려운 그림자라도 적절히 표현할 길을 찾고, 지나치게 도덕적이거나 이상적인 모습을 추구하지 않으면서 양성성을 적절히 발휘하는 것이다.

⑤ 로저스의 인본주의적 관점

로저스(C. R. Rogers)에 따르면 인간은 스스로 무엇이든지 도전해 볼 수 있는 능력을 가지고 태어났다. 그러나 생의 초기에 부모의 실수로 아이에게 무조건적인 긍정적 관심을 베풀지 못하면 아이는 부정적 자아개념을 갖게 된다. 그러므로 부모는 아이의 생의 초기, 즉 3세까지는 무조건적인 긍정적 관심을 보여 주어 아이가 긍정적 자아개념을 갖도록 도와주어야 한다. 또한 가능하다면 건강한 성격 형성을 위해 다음과 같은 삶을 살도록 도와줄 것을 권장한다. 첫째, 많은 경험을 하며 살 수 있도록 다양한 기회를 접하게 한다. 둘째, 실존적인 삶을 살도록, 즉 과거에 매달리거나 미래를 쫓는 삶이 아닌 현재를 중시하는 삶을 살도록 돕는다. 셋째, 자신의 유기체에 대한 신뢰를 갖도록 돕는다. 넷째, 자유의식을 가지고 살도록 돕는다. 다섯째, 창의적인 삶을 살도록 이끈다.

더불어 이상적인 나의 모습과 실제적인 나의 모습이 너무 서로 다르지 않도록, 그리고 내가 나라고 생각하는 나의 모습과 남이 나라고 생각하는 나의 모습이 크게 차이 나지 않도록 직시해야 한다. 그러나 로저스는 불행히 생의 초기에 부정적 자아개념을 갖게 되었다 하더라도 극복하고자 하는 의지만 있다면 얼마든지 극복이 가능하다고 했다.

⑥ 펄스의 형태주의적 관점

펄스(F. S. Perls)에 따르면 인간은 미완성인 상태로 태어난다. 그러므로 인간은 끊임없이 완성된 상태로 가고자 하는 목표를 갖게 된다. 이 목표를 성취하기 위해 많은 동기가 활발히 일어난다. 때로는 여러 가지 목적을 달성하기 위해 동시에 서로 갈등을 일으키는 동기가 활성화되는 경우도 있다. 이때 스트레스를 극복하면서 목적을 달성하기 위해서는 중요성의 위계에 따라 행동하는 것이 좋다고 펄스는 권한다. 예를 들면, 아침에 일어나서 그날 하루에 해야 할 일(여섯 가지)을 계획한다. 그런데 저녁에 잠자리에 들기 전에 오늘 했어야 할 일을 점검해 보니 세 가지밖에 하지 못했다고 하자. 이렇게 되면 후회하고 짜증 내면서 내일 할 일(일곱 가지)을 다시 계획하게 된다. 그러나 다음 날 저녁 자기 전에 점검했을 때 꼭 해야 할 일이 아직 처리되지 않았다면 더 짜증스럽게 되고 꼭 해야 할 일을 포기하게 되기도 한다.

이런 상황을 피하기 위한 방법으로 펄스는 다음과 같은 방안을 제시한다. 꼭 그날 해야 할 일은 중요성의 우선순위에 따라 반드시 먼저 한다. 나머지 하지 못한 일은 꼭 그날 해야 하는 중요한 일이 아니기에 하지 못한다 하더라도 스트레스 유발 요인이 되지 않는다. 그러므로 다음 날 스트레스를 받지 않은 상황에서는 그것을 처리하기가 쉬워진다.

펄스의 건강한 성격의 조건은 다음과 같다.

첫째, 지금 여기에 초점을 맞추어 살아가는 것이다. 그러나 사람들은 대부분 지금 여기를 중시하지 않고 과거에 매달리거나 미래를 위해 오늘을 희생하는 경우가 많다. 그는 과거에 매달리는 성격을 '회고적 성격'으로 정의하였다. 이것은 과거에 상처받았던 기억을 잊을 수 없어 계속 그 상처를 끌어안고 분노하거나 슬퍼하는 성향이다. 또한 미래 지향적인 성격을 '전망적 성격'이라고 설명했다. 이것은 미래의 무지갯빛 목적을 위해서는 현재의 모든 것을 희생하는 성향이다. 비록 미래에 꿈꾸던 목적이 달성된다 해도 지나치게 희생된 현재에 대한 아쉬움과 허탈감을 감당하기 쉽지 않고, 무지갯빛 목적이 달성되지 못할 경우는 무력감 외에 신체 질병까지 얻을 수 있다. 그러므로 현재, 지금 여기에 사는 것이 중요하다.

둘째, 자아조절 능력을 가져야 한다. 일생을 사는 동안 타인의 다양한 요구, 사회규범의 구속이 많다. 이때 외부의 구속이 무섭다거나 타인의 비난이 싫어서 그 구속이나 요구에 얽매이게 되면 자기조절에 의한 것이 아닌 외부 조절에 의해서 움직이는 사람이 된다. 따라서 외부의 힘을 스스로 조절할 수 있는 자기조절 능력을 가져야 건강하게 살 수 있다.

셋째, 고정관념, 선입견, 편견을 버려야 한다. 자아를 둘러싼 세계와 외부 세계 사이에는 중재 환상 영역이라는 것이 있다. 이 영역에는 편견, 선입견, 고정관념 등이 존재하여 건강한 성격 형성을 저해한다. 그러므로 편견이나 선입견, 고정관념 등을 최대한 버려야 중재 환상 영역이 줄어들게 된다. 이렇게 될 때 자아 경계와 세계 경계가 서로 근접하게 되어 건강하고 성숙하게 살아갈 수 있다.

⑦ 반두라의 사회학습이론의 관점

반두라(A. Bandura)는 학습에 의해서 성격이 형성되기도 하지만 관찰에 의해서도 성격이 형성된다고 보았다. 돌라드와 밀러(Dollard & Miller)에 따르면 인간의 성격은 '먹는 상황' '청결훈련' '초기 성 훈련' '분노–불안 갈등'을 어떻게 학습시켰느냐에 따라 달라진다. 즉, 학습 이론가는 유전적 영향보다 환경적 영향이 성격 형성에 더 중요하다는 관점을 가지고 있다. 그러나 반두라는 성격 형성에 학습도 중요한 요인으로 작용하지만 더 중요한 것은 인간의 인지적 변인인 개인의 관찰, 즉 자기효능감(어떤 주어진 행동을 성공적으로 수행할 수 있다는 믿음)이라고 말한다.

다음은 반두라가 주장하는 성격 형성 과정이다.

① 주의집중 과정: 사람은 자기 앞에 전개된 상황에 선택적으로 관심을 갖는다. 가령 여러 사람이 쇼핑센터에 간 경우, 어떤 사람은 식당가에 관심을 갖고 어떤 사람은 컴퓨터 가게에 주의를 쏟는다.

② 파지과정: 주의를 쏟았던 장면을 머릿속에 기억해 놓는 것을 의미한다. 즉, 이미지를 형성하여 관찰했던 정보를 지속적이고도 쉽게 인출할 수 있도록 언어적으로 부호화하여 기억하는 과정이다.

③ 운동재생 과정: 주의를 쏟아서 기억해 놓았던 것을 필요할 때 기억해서 행동으로 표현하는 것을 말한다. 이미지와 언어적 단서가 운동적 재생으로 나타나므로 시간과 노력, 연습이 필요하기도 하다.

④ 동기과정: 행동으로 나타낸 운동재생 과정은 긍정적 강화를 받으면 지속적
　으로 운동 재생이 잘 일어나고 벌이나 부정적 강화를 받으면 소멸된다. 이러
　한 과정은 복잡한 사회적 행동의 습득 및 수행을 결정하는 강력한 요인이다.

　반두라는 자기가 속한 사회에서 바람직한 행동이라고 권장하는 사회적 행동을
주로 수행하는 사람이 건강한 성격의 소유자라고 본다.

8 이퇴계의 관점

　이퇴계에 따르면 인간은 선천적으로 선하게 태어난다. 인간의 성은 본연지성과
기질지성으로 구성되어 있다. 본연지성은 누구나 보편적으로 가지고 태어나는 것
으로 인(타인에 대한 사랑, 자신이 바라지 않는 일은 남에게 하지 않음: 측은지심), 의(의
로움: 수오지심), 예(예의와 공경: 사양지심), 지(분별과 지혜: 시비지심) 등이다. 기질
지성은 보편적이기보다는 체질적인 개인차가 있다. 또 동일인이라도 상황에 따라
이기적 · 충동적 수준이 달리 나타날 수 있다. 기질지성은 일곱 가지 정(기쁨, 노
함, 슬픔, 두려움, 애정, 혐오, 욕심)이다.

　사람이 사회생활을 해 나가는 과정에서 친사회적이 되거나 상호 의존적인 대인관
계를 가지면 측은지심, 수오지심, 사양지심, 시비지심을 갖게 되어 건강한 성격의
소유자가 된다. 그러나 자기중심적이 되고 개인 지향적이 되면 7정이 두드러진다.

　이퇴계는 사람들이 인생을 살아나가는 동안에 사회적 · 도덕적 비난이 두려워
서 친사회적 행동을 하는 것이 아니라 자기조절력에 의해서 친사회적 행동을 한
다고 보았다. 특히 건강한 성격의 소유자는 개인의 수양과 심적 조절과정을 더 중
시한다고 설명했다.

(3) 성격이론을 활용한 독서치료적 접근

1 치료자

　성격에 관한 기초 지식은 치료자와 참여자가 어떤 방식으로 원만한 상호작용을
할 수 있을 것인지에 대한 단서를 제공한다. 또한 독서치료 장면에서 사용하게 되

는 효과적이고 개방적인 질문도 가능하다. 더불어 독서치료 과정에서 나타나는 참여자의 다양한 반응에 대한 정확한 해석과 개입이 용이하다.

② 참여자

현재 직면하고 있는 발달적·심리적 문제를 해결하는 것이 독서치료에 참여하는 목적이다. 그러나 성격에 관해서 더 깊은 관심이 있다면 나는 누구인지, 어떤 능력을 가지고 있는지, 무엇을 좋아하는지, 나는 남과 어떤 점에서 다른지, 즉 자아정체감을 확립하거나 더 나아가 자아실현도 가능하다.

3) 상담의 이론과 기법

(1) 정신분석적 상담이론
① 인간에 대한 기본 입장

프로이트는 인간을 비합리적이고 결정론적인 존재로 보았다. 그는 인간의 행동을 기본적인 생물학적 충동과 본능을 만족시키고자 하는 욕망에 의해 동기화되는 것으로 보았다. 또한 인간을 어린 시절에 경험한 무의식에 잠재해 있는 심리성적인 사건에 의해 결정되는 존재로 보았다. 즉, 인간을 자신의 행위를 결정하고 그에 따른 책임을 질 수 있는 주체자라기보다는 과거의 생활 경험에 의하여 결정되는 수동적 존재로 생각하였다.

② 상담의 목적

내담자의 내부 갈등의 원인이 되고 있는 무의식 속에 억압된 감정이나 충동을 의식 세계로 끌어올려 인식시킨 후 실생활에서 자유롭게 표현하도록 도와준다.

③ 상담의 과정

① 초기 면담의 시작 단계: 내담자의 문제를 파악하고 정신분석의 실시 여부를

결정한다. 내담자는 편안하게 안락의자에 누워 마음속에 떠오르는 것을 무엇이든 말하고 상담자는 그 내용을 분석한다.

② 전이의 발달 단계: 상담자와 내담자는 친숙한 관계가 형성된다. 내담자는 자신의 무의식적 갈등을 표출하게 되고 갈등과 관련 있는 중요한 인물에 대한 정서적 반응이 상담자를 향해 나타난다. 이런 현상을 전이라고 하는데, 상담자는 이를 분석하여 내담자의 문제의 원인을 통찰할 수 있다.

③ 철저한 지속적인 활동의 단계: 지속적인 만남을 통해서 전이분석이 잘 이루어지며, 상담자는 내담자의 문제를 깊이 통찰할 수 있다.

④ 전이의 해결 단계: 전이의 분석이 종결되는 단계다. 상담자는 내담자의 무의식적이고 신경증적인 애착을 해결하게 된다.

④ 주요 기법

① 자유연상: 마음에 떠오르는 것이면 무엇이든지 이야기하도록 하는 방법이다.

② 해석: 상담자는 꿈이나 자유연상의 내용, 저항, 상담관계 자체의 의미를 설명하기도 하고 가르치기도 한다.

③ 꿈의 분석과 해석: 꿈의 내용이 갖는 상징을 탐구하여 숨겨져 있는 의미를 파악하는 것이다.

④ 전이의 분석과 해석: 내담자가 어릴 때 중요한 인물에 대하여 가졌던 사랑이나 증오의 감정을 상담자에게 전위시킬 때 전이가 일어나는데, 상담자는 이런 현상의 의미를 내담자가 각성하도록 돕는다.

⑤ 독서치료에 활용 가능한 기법

독서 자료에 등장한 인물에 대해 동일시, 분노 또는 저항하면서 자신이 의식하지 못했던 억눌린 감정을 의식 세계로 끌어올려 현실을 직시하도록 도와주는 기법을 활용할 수 있다.

(2) 내담자중심 상담이론

1 인간에 대한 기본 입장

인간은 합리적 · 긍정적이며 주체자로서 자신의 문제를 해결할 능력이 있다.

2 상담의 목적

내담자가 타인과 환경에 대해 수용과 개방을 하도록, 즉 자기이해, 자기수용, 자아실현을 하도록 돕는다.

3 상담의 과정

① 1단계: 문제를 가진 개인이 자발적으로 상담을 요청하기는 쉽지 않다(내담자 중심 상담에서는 반드시 내담자의 상담 요청에 의해서 상담이 시작된다). 따라서 이 단계에서의 의사소통은 피상적이기 쉽다. 처음부터 낯선 상담자에게 자기 문제를 털어놓기는 어렵기 때문이다.

② 2단계: 내담자가 충분히 수용되고 있음을 경험하면 여러 가지 감정이 표현된다. 그러나 내담자는 자신의 문제라기보다는 객관적인 다른 사람의 문제로 지각하는 경향이 있다.

③ 3단계: 더 많은 감정과 사적인 내용이 표출된다. 내담자는 자신의 문제가 자신의 내부에 원인이 있을 수도 있다는 사실을 점차 인정하기 시작한다.

④ 4단계: 내담자가 지속적으로 수용되고 있음을 느끼면 좀 더 자유로운 감정의 흐름이 가능해진다. 그래서 그 이전에는 의식하기조차 거부하던 감정이 자연스럽게 표현되기도 한다. 그러나 아직은 이러한 표현에 두려움을 느낀다. 또한 문제에 대한 자기책임의식이 인식된다.

⑤ 5단계: 전에 부인했던 감정이 두려움 속에서도 의식 속으로 드러난다. 자신이 갖고 있는 문제가 자신에게 분명한 책임이 있음을 인정한다.

⑥ 6단계: 전에는 부인했던 감정을 수용한다. 내담자는 자신의 문제를 주체적으로 대처할 수 있게 된다.

⑦ 7단계: 상담자의 도움이 필요치 않게 된다(내담자 스스로 상담 종결을 요청한

다). 상담 장면이 아닌 실제 생활 장면에서도 만족스러운 역할 수행을 하게
된다.

④ 주요기법
① 진실성 혹은 일치성: 상담자의 진실한 태도는 내담자와 순수한 인간적인 만
남을 가능하게 한다. 또한 내담자의 개방적인 자기탐색을 격려하고 촉진시
킨다.
② 무조건적인 긍정적 관심: 상담자가 내담자를 평가하거나 판단하지 않고 수
용하며 존중하는 태도다.
③ 정확한 공감적 이해: 정확한 공감적 이해는 내담자로 하여금 자신에게 좀 더
가깝게 접근할 수 있도록 격려하며 자신 내에 존재하는 자아와 유기체적 경
험 간의 불일치성을 인지하고 해결할 수 있도록 돕는다.

⑤ 독서치료에 활용 가능한 기법
독서 자료가 보여 주는 다양한 세계를 경험함으로써 자신이 융통성 있게 대처
하지 못한 여러 문제점을 각성하게 되고 독서 자료에 제시된 여러 정보를 통해서
자기탐색과 자기이해, 그리고 자기수용이 가능해진다.

(3) 합리적-정서적 상담이론
① 인간에 대한 기본 입장
인간은 합리적 잠재성과 비합리적 잠재성을 같이 가지고 태어난다. 비합리적
사고 경향이나 자기파괴적 습관 등은 문화와 가족 등에 의해 영향을 받는다.

② 상담의 목적
내담자의 자기파괴적 신념을 줄이고 합리적이고 현실적이며 더욱 융통성 있고
생산적인 삶을 살아나가도록 돕는다.

③ 상담의 과정

① 1단계: 내담자가 가지고 있는 비합리적 신념을 구체적으로 인식하도록 돕는다.
② 2단계: 문제 행동에 대한 책임이 자신의 신념체계에 있다는 것을 자각하도록 돕는다.
③ 3단계: 내담자의 비합리적 신념을 바꾸거나 버리도록 돕는다.
④ 4단계: 지시적 방법을 활용해서 합리적인 신념체계로 대치하는 방법을 가르친다.

④ 주요 기법

① 인지적 기법: 비합리적 신념을 논박하기의 경우, 상담자는 내담자의 비합리적 신념을 적극적으로 반박한다. 가지고 있는 문제가 사건이나 상황 때문이 아닌 그 사건들에 대한 자신의 지각과 자기 진술의 성질 때문에 장애를 입고 있다는 것을 적극적으로 알린다. 내담자의 언어를 변화시키기의 경우, 상담자는 언어가 사고를 형성시키고 사고가 언어를 형성시킨다고 보기 때문에 내담자의 언어 패턴에 각별한 관심을 갖는다(예: '해야만 한다' '하지 않으면 안 된다'는 말은 '그렇게 되면 더 좋다'는 말로 대치할 수 있다는 것을 가르친다).
② 정서적 기법: 합리적 정서를 상상하게 한다. 역할극을 시연하게 한다. 수치심을 제거하는 연습을 한다. 유머를 사용한다(일상생활에 대해 너무 진지하게 생각하거나 유머 감각을 잃으면 정서적 혼란이 온다).
③ 행동적 기법: 행동적 숙제를 부과한다. 비능률적인 습관을 버리도록 한다. 만성적 불안을 경험하는 상황에 그대로 있게 한 다음 그 불안한 감정을 장시간 경험해 보도록 권장한다. 일을 미루는 습관을 없애기 위해 당장 일에 착수하도록 유도한다.

⑤ 독서치료에 활용 가능한 기법

독서 자료에 제시된 비합리적 신념이 실생활에 미치는 영향에 대해서 인식하고 그것을 합리적 신념으로 바꿀 수 있도록 정서적 기법이나 행동적 기법을 활용할 수 있다.

(4) 형태주의적 상담이론

① 인간에 대한 기본 입장

인간은 전체적, 현재 중심적, 선택의 자유에 의해 잠재력을 각성할 수 있는 존재다. 즉, 인간은 신체, 정서, 지각 등이 상호 작용하는 하나의 전체로서의 존재다. 또한 외적 자극에 반응하는 양식을 스스로 선택할 수 있는 행위자이며 단순 반응자가 아니다.

② 상담의 목적

내담자의 각성을 돕고 지금 여기의 삶을 살아가도록 돕는다.

③ 상담의 과정

내담자가 충분히 자기각성을 하여 자기의 부적응 행동의 본질과 그것이 자신의 삶을 어떻게 방해했는지를 알게 한다.

1단계는 책임감을 강조하는 단계로 상담자 혼자서는 내담자를 변화시킬 수 없음을 강조한다. 2단계는 개방적이고 정직한 상호작용을 하게 한다. 상호작용은 내담자의 각성과 성장을 촉진시키는 데 필요하다.

④ 주요 기법

① 자기표현에 대한 책임 지기

② 뜨거운 자리에 앉기(자기각성을 촉진함)

③ 지금, 어떻게('지금'이란 그 상황에 존재하는 모든 것을 포함하는 것으로 당장 경험한 것에 대한 즉각적인 자각을 의미하고, '어떻게'란 감정을 경험하는 방식을 강조함)

④ 신체언어(신체적 언어나 몸짓은 상담자에게 중요한 단서가 되므로 그에 관해 설명함)

⑤ 빈 의자 기법(빈 의자를 이용하여 자신이 자각하고 있는 자아의 여러 다른 측면을 투사함)

⑥ 질문형을 진술형으로 바꿔 말하기(예: 나의 문제는 이러한 데서 발생한 것 같아요 → 나의 문제는 이런 데서 발생했군요)

5 독서치료에 활용 가능한 기법

독서 자료에 나타난 회고적 성향이나 전망적 성향이 실생활에 미치는 여러 가지 문제점을 인식하고 지금 이 순간을 충실히 살 수 있도록 뜨거운 자리에 앉거나 빈 의자 기법을 활용할 수 있다.

(5) 행동주의적 상담이론

1 인간에 대한 기본 가정

① 인간은 선하지도 악하지도 않다.

② 인간은 환경 자극에 반응하는 유기체다.

③ 인간의 행동은 학습된 긍정적 혹은 부정적 습관으로 구성되어 있다.

④ 인간의 행동은 생활환경이 제공하는 강화의 형태와 빈도에 의해 결정된다.

2 상담의 목적

학습의 새로운 조건을 창출하는 것이다. 즉, 내담자가 잘못 학습된 행동을 소거하고 더 효과적이고 바람직한 행동을 새롭게 학습하도록 돕는다.

3 상담의 과정

① 상담관계의 형성(내담자 스스로 원하기보다는 가족이나 중요한 사람의 권유에 의해 상담이 시작되므로 관계 형성이 중요함)

② 문제 행동의 규명(내담자에 대한 정보 수집 후 상담이 시작되므로 바로 문제 행동의 규명이 가능함)

③ 현재 상태 파악

④ 상담 목표의 설정

⑤ 상담 기술의 적용

⑥ 상담 결과의 평가

⑦ 상담 종결

4 주요기법

① 체계적 둔감법(이완훈련, 불안위계표 작성): 불안을 일으키는 여러 상황에 대해 점수를 매긴 다음 불안점수가 낮은 상황부터 직면하도록 한다. 서서히 불안이 줄어들면 점차 불안점수가 높은 상황으로 바꿔 가면서 직면하게 된다.

② 집단둔감법: 혼자 어려운 상황을 직면하기보다는 집단 구성원이 함께하면 격려와 지지를 받을 수 있다.

③ 주장훈련법: 자기의 의견을 상대방에게 고집스럽게 관철하는 것이 아니라 자신의 감정이나 생각, 느낌을 표현한다.

④ 정서심상법: 이전에 상처받았던 괴롭거나 수치스러운 상황을 심상에 떠올려 경험한다.

⑤ 강화법: 긍정적 행동 수정이나 부정적 행동 소거가 일어나는 데 필요한 보상을 준다.

⑥ 사고정지법: 괴롭고 수치스러운 생각 등이 일어나면 일단 중단하거나 잊으려고 노력한다.

⑦ 혐오요법: 혐오를 일으키는 방법을 활용하여 행동수정을 한다.

⑧ 역할극: 타인의 입장이나 관점을 이해하기 위해 타인의 역할을 연기한다.

⑨ 행동계약법: 행동을 수정하기 위해 계획을 세우고 실천할 것을 문서화하여 계약서를 작성한다.

5 독서치료에 활용 가능한 기법

잘못된 습관 때문에 실생활에서 적응이 어려운 사례를 독서 자료를 통해 인식시킨다. 잘못된 습관을 소멸시키는 데 부정적 강화가 효과적인지 혹은 처벌이 효과적인지를 판단하여 적절한 강화법을 활용한다.

(6) 상담이론을 활용한 독서치료적 접근

① 치료자

일대일 독서치료의 경우, 치료자는 참여자가 보이는 다양한 반응에 만족하기보다는 노출하지 못한 어떤 것이 있나 주의 깊게 살핀다. 그리고 내재되고 표현하기 어려운 어떤 것이 있다고 믿을 때는 여러 상담 기법을 활용하여 노출할 용기를 갖게 하고 스스로 직시·수용할 수 있도록 돕는다.

집단 독서치료의 경우, 집단원 간에 상호작용이 잘 일어나도록 적절한 상담 기법을 활용하는 것이 중요하다(예: 독서 자료가 제시하는 메시지에 동의하지 못하거나 인정하지 않을때 역할극이나 빈 의자 기법을 활용하면 효과적일 수 있다).

② 참여자

자신의 실제 모습과 남에게 보여 주는 모습이 달라서 문제가 많았던 경우에는 자신의 추한 영역을 드러내는 것이 수치스러운 일이 아닌 자신감이라는 것을 이해하게 된다. 그리고 융통성이 부족하거나 고정관념, 편견, 선입견이 많았던 경우에는 다양한 가치관을 이해하고 수용할 수 있도록 격려와 지지를 얻게 된다. 또 독서 자료가 주는 메시지에 동의하기는 하나 실생활에서 실천이 힘든 경우에는 계획을 세워 매일 조금씩 실천해 보고 성공적인지 아닌지에 대해서 평가할 수 있다.

요약 >>>>

    문학작품이 심리치료에 활용된 배경에 대해 간단히 소개하였다. 또한 독서치료적 접근을 위해 필요한 심리학적 기초를 세 가지 영역으로 나누어 소개하였다. 첫째, 인간발달 영역, 즉 프로이트의 심리성적 이론, 볼비의 동물행동학적 견해, 피아제의 인지발달이론, 에릭슨의 심리사회적 이론 등이다. 둘째, 성격개념과 그 형성과정 영역, 즉 정신분석적 관점, 특질이론의 관점, 개인심리학적 관점, 분석심리학적 관점, 인본주의적 관점, 형태주의적 관점, 사회학습이론의 관점, 이퇴계의 관점 등이다. 셋째, 상담이론과 기법의 영역, 즉 정신분석적 상담이론, 내담자 중심 상담이론, 합리적–정서적 상담이론, 형태주의적 상담이론, 행동주의적 상담이론 등이다.

🎓 **학습과제**

❶ 다양한 상담이론 중 학교 장면에서 활용하기 쉬운 이론은 무엇인가?

❷ 문제 해결보다 인간 성장에 목적을 둔 이론은 무엇인가?

❸ 그릇된 신념이 행동장애를 일으킨다고 본 이론은 무엇인가?

❹ 내담자의 과거사에 관심이 많은 이론은 무엇인가?

❺ 형태주의 상담이론의 상담 목적은 무엇인가?

❻ 독자반응이론이 왜 독서치료에 중요한 이론적 기초가 되는가?

제 3 장

독서치료의 과정 및 방법*

학습 목표 및 개요 ● ● ● ●

　이 장의 학습 목표는 독서치료가 이루어지는 단계와 과정을 아는 것, 그리고 독서치료의 절차와 전략을 알고 독서치료 프로그램을 계획하는 것이다.

　독서치료는 치료과정이므로 일련의 과정을 거쳐 진행하게 된다. 이 장에서는 독서치료가 이루어지는 단계와 과정, 그 방법에 대한 내용을 다루고자 한다. 구체적으로 독서치료의 다섯 단계를 다루고 독서치료의 과정에서는 네 가지 치료과정의 특성을 언급하면서 그에 필요한 발문의 예를 제시할 것이다. 또 독서치료의 절차, 독서치료의 전략, 그리고 독서치료 과정에서 이루어지는 활동과 프로그램의 예를 살펴볼 것이다.

---

* 이 장은 독서치료(2004), 2장의 내용을 많은 부분 참조하였다.

1. 독서치료의 단계

대부분의 상담과 치료는 그 목적을 달성하기 위해 일정한 단계를 거치게 된다. 특히 집단 상담 또는 치료의 경우 얼마나 신중하게 집단을 조직하는가에 따라 그 성과가 달라질 수 있다. 독서치료도 마찬가지로 일정한 과정을 거쳐서 진행된다. 독서치료의 단계를 알아보기 전에 그와 깊은 연관성이 있는 집단상담과 시치료의 단계를 살펴보고 독서치료의 구체적인 단계를 알아본다.

1) 코리와 코리의 단계

코리와 코리(Corey & Corey, 2001)는 집단상담이 진행되는 단계를 다음과 같이 5단계로 설명하고 있다.

① 집단의 구성 단계: 치료집단을 만들기 위해 학교, 정신건강센터, 진료소 · 정신병원 등과 같은 기관을 통하게 되는데 이러한 조직적인 기관에서 모집을 위한 승인을 받고, 참여자에게 치료에 대한 확신을 주기 위해서는 치료 목표를 분명히 제시한 제안서를 작성한다.

② 집단상담의 초기 단계: 이 단계는 집단이 구성된 후 집단상담에 대한 오리엔테이션과 탐색을 하는 단계다. 참여자는 집단상담에 대한 불안이나 저항을 없애고 상담과정의 규칙이나 목표를 설정하게 된다. 상담자는 참여자와 집단의 특성을 고려하여 상담의 방향과 계획을 수립하고, 참여자가 신뢰감을 형성하고 상담을 통해 가능한 한 많은 것을 얻어 갈 수 있도록 노력한다. 신뢰감 형성은 초기 단계의 핵심적 과제다.

③ 과도기 단계: 이 단계는 집단이 작업 단계로 넘어가는 과도기적 단계다. 대개 집단은 불안, 방어적 태도, 저항, 지배권에 대한 추구, 참여자의 갈등, 상담자에 대한 도전과 갈등, 그 밖의 다양한 문제가 노출된다. 따라서 이 단계

에서는 참여자와 상담자가 여러 문제를 피하지 않고 직면하면서 그 저항을 다룰 능력과 의지가 필요하다. 상담자는 저항을 치료적으로 다루기 위한 개입이 필요하다.

④ 작업 단계: 참여자가 스스로 집단 상호작용에 참여하는 법을 알고, 상담시간에 자신들이 꺼내 놓는 중요한 문제를 집중적으로 탐색하고 집단 내의 역동성에 주의를 기울인다. 집단에서 발생하는 모든 작업에 대해 많은 책임감을 갖게 되므로 집단 지도력이 생길 뿐 아니라 자기 개방과 자기 직면이 원활하게 이루어지고 참여자 간의 상호 피드백도 생기면서 신뢰감과 응집력이 높아진다. 상담자는 적절한 행동 모델을 보여 주면서 참여자가 깊은 자기탐색을 하도록 도와주고, 참여자의 행동에 변화를 가져올 수 있는 치료적 요소를 인식하여 그들의 생각이나 감정, 행동에서 원하는 대로 변할 수 있도록 개입한다.

⑤ 종결 단계: 참여자가 집단상담에서 경험한 것의 의미를 명확히 하고 자신들이 얻은 깨달음을 더욱 강화하여 일상생활에 적용하고 싶은 새로운 행동을 결정하는 단계다. 참여자는 각자의 학습을 강화하고 분리감정을 다루며 미해결 문제를 다룬다. 또 행동 변화를 위한 실습을 하기도 하고 서로 상담이 끝난 후의 상태에 대해 피드백을 나누며 배운 것을 실천하도록 다짐하기도 한다. 상담자는 상담이 끝난 후에도 비밀을 유지할 것을 강조하고 필요한 평가를 한다.

2) 마차의 단계

마차(Mazza, 2005)는 월버그(Wolberg)의 절충적인 심리치료 모델의 단계를 적용한 시치료 기법을 다음과 같이 소개하고 있다.

① 지지 단계: 참여자가 상담자와 신뢰를 형성하면서 감정을 표현하고 개인의 문제를 드러내는 단계다.

② 통각 단계: 이 단계에서는 과거 경험의 도움으로 새로운 지각 대상을 이해하

게 되어 지지 단계에서 열거된 문제에 대한 참여자의 통찰을 발전시킨다. 상담자는 참여자의 문제에 대한 해석과 명료화를 통해 과거의 문제가 참여자의 인격 구조에 어떻게 영향을 미쳤고, 어떻게 현재 문제와 관련되어 있는지를 확인하게 돕는다.

③ 행동 단계: 참여자가 자신의 정체감, 에너지를 확인하고 자신의 문제해결에 필요한 행동을 수행하는 단계다.

④ 통합 단계: 치료의 종결 단계로서 치료에서 얻은 것을 견고히 하는 단계다. 참여자와 치료자는 결별을 준비하고 치료를 평가한다.

3) 돌과 돌의 단계

독서치료의 단계에 대해서는 돌과 돌(Doll & Doll, 1997)이 파덱(Pardeck, 1994)과 전경원(Jeon, 1992)의 견해를 종합하여 다섯 단계로 제시했다. 그들에 따르면 발달적 독서치료는 자료 선택, 자료 제시, 이해 조성의 세 단계를 거치고, 임상적 독서치료는 이 외에 준비를 위한 단계와 문제가 해결되었는지를 증명하기 위한 추후 활동과 평가 단계로 이루어진다. 이 중 준비를 위한 단계는 독서치료 전체 과정의 초기에 필요한 단계로서 독서치료뿐 아니라 다른 치료나 상담의 과정에서도 본 치료나 상담을 시작하기 전에 거쳐야 하는 초기 단계다. 반면에 나머지 4단계는 매 회기에 계속하여 거쳐야 하는 반복적 과정이다. 또 실제로 독서치료를 실시할 때 이 다섯 단계는 발달적이든 임상적이든 모든 독서치료에 필요하다. 이를 좀 더 구체적으로 설명하면 다음과 같다.

(1) 준비를 위한 단계

① 참여자와 신뢰관계를 형성한다.

② 문제의 정도와 정확한 특성을 찾아낸다.

③ 필요한 경우 참여자의 상태에 대하여 심리검사 등의 부가적인 평가를 실시한다.

(2) 자료 선택

① 참여자의 독서 수준과 흥미에 맞으면서 문학적으로나 예술적으로 질이 높은 책을 선택한다.
② 참여자가 현재 이해할 수 있는 책을 선택한다.
③ 참여자의 문제 상황에서 성공할 수 있는 해결책을 제공하는 자료를 선택한다.

(3) 자료 제시

① 참여자의 흥미를 촉진시킬 수 있는 방법으로 책을 제시한다.
② 참여자의 이해를 돕기 위하여 계획된 활동을 중간에 끼워 넣음으로써 읽는 것을 중지할 수도 있다.
③ 책에 대하여 정서적으로 건강하지 못한 반응이나 심각한 걱정거리를 보이면 조정하고 완화시켜 준다.

(4) 이해 조성

이 단계가 독서치료와 다른 상담 및 치료를 구분하는 핵심적인 단계라고 할 수 있다. 이 단계에서는 책을 읽은 후 토의를 하며, 때로는 쓰기 활동과 미술 활동, 역할극이나 극화 활동을 하기도 한다. 더불어 다음 절에서 소개되는 독서치료의 네 과정에 따라 관련 질문을 한다.

① 참여자가 책에 나오는 주인공과 중요한 문제를 검토하는 것을 도와준다.
② 주인공이 어떤 방식으로 행동하도록 이끄는 동기에 특별한 관심을 기울이게 한다.
③ 책의 줄거리 안에서 검토된 문제를 지적하고, 책에서 제기된 해결책과는 다른 해결책으로 인한 결과를 검토해 본다.
④ 참여자가 책 속의 등장인물과 자신 및 자신이 아는 사람들 사이의 비슷한 점을 볼 수 있도록 도와준다.

(5) 추후 활동과 평가

① 참여자가 적절한 활동을 할 수 있도록 결정을 내리게 격려한다.

② 참여자가 성공 가능한 합리적인 계획을 발전시킬 수 있도록 도와준다.

③ 행동 계획을 시간을 두고 지속해도 좋을지 조정한다.

④ 행동 계획의 효과를 보기 위해 필요한 만큼 자주 바꾸고 재시도를 한다.

2. 독서치료의 과정

독서치료의 과정에 대해 변학수(2006)는 다음과 같은 네 단계를 제시하고 있다.

① 도입 단계(initial phase): 친밀감을 형성하고 참여자의 통찰을 문학적으로 표
  현하게 한다. 주로 과거를 회상할 수 있는 문학, 시, 동작, 음악, 그림 등이
  수단으로 사용된다.

② 작업 단계(action phase): 참여자가 글쓰기에 몰입하는 단계다. 즉, 자신의
  내면을 참여자와 공유하는 것으로 피드백과 셰어링이라는 두 가지 기술이
  사용된다.

③ 통합 단계(integration phase): 치료자가 참여자에게 작업 단계의 역동적 과정
  을 자신의 것으로 이해하게 하는 단계다. 참여자가 각자가 산출한 글쓰기 텍
  스트에 대해 한마디 말이나 하나의 문장으로 느낌을 말하도록 하는 것이다.

④ 새 방향 설정 단계(reorientation phase): 참여자가 자신을 객관화하고 자신의
  감정을 이해하여 어떤 파괴적이고 부정적인 감정이 분출되고, 긍정적인 감
  정을 얻어 자신이 행동할 새로운 방향을 설정하도록 하는 것이다.

왓슨(Watson, 1994)도 매회, 책 내용에 맞추어서 적용되는 독서치료 과정을 책
을 읽히기 전의 충분한 준비과정을 포함하여 네 단계로 구성하였다(홍경자, 2002,
p. 8에서 재인용).

① 문자 단계: 책의 텍스트에 드러난 명백한 정보에 초점을 두고 치료자가 질문을 하나 토의는 하지 않는다.
② 추론 단계: 지도자는 책의 텍스트에 함축된 명백한 정보에 초점을 두면서 같은 단서가 읽는 사람에 따라 다른 결론을 도출하도록 질문을 한다.
③ 평가 단계: 책 내용과 독자의 생각 사이에서 이루어지는 질문, 책 내용에 대한 이해, 그리고 독자의 지식, 세계관에 기초를 둔 판단에 의해 참여자 나름의 결론이 내려진다.
④ 창조 단계: 작가의 사고를 벗어나 책의 내용을 다르게 만들어 보게 하는 질문이 사용되고, 독자는 이러한 창조적 질문에 대해 작가가 되어 내용을 구성해 본다.

하인스와 하인스-베리(Hynes & Hynes-Berry, 1994)는 독서치료 과정을 인식(recognition), 고찰(examination), 병치(juxtaposition), 자기적용(application to self)의 네 단계로 나누어 설명한다. 여기에서는 그들의 이론을 중심으로 독서치료 과정을 자세히 살펴본다.

1) 독서치료의 네 가지 과정

(1) 인식

독서치료는 인식(recognition)에서 출발하는데, 이는 자료에 내포되어 있는 것을 참여자가 지각하는 것(Gumaer, 1990)이다. 이러한 인식 반응이 일어나려면 자료가 참여자를 끌어들이고 흥미를 유발시키며 상상력을 발휘시킬 뿐 아니라 집중시킬 수 있는 요인을 포함해야 한다. 이 과정에서는 자료의 일부보다는 등장인물의 성격이나 그 작품 속의 경험을 이해하는 것이 중요하다. 그러므로 내용을 아는 것보다는 알고는 있으나 인식하지 못했던 느낌을 일깨우는 것이 더 중요하다. 예를 들면, "주인공이 너무 욕심쟁이예요."보다는 "욕심을 부리는 것은 좋지 않아요."와 같은 반응이 더 유용하다.

    자료에 대한 반응은 처음부터 일어나기도 하고 전에는 생각지 않았던 것 또는 자료의 일부나 언어적 리듬으로 인해 발생되기도 한다. 또한 인식이 일어나는 방식도 다양해서 즉각적으로 일어나기도 하지만 치료자가 자극을 주거나 다른 참여자의 의견에 자극을 받기도 한다. 그러나 이러한 모든 과정이 대화를 통해 일어나므로 자료는 토의를 시작하는 촉매로서 중요하다. 인식에는 다음과 같은 세 종류가 있다.

① 모호한 느낌의 인식

    사람은 정상적인 성숙을 하는 과정이나 일상 속의 여러 상황에서의 느낌이 언제나 명쾌하고 분명한 것은 아니다. 독서치료는 생활하는 가운데 정확하게 인식하지 못하고 흘려 버리는 모호성을 인식하는 데도 유용하게 쓰일 수 있다.

    예를 들면, 동생이 생겨서 부모의 관심과 손길이 소홀해진 아이는 일상생활에서 문제 행동을 일으키는 경우가 많다. 그 아이는 무언가 자신의 생활에서 변화가 생겼다는 것을 알아차리고 불안해하며 부모에게 전에 없이 투정을 부리거나 퇴행 행동을 보이기도 한다. 또 동생을 괴롭히는 행동을 서슴지 않고 하기도 한다. 부모는 부모대로 전에 없이 말썽을 일으키는 큰아이를 이해하지 못하고 아이의 돌출 행동에 대해 당황할 수 있다. 이 경우 부모와 아이는 동생이 생기면서 피해의식이 생긴 아동을 다룬 동화 『피터의 의자』(에즈라 잭 키츠, 2000)를 함께 읽으면서 그러한 정서에 관하여 이해할 수 있다. 아이는 동생을 괴롭힌 것에 대한 미안한 감정과 부모의 관심이 줄어든 것에 대한 서운함을 느낄 수 있다. 부모는 부모대로 동생을 본 자녀가 매우 불안해하고 그 때문에 전에는 보이지 않던 문제 행동을 보인다는 것을 이해할 수 있다. 또 작은아이의 출생으로 인해 큰아이에게 너무 소홀했고, 발달적으로 너무 높은 수준의 행동을 하도록 요구했음을 발견하고 죄책감을 느낄 수도 있다.

    이러한 반응은 같은 자료에 대해서도 참여자, 자료의 각 부분, 주제에 따라 다르게 유발되고 그 깊이도 다르다. 독서치료는 보편적인 심리적 실체(universal psychological reality)에 익숙해지도록 도움을 주는 효과적인 도구라 할 수 있다.

② 반응 유형의 인식

독서치료의 반응 유형은 독서치료에 반복적으로 참여하면서 보이는 행동을 통해 알 수 있다. 매 회기 불평을 표현하거나 자료에서 우울한 메시지만을 보려고 하는 사람도 있는데, 독서치료 집단은 그러한 반응이 부정적이라는 것을 인식하도록 도와준다.

특별히 임상적인 참여자의 경우 이런 태도가 아주 뿌리 깊게 박혀 있는 경우가 있다. 이때 치료자는 그 태도를 치유하지는 못할지라도 그 자료에서 적어도 한 가지라도 긍정적인 요소를 찾아보도록 설득하여 제한적이나마 작은 변화를 유도할 수 있다.

③ 카타르시스

카타르시스(catharsis)는 인식의 심오한 체험을 의미한다. 인식과정에서 카타르시스를 동반하게 되면 매우 강한 힘을 발휘하게 된다. 참여자는 작품 속의 어떤 점을 강하게 자신과 동일시하거나 혹은 잠재된 기억이나 정서를 자극하는 대화나 작업에 참여하게 될 때 이러한 카타르시스를 경험하게 된다.

동일시는 아동이 좋아하거나 자신과 비슷한 상황 또는 정서를 가지고 있다고 생각하는 사람이라고 상상할 때 생긴다. 독서치료 과정에서 아동은 책 속에 나오는 등장인물의 삶, 감정, 생각, 행동 등을 대리 경험하면서 동일시 현상을 보이게 된다.

슈로즈(Shrodes, 1949)는 삭스(Sachs, 1942)의 말을 인용하여 다음과 같이 동일시과정을 설명하고 있다(Gumaer, 1990, p. 168에서 재인용).

문학작품을 읽으면서 독자는 일상적인 환경에서 벗어나 환상의 영역으로 끌려 들어간다. 이러한 환상은 개인적인 범위를 초월한 경험으로서 개인적인 생활을 풍부하게 해 주지만, 현실과 환상을 구별하는 중요한 기능이 방해받을 정도는 아니다. 작가는 등장인물과 그들의 정서생활을 만들어 감으로써 등장인물이 실제로 존재하며 보편성을 지닌 인물로 보이도록 나타낸다. 저자는 독자가 모르는 사이에 그의 무의식에 파고든다. 그리하여 독자는 부지불식간에 자신의 억압된 바람이 저자의 것과 같다는 것을 알게 된다. 이러한 방법으로 독자는 자신의 고립된 상태에서 벗어나게 된다.

번스타인(Bernstein, 1977)은 동일시가 다음과 같은 몇 가지 독서치료적 가치를 가진다고 했다(Gumaer, 1990, p. 168에서 재인용).

① 다른 사람의 문제를 보면서 자신의 문제를 인식할 수 있는 기회를 가진다.
② 자기 인식은 흔히 고독한 가운데 생긴다. 그런데 독서는 매우 개인적인 활동이므로 자기인식을 할 수 있는 계기가 될 수 있다.
③ 참여자는 다른 사람도 자신과 같은 문제를 가졌다는 사실을 앎으로써 자신의 문제에 대한 당혹감을 최소화할 수 있다.
④ 다른 사람에게 보이거나 간섭받지 않고 자신의 문제에 대한 해결방법을 연습할 수 있다.
⑤ 등장인물과 관련하여 자기 문제를 토론해 볼 용기가 생긴다.

카타르시스가 유발되기 위해서는 참여자가 자신에 대해 책임을 지려는 의지를 가지고 작품에 대해 반응을 표출하여야 한다. 인식은 작품 자체보다는 서로의 의견 나눔이 실제적 촉매이기 때문이다. 그러나 상호작용적 독서치료에서는 작품의 주제, 메시지와 같은 자료의 표면적 특성뿐 아니라 작품에 묘사된 정서나 일부 장면의 통쾌함 또는 작품의 미학적 측면에 대해 스스로 정서적 반응을 함으로써 유발되기도 한다.

인식과정에서 짚어 보아야 할 하나는 독서치료자의 태도다. 대부분의 독서치료자는 참여자를 정서적으로 충분히 자극할 수 있으면서도 미적이며 보편성을 가진 작품을 찾아내려 한다. 그리고 그렇게 찾아낸 자료를 매체로 집단 참여자의 반응과는 관계없이 그 작품이 참여자를 자극할 수 있으리라 생각되는 잠재성을 최대한 끌어내려고 노력한다. 그러나 궁극적으로 인식은 미리 짜일 수 없는 개별적이며 독자적인 과정이므로 이러한 태도는 바람직하지 않다.

독서치료의 과정은 개인에 따라 달라서 즉각적인 반응을 보이기도 하고 다른 사람이 보이는 편안한 이미지를 단순히 관찰하는 것만으로도 안도감을 느끼기도 한다. 문학작품은 중립적인 언어로 표현되어 있어 참여자가 방어적 자세를 가질 필요 없이 나름대로 인식을 경험하게 한다. 이것이 치료적 기능을 발휘하는 문학의 유연성이다.

(2) 고찰

고찰(examination)은 관련된 문학작품을 자세히 살펴보는 활동으로, '이 책에서 흥미 있는 것은 무엇인가?' '나의 가치관과 인물의 가치관은 얼마나 유사한가 혹은 얼마나 다른가?'라고 질문해 봄으로써 가치관과 관심을 조사해 보는 것이다 (Gumaer, 1990, p. 174). 고찰은 독자가 인식한 감정 반응(feeling-response)이 실제로 그에게 어떤 의미를 주는지 탐색하여 인식의 섬광을 넘어섰을 때 일어난다. 따라서 고찰을 할 때는 '누가, 무엇을, 언제, 어떻게, 왜, 얼마나, 어디서' 라는 질문이 수반된다. 즉, 독서치료 과정에서 고찰의 단계는 첫 단계인 인식 단계가 강화된 것이라고 보아야 한다.

고찰을 할 때는 마지막으로 '왜'라는 질문이 수반된다는 점에 주목해야 한다. 치료자는 참여자가 책을 읽은 후 자신의 반응이 언제, 얼마나 자주 나타나는지, 반응의 대상이 무엇인지에 관해서 참여자 스스로 알 수 있도록 도와준다. 그러면 참여자는 독서치료 과정에서 '왜' 그런 느낌을 갖는지, '왜' 그런 반응을 보이는지를 제대로 연습할 기회를 얻는 셈이 된다.

능숙한 독서치료자는 독서치료 집단의 참여자가 스스로의 노력으로 자신들의 반응을 고찰해 보도록 유도한다. 발달적 독서치료에서는 적은 노력으로도 참여자가 심도 있는 이슈를 인식하고 고찰하는 경우가 종종 있다. 그러나 임상적 독서치료에서는 참여자의 반응을 세분화하거나 작품의 문학적 수준을 고찰하는 일이 어렵다.

참여자에게 작품에 대한 인지적 깨달음(awareness)이 생기기도 전에 느낌을 알아낸다는 것은 미묘하고도 어려운 과제다. 따라서 작품을 토의할 때 치료자가 이슈가 되는 영역을 바르게 분석하는 정확성과 참여자에 대한 감정이입도 없이 참여자에게 느낌을 찾아내도록 여러 차례 종용하게 되면 참여자는 정서적으로 위험해질 수 있다.

(3) 병치

인식을 고찰하게 되면 그 주제에 대한 추가적인 인상(impression)이 생겨나는데, 그것은 독자가 가졌던 처음의 반응에 수정과 변화를 가져온다. 독서치료에서 고찰은 참여자로 하여금 대상이나 경험에 대한 두 가지 인상을 나란히 놓고 비교하고 대조해 보게 하는 병치(juxtaposition)를 이끌어 낸다.

처음에 일어났던 반응과 병치되는 새로운 인상은 대화로 인한 느낌이나 개념일 수도 있고, 문학 자체에서 발견할 수 있는 개념, 상황, 등장인물, 이미지 등일 수도 있다. 참여자는 새로 갖게 된 인상에 비추어 처음의 반응을 돌이켜 보게 되는데, 특히 처음에 나타났던 가치, 상황, 개념, 태도, 느낌에 대해 충분히 고찰하지 않았을 경우 예전의 것과 새로운 것을 나란히 놓고 비교해 보아 거기에 포함된 문제를 더 깊이 고찰할 수 있는 기회를 가지게 된다. 처음에 가졌던 것을 옳다고 주장하는 참여자도 있을 것이고 치료과정을 통해 수정된 것을 좋아하는 참여자도 있을 것이다. 그러나 대부분의 경우 기존의 것과 새로운 것을 신중하게 여러 관점에서 검토하고 탐색해야 한다.

병치를 통해서 생기는 통찰이 독서치료에서만 일어나는 것은 아니지만, 상호작용적 독서치료는 참여자로 하여금 이전에 고수하던 태도나 감정과 외부 자극의 연관성을 찾도록 자극하고 또 외부 자극 자체를 제공해 준다는 장점이 있다.

문학은 고찰의 동인이 될 수 있다. 문학이라는 도구 자체가 갖고 있는 요소는 불일치를 교정시키고, 역할 모델을 제공하며, 참여자가 고찰을 할 수 있도록 대안을 제공해 줌으로써 자신의 상황에서 그것들을 대조하고 비교해 볼 수 있도록 해 준다.

(4) 자기적용

작품을 통해 인식되고 고찰되고 병치되었던 느낌과 개념은 자기적용(application to Self)의 경험으로 진전되어야 한다. 독서치료는 평가와 통합이라는 과정을 거쳐야 그 과정이 완성된다고 할 수 있다. 평가가 인식하고 고찰하여 병치를 이끌어 내는 과정이라고 한다면, 통합은 자기적용의 과정이다.

평가를 하려면 새로운 수준에서의 인식과 고찰이 필요하다. 참여자는 자신에 대한 깨달음을 통해 갖게 된 새로운 관점이 자신의 행동과 태도에 어떻게 영향을 주는가를 살펴보아야 한다. 그들이 새로운 행동을 실행하게 된다면 그 경험(새로운 수준의 인식과 고찰을 했던)은 충분히 치료 효과를 가졌다고 볼 수 있다. 즉, 통찰 (insight)이 통합되어야만 하는 것이다.

결과적으로 자기인식(self-awareness)은 이전의 세 단계를 거쳐 발달되어 마지막 단계에서 명확해진다. 이러한 현상을 전문용어로 '명명하기(naming)'라고 하는데, 독서치료에서 명명하기는 문학작품에서 출발하여 독특한 관점이나 경험, 이미지에 대하여 적절하면서도 일반적인 표현을 부여하면서 시작된다. 참여자는 자신만의 독특한 여과 장치를 거친 후 다른 사람이 묘사한 것을 명명하게 된다. 이렇게 여과되어 명명된 것은 다른 참여자와 치료자에 의해서 '재명명하기 (renaming)'로 이어진다. 치료적 대화를 하면서 명명하기는 확장되고 명확해지며 재정의된다.

자기적용을 촉진하는 대화는 작품의 심층부까지 파고들게 한다. 평가는 참여자로 하여금 스스로 다음의 질문을 하도록 자극한다.

- 토의되었던 상황이나 개념은 어떻게 나에게 적용되는가?
- 나는 작품이나 대화에서 야기된 느낌을 어떻게 다루어야 할까? 부인할까, 아니면 단계적으로 생각해 볼까?
- 이 반응이 내 인생에 어떤 영향을 줄까? 새로운 통찰을 통합하려면 무엇을 해야 할까? 순순히 변화해 버릴까?

평가하고 변화를 실행하는 데는 시간이 필요하다. 어떤 임상적 집단의 경우 참여자가 마지막 자기적용에 도달하기까지 몇 달 혹은 몇 년이 걸리기도 한다. 감정에 대한 반응을 경험하고 표현하기 위해서, 그리고 그것을 분석하고 통합하기 위해서 작품을 반복적으로 살피는 행위는 결국 촉매 역할을 하는 작품의 힘에 달려 있다.

2) 독서치료 과정의 특성

앞서 독서치료의 네 가지 과정을 자세히 살펴보았는데 전체 과정에는 몇 가지 중요한 부가 특성이 있다.

(1) 독서치료는 연속적이다

독서치료의 네 과정은 대체로 동일한 순서로 진행된다. 하지만 개인마다 서로 다르고, 그 단계들이 일정한 속도로 이루어지지도 않고, 한 회기에 모든 과정을 꼭 거쳐야 하는 것은 아니다. 발달적 집단은 대부분의 참여자가 네 과정을 수행할 수 있다. 어떤 참여자는 한 회기 동안 인식에서 출발해 다음 단계로 이동하면서 네 과정을 모두 거칠 수도 있다. 반면에 중증의 퇴행성 환자의 경우 치료자는 그 집단의 각 참여자가 어느 정도의 인식과정을 거쳐서 최소한의 고찰을 하도록 돕는 정도로 만족해야 할 수도 있다.

덧붙여 독서치료의 네 과정에는 각각 분석과 종합의 보완적인 과정이 들어 있다는 점에서 연속적이라고 할 수 있다.

① 분석

느낌이나 생각이 갖고 있는 각각의 요소를 찾아내어 부분으로 분리시켰다가 후에 각 부분과 전체 간의 연관성을 이해하는 것이다. 치료자가 참여자의 느낌과 인과관계를 명료화하도록 도와주면, 참여자는 나중에 그 요소들을 의미 있는 방법으로 통합한다. 그러므로 치료자는 작품이나 대화로 이끌어 낼 수 있는 의식 자료

(conscious material: 개인이 자각하고 있는 것)에 대한 분석으로 시작해야 한다. 대부분의 경우 각 참여자는 돌아보지는 않았지만 의식은 하고 있었던 느낌과 개념을 자세히 살펴봄으로써 자기긍정(self-affirmation)과 자기이해를 할 수 있게 된다. 그러나 독서치료적 문학작품, 특히 시는 정서적 영향력을 갖고 있어서 종종 무의식 자료(unconscious material: 개인이 자각하지 못했던 것)를 이끌어 내기도 한다.

② 종합

분석을 통해 얻어진 분리된 요소(개념, 이미지, 정서 등)는 어떻게 함께 어울릴 수 있는가에 대한 새로운 시각을 가짐으로써 응집력 있는 하나의 단일체로 합쳐져 종합으로 완성된다. 이 과정은 참여자 스스로 만드는 것인데, 참여자가 새로운 방법으로 사물을 보게 되었을 때 각 요소가 종합된다. 이런 종합으로 생긴 통찰은 참여자가 예전의 방법을 강화시킬 때, 또는 새로운 해결방법을 모색할 때 사용될 수 있다.

(2) 독서치료는 창의적이다

문학은 서로 대비되는 갈등적 요소를 제시하고 그 요소 간의 유사성을 찾아내어 연결하는 과정에서 창의성이 나타난다. 즉, 두 요소 간에 독창적 관계가 형성되어야 한다. 마찬가지로 한 사람이 태도, 감정, 경험 사이에서 의외의 새로운 연관성(그 사람의 성장과 느낌의 결과로 만들어지는)을 만들어 낸다는 것은 그 사람이 창의적 활동에 참여했다고 볼 수 있다. 창의성이 치료 효과를 높이는 데 어떤 역할을 하는지 잘 알지 못할 수도 있지만 앞서 살펴본 치료적 과정은 창의성과 유사한 점이 많다. 특히 예술적 또는 과학적 창의성은 병치 단계와 밀접한 관련성을 보이고 있다.

치료자는 참여자로 하여금 생각과 느낌에 대한 인식과 고찰 사이를 본질적으로 연관 짓도록 유도하고 그것들을 자신의 내적 자아에 적용하도록 촉진하여 병치를 하도록 도울 수 있다. 말하자면 병치는 독서치료의 과정에서 가장 창의적인 부분이다.

(3) 핵심적 요인은 언어다

문학에서의 언어는 창의적 과정의 촉매적 도구다. 문학작품 속에는 몇 가지 종류의 병치가 제시되어 있다. 독서치료 과정에서도 창의적 과정은 언어와 분리되어 일어날 수 없다. 예를 들면, 은유는 분명하게 분리된 서로 다른 두 요소를 연결한 것이다. 또 시의 경우 텍스트의 시어는 잘 모르는 것을 이해하기 위해 알고 있는 것을 어떻게 전이시킬 수 있는가를 보여 주는 모델이다. 독서치료의 대화 중에 이러한 점이 언급된다면 그것은 앞서 설명한 명명하기와 유사한 것이 된다.

3. 독서치료의 절차

1) 독서치료 프로그램 계획

독서치료를 계획하고 있는 기관은 체계적인 독서치료 프로그램을 수립할 때 다음의 아홉 가지 단계의 질문에 대해 미리 고려해 보아야 한다(Doll & Doll, 1997).

① 어떤 사람이 그리고 얼마나 많은 사람이 이 독서치료 프로그램의 혜택을 받을 것인가?

② 만일 성공적이라면 이 독서치료 프로그램이 참여자를 위하여 달성해야 할 목표는 무엇인가?

③ 이 독서치료 프로그램을 계획하고 수행하고 관찰·조언하기 위해서는 어떤 분야의 전문가가 필요한가?

④ 이 독서치료 프로그램을 한 명 이상의 전문가가 담당한다면 그들은 프로그램을 성공적으로 이끌기 위해 서로 어떤 관계를 가지고 어떻게 역할을 분담해야 하는가?

⑤ 어떤 유형의 매체를 선택해야 하는가?

⑥ 선정된 매체를 참여자에게 잘 이해시키려면 어떤 활동이 필요한가? 이 자료

를 통해 습득한 것을 실제 생활에 적용할 기회를 높여 주려면 어떤 활동이
필요한가?

⑦ 참여자가 주제나 주제가 불러일으키는 문제에 의해 스트레스를 받거나 해를
입지 않는다는 것을 확신할 수 있도록 누가 참여자의 반응을 관찰·조언할
책임을 져야 하는가? 참여자에게 더 확장된 치료를 해야 한다는 근거가 있다
면 누가 대안적 치료 프로그램을 제시할 책임을 지는가? 더 확장된 치료는
어디서 할 것인가?

⑧ 심각한 정서적 혼란을 겪고 있는 참여자가 있다면 임상적 독서치료와 같은
포괄적 프로그램 안에서 독서치료를 확장할 사람은 누구인가? 참여자가 그
렇게 선정된 독서치료를 자신의 삶 속에 적용시키도록 증진시킬 수 있는 활
동 계획을 수립하는 사람은 누구인가? 그 계획은 어떻게 관찰·조언할 것인
가? 참여자와 함께 그 계획을 교정하고 재검토할 사람은 누구며 어떻게 할
것인가?

⑨ 이 독서치료 프로그램의 목표는 달성되었는가?

이런 질문에 기초하여 독서치료를 계획하기 위해서는 다음의 사항에 대한 충분
한 숙고가 필요하다.

(1) 독서치료 참가 대상

독서치료 프로그램의 궁극적인 목적은 참여자의 삶의 질을 향상시키는 것이다.
그들은 다양한 개별 집단을 대표하고 있기 때문에 프로그램의 대상을 결정하는
일은 매우 중요하다. 그러므로 독서치료 프로그램을 계획할 때는 최소한 참여자
의 세 가지 특징을 미리 정의해야 한다. 즉, ① 프로그램으로 치료할 수 있는 사
회·정서적 스트레스와 혼란의 정도, ② 프로그램에 참여할 대상의 연령 범위,
③ 프로그램에 대한 흥미다. 이 세 가지 요인은 그 프로그램 활동의 본질, 프로그
램 자료의 선택, 어떤 전문가가 필요한가를 세심하게 고려하도록 만든다(Doll &
Doll, 1997).

1 사회 · 정서적 스트레스 수준

심각한 사회 · 정서적 문제를 가진 사람은 불안정할 뿐 아니라 집단 형성에도 어려움을 갖고 있으므로 정신건강 전문가의 확실한 지원을 받아 프로그램을 계획하고 함께 진행해야 할 것이다. 그러나 프로그램의 대상을 정상적으로 발달한 아동으로 결정한다면 영유아 및 청소년 발달, 청소년과 친밀감을 형성하는 방법 등에 대해 공부하고 훈련받은 사람들(예: 아동도서 전문가)의 지원만으로도 가능해진다.

2 참여자의 연령

참여자의 연령은 읽기 능력, 주제에 대한 성숙 정도, 사용할 매체를 다루어 본 경험 정도와 밀접한 관련이 있다. 사회적 문제의 해결 능력, 개인적 목표를 세우는 능력, 사회적 조망 능력을 이해하는 능력이 처음 나타나기 시작하는 아동은 독서치료를 할 때 유능한 성인의 지원을 받아야 자신들의 삶 속에 책의 내용을 적용하고 가상인물의 요소와 동기를 인식할 수 있게 된다. 사춘기 청소년은 대인관계 기술이 발달되어 있어 자신의 삶 속에 책의 내용을 잘 적용할 수 있다. 또 발달이 뒤떨어지는 아동은 성인보다는 유능한 아동이 책의 원리를 설명할 때 더 쉽게 이해하는 경향이 있으므로 집단 토의에 도움이 된다. 그러나 아동의 경우 세 살 이상의 연령차는 이해의 격차가 심해 참여자 간의 상호작용에 문제를 일으킬 수 있다.

3 흥미

독서치료는 그 대상이 매체에 흥미를 가질 때 치료가 강화되므로 참여자 간의 흥미 차이를 고려해야 한다. 참여자의 흥미 범위를 크게 넘어서는 자료는 오히려 흥미를 잃게 할 수 있다. 또 치료자의 열정이 지나칠 경우 참여자의 문제 행동을 조절하려는 우를 범할 수 있다. 반면 치료자가 열정이 없으면 책에 대한 반응을 깊게 생각하지 않고 반사적(reflective)이고 기계적으로 지도하게 된다.

문제를 가진 모든 사람이 책을 읽고 토의하는 것에 흥미를 가질 것이라고 생각지 말고, 예비 참여자에게 집단의 주제를 설명하고 그들이 어떻게 자발적으로 참여할 것인지를 결정하게 하는 것이 바람직하다.

(2) 프로그램 목적의 수립

앞서 살펴보았듯이 독서치료의 목표는 다양하다. 같은 연령대의 참여자라도 그들이 가지고 있는 문제는 각각 다르고 그에 따라 독서치료의 목표가 결정되므로, 그에 맞는 치료 계획과 활동이 선정되어 참여자의 이해를 돕도록 해야 한다. 예를 들어, 심각한 문제를 가진 참여자에게 격렬한 정서 반응을 촉진하는 프로그램을 시도할 경우에는 정신건강 전문가가 프로그램을 계획하고 지도하는 것이 바람직하다. 정신건강 전문가들은 정서적 변화 상태에 대한 특별한 지식을 갖고 있어서 지나치게 과격한 행동이나 부정적인 정서 반응에 관한 징후를 충분히 이해하고, 참여자의 행동 변화에 따라 성공적인 치료 전략을 수립하는 효과적인 방안을 갖고 있기 때문이다.

(3) 프로그램 종사자의 결정
① 목표와 프로그램의 형태

프로그램의 목표와 참여 대상자에 따라 그 프로그램이 발달적 독서치료를 위한 것인지, 임상적 독서치료를 위한 것인지를 결정한 후, 함께 프로그램을 계획하고 수행하고 평가할 수 있는 책임감 있는 사람을 선정하게 된다. 프로그램 종사자를 결정할 때는 전문가의 기술과 프로그램의 필요성 간의 조화를 고려해야 한다.

② 발달적 독서치료

전형적으로 발달상의 문제를 가진 참여자에게 초점을 맞추어야 하므로 프로그램의 목적에서도 정서적인 카타르시스나 광범위한 행동 변화에 관한 문제는 제외시켜야 한다. 치료자는 인간에 관한 발달심리학과 인지심리학에 대해 훈련을 받아야 한다. 그들은 참여자와 자주 만나 함께 작업을 하게 되는데, 이러한 만남은 참여자에게 다가가 그들을 관찰·조언할 수 있는 기회를 만들어 준다. 또한 치료자는 특정 주제에 대한 도서나 교재에 대해 전문적 지식과 함께 치료의 목표와 대상에 따라 적절하고 다양한 자료를 제공해 줄 수 있는 기술을 갖고 있어야 한다.

③ 임상적 독서치료

임상적 프로그램을 계획할 때는 참여자의 정신치료와 맥을 같이해야 하므로 정신건강 전문가의 참여가 필요하다. 이런 전문가는 참여자가 가장 힘들어하는 문제를 변별하는 기술이 있어 참여자 스스로 문제를 대면하고 풀어 나가는 방법을 발견하도록 도와줄 수 있다. 또 전문가는 정신치료의 영역을 독서치료로까지 확대시킬 수 있는 전문적 기술을 갖고 있고, 독서치료 토의에 공동지도자(co-leader)로 참여하여 상처받기 쉬운 참여자를 파악하고 책이나 독서치료 활동에서 도움을 받을 수 있게 중재할 수 있다.

이상에서 살펴보았듯이, 독서치료 전문가는 대상과 친밀감을 형성하는 기술과 자료에 대한 토의를 이끌어 가는 기술 모두를 갖추고 있어야 한다.

(4) 매체의 선정

독서치료자는 참여자에게 적절한 도서와 영화 등의 매체를 선정하는 능력을 가지고 있어야 한다. 독서치료를 위한 도서를 제대로 선정하기 위해서는 주제와 플롯, 성격 묘사, 문체 등 책이 갖고 있는 특성에 관계된 포괄적 조사를 해야 한다. 그리고 영화나 비디오 등과 같은 영상 매체를 선정하기 위해서는 영상이 가지는 함축적인 시각적 이미지에 대한 신중한 조사가 필요하다. 자료의 선정에 관해서는 4장에서 자세히 설명할 것이다.

(5) 독서치료의 활동 계획

전반적인 독서치료의 모든 활동을 계획할 때는 먼저 그러한 활동이 목적에 타당한가를 고려한다. 프로그램의 계획 단계에서 활동과 목적 사이의 조화를 미리 예측하기는 어렵지만, 참여자가 프로그램에서 가장 중요하게 얻어야 할 수업 강화의 기회를 얻기 위해서는 꼭 필요하다.

〈표 3-1〉 독서치료 목표에 관련된 활동의 예

프로그램의 목표	활동
개인적 통찰력 기르기	허구적 인물과 독자 사이의 일반성에 관심을 기울게 하는 활동. 파덱(1989)은 참여자가 묘사하는 두 가지 이야기 윤곽 중 하나는 책의 사건이고 다른 하나는 자신의 삶과 연결되는 사건이라고 한다.
정서적 카타르시스 유발하기	참여자를 돕는 활동은 감정을 알려 주고, 정의를 내리게 하고, 언어화하게 하고, 이겨 낼 수 있게 한다. 범프(Bump, 1990)는 참여자에게 인물의 어떤 모습이 정서적 반응을 유발하는지 분석하기 전에 그들이 가장 좋아하고 가장 싫어하는 인물을 나타내도록 질문한다. 파덱(1990)은 참여자가 책의 정서적 주제를 포착하도록 하기 위하여 '분위기(mood collages)'를 창안할 것을 제안한다.
문제 해결하기	문제를 식별하고 대안적 해결책을 듣고, 다른 해결책의 단점을 평가하고 가장 적절한 해결책을 선정하는 체계적 문제해결 단계를 통하여 참여자를 지도하는 활동. 파덱(1989)은 참여자가 책 속 인물의 결말을 다르게 적거나, 이후에 허구적 인물이 시도한 문제해결 방법을 듣는 것을 즐거워한다고 했다.
아동의 행동방법 변경하기	참여자가 가상적 인물이 수행하는 행동방법과 자신의 삶 속에서 수행하는 행동방법을 찾고자 할 때 도움을 주는 활동과 참여자로 하여금 새로운 행동방법을 찾도록 시도하는 활동. 허구적 인물의 영향력 있는 행동을 모방하기 위해 참여자가 쓴 계획을 포함하는 '시간 캡슐(time capsule)'을 창안한다. '시간 캡슐'을 몇 주 후로 되돌려서 성공적 계획을 기록하라.
동료와의 유대 강화	참여자의 상호작용을 위한 새로운 기회를 증진시키고 즐겁게 참여할 수 있는 활동. 참여자에게 역할극, 도서학교 창안하기, 도서 표지 재디자인하기 등의 활동을 할 때 짝지어서 활동하도록 하라. 참여자가 소설 속에서 묘사된 게임 몇 가지를 함께 하면서 배울 것이라고 알려 주라.
공유된 문제에 관한 정보 제공하기	책 속에 포함되어 있는 사실적 지식에 관심을 갖고서 그 지식을 조직화하고 강조하여서 참여자가 그것을 알아차릴 수 있도록 하는 활동. 전경원(Jeon, 1992)은 책과 유사한 주제에 관한 영화를 보여 줄 것을 추천한다. 범프(1990)는 문학의 단면을 그리고 있는 역동성을 설명하기 위하여 자기계발서를 권장한다.
오락	재미있는 활동들!

출처: Doll & Doll(1997), p. 36.

다음으로는 활동을 수행하는 데 필요한 발달 수준을 고려해야 한다. 활동은 프로그램 참여자의 연령에 적절하여 그들이 적극적으로 참여할 수 있을 정도로 재미있어야 한다. 예를 들면, 역할극을 수행하는 데 한계가 있는 참여자의 경우에는 역할극을 통한 활동을 전개하기가 어렵다. 또 초등학생은 소설 속의 인물이 겪는 갈등의 동기와 감정을 분석하기 힘들다. 따라서 참여자의 발달 수준이 활동의 참여에 적절한지를 사전에 평가해야 한다.

마지막으로 활동은 매력과 창의성이 있어야 한다. 이를 위한 중요한 요인은 색다름이다. 같은 활동이 반복되면 집단의 흥미는 약화되고 참여자의 문제 행동이 나타나게 된다. 〈표 3-1〉은 독서치료 과정에서 진행되는 모든 활동 사이의 조화를 고려할 때 참조할 수 있는 예다.

이와 같은 요인을 고려하여 프로그램을 계획하는 방법으로는 비구조적 프로그램, 반구조적 프로그램, 구조적 프로그램의 세 가지가 있다. 비구조적 프로그램은 정신분석 상담에서 주로 사용하는 것으로, 치료자가 사전에 어떤 정형화된 프로그램을 계획하지 않는다. 치료과정에서 참여자의 반응과 상황에 따라 대처하게 된다. 반구조적 프로그램은 전체적인 프로그램의 흐름과 대략적인 진행과정을 계획하나 회기마다의 목표나 활동까지 계획하지는 않는다. 경력이 많거나 노련한 치료자가 사용할 수 있는 방법이다. 구조적 프로그램은 초심자가 많이 사용하는 방법으로, 전체 목표와 세부 목표는 물론 각 회기에 사용할 자료나 활동까지 미리 계획한다. 초심자가 사용할 때 비교적 시행착오를 최소화할 수 있는 방법이다. 그러나 유의할 점은 상담이 항상 치료자의 예측과 계획대로 이루어지지 않는다는 것이다. 치료자는 항상 프로그램의 융통성을 잃지 않으면서 참여자의 상태나 여건을 고려하여 언제든지 계획을 수정할 수 있는 여유로움을 가져야 한다.

(6) 프로그램의 보완

독서치료자는 프로그램이 시작되어 활동을 전개해 가는 동안 처음 계획했던 프로그램의 오류를 발견하게 된다. 예를 들면, 참여자가 참여하기에 활동이 너무 자극적이거나 쉬운 경우, 참여자가 책이나 매체를 읽기 어려운 경우가 그것이다. 그렇게 되면 그 프로그램에 참가한 참여자는 예상보다 더 정서적인 상처를 입을 수 있다. 독서치료 프로그램은 이런 오류를 교정하여 프로그램의 근본 목적에 초점이 맞도록 검토되고 조율되도록 미리 프로그램의 보완에 관한 계획을 세워야 한다.

프로그램을 수정·보완할 때는 참여자의 반응을 관찰·조언할 수 있어야 한다. 어떤 참여자의 경우는 자신의 스트레스를 스스로 표현하지 못할 수 있기 때문에 프로그램에 참여한 아동은 프로그램의 다양한 요인에 의해 불안해하거나 당황해할 수 있다. 처음 프로그램을 계획할 때는 정신건강 전문가와 협의하지 않았더라도 참여자에게 필요하다면 그 분야의 전문가와 함께 의논하는 것이 좋다.

(7) 평가

평가의 근본 목적은 참여자에게 제공할 서비스를 정의 내리고 발전시키는 것이다. 평가를 통해 얻은 자료는 프로그램을 수정하거나 다음 치료 프로그램을 보완하기 위해 사용되므로 독서치료 프로그램을 수행하면서 프로그램의 목표 성취도를 평가하는 일은 매우 중요하다.

프로그램을 계획할 때는 독서치료 참여자에 대한 평가방법과 평가에 사용할 자료에 대한 계획을 세워야 한다. 이러한 평가에서는 참여자 자신이나 그 가족이 일화를 기록한 것, 또는 다른 사람이 참여자의 새로운 행동을 여러 다른 시각으로 관찰하거나 기록한 것을 사용할 수 있다.

2) 독서치료의 절차

(1) 계약

치료에 임하기 전에 독서치료자는 일반적으로 선택하고 결정해야 할 사안이 많다. 가장 먼저해야 할 것은 계약에 관한 것이다. 치료자는 일대일 치료방법과 집단 치료방법 중 어느 한 가지 방법을 선택해야 하겠지만, 일반적으로 집단 치료방법이 일대일 치료방법보다 경제적이고 효율적이므로 대부분의 치료자는 집단 치료방법을 선택한다. 따라서 앞으로 다루고자 하는 독서치료에 대한 논의는 집단

치료방법을 중심으로 할 것이다. 우선 계약에는 발달적 독서치료의 계약과 임상적 독서치료의 계약이 있다.

발달적 독서치료의 경우는 주로 치료자와 참여자 간의 형식적 계약보다는 정상적인 성장과 발달에 대한 묵시적 계약(implicit contract)이 일반적이다. 계약에서는 치료의 일반적인 목표, 시간, 장소에 대한 원칙에 대해 서로 의논한다. 발달적 독서치료는 대개 자존감 증진이나 정상적인 성장에 대한 문제를 다루므로 자살, 만성 우울, 자학과 같은 심각한 증상은 전문적인 도움을 받을 수 있는 시설로 보내는 것이 바람직하다.

임상적 독서치료에서는 일반적으로 명시적 계약(written contract)을 하지만 이는 상황에 따라 다르다. 일대일 임상적 독서치료 방법을 사용하는 독서치료자는 독서치료의 목적, 빈도, 치료 횟수, 재정적인 문제에 관해 참여자와 계약을 할 수 있으며 계약은 문서나 구두의 방법으로 이루어진다. 계약은 집단 형태일 때는 각 대상에 따라 다소 달라질 수 있다.

독서치료는 치료 프로그램 중 한 부분으로 진행되는 경우가 많기 때문에 특정 양식의 문서로 된 계약을 하지 않는 경우가 많다. 그러나 참여자에게 치료의 일반적인 목적, 지속시간, 치료 횟수 등에 대해서는 알려 주어야 한다. 모임이 진행되는 동안 참여자가 새로 들어오거나 탈락하는 등의 변동이 생기는데, 새로운 참여자가 들어오면 그때마다 특별한 치료의 성격에 대해 알려 주어야 한다.

(2) 발달적 독서치료의 절차

독서치료를 위한 계약이 끝나게 되면 독서치료 집단을 구성하여 치료를 시행하기 위해 구체적으로 어떠한 절차를 밟아 나가야 할지 심사숙고해야 한다. 우선 발달적 독서치료의 절차에 대하여 살펴보자.

① 참여자 모집

발달적 독서치료에서는 치료 집단이 조직되는 배경에 따라 모집방법이 다르다. 대개는 교회(목사), 도서관(사서), 학교(학교 상담교사), 도서관 프로그램 안내를 위한 게시판, 소식지, 한부모 등을 위한 후원 단체 등을 통해 소개되거나 세미나, 가톨릭의 피정, 집단 감수성 훈련 집단의 한 부분으로 채택될 때도 있다. 이 경우 일반적으로 독서치료 참여자는 그러한 활동과 연계되어 모집된다. 치료자는 한두 번의 간단한 면담을 통해 치료의 기본 목표와 독서치료의 절차를 설명하고, 개인적 인터뷰 집단 모임의 계획을 짜기 위해 참여자의 이름, 주소, 전화번호 등을 기록한다.

학교에서는 교사가 정규수업 활동의 한 부분으로 독서치료를 계획할 수 있다. 그런데 그 프로그램의 성과 여부에 관계없이 교사가 학생들의 참여를 점수로 평가하는 것은 피해야 한다. 상담교사가 치료 집단을 위탁할 수도 있고, 사서, 교사 개인 또는 상담원이 개인적으로 계획 · 운영하거나 대학의 상담과 정신건강 후원 프로그램에서 집단치료의 한 형태로 독서치료를 실시할 수도 있다.

학교 이외에도 독서치료가 호스피스(간병) 프로그램(hospice program)의 한 부분이 될 수 있고, 가정폭력 피해 여성이나 10대 미혼모를 다루는 사회복지사가 자신들의 훈련 프로그램으로 채택할 수도 있다. 대개 이런 집단은 임상보다는 발달적 독서치료인 경우가 많다.

② 참여자 심사

참여자를 심사하는 목적은 참여자의 욕구와 관심사, 그리고 개개인의 성격을 파악하며, 참여자가 치료자를 믿게 하기 위해서다. 교회, 도서관, 공공단체를 통해 모집된 집단에서 가장 사용하기 좋은 체제는 6~8주 동안의 도입 단계 실시 후에 독서치료의 지속 여부를 독서치료자와 독서치료 집단이 재평가하는 방법이다. 독서치료자는 심사를 하면서 다음의 사항을 파악한다.

- 전문적 도움이 필요한 사람
- 집단 내에서 별도의 어려움을 가진 사람
- 집단 활동에 불편을 느끼는 사람(이런 사람은 초기 활동 단계가 끝나면서 탈퇴할 수 있음)

이러한 점을 고려하여 독서치료의 운영 여부와 제외시킬 인원을 정한다. 발달적 독서치료는 집중적인 치료가 필요한 사람을 우선적으로 포함시켜야 한다.

발달적 독서치료자는 여러 정신건강 관련 기관과의 지속적인 연계를 통해서 독서치료가 필요한 참여자에게 적절한 도움을 제공할 책임이 있다. 그리고 독서치료자들은 정신건강 관련 기관에서 시행하는 훈련에도 참여하여 독서치료 대상자의 뿌리 깊은 문제를 인식하고 반항적인 참여자에게 전문적 도움을 주고 설득하는 등의 어려운 과제를 수행할 수 있는 능력을 갖추어야 한다.

발달적 독서치료에서 제외시켜야 하는 유형의 참여자도 있다. 예를 들면, 자신의 감정을 두려워하는 사람은 자신의 감정 반응을 진지하게 받아들이기보다는 지적으로 사고하여 문학적 분석에 비중을 두고 그에 초점을 두어 대화를 이끌어 가는 경향이 있다. 이런 경우 독서치료자는 문학적 분석보다는 감정에 충실하게 반응할 수 있도록 도와야 한다. 그럼에도 그 사람의 태도가 고쳐지지 않는다면 다른 사람을 위해 그 사람을 치료에서 제외시킬 수 있다. 이것은 치료자의 전문적 판단에 따른다. 참여자가 어떤 경우든 무조건 토의에 참여할 수 있는 권리를 가지는 것이 아니기 때문이다.

(3) 임상적 독서치료의 절차

임상적 독서치료에서 참여자를 모집하고 심사하는 과정은 발달적 독서치료 과정과 다르다.

① 참여자 모집

임상적 독서치료의 경우 심리학자는 독서치료를 정규로 사용하기도 하고, 어떤 사람에게 특별히 필요하다고 판단될 때 일시적으로 적용하기도 한다. 두 경우 모두 환자의 참여 의지가 있는지, 환자가 어떤 혜택을 얻을 수 있을지 등을 검토해 보아야 한다.

임상적 독서치료는 계획적인 치료 활동의 하나이므로 회의를 통해 참여자의 적합성에 대해 논의한 후 선발한다. 임상적 치료에서는 정신질환과 행동장애 등의 문제를 가진 참여자를 대상으로 하기 때문에 참여자의 증상 유형과 정도에 따라 집단을 분류해야 한다. 그렇더라도 대부분의 임상 환자는 다양한 병리학적 증상과 행동 패턴을 보일 수 있고, 어느 정도의 이질성은 피할 수 없는데, 이것이 때로는 오히려 생산적일 수 있음을 고려해야 한다. 그러나 노년층 속의 젊은이, 남성 집단 속의 여성, 정상적인 집단 속의 장애인 등과 같이 극단적으로 이질적인 참여자를 포함시키는 것은 적절하지 않다.

② 집단의 크기

임상적 독서치료에 가장 적절한 참여자의 인원 구성은 7~9명 정도가 좋다. 이 정도의 인원이면 다양한 배경과 성향을 가졌더라도 참여자가 각자의 아이디어를 검증해 볼 수 있고, 각 참여자가 모두 충분히 참여할 수 있으며, 모임 중에 특별한 문제를 충분히 깊이 있게 검토해 볼 수 있다. 그러나 중도 탈락자, 지각자, 결석자의 발생을 고려하여 10~12명, 12~15명, 15~20명으로 구성하기도 한다. 이 경우 6~8명의 적극적인 참여자가 있으면 된다. 이런 집단의 크기와 구성은 각 집단의 성격, 독서치료에서의 화술 수준, 프로그램에 대한 자체평가 등 여러 가지 요인에 의해 결정된다.

③ 참여자 심사

인터뷰는 참여자에게 독서치료의 과정을 인식시키고, 치료자에 대한 라포 (rapport) 형성의 기회를 제공하므로 비형식적인(in a low-key) 인터뷰 방법이 더 적절하다. 독서치료자는 독서치료에서 대화를 촉발시킬 수 있는 다양한 잡지나 도서와 같이 구체적인 예를 보이는 기본 자료를 제시해 주는 것이 좋다.

또 심사 인터뷰를 통해 치료자는 참여자 개인의 신상, 개인의 전반적인 성격에 대한 정보를 얻을 수 있다. 이는 다음의 토대를 마련하는 등 여러 가지 측면에 도움을 준다.

• 초기 독서치료의 보고서 작성

- 적절한 치료 목표의 예측
- 실제 독서치료를 위한 적절한 자료 선택
- 참여자의 향상과 변화과정에 대한 평가

참여자 심사를 위한 인터뷰는 여러 번 해도 좋은데, 이때 대화의 초점에 맞는 가벼운 책자나 잡지를 준비하는 것이 현명하다. 이상은 새로운 임상적 독서치료 시작 단계에서의 활동이다. 일단 집단 활동이 시작되면 병동에 있는 모든 사람과 인사를 나누고, 실제로 독서치료에 참여하기로 한 사람들을 방문한다. 독서치료자는 새로 오는 사람이 있으면 그 사람을 독서치료 집단에 합류시키기 전에 먼저 만나서 인터뷰를 해야 한다.

(4) 독서치료를 위한 물리적 환경 구성

독서치료자는 독서치료 참여자를 모으고 선별하는 것뿐 아니라 치료의 시간 계획, 공간 배치와 같은 기술적 문제에 대해서도 생각해야 한다.

① 시간 구성

집단 모임은 규칙적이고 계획된 간격으로 마련하여 반복적 효과를 얻을 수 있게 한다. 발달적 치료의 경우 2주나 한 달에 한 번 정도 모이기도 하나 집단의 상황에 따라 결정할 수 있다. 임상적 치료의 경우 일주일 간격으로 모임을 마련하는 것이 일반적이나, 단기간에 약물 중독이나 알코올 의존증 환자를 다룰 때는 일주일에 두 번 이상 모이기도 한다.

모임의 소요시간은 독서치료의 성격과 참여자의 특성, 독서치료 실시 기관의 조건에 따라 다르겠지만 대부분 참여자의 주의 집중 정도에 따라 모임시간을 정한다. 퇴행적이거나 매우 불안해하는 정신병 환자를 위한 집단이나 유아 또는 발달이 늦은 과잉행동적인 젊은이는 30~40분 이상 집중하는 것이 힘들다. 그러나 독서치료 실시 후 참여자가 그 과정에 더 친숙해지고 적극적으로 참여할 경우 소요시간은 늘어날 수도 있다.

그런데 매우 말을 잘하거나 열성적이어서 오래 토론을 지속할 수 있는 집단도 2시간 이상을 넘기기는 어렵다. 대부분의 집단 활동과 마찬가지로 참여자의 흥미가 높을 때, 즉 치료자가 모든 것을 말해 버리기 전에 모임을 미리 끝내는 것이 가장 좋다. 그와 같은 방식으로 그날 모임에서 사용한 자료의 개념이나 이슈가 다음 모임을 촉발하도록 돕는 여지를 남겨 둔다. 일반적으로는 50분 정도가 대부분 집단을 위한 가장 생산적인 시간의 길이로 생각된다.

발달적 · 임상적 치료 집단이 처음으로 구성되었을 때 최초의 시행 기간은 고정되어야 한다. 독서치료자와 참여자는 집단 모임을 무리 없이 끝내기 위해 6~8주 정도의 기간을 선택해야 할 것이다. 그러나 일반적으로 치료자는 이 정도의 기간만으로는 좀처럼 잘 훈련되지 않는다. 집단의 모임은 이와 같은 초기 모임이 끝난 후에도 후속 모임이 이루어져야 할 것이다. 후속 모임은 1년 동안 정해진 시간과 장소에서 지속적으로 이루어져야 한다.

② 공간 구성

독서치료자는 치료 집단이 만날 수 있는 장소를 결정하고 필요한 준비를 해야 하는데, 장소는 매력적이고 편안한 물리적 환경을 선택하는 것이 좋다. 무기력하고 퇴행적인 환자에게는 자신들의 생활 공간(예: 시설의 기숙사)을 떠나는 것이 치료 동기를 부여하는 기회가 될 수 있다. 장소는 수용적인 분위기이면서 기대감을 느낄 수 있는 장소를 물색하면 좋다.

(5) 심리적 · 사회적 관계 설정

어떤 독서치료 모임이든 독서치료자는 궁극적으로 적합한 경계를 세우고 유지할 책임이 있다. 이런 것은 독서치료자가 최종적으로 결정하되, 참여자의 집단에서 논의하고 그것을 반영해야 한다. 특별히 발달적 집단의 경우 사실상 호칭 방식, 토론방법 및 일반적 태도에 관한 결정은 집단이 선택한다.

① 호칭 방식

호칭 방식을 결정할 때는 참여자의 사생활을 침해하지 않으면서 굴욕감을 느끼지 않게 한다. 특히 많은 임상 환자는 존중과 품위의 중요한 표시로 형식적 호칭을 사용하면서 자신들을 대해 주는 것을 좋아한다.

독서치료자는 집단의 특성에 따라 이름 또는 성 중 하나를 사용할 수 있고 별칭을 지어 사용할 수도 있다. 또 존칭을 사용할지 그냥 이름만 부를지를 집단의 연령이나 분위기에 따라 결정한다. 중요한 것은 이름이든 별칭이든 참여자 자신이 불리기 원하는 것을 사용하여 자신에 대한 긍정적인 느낌을 갖게 하는 것이다.

② 상호적 관계

독서치료자는 참여자와 일정한 거리를 두는 것이 필요하다. 임상적 집단의 경우 특히 더 주의해야 하는데, 임상적 참여자가 집단적 모임 밖에서 독서치료자와 사적이고 치료적인 대화를 나누려고 하거나 선물 공세로 치료자와 특권적 관계를 맺으려고 하는 것을 경계해야 한다. 독서치료자는 모든 참여자에게 동일한 책임감을 느낀다는 것과 특정한 사람에 대한 특별 대우나 호의가 없다는 것을 분명히 한다. 그리고 모든 진행은 처음에 맺은 계약대로 하면서 참여자의 이슈는 집단 상황에서만 다루도록 한다. 때때로 독서치료자는 집단 전체에서 검토될 때까지 이슈에 대한 토론을 연기할 수 있음을 분명히 해야 한다. 그러나 치료자는 참여자와의 사적인 상담이 필요한 경우도 있다. 예를 들면, 어떤 참여자가 집단에서 적합하게 다루어질 수 없는 문제를 가지고 있거나 또는 위기 상황에서 도움을 요청할 때 독서치료자는 그들과 사적으로 상담해 나갈 수 있다.

독서치료자와 참여자의 관계에 더하여 독서치료자는 집단 간의 관계도 주시해야 한다. 참여자가 특별한 친구를 찾으려 하거나 집단 전체에 영향력을 행사하려는 것은 치료 집단에서 일반적으로 보이는 현상이다. 심리적으로는 친구를 찾는 것이 좋을 수도 있다. 하지만 중요한 것은 참여자 간의 상호작용이 독서치료자의 통제를 벗어나서는 안 된다는 것이다. 동시에 독서치료자는 집단 참여자와 관련된 역동성을 인식해야 한다.

③ 태도

모든 독서치료 집단의 첫 모임에서는 대화에 참여하는 태도에 관한 토론이 이루어져야 한다. 독서치료자는 참여자 간 결속력을 가지고 상호 지지적인 분위기를 만들어야 한다. 이를 위해서는 서로 도와야 참여자가 도움을 받을 수 있다는 것을 분명히 함과 동시에 만남이 지속되면서 일어나는 언어적 및 비언어적 행동을 파악하고 조정해야 한다. 이럴 때 독서치료자는 빈정대거나 공격적이거나 독단적이 되지 않고 단호한 태도로 과도한 행동은 다른 사람을 불편하게 하거나 위험에 빠뜨릴 수 있음을 분명히 이야기해 준다.

독서치료자는 필요할 경우 집단으로 하여금 어떤 경계를 설정하고 통제할 방법을 결정하게 하여 참여자 중 어떤 사람의 부적절한 행위가 다른 모든 사람을 방해하고 단합을 방해하지 않게 한다. 극단적인 경우 집단으로부터 그 사람을 격리할 필요도 있다. 이 밖에도 항상 늦게 와서 방해가 되는 행동을 하는 등의 저항적 행동에 대해서는 적절히 대처해야 한다. 극단적으로 이러한 상황이 지속되는 경우에는 문제가 있는 참여자를 일시적으로 배제할 필요가 있다.

임상적 집단의 경우 어떤 사람은 계획된 시간의 처음부터 끝까지 참여하는 것이 어려운 경우도 있다. 작품과 대화가 까다로운 주제로 바뀌기 시작할 때 불안한 심리 상태의 사람은 차라리 모임으로부터 도망가고 싶어 한다. 약간 불안정한 환경에서는 독서치료자가 모임이 끝나기 전에 떠난 참여자는 다음 모임까지 되돌아올 수 없다는 임의의 규칙을 세울 수도 있다. 어떠한 경우에는 집단 참여자가 함께 그러한 문제에 관한 방침을 세우게 할 수도 있다.

음식을 먹거나 흡연 같은 특이 행동에 대해서는 토의에 방해가 되지 않는 방법과 그것이 치료에 도움이 되는지를 고려하여 참여자와 치료자가 제한 여부를 결정한다. 흡연의 경우도 무조건 금연이 필요한지 혹은 제한적 흡연을 허용할 것인지를 심사숙고한다. 복장 또는 자세는 대수롭지 않은 문제처럼 보이나 그 역시 집단 내에서 해결되어야 한다. 이상의 문제는 모든 상황에서 공개적으로 토론하고, 그에 따라 상호 동의한 결론은 존중되어야 한다.

(6) 토론과정에서의 경계 설정

사회적 상호작용과 관계된 방침을 결정하고 유지하는 것에 더하여, 독서치료자는 각 토론의 초점이 적절하고 신뢰성이 있는지 등을 파악할 책임이 있다.

① 토론 주제의 경계

거의 모든 주제는 그에 대한 토론이 솔직하고 성장 지향적인 한 독서치료 대화의 범위에 포함될 수 있다. 그러므로 독서치료자는 토론에 적합한 치료 경계를 설정하여 특정 참여자의 품위를 떨어뜨리거나 진정한 자기이해를 회피하거나 불건전한 유형의 반응을 부채질하는 토론을 확고하고 신속하게 재조정해야 한다. 또한 독서치료자는 집단 참여자가 현재 모임에 참석하지 않은 참여자의 문제에 집중하는 것을 단호하게 금지시켜야 한다.

임상적 치료의 경우 경계를 더 분명하게 해야 한다. 예를 들어, 정신질환자가 지속적인 망상이나 그와 관련된 주제를 오래 이야기하는 것은 치료적이지 못하므로 치료자가 대화에 개입하여 방향을 다시 잡아 주어야 한다. 때때로 이렇게 말할 수 있을 것이다. "이제 다른 사람도 자신의 반응에 대해 이야기해야 할 시간이 온 것 같네요." 또 어떤 경우에는 독서치료자가 대화의 흐름을 깰 수도 있다. "다른 사람에게도 자신의 이야기를 표현할 시간이 필요하죠. 이제 그만 얘기하고 다른 사람에게 기회를 주시겠어요?"

참여자가 대화에 적절해 보이지 않는 주제를 소개할 경우에도 대화가 서로 연관성이 없다면 독서치료자가 개입을 해야 한다. "그 문제가 우리가 지금 토론하고 있는 내용과 어떤 관련이 있는지 누가 말해 주겠어요?" 독서치료자는 참여자의 부적절한 반응이 자료나 대화를 잘못 이해한 것인지, 대화 주제나 개념에 직면하는 저항에서 비롯된 것인지를 파악해야 한다.

망상적 참여자가 관련성이 없는 대화를 지속하려고 할 때, 독서치료자는 그런 반응에 대해 빠르고 단호하게 중단시킬 의무가 있다. 그러한 상황에서도 독서치료자는 대화의 생산성을 유지하기 위해 어떤 사람이 어떤 말을 할 것이라는 선입견에 빠지지 않도록 주의를 기울여야 한다.

2 관계의 신뢰성

여기서 신뢰란 독서치료자나 다른 참여자가 제기한 대화 내용을 그들이 다른 곳에서 이용하지 않을 뿐 아니라 모임 외적으로도 그들 상호 간의 신의를 배반하지 않는 것을 말한다. 모든 참여자가 강한 윤리성을 가지고 서로 지켜야 할 경계가 있음을 깨달아야 독서치료자가 치료 문제를 신뢰성 있게 지속적으로 다룰 수 있다.

독서치료가 연구 목적이나 효과적인 치료방법의 개발을 위해 실시되는 경우 그 집단에서 토의되는 자료가 정보로 활용된다는 사실을 분명히 밝혀야 한다.

독서치료의 과정을 녹음, 녹화 또는 기록하는 것은 독서치료자와 참여자 간의 신뢰에 따라 달라진다. 치료자는 정당한 방법으로 기록을 하기 위해 동의서를 작성하거나 다음과 같은 간단한 승낙서를 만들 수 있다. 이는 독서치료자의 권리를 보호하는 역할을 한다.

> 나는 일련의 독서치료 모임의 내용물과 글로 쓰이거나 시청각 형식으로 만들어진 연구 결과가 사용되는 것을 승낙합니다. 이 자료는 정보적, 교육적 또는 정신건강 분야의 연구 목적으로만 사용되어야 할 것입니다. 나는 실명이 거론되지 않는 것으로 알고 있습니다.
>
> 이름: _____ 날짜: _____

신뢰성은 독서치료자와 참여자의 개인적 문제가 아니므로 모든 참여자 간에 신뢰가 유지될 수 있는 방안도 논의해야 한다. 신뢰성은 어떤 참여자에게는 중요하지 않을 수 있다. 하지만 편집증 환자나 사춘기 청소년의 경우는 자신을 노출하는 것을 꺼린다. 그러므로 다음 사항을 고려한다.

• 참여자는 집단 내에서의 발언 내용이 집단 참여자에게만 논의되어야 한다고

생각하는가?
- 집단 외부의 다른 사람으로 논의가 옮겨져도 되는가?
- 신뢰성의 문제가 참여자에게 중요한가?'

루빈(Rubin, 1977)은 독서치료자가 참여자에게 엄격하게 신뢰성을 유지할 것이란 확신을 준다면 참여자가 치료적 대화에 자유롭고 솔직하게 참여할 것이라고 하였다. 따라서 어떤 집단에서든 독서치료자는 처음에 신뢰성에 관한 문제를 소개할 의무가 있다. 독서치료자와 참여자 사이의 윤리적 기준이 잘 정립되면 주요 토론 분야와 거기서 드러난 정보를 다루는 방법은 서로 연관성을 갖게 된다. 만약 문제가 처음에 무관심하게 다루어지면 나중에 집단이 심도 있는 토론에 도달하기 시작할 때 그것을 다시 소개해야 한다. 독서치료자의 책임은 토론을 열기 위한 문제를 제기하는 것이며 참여자 사이의 논의를 촉진시키는 것이라는 데 주목해야 한다. 그러므로 독서치료자가 혼자서 집단을 위해 확실한 결정을 내려야 하는 것은 아니다.

(7) 기록과 보관(평가)

① 기록하기

독서치료자는 우선 초기 모임에서 참여자에게 몇 가지 내용을 기록한다는 것을 알려 주어야 한다. 독서치료자가 교재를 소개하고 치료를 진행하는 동안 참여자의 대화를 기록하면 참여자 개개인의 유형과 대화에 나타난 참여자의 역할을 파악할 수 있게 된다.

기록방법에는 모임 중에 하는 간단한 메모 이외에 녹음과 녹화가 있다. 치료자가 모임을 이끄는 과정과 모임 중에 어떤 대화가 오갔는지를 모두 기록하기 위해 녹음은 반드시 해야 한다. 이는 모임에 관한 법적인 문제가 발생했을 때 그 기록이 필요하기 때문이다. 가능하다면 녹화를 하는 것도 좋은 방법이다. 비디오카메라로 녹화를 하게 되면 참여자의 표정이나 자세 등을 파악하여 그들의 모임에 대한 느낌과 분위기를 알아내는 데 도움이 되기 때문이다. 모임 중이나 또는 모임이 끝난 후에 모임에 관한 여러 사항을 기록하는 데 필요한 양식은 부록 1~4에 제시되어 있는데, 그것을 그대로 또는 상황에 맞게 수정하여 사용할 수 있다.

② 기록 보관하기

독서치료자는 모임이 끝날 때마다 참여자 개개인에 대하여 자신이 기록한 내용을 도표에 옮겨 놓아야 한다. 그렇게 기록을 하면 할수록 내용은 더욱 분명해지고 정확해진다. 모든 참여자를 매번 모든 도표에 기록하는 것은 힘든 일이지만 주요 기록은 기록하여 보관해 두어야 하며, 참여자의 기능과 책임 유형, 생활 적응에 관한 도표를 기록하지 않은 채 2회 이상의 모임을 진행하지 않도록 주의한다. 이전의 기록 내용은 다음 모임의 기초 자료로 중요한 역할을 할 뿐만 아니라 참여자의 문제와 대화에 대한 통찰력을 제공한다.

4. 독서치료의 전략

1) 대화에의 개입

독서치료 과정에서 이루어지는 대화는 치료를 촉진하는 매우 핵심적인 요소다. 따라서 치료자는 독서치료가 진행되는 동안에 대화를 촉진하기 위해 여러 가지 다양하고 적절한 개입을 해야 한다. 그러나 독서치료자는 치료과정에서 사용할 활동이나 대화를 이끌어 가기 위한 전략을 결정하기에 앞서 먼저 다음의 가정에 주목해야 한다.

> **[가정]** 문학작품은 치료적 토론을 위한 도구다. 따라서 그 초점은 언제나 참여자가 작품을 접하여 나타나는 감정 반응에 있는 것이지 자료 자체에 있는 것이 아니다.

이 가정에서 첫 번째로 주목해야 할 것은 촉진적 개입이란 객관적이거나 이론적 · 지적인 주제를 탐구하는 것이 아니라 개개인의 경험과 의견에 기초해 계획되어야 한다는 것이다. 따라서 독서치료자는 대화를 이끌어 나갈 때 작가가 묘사하고 있는 '그' '그들'이 왜, 어떻게 느끼고 행동하는가를 묻기보다 '당신' 또는 '나'와 같은 1인칭이나 2인칭 대명사를 사용하여 질문해야 한다.

두 번째로 주목할 점은 독서치료의 목적이 자료의 공통 이해나 의견 일치를 구하기 위한 것이 아니라 개인의 독특한 이해를 돕는 데 있다는 것이다. 따라서 독서치료자는 참여자 개개인의 다양성을 격려하고 관리해 주어 집단 참여자 사이에 상호 존중과 지지 분위기가 형성되도록 해야 한다.

효과적인 독서치료를 하는 데는 세련된 개입이 핵심 요소다. 따라서 자신이 이끄는 집단의 진행과정을 평가하든, 다른 사람을 감독하든 간에 다음의 두 가지 기준을 똑같이 적용해 보아야 한다.

① 사용되는 개입 형태는 독서치료에 적합한 것인가?
② 사용되는 개입 형태는 특정한 상황에서 전략적으로 이익을 주는 것인가, 아니면 다른 접근방법을 모색하는 것이 더 효과적인가?

독서치료자는 개입방법을 결정할 때 이 두 가지 기준을 명심하고, 이를 위해 필요한 독서치료적 개입방법에 관한 전반적인 조사연구 문헌에 대해 잘 알아야 한다.

(1) 언어적 개입

치료적 대화를 할 때는 비지시적 성격을 띤 언어가 대화를 개방적 분위기로 만들고 참여자의 반응을 촉진시키는 편이다. 또 참여자에게 관찰하게 할 때나 치료자가 가치 있다고 생각되는 참여자의 기억을 회상시켜 줄 때도 효과적이다. "시를 들으니까 어떤 느낌이 나지?" "○○의 생각과 같은 사람이 있을까?" "네가 지금 말한 것을 더 자세하게 말해 줄 수 없을까?"와 같은 질문 형태가 그 예가 될 수 있다.

어떤 참여자에게는 약간의 지시를 해야 할 필요도 있다. 따라서 치료자는 작품의 특정 부분에 초점을 둔 개방형 질문을 하기도 한다. 예를 들면, 수잔 발레이 (Susan Varley)의 작품 『오소리 아저씨의 소중한 선물』(1998)에서 여러 동물은 오소리 아저씨의 유언 "내가 없어도 모두 사이좋게 지내기 바란다."라는 말을 되새기고 서로 도우며 다정하게 지낸다. 이에 대해 치료자가 "오소리의 유언에 대해 어떻게 생각하지요?"라고 물었을 때 참여자들은 공감이나 무관심, 격렬한 반발에 이르기까지 다양하고 폭넓은 반응을 보일 수 있다. 그러한 반응은 참여자로 하여금 다양한 방법으로 그 대화에 적응하도록 도와준다. 예를 들면, 어떤 참여자가 "우리 엄마는 그렇게 말하지 않아요. 어려운 친구를 도와주라고 하셨어요."라고 한다면 치료자는 친구와 사이좋게 지내는 방법에 대한 것보다는 어려운 친구를 도와주는 일에 대한 이야기로 전환할 수 있게 된다.

정확한 구절화(exact phrasing)는 개방형 질문의 특성을 보이는 실제적 기술이다. 정확한 구절화란 참여자가 작품 내용의 일부분에 대해 나름대로 판단해 보도록 유도하는 질문 형태를 말한다. 위의 작품을 예로 들어 볼 때 "오소리 아저씨의 유언이 좋으니?"라고 물어보는 것은 첫 번째의 질문과는 달리 직설적인 성격을 가지고 있다. 즉, '좋은 것'과 '나쁜 것' 혹은 '싫은 것'의 판단을 요구하는 것이다. 동시에 구절화된 질문은 참여자가 중요하게 생각하는 부분을 제외시켜 모든 사람이 그 판단에 따라 살 수 있는지 혹은 살아야만 하는지에 관한 주제로 쉽게 끌어들인다. 결국 그 개입은 참여자가 자신의 개인적 반응을 고찰하게 하기보다는 '예' 혹은 '아니요' '그것이 옳아요' 하는 단순한 대답을 하도록 유도하게 만든다. 이런 가운데 주목해야 할 점은 개입이 항상 질문으로 구절화되는 것은 아니라는 것이다. 독서치료자는 자주 "그래, 네가 말하는 것을 알겠어." "너는 정말 강한 느낌을 받았구나."와 같이 긍정적으로 격려하는 이야기를 해 줄 수도 있다. 이런 유형의 언어는 무엇인가를 표현하려고 애쓰는 참여자에게 치료자가 자신의 말을 관심 깊게 듣고 있으며 그러한 노력은 가치 있고 계속되어야 한다는 것을 보여 주는 것이다.

적극적 경청(active listening)은 긍정적 반응의 한 형태가 될 수 있다. 이것은 참여자의 말을 치료자가 아무런 판단과 해석 없이 반복해서 진술해 주는 것을 말한다. 위의 예를 다시 들면, "오소리 아저씨가 말한 것은 어려운 친구를 도와주기보다는 사이좋게 지내기를 원한다는 것일까?"라고 다시 확인해 주는 형태라고 할 수 있다. 참여자는 치료자의 반복 진술이 정확한가를 살펴봄으로써 처음에 자기가 했던 말이 실제로 자신이 느끼고 의미하는 것이었는지를 확인해 볼 수 있다.

요약하면, 비지시적 개입은 참여자 개개인에 대한 치료자의 감정이입, 존중, 믿음을 암암리에 전달하는 것이다. 그러한 개입이 무비판적이므로 집단 참여자는 작품에서 스스로 독특한 의미를 발견할 수 있다는 사실을 알게 된다.

(2) 비언어적 개입

독서치료자는 집단 참여자가 보이는 비언어적 표현을 정확하게 해석해야 한다. 하지만 치료자가 효과적 및 전략적으로 비언어적 표현을 사용하는 것 또한 매우 중요하다. 참여자는 독서치료자의 몸가짐과 태도를 통해 자기를 존중하고 수용하는가의 여부에 민감하다. 그러므로 많은 경우 독서치료자가 보여 주는 끄덕거림이나 수긍, 공감의 표시, 미소, 몸짓 등은 가장 효과적인 비언어적 긍정이나 격려가 될 수 있다.

독서치료자가 보이는 가장 영향력 있는 비언어적 표현은 침묵이다. 그러나 전략적인 침묵을 효과적으로 사용하는 것은 매우 어려운 일 중의 하나다. 처음 치료자로 훈련을 받는 사람들은 토론의 흐름이 대화로 이루어져야 한다는 생각을 갖고 있기 때문에 침묵이 일어나는 상황에 대해 매우 긴장하는 경향이 있다. 그러나 경험을 쌓고 독서치료 슈퍼바이저에게 지도를 받으면서 침묵도 생산적인 개입방법의 하나라는 사실을 깨닫고 적절히 사용하는 법도 알게 된다. 집단에 따라 침묵은 어떤 촉진적 언어에 의해, 또는 한 참여자가 자발적으로 반응을 표현함으로써 깨질 수 있다.

대화를 나누는 도중에 개인이나 집단 전체가 모두 한 문제에 몰두할 때가 있다. 이럴 때 치료자가 언어적으로 신속히 반응하도록 재촉하면 참여자가 통찰력을 잃을 수 있다는 것을 알아야 한다. 침묵은 마음속 깊은 곳에서 나온 진술이나 힘겹게 얻은 통찰을 승인하는 가장 좋은 형태가 될 수 있다. 참여자는 특별한 질문에 대해 자신에게 일어나는 어떤 복잡한 반응을 정확하게 말로 표현하기보다는 침묵을 하는 것이 더 쉽다는 것을 알게 된다. 그리고 치료자도 끄덕임, 맞장구, 등 두드려 주기와 같은 가벼운 신체접촉을 하는 감정이입적 침묵(empathic silence)이 치료에서 매우 가치 있는 비언어적 개입이라는 것을 알게 된다.

(3) 지시적 개입

① 지시적 개입의 필요성

비지시적 개입이 매우 가치 있는 개입 형태이지만, 이야기를 하도록 분명하게 지시하는 언어나 질문도 가치 있는 개입 형태라고 할 수 있다. 예를 들면, 집단의 대화가 내용도 없이 산만하게 진행될 때는 그것을 하나로 응집시켜야 하고, 참여자의 반응이 특별하게 저항적으로 표현될 때는 더 확산되기 전에 그 분위기에서 벗어나야 한다. 또 다른 많은 경우 참여자가 문학작품에 대해 느끼고 생각한 것과 자신의 경험 사이의 관계를 이해하지 못할 수도 있다. 이럴 때 반응을 촉진하는 질문이나 치료자의 의견은 참여자를 내적 자아에 도달하도록 도와주는 개입 형태가 될 수 있다.

특별한 경우 독서치료자로서 훈련을 받는 사람은 대화가 방향 감각을 잃을 때 사용할 수 있는 질문과 이야기를 준비해서 바람직하지 못한 상황에 효과적으로 대처할 준비를 해야 한다.

직접적으로 지시를 하는 개입의 종류는 매우 다양하다.

① 치료자의 소견은 문제에 초점을 맞추어야 하지만 개방적 접근의 여지는 남겨 두어야 한다. "다른 사람의 이야기를 들어주는 것이 어렵다고 여러 사람이 이야기했는데, 이 점에 대해 다 같이 얘기해 볼까요?"

② 직접적 개입은 반응을 이끌어 낼 수 있다. "시의 그 구절이 당신에게 무엇인가를 생각나게 하는 것 같은데, 우리에게 그 얘기 좀 해 주실래요?"

③ 때로 특별히 자세하게 말하게 할 수 있는데, 이것은 매우 중요하다. "당신은 이 이야기에서 작년에 갔던 캠핑이 생각난다고 했는데 그 여행에 대해 자세

하게 이야기해 줄 수 있습니까? 어떻게 놀았는지, 누구와 갔는지 그런 것에 관해서요."

④ 참여자의 모순된 반응은 그 문제를 좀 더 자세히 살펴보아야 할 필요성을 제기한다. "당신이 말한 건 내가 몇 분 전에 들었던 것과는 약간 다르네요. 어떻게 된 것인지 더 명확하게 설명해 줄 수 있습니까?" "조금 전에 당신이 말할 때와 지금은 생각이 달라진 것 같습니다. 지금은 어떻게 생각하는지 이야기해 줄 수 있습니까?"

⑤ 독서치료자는 참여자가 자신의 개인적 장점을 인식하도록 지도나 강화를 받아야 한다고 느낄 때도 있다. "당신은 친구를 도와주기 위해 정말 많은 노력을 하는 것처럼 보이는군요." "당신은 정말 자신에 대해 반성하는 것처럼 보입니다. 우리도 당신의 이야기를 듣고 많은 것을 배웠습니다."

⑥ 직접적으로 이야기해 주는 것이 집단 간의 대화를 촉진하는 좋은 방법일 때도 있다. "○○는 지금 자기가 생각한 것을 솔직하게 이야기해 주었어요. 그에 대해 더 이야기해 줄 수 있는 사람이 있을까요?" "○○가 이야기한 것은 아까 이야기한 것과는 조금 다른데 ○○는 어떻게 생각하나요?"

우리는 앞에서 독서치료자의 책임에 대해 알아보았다. 독서치료자는 부적절한 행동이나 그 행동의 범위, 절차에 포함된 문제를 해결하기 위해 직접적으로 중재할 수 있어야 한다. 따라서 독서치료자는 짧은 시간에 적절한 개입방법을 결정할 수 있도록 훈련과 경험을 쌓아 상황의 특성, 참여자의 요구, 그리고 다른 집단 참여자의 정당한 권리를 적절히 고려한 전략을 비교해 보고 결정할 수 있어야 한다.

자료를 가지고 집단 토론을 할 때 참여자 중의 누군가가 작품에 대한 토론을 거부하는 경우가 있다. 간혹 그 거부하는 공격적 힘의 정도가 너무 강해서 다른 참여자를 두렵게 하거나 토론을 중단시킬 수도 있다. 이런 경우 독서치료자는 저항하는 참여자의 성격이나 다른 참여자의 요구를 고려하여 토론을 가장 바람직하게 이끌어 갈 수 있는 방법을 결정해야 한다. 즉, 그 참여자가 그렇게 강하게 거부하는 개인적이고 내면적인 동기를 조사하는 시간을 가지면서 처음에 사용했던 개입

전략을 수정하여 토론을 진행시키도록 해야 할 것이다. 이런 경우에도 "당신이 이 작품에 대해서 어떻게 생각하는지 알겠어요. 그런데 당신은 우리와 함께 계속 토론해야 하지 않을까요?"와 같은 단호한 지시를 내릴 수 있다. 만약 그 참여자가 계속하여 대화를 거부하는 행동을 보인다면 그 사람의 행동이 다른 사람에게 어떻게 피해를 주는가를 알려 준다. 그럼에도 계속한다면 그 사람을 모임에서 제외시킬 수 있다. 이럴 경우 나머지 사람을 위해 자료를 다시 소개하고 분위기를 부드럽게 바꿀 수 있는 여러 방법을 사용하여 원활한 대화가 이루어지도록 해야 할 것이다.

② 바람직한 지시적 개입의 특징

치료자가 대화를 촉진하는 지시적 방법으로는 질문 형태가 많다. 그러나 질문이 아닌 진술 형태도 지시의 의미를 가질 수 있다. 예를 들어, 격려나 안내가 필요한 참여자가 토론에서 다루고 있는 중요한 문제를 탐구하려는 의도나 능력이 있다면, 질문을 통해 대화를 유도하는 방법도 좋지만 참여자가 주도적으로 이야기할 수 있도록 진술 형식을 사용하는 것도 좋다. 이런 경우 질문이나 진술은 개방성을 갖고 있어야 한다. 참여자가 단순히 '예' 또는 '아니요'와 같은 일반적인 반응을 해서는 안 된다는 것을 알게 되면 자신의 반응을 불러일으키기 위해 진지한 탐구를 시작할 것이다.

그러나 참여자가 자신의 반응을 자세히 설명하려면 시간이 필요하다. 치료자는 참여자가 자신의 문제 영역을 명확하고 분명하게 그리고 솔직하게 드러낼 수 있도록 반복적으로 끊임없는 격려를 보내 주어야 한다. 그래서 발달적이든 임상적이든 자신의 느낌이나 생각을 정확하게 말하기 어려워하는 참여자에게는 내면 깊이 자리 잡고 있는 문제에서는 누구도 자유로울 수 없다는 것을 깨닫게 해야 한다. 그런 참여자는 자신의 감정을 인식하는 데 익숙하지 않기 때문에 치료자가 정상적인 사람이나 자연스러운 상황에서도 감정이 행동과 반응을 일으키는 데 중요한 역할을 한다는 것을 일깨워 주어야 한다.

마찬가지로 바람직한 개입의 형태가 언제나 '왜'라는 질문으로만 시작되는 것은 아니다. 그런 문제는 거의 대부분 매우 산만하고 복잡하기 때문에 원인을 바로 찾아내는 질문으로는 적절하지 않지만, 육하원칙(언제, 어디서, 누가, 무엇을, 어떻게, 왜)과 그 문제에 관련하여 정확하게 파고들기 시작하면 마침내 원인을 알아낼 수 있다. 특히 참여자의 반응에 대해 부정적인 성격을 띠는 개입을 하게 될 때는 가능하면 감정이입적 반응(예: "네가 더 말하고 싶어 하는 것을 알지만 다른 사람도 이야기를 할 수 있어야 해. 너도 다른 사람의 이야기를 들어 보는 게 도움이 될 거야." "너는 그 사건으로 매우 당황했겠구나. 그래서 그렇게 행동한 거야. 그러나 너는 왜 그런 행동이 너에게 좋다는 생각을 갖게 했는지 그 원인을 알아야 해.")으로 시작하는 것이 좋다.

감정이입적으로 이해한다는 말을 듣게 되면 대부분의 사람은 자신의 내면을 쉽고 자연스럽게 표현할 수 있게 된다. 더불어 참여자 개개인에게 문제를 자세히 조사하는 것이 왜 도움이 되는지를 알려 준다. "내게 말한 그 사건은 당신에게 매우 좌절감을 느끼게 하는 것 같아요. 때때로 행동을 계획하는 것은 좌절감을 덜어 주기도 하지요. 그러나 당신은 왜 그 행동이 도움이 되었는지 그 이유를 알아야 해요. 당신은 어떤 생각을 갖고 있지요?"

감정이입적 방법으로 이해했다는 뜻을 전달하면 대부분의 사람은 자신을 더 쉽게 표현한다. 그러므로 참여자는 개개인에게 문제를 자세히 파고들면서 조사하는 것과 그런 조사과정을 밟아 가는 행위가 왜 도움이 되었는지를 명확히 표현할 수 있게 된다.

2) 초점 바꾸기

독서치료자는 어떠한 독서치료 모임이든 대화의 초점을 바꾸는 개입이 적어도 한두 차례 필요하리라는 것을 예상할 수 있다. 예를 들면, 처음 분위기 조성을 한 후 자료를 소개하거나 자료를 대화로 이끌어 내기 위해서 약간의 전이를 위한 개입이 필요하다. 또 모임을 종결하기 위해서 어떤 활동이나 쓰기 과제를 소개할 때도 분위기를 전환시킬 수 있는 개입이 필요하다. 따라서 치료자는 이러한 방법을 미리 생각해 두어야 한다.

정상적인 모임과정에서는 토론의 초점이 전이된다. 치료자는 참여자가 대화의 줄거리 속에 들어 있는 문제를 조사하거나 몰두할 수 있도록 돕기 위해 잠깐 쉴 수도 있다. 그 시간 동안 참여자의 생각이 정리되었다고 판단되면 치료자는 분위기를 하나로 모을 수 있는 분명한 말을 함으로써 다시 주의집중을 유도할 수 있다. 이러한 일은 자연스럽게 이루어지는 것이 좋다.

또 다른 경우 독서치료자는 대화가 더 이상 생산적으로 진행되지 않거나 주어진 토론 문제가 고갈되었을 때 재초점화(refocusing)가 절대적으로 필요하다는 것을 알고 있어야 한다. 토론이 비생산적으로 이어질 때, 독서치료자는 그 분위기에 가장 적절한 전략을 결정해서(지시적이든 비지시적이든) 참여자에게 지금의 토론 진행 상황을 알려 주어야 한다. 예를 들면, 토론이 초점을 잃고 있을 때 텍스트 전체를 다시 읽어 본다든가, 작품의 어떤 한 부분 때문에 토론이 산만해질 때 그 부분의 앞뒤를 다시 읽어 보고 앞뒤 문맥을 찾는다든가 하여 참여자에게 신선한 반응과 통찰을 촉발할 수 있다.

만약 토론이 시들해지고 있다면 독서치료자는 모임을 준비하는 동안 생각했던 다른 질문이나 접근방법으로의 전환을 꾀할 수 있다. 반면 집단이 일반적으로 매우 반응적이라면 참여자를 새로운 방향으로 유도할 수 있다. "우리가 지금까지 너무 많이 이야기해서 아무도 더 이상 얘기할 게 없는 것 같아요. 이 시에 대하여 또 다른 이야기를 할 사람이 있나요?"

결국 선택된 자료가 절대적으로 효과가 없거나 집단이 매우 우왕좌왕하거나 또는 참여자가 비사교적일 때, 독서치료자는 창의적 글쓰기와 같은 다른 활동을 시작하거나 두 번째로 준비한 대체 자료를 소개함으로써 급격하게 분위기를 바꿀 수 있다. 두 가지 방법 모두 대화를 살리는 데 도움이 된다.

치료자와 참여자는 모두 각자의 스타일을 가지고 있다. 예를 들면, 어떤 독서치료자는 분위기 조성과정과 기본적인 자료를 모두 사용하고 난 후 마지막에 쓰기로 마무리하는 것으로 치료과정을 공식화할 수 있다. 어떤 독서치료자는 다른 여러 자료를 이것저것 사용하기보다는 한 자료나 활동에 집중하는 것이 최선의 방법이라고 생각할 수도 있다. 분명한 것은 독서치료자는 각 집단의 특성뿐 아니라 참여자의 개인 스타일까지 고려한 치료과정을 계획해야 한다는 것이다.

독서치료자는 모임을 지도하면서 직접적인 방향 제시를 해야 할 때와 참여자가 자율적으로 작업을 수행하도록 허용할 때를 잘 조절하면서 직접 지도와 자율적 진행의 장점을 취해야 한다. 이것은 집단이나 참여자의 특성에 따라 독특하게 진행되므로 일정하게 제시된 규칙이 있을 수 없다. 예를 들면, 처음 훈련을 받는 치료자는 더 지시적인 개입방법을 사용하면서 재초점화를 시도하는 경향이 있다. 그러나 능숙한 치료자는 각 모임이 나름대로의 대화 패턴을 갖고 있어 참여자도 그 패턴을 따라간다는 것을 알고 있다. 뿐만 아니라 능숙한 치료자는 토의가 매우 활기차게 시작된 것처럼 보이지만 나중에는 토의할 문제가 고갈될 것이라는 것도 예측할 수 있다. 초보 치료자는 대화를 이끌어 내기 위해서 자주 변화를 주려고 하지만, 숙련된 치료자는 대화가 일시적으로 중단되었다고 하여 모든 것이 정지된 것은 아님을 안다. 모든 진행은 활기차고 역동적으로 진행되어야만 하는 것도, 또 모든 것이 언어로만 표현되어야 하는 것도 아니다. 오히려 기다리는 것이 가장 좋은 대안이 될 때도 있는 것이다.

3) 마무리

독서치료자는 각 모임을 시작할 책임이 있는 것처럼 각 모임을 마무리 지을 시기가 언제인지를 알아야 한다. 다른 치료방법과 마찬가지로, 독서치료도 계획된 시간보다 모임을 더 오래 지속하는 경우는 매우 드물다. 자기를 이해하는 과정은 지속적인 과정이다. 그러나 독서치료 활동에만 계속 참여하는 것은 생산적이지도 않고 또 가능하지도 않다. 독서치료는 계획했던 시간 이내에 마무리 짓는 것이 가장 좋은 방법이다.

독서모임에서 독서치료자는 시간을 잘 지켜야 한다. 왜냐하면 참여자도 시간 감각이 있으므로 예정된 시간이 다 지나갔을 경우 이를 느낀다. 따라서 예정된 시간에 모임을 마무리 짓는 것이 좋다.

주어진 독서치료 모임을 마무리로 이끄는 데 사용할 시간량과 정확한 전략을 결정할 때는 집단과 참여자의 성격뿐만 아니라 그 모임이 진행되어 온 방식을 고려해야 한다. 독서치료자는 처음 치료 모임을 준비할 때 이 문제에 대해 미리 생각해 두어야 한다. 그렇지만 계획된 대로만 진행하기보다 모임의 분위기를 더 중요시해야 하므로 처음 계획을 수정할 수 있는 융통성도 가져야 한다.

다음은 모임을 마무리할 수 있는 여러 방법이다.

① 마무리는 그 모임의 요약으로 시사되므로 독서치료자는 몇 문장으로 그 모임을 요약하거나 토론에서 진행된 것을 평가하기 위한 질문을 참여자에게 던질 수 있다. 그러나 성공적인 독서치료 모임에서도 모든 참여자가 의견 일치에 도달할 수는 없다는 것을 기억해야 한다. 그러므로 요약은 그날 대화에서 다루었던 문제를 단순히 재검토하는 것이 될 수도 있다. "오늘 프로스트의 시는 벽을 보는 다양한 방식을 이해하는 데 도움을 주었어요. 우리 중 어떤 사람은 벽을 우리의 삶으로부터 다른 사람을 막는 울타리라고 이야기했으며, 또 어떤 사람은 생산적으로 벽이나 경계를 사용하는 방식을 연구했어요."

② 의견 일치에 항상 도달할 수 없듯이, 독서치료 모임이 토론 문제를 항상 완전히 해결하는 것으로 끝낼 수는 없다. 독서치료자와 참여자 모두는 모임을 통해 인간관계나 자기 이해를 한다는 것이 어려운 일이고 연구해야 할 필요가 있다는 느낌을 갖게 된다. 그들은 그 느낌이 아주 자연스럽고 건전한 것임을 깨달아야 한다. 그런 상황에서의 마무리는 문제가 아직 끝나지 않았다는 사실을 단순히 인지하는 것이 될 수 있다. "오늘 이 시에 관한 우리의 토론은 우리가 고독을 어떻게 느끼는지, 그리고 고독에 대처하기 위해 어떻게 계획을 세워야 하는지에 대해 배워야 할 것이 정말 많다는 것을 보여 주었습니다."

③ 때때로 독서치료자는 모임에서는 해결이 안 된 문제가 참여자에 의해서는 생산적으로 탐구되고 있다는 것을 느끼는 경우가 있다. 이런 경우에는 예고하는 방식으로 마무리 지을 수도 있다. "우리는 오늘 변화를 다루면서 우리가 경험하는 문제에 대해 좋은 토론을 했어요. 나는 다음 모임에서 이 문제

를 좀 더 다양하게 보는 데 도움이 될 만한 자료를 찾아올 거예요."

④ 어떤 상황에서는 요약이나 예고와는 다른 형태의 마무리를 할 수도 있다. 즉, 생산적인 토론이 이루어질 것 같지 않은 경우 새로운 토론 주제를 선정할 수 있는 것이다. "오늘 우리는 고독의 개념에 대해 좋은 토론을 했어요. 그러나 이 시점에서 더 이상 새로운 의견이 나올 것 같지 않군요. 그러니 다음 모임에서는 새로운 주제를 살펴볼 거예요."

⑤ 한편 부수적으로 다루었던 어떤 것이 새로운 초점을 효과적으로 유지시키는 경우도 있다. 이럴 때 독서치료자는 마무리를 하면서 그 가능성을 이야기해 줄 수 있다. "오늘 우리는 고독의 개념에 대해 토론을 했어요. 그러면 쓸쓸함 혹은 외로움은 어떤 것일까요? 또는 같은 것일까요, 다른 것일까요? 다음에는 그것들에 대해 토론해 볼까요?" 끝으로 치료자는 다음 모임에서 사용할 자료나 과제를 미리 제시해 줄 수 있다.

⑥ 문학작품은 독서치료의 중요한 도구다. 독서치료자는 때로 도구 자체가 그 역할을 할 수 있도록 내버려 두는 것으로 마무리할 수 있다. "이제 우리 시간이 다 끝났어요. 우리는 오늘 여러 가지 중요한 점을 많이 다루었어요. 하지만 지금 이 시를 다시 읽어 보고 싶어요. 함께 큰 소리로 읽어 봅시다. 읽으면서 오늘의 토론이 여러분에게 무슨 의미가 있는지 생각해 보세요."

⑦ 위와 관련된 전략으로 독서치료자는 혼자 시를 읽거나, 특별한 방식으로 반응하는 사람에게 작품을 읽어 보게 하거나, 단편영화 또는 녹음테이프를 다시 작동시키도록 요청할 수 있다. 혹은 특별히 중요하게 여겨지는 자료의 한 줄을 골라서 읽어 보게 할 수도 있다.

⑧ 어떤 독서치료자는 특별한 종결(wrap-up) 자료나 활동을 사용하기도 한다. 예를 들면, 모임의 마지막 몇 분 동안 참여자에게 분위기 있는 음악을 들려주면서 대화를 생각하게 할 수 있다. 대안적으로는 집단이 관심을 가지고 있는 문제에 대해 색다른 관점을 소개하기 위한 만화, 포스터 또는 간단한 스케치를 제시할 수도 있다. 나아가 독서치료자는 참여자가 시각적으로 자신을 표현하도록 종이, 필기도구를 나누어 줄 수도 있다. 대부분 모임의 종결

과정과 분위기 조성과정은 유사하다. 둘 다 자료나 대화를 통해 생긴 문제와 느낌을 참여자가 통합하고 표현하도록 도와주기 위해 계획하는 것이다. 두 가지 경우 모두 독서치료자는 적절한 자료를 제공하고 그와 관련된 활동을 끝마칠 수 있는 충분한 시간을 주어야 한다. 참여자의 반응을 그림, 만화, 포스터 형식으로 나타낸 결과물은 시간이나 여러 상황에 따라 공유될 수도 있고 그렇지 않을 수도 있다.

독서치료자는 마무리과정에서 사용할 활동을 결정해야 할 것이다. 이러한 결정을 하기 위해서는 집단과 참여자에 대해 알고 있는 다양한 정보를 참조해야 한다. 모임을 마무리하는 이러한 방법 중 어떤 방법을 선택하든, 독서치료자는 참여자에게 토론했던 문제가 아직 끝나지 않았다는 것을 알려 주어야 한다. 성장과 자기 이해의 과정은 결코 끝날 수 없는 것이다. 성장이란 끝이 없는 지속적 과정이므로 모임이 끝났을 때 변화가 없어 보였던 참여자도 나중에 다시 만나게 되면 조금은 달라져 있음을 알 수 있다.

4) 독서치료자가 고려해야 할 전략의 개요

독서치료에는 그 과정을 촉진하는 좋은 전략(방법)과 개입할 수 있는 여러 유형이 있지만 각 회기는 저마다의 독특성을 갖고 있다. 따라서 모든 경우에 맞는 옳은 전략이란 있을 수 없다. 독서치료자가 깊이 고려해야 할 점을 요약해 보면 다음과 같다.

① 어떻게 하는 것이 바람직한 것인지 당신의 행동을 통하여 솔직하게 표현해야 한다.
② 당신의 참여자에 대해 잘 알아야 한다.
③ 개인 또는 집단 참여자를 편하게 해 줄 수 있는 방법을 결정해야 한다.
④ 집단 참여자가 처음의 반응 패턴을 극복하여 더 높은 신뢰 수준으로 옮겨 가

는 시점을 인식해야 한다.

⑤ 당신이 갖고 있는 일반화된 목적을 인식해야 한다. 당신이 갖고 있는 특정 목표의 가치를 분석한다. 그것들을 발전시킬 특별한 전략적 방법을 조사한다.

⑥ 독서치료 기간 동안 당신이 선택한 전략과 주제를 조사한다. 전략과 주제에 대해 폭넓은 이해를 가지고 식견을 넓힌다. 만약 당신의 접근방법과 자료가 제한된 범위에서 선택된다면 스스로 한계를 느낄 수 있을 것이다. 또한 참여자의 치료적 요구에 대한 당신의 반응은 어떠했는지를 평가한다. 당신이 일관성 있게 특별한 문제를 회피한다면 다른 사람을 돕기 전에 당신 자신의 문제를 다룰 수 있는 전문지도자의 도움을 얻어야 한다.

⑦ 당신의 역할은 자기 이해를 촉진시키는 것이지 가르치거나 설명하는 것이 아니다. 당신의 개입이 참여자에게 자신의 일을 하도록 잘 격려해 주고 있는지 평가한다.

⑧ 혁신적 기법에 관한 필요성과 욕구가 어느 정도인지 인식한다. 그것은 당신의 창의성 정도를 보여 주는 것이다.

⑨ 모든 사람을 존중하는 방법으로 참여자의 행동과 언어적 반응을 유도하기 위한 경계를 설정할 의무가 있음을 인식한다.

5. 독서치료의 활동

독서치료에서는 오로지 도서만을 사용할 것이라는 대부분 상담자의 일반적인 생각과는 달리, 독서치료자는 도서(소설, 비소설, 전기, 자서전 등)를 포함하여 영화, 슬라이드, 일기, 녹음 또는 녹화 테이프, 시, 잡지 등의 다양한 자료를 이용할 수 있다. 독서치료 과정에 사용할 수 있는 문학 활동에 대한 파덱(1995)의 제안을 정리하면 〈표 3-2〉와 같다.

치료자는 문학적 활동 외에 추후 활동으로 창의적 글쓰기, 미술 활동, 토론, 역할극 등을 할 수 있다. 이러한 추후 활동을 할 때는 참여자의 발달과 수행 단계를

〈표 3-2〉 독서치료 과정에 사용할 수 있는 문학 활동

번호	활동명	활동 목표	활동 내용	비고
1	자서전	참여자로 하여금 자신을 노출하도록 하는 데 도움을 준다.	• 언어 사용에 능숙한 참여자는 격려를 받으면 그들이 생활하면서 중요했던 사건을 중심으로 자서전을 쓴다. • 잘 쓰지 못하는 참여자는 녹음기에 자신의 이야기를 녹음할 수 있다. • 자신이 만든 것은 자신이 간직할 수 있도록 한다. • 참여자가 그것을 자기 집에 가지고 가기를 원하면 복사를 하여 그 참여자에 관한 서류철에 넣어 둔다.	상담의 초기단계에서 이용되며, 참여자는 보통 자기 노출을 시작하고 또 촉진자와 상호작용을 하기 시작한다.
2	인생선 (life-line)	참여자의 개인 신상정보를 알 수 있다.	• 참여자는 20×28cm 정도의 종이에 긴 직선을 긋는다. • "이 그림은 당신의 출생을 가리키는 겁니다. 당신이 생활하면서 가장 행복했던 때와 가장 슬펐던 때를 생각하고서 그것이 일어났던 때를 선 위에 표시해 보십시오. 그리기보다 말로 표현하고 싶으면 그렇게 해도 됩니다."라고 참여자에게 말해 준다. • 참여자가 인생선을 그리는 동안 상담자는 그가 그린 각 사건에 대하여 간단하게 이야기하도록 유도한다.	이러한 활동이나 참여자의 자서전에 대해 이야기하는 과정을 기록해 두면 유용하다.
3	이야기 또는 시 완성하기	이야기를 창의적으로 구성할 수 있고, 의사소통을 할 수 있다.	• 참여자가 상담 중에 경험하는 특별한 저항이나 난관에 기초하여 치료자가 몇 행 정도 길이의 이야기를 쓴다. • 참여자에게 그것을 읽게 하고 이야기나 시의 다음 부분을 이어서 완성하게 지도한다. • 참여자가 참여할 수 있고 또 참여하려고 하는 한 이런 형태로 치료자는 참여자와 상호작용할 수 있다.	참여자의 저항이 너무 강할 때는 강요하지 않는다.
4	유언 사망 기사 비문	문제에 저항하는 것에 대하여 더 큰 통찰력을 발달시킬 수 있다.	• "만일 당신이 오늘 죽는다면 가족과 친구들에게 마지막으로 무슨 말을 하게 될 것 같습니까?"라고 묻는다. • 참여자는 자기가 어떤 사람이었는지 혹은 어떻게 기억되기를 바라는지를 정확하게 설명하는 비문이 새겨진 묘비를 그리거나 사망 기사를 씀으로써 자기 자신에게 초점을 맞추도록 도움을 받는다.	

5	편지 쓰기	타인과의 의사소통 능력을 증진시킨다.	• 참여자는 보통 흥미 있고 재미있게 하고 있는 일에 대해 쓰지만 거의 대부분이 편지의 끝부분에는 "나는 당신을 사랑합니다."라는 표현을 한다. • 독서치료 종결 무렵에는 치료자와 계속 사랑을 주고받으려는 욕구가 크다. • 치료자는 답장에서 참여자의 긍정적인 행동들을 강화하고, 치료자 역시 참여자를 그리워하고 사랑하고 있음을 알게 해야 한다.	편지 쓰기는 참여자가 친구들과 의사소통을 하는 데 있어 자연스럽고 재미있는 교육적인 활동이다.
6	일기 쓰기	자신의 감정이나 느낌을 표현할 수 있다.	• 성인이나 청소년, 연령이 높은 아동은 편지에는 표현하지 않던 자기 속마음을 일기에 쏟아놓는 경우가 많다. • 일기를 씀으로써 자유연상을 한다. • 종종 참여자는 자기의 꿈을 일기에 털어놓기도 한다.	개인의 일지나 일기는 직접 대면하는 관계를 중지하는 데 가장 효과적인 방법이며 개인의 사생활을 지켜 준다.
7	책요약 하기		• 이야기 속 등장인물과는 다른 인물의 관점에서 책의 내용을 요약·전개해 본다.	
8	창의적 구성 하기		• 이야기의 결말을 다르게 구성한다.	
9	뉴스 쓰기		• 책에서의 사건에 대해 설명하는 뉴스를 쓴다.	

고려하여 참여자 개개인에게 적합한 활동을 선택해야 한다. 예를 들면, 쓰기를 싫어하는 참여자에게는 창의적 글쓰기 활동을 위해 테이프로 녹음하는 것을 이용해야 한다.

더불어 독서치료자는 참여자의 문제를 고려하여 적합한 책을 사용해야 하고, 참여자 스스로 하나 이상을 선택할 수 있도록 여러 가지 추후 활동을 제안할 수 있어야 한다.

요 약 >>>

독서치료는 참여자 스스로 문학작품에 반응할 수 있는 잠재 능력을 갖고 있다는 믿음을 전제로 한다. 따라서 독서치료 과정에서는 참여자가 스스로를 돕는 과정을 우선 경험하고 그다음에 상담자와 상호 작용하게 된다. 독서치료자는 이 믿음에 기초해 참여자의 문제를 바르게 파악하여 참여자가 치료과정에 잘 몰입할 수 있도록 계획하고 스스로 통찰을 통하여 자신의 문제와 현재의 상태를 잘 통합할 수 있도록 도와야 할 것이다.

치료가 이루어지는 과정은 언어적 상호작용이 주요 활동이 될 것이다. 치료자는 언어적 · 비언어적인 적절한 개입을 통해 참여자가 집단 대화에 적극적으로 참여할 수 있도록 여러 가지 기술과 활동을 활용해야 할 것이다.

🎓 학습과제

❶ 독서치료의 과정으로 제시한 인식, 고찰, 병치, 자기적용과 동일시, 정화, 통찰의 관계를 정리해 보시오.
❷ 독서치료의 절차를 고려하면서 프로그램 계획 순서를 정리해 보시오.
❸ 지시적 개입이 필요한 경우를 정리해 보시오.
❹ 집단의 분위기가 주제로 모아지지 않을 경우 사용할 기술이나 활동을 열거해 보시오.
❺ 하나의 문제 상황을 가정하여 독서치료 프로그램을 계획하시오.

제4장

독서치료를 위한 자료*

학습 목표 및 개요 ● ● ● ●

이 장에서는 독서치료를 할 때 사용할 수 있는 자료와 관련된 내용을 다루고자 한다. 구체적으로 독서치료 자료의 성격, 독서치료 자료의 선정 기준, 독서치료를 위한 자료를 선정할 때 고려해야 할 사항, 독서치료 자료의 제시 방법, 독서치료에 사용될 수 있는 자료의 자원과 선정된 자료를 정리하고 보관하는 방법을 다룬다.

---

* 이 장은 독서치료(2004), 3장의 내용을 많은 부분 참조하였다.

1. 독서치료 자료의 성격

독서치료 자료는 그것을 촉매로 대화가 진행됨에 따라 참여자의 반응 및 변화가 일어나서 독서치료의 효과가 달라지기 때문에 매우 중요하다. 독서치료 자료는 독서치료 과정에서 다음과 같은 유익을 준다.

첫째, 독서치료 자료가 있으면 참여자는 자신의 문제를 통해 자신을 바라보지 않아도 된다. 오히려 참여자는 시, 소설, 수필, 기사, 영화 등에 초대된다고 할 수 있다. 여기서 '초대'라는 말에 함축되어 있는 의미는 참여자가 능력과 가치를 지니고 있다는 것이다. 즉, 참여자는 자기 밖의 어떤 것에 대하여 반응할 능력을 가지고 있다. 치료자는 참여자가 자료에 대해 정확하고 유익한 해석을 내릴 수 있도록 돕는다.

둘째, 효과적인 독서치료 자료는 다양한 종류와 다양한 수준의 의미를 내포하고 있어서 참여자에게 자료의 장점이나 단점에 대해 자유롭게 생각하고 표현할 수 있는 반응의 폭을 넓혀 준다. 물론 독서치료자는 참여자의 반응 수준이나 그것의 진행 방식을 유도하기도 하고 더 심화시키기 위해 노력하지만 참여자의 개별 반응까지 계획하거나 통제할 수는 없다.

셋째, 독서치료 자료는 심층적인 개인적 반응을 자연스럽게 이끌어 낸다. 홀랜드(Holland, 1975), 로젠블래트(Rosenblatt, 1976, 1978), 슈로즈(Shrodes, 1949)는 독서를 독자의 수동적인 행동이 아닌 능동적인 과정으로 본다. 그들은 모두 자료를 받아들이는 방식에 독자 자신이 어떤 영향을 미치는지에 관심을 갖고 있고, 그중에서도 독자의 읽는 행위를 집중적으로 탐구하고 있다(Hynes & Hynes-Berry, 1994, p. 44). 특히 상호작용적인 과정을 중시하는 독서치료에서는 자료를 매개로 한 '대화를 통해' 자신을 반영하는 '자발적인 반응'이 더 심화되고 더 발달된다. 사실상 상호작용적 독서치료에서의 핵심은 처음 주어지는 자극으로서의 자료 그 자체가 아닌 그것을 인식하고 그것과의 통합적 이해를 얻는 것과 같은 일련의 치료과정에 있다.

2. 독서치료 자료의 선정 기준

일반적으로 독서치료에 사용되는 자료는 책으로만 한정시켜 생각하기 쉬우나, 실제로 독서치료에 사용되는 자료는 책은 물론 신문이나 잡지의 기사, 혹은 노래 가사나 영화가 될 수도 있다. 그러므로 독서치료자는 자신이 일상에서 보고 듣는 모든 자료를 독서치료를 위한 자료로 여기고, 주변의 책, 신문, 잡지, 음반, 영화를 접할 때 주의를 기울여 그것이 자신의 독서치료 자료 목록에 넣을 만한 것인지를 판단할 수 있어야 한다.

독서치료를 위한 자료의 선정 기준은 일반 문학작품의 선정 기준과 크게 다르지 않다. 일반적으로 문학작품을 평가하는 기준으로는 주제, 등장인물, 플롯, 배경, 문체와 같은 문학적 구성 요소를 꼽는다. 그러므로 문학적 구성 요소가 훌륭한 문학작품은 독서치료 자료로도 훌륭하다고 할 수 있지만, 독서치료자는 좋은 문학작품과 독서치료 현장에 좋은 독서치료용 자료를 구분해야 한다.

자료 선정에 대한 일반적인 제반 의견을 요약하면 다음과 같다.[1]

① 매력적인 그림이 들어가 있는 자료인가
② 사건의 전개가 논리적이고 그럴듯한 인물이 등장하는 재미있는 이야기인가
③ 문제에 대처하는 전략이 참여자가 모방할 만한 유용한 정보인가
④ 즐길 만한 정도의 유머와 친숙하면서도 즐거움을 주는 후렴 부분이 포함되어 있는 자료인가
⑤ 위기 상황을 낙관적이고 극복할 수 있는 방식으로 제시하고 있는가
⑥ 퇴행(regression) 능력을 지닌 텍스트인가(정서적으로 과거의 상황과 관계로 돌아가 그것을 현재 있는 것처럼 느끼도록 하여 현재의 감정과 증상의 의미를 이

---

1) ①~④의 내용은 Pardeck & Pardeck(1986), ⑤의 내용은 Jalongo(1988), ⑥의 내용은 변학수(2006, pp. 39~40), ⑦의 내용은 이영식(2007), ⑧의 내용은 박연식(2008)에서 발췌한 것이다.

해할 수 있게 하는 문학 텍스트뿐만 아니라 자신의 삶의 이야기까지 자료 선정에
포함함)
⑦ 참여자의 독서 수준에 맞는 가독성을 지닌 자료인가
⑧ 자신이 현재 어느 곳에 와 있고 또 어디로 가야 하는지를 보여 주는 구체적
삶의 여정을 보여 주는 자료인가(어디서 시작하든 현재 자신이 직면한 곳에서부
터 시작해 움직여 나가면 됨)

이 장에서는 하인스와 하인스-베리(1994, pp. 63-76)를 참고하여 먼저 주제와
문체의 측면으로 나누고, 문학작품 선정 기준과의 비교를 통해 독서치료를 위한
자료 선정 기준을 제시한다. 이어 유아 및 초등 저학년, 초등 고학년, 청소년, 성
인 순으로 발달 단계별 접근에 따라 독서치료의 자료 선정을 살펴본다(김현희 외,
2001).

1) 주제별 자료 선정 기준

일반적으로 독서치료에서 주제는 문체보다 중요하게 취급된다. 그래서 문체는
뛰어나고 주제가 빈약한 경우에 독서치료용 자료로 선정되기는 힘들지만, 사용된
언어나 문장 형태에는 좀 문제가 있다고 하더라도 주제가 독서치료를 받을 집단
이나 개인에게 적합하다면 자료로 선정될 수 있다. 독서치료용 자료의 주제가 갖
추어야 할 특성은 다음의 네 가지다.

(1) 보편적 주제

독서치료 자료의 주제가 보편적이어야 한다는 것은 일반적인 문학작품을 평가
하는 심미적인 기준과 다를 바 없다. 훌륭한 문학작품이든 독서치료용 자료든 주
제가 보편적이어야 한다는 점은 중요하다. 이것은 독자가 쉽게 인식할 수 있고 자
신과 쉽게 동일시할 만한 정서와 경험을 다루어야 한다는 것을 의미한다.

아동의 경우에는 부모나 형제 또는 친구와의 관계에 기초한 내용, 눈 오는 날이

나 비 오는 날, 봄, 여름, 가을, 겨울의 각 계절에 있었던 일에 대한 내용, 학교생활에서 겪는 경험을 다룬 내용 등이 대체로 쉽게 공감할 수 있는 보편적인 내용이 될 것이다.

반면 특별한 사건을 내용으로 하는 자료는 특정 집단의 참여자에게 강력한 영향을 줄 수 있는데, 그런 책이 좋은 효과를 거두려면 독서치료 대상자에게 그 내용이 적합한지를 잘 판단해야 한다. 글의 주제가 보편적인지 아닌지를 구분하는 기준은 글의 주제가 작가의 개인적인 세계의 일부로 남아 있는지, 아니면 독자에게 동일시가 될 만한 경험으로 다루어졌는가 하는 점이다.

(2) 영향력 있는 주제

독서치료를 위한 자료의 주제는 보편적인 것만으로는 부족하다. 그것은 강력한 힘을 갖는 주제여야 한다. 강력한 힘을 갖는다는 것은 독서치료 참여자가 아주 강한 영향을 받을 만큼 감동적인 주제를 말한다. 즉, 독서치료를 위한 자료는 독서치료 참여자가 보편적으로 아는 내용을 기초로 서로 의사소통할 수 있도록 하는 데서 한 걸음 더 나아가 참여자 개개인이 개별적인 과거사에 기초하여 각각의 느낌을 갖고 의미 있게 받아들일 수 있는 주제를 가져야 한다. 그러므로 너무 모호하고 일반적인 용어로 묘사되어 있어서 주제가 강하게 드러나지 않는 자료의 경우는 참여자가 그 주제에 대해 자신만이 갖고 있는 생각을 탐색할 수 없게 되므로 독서치료를 위한 자료로 부적합하다.

또한 도덕적인 교훈을 주기 위해 자료의 내용을 억지스럽게 단순화시킨 비실제적인 내용의 자료도 독서치료 자료로 부적합하다. 예를 들면, 꿋꿋한 의지만 있으면 현재의 어려움은 극복된다는 것을 지나치게 강조하는 내용의 자료는 독서치료 자료로 부적합하다. 그런 자료는 참여자 스스로 문제에 직면하여 어려움을 극복하는 과정에서 나타날 수 있고 또 그 과정에서 꼭 필요하다고 할 수 있는 복합적인 정서나 강렬한 정서를 단순화시켜 묘사하거나 아예 생략해 버린다. 이런 자료는 참여자가 자료의 내용에 동의하는지 여부의 심도 있는 개별평가 자체가 불가능하다.

여기서 지나치게 단순화시킨('is simplistic') 자료와 간결한 성격의('has

simplicity') 자료의 구분이 필요하다. 단순화시킨 자료는 도덕적 교훈이나 주제 또는 작가의 의도를 강하게 전면에 드러냄으로써 내용이 과장되거나 부자연스럽게 단순화된 자료이고, 간결한 성격의 자료는 표현은 단순하고 담백하지만 그것을 읽는 참여자에게는 다양한 반응을 자극하여 풍부한 토론을 가능하게 하는 자료를 말한다.

(3) 이해될 만한 주제

위의 '보편적 주제' '영향력 있는 주제'는 사실 독서치료를 위한 자료의 선정 기준일 뿐 아니라 문학작품을 평가할 때 심미적 관점에서도 필요한 기준이다. 그러나 '이해될 만한 주제'의 자료여야 한다는 기준은 독서치료에서 특히 중요한 기준이다. 아무리 문학적으로 훌륭한 작품이라도 모호한 면이 많아 독서치료 과정에서 참여자 간에 서로 토론을 하기에 어렵다면 독서치료 과정을 성공적으로 수행할 수 없기 때문이다. 모호한 주제란 다음과 같은 경우를 말한다.

먼저 주제는 보편적이라 할지라도 참여자가 서로 의사소통을 하는 데 필요한 공통의 이미지를 갖고 있지 못한 경우다. 예를 들면, 과거 역사나 특정 문화를 담고 있는 자료의 경우 아동은 관련 내용에 대한 공통의 이미지를 갖고 있지 못하기 때문에 상호 의사소통이 어렵다. 다음으로 아동 집단이나 약물에 의존하는 집단의 참여자처럼 자료의 은유적 표현 때문에 자료가 즉각적으로 이해되지 못하는 경우다. 마지막으로 지적인 요소에 의존하여 쓰였으며 주제가 너무 복잡하고 산만하거나 쉽게 언급하기에 어려운 추상적인 개념을 다룬 경우를 말한다.

독서치료는 참여자를 위한 것이므로 각 참여자가 그 내용을 접하는 순간 거의 즉각적으로 이해할 수 있어야 한다. 만약 의미를 곰곰이 생각해야 이해할 수 있는 자료라면 독서치료 과정에서 그 자료에 대한 참여자의 반응은 분산될 것이므로 토론을 하기가 어렵다.

여기서 한 가지 중요한 점은 독서치료에서 독서치료자는 자료의 내용을 참여자가 이해하도록 도와주는 사람이라기보다는 참여자로 하여금 자신의 고통에 대해 언급한 자료의 내용이 자신에게 개인적으로 의미하는 바가 무엇인가를 스스로 비추어 보고 찾아낼 수 있도록 돕는 '조력자'라는 것이다.

(4) 긍정적 주제

이 기준은 독서치료를 전체적으로 이해할 때 가장 핵심이 되는 선정 기준이다. 훌륭한 문학작품 중에는 분노에 찬 내용, 부정적인 내용, 심지어 절망적인 주제의 내용도 있을 수 있다. 하지만 독서치료의 목적이라고 할 수 있는 참여자의 장점을 강화시켜 주고 자아존중감을 증진시키고 참여자가 자신의 삶, 특히 바꿀 수 없는 현실생활을 좀 더 창의적으로 영위할 수 있도록 돕기 위한 데에는 부정적인 내용의 자료는 바람직하지 못하다. 아주 부정적인 어조의 작품은 불안감, 무력감, 절망감을 가져다준다. 또한 너무 사실적인 분노, 질투, 절망, 자살 충동을 드러내는 작품 역시 적합하지 않다. 이런 내용은 참여자에게 독서치료를 진행하기 어렵게 하는 정서를 일으킬 뿐이다.

그러나 긍정적인 주제가 중요하다고 해서 지나치게 낙천적으로 쓰인 자료는 적합하지 않다. 앞서 '영향력 있는 주제'에서도 언급했듯이, 너무 비현실적이거나 지나치게 단순화된 내용을 제공하는 것은 절망적인 주제의 자료를 제공하는 것과 마찬가지로 독서치료를 실패로 이끌 것이다. 그러므로 독서치료를 위한 자료는 희망과 자신감을 담은 내용이면서도 현실감을 갖춘 것이라야 한다. 즉, '미소로 대처하면 모든 괴로움을 치유할 수 있다'든지 '열심히 하기만 하면 영원히 행복하게 잘 살 수 있다'는 식으로 현실적인 고통과 고생을 누구나 쉽게 극복할 수 있는 별것 아닌 것처럼 묘사하지는 않는다.

독서치료 자료는 부정적인 내용이나 절망적인 내용이어서는 안 되지만, 동시에 참여자로 하여금 부정적인 감정을 접하고 그것을 발산시킬 수 있는 내용이어야 한다. 그렇다고 부정적인 해결책이나 부정적인 반응이 불가피하다는 것을 암시하거나 어떤 정해진 형태의 태도 변화를 조장하는 내용이어서는 안 된다. 오히려 좋은 독서치료 자료는 부정적인 감정을 확인할 수 있게 해 줌으로써 참여자의 행동을 다소 자유롭게 해 준다. 특히 참여자가 자신의 감정에 대해 통찰력을 갖고 불만스러운 현실을 참아낼 줄 알고 이제까지의 어설픈 태도나 문제해결 방식을 바꿀 줄 아는 능력을 갖고 있는 경우라면 더욱 그러하다.

2) 문체별 자료 선정 기준

주제의 경우에도 그랬듯이, 다음의 네 가지 측면 중 앞의 두 가지는 일반 문학 작품의 기준과 비슷하고 나머지 두 가지는 독서치료만의 독특한 목적을 수행하는 데 필요한 기준이다.

(1) 리듬

인간이 리듬에 어떻게 반응하는지에 대한 연구는 앞으로 더 이루어져야겠지만, 독자나 독서치료 참여자로 하여금 반응을 유도하는 매력적인 리듬은 분명 작품에 더 강한 힘을 실어 준다. 대개 리듬은 시나 노래에서 두드러지지만 잘 쓰인 산문에서도 나타난다. 그림책은 언어와 시각적 이미지를, 영화는 말과 소리 및 시각적 이미지를 결합시켜 리듬을 연출한다. 물론 리듬이 진부하거나 단조로우면 영향력은 크지 않겠지만, 멋진 리듬이 들어 있는 작품은 아주 큰 즐거움을 주기 때문에 우울하고 내성적인 성격의 아동을 리듬만으로도 자신의 세계에서 빠져나오게 할 수 있다.

그림책을 포함한 아동 도서에서 한 페이지에 질문이 있고 그다음 페이지에 그에 대한 대답이 있는 경우, 대화 글 또는 구나 문장이 반복되는 경우에 리듬을 느낄 수 있다.

(2) 이미지

독서치료에서든 문학작품에 대한 비평에서든 '이미지가 효과적'이라고 할 때 그것이 의미하는 바는 추상적이고 흔한 이미지보다는 구체적이고 강렬한 이미지를 말하는 것이다. 특히 시의 경우 작품의 의미는 이미지에 의해 전달된다. 훌륭한 작가는 단순히 자신이 본 것, 느낀 것, 의미하는 것을 표현하기보다는 독자나 청자가 마음으로 그려 내거나 기억해 낼 수 있도록 사물이나 경험을 묘사한다. 좋은 이미지란 단순히 이해될 수 있게 표현된 이미지를 말하는 것이 아니라 '어떤 것에 대해 이야기하는(telling) 이미지' 다. 그것은 사물이나 장면 또는 각 개인의 경험 유형에 대한 통찰을 자극해 줄 수 있다.

좋은 독서치료 자료는 일상생활의 경험과 사물, 자연에서 발견되는 것들에 대한 구체적인 이미지를 담고 있어야 한다. 이미지가 구체적이어야 참여자가 자신의 닫힌 세계에서 나와 외부에 실재하는 것(돌, 무지개, 손 등)에 관심을 둘 수 있다. 그러나 구체적인 이미지라고 해서 있는 그대로 표현된 것을 말하는 것은 아니다. 은유와 직유를 효과적으로 활용하면 상상적 연상이 가능하기 때문이다.

특히 이미지와 1인칭 대명사를 연결시키거나 감정을 직접적으로 다룬 작품은 독서치료에서 매우 효과적이다. 이런 작품은 참여자에게 문학적 감상 자세를 갖게 하는데, 그것은 자료에 대한 감정적 반응과 상상적 연상을 일으키므로 독서치료에서 긍정적으로 작용한다.

(3) 언어

독서치료 자료는 토의를 위한 촉매이므로 어휘와 어법이 분명해야 한다. 문학적으로 훌륭하다 해도 어휘에 문제가 있다면 독서치료 자료로는 부적합하다. 강한 의미를 함축하고 있는 정확한 단어들은 좋은 이미지를 만들어 내는 데 기여하므로 이런 특징의 어휘로 이루어진 자료는 독서치료에 적합하다.

반면 의미를 확인하기 위해 사전을 보아야 할 정도로 모호하거나 어려운 어휘로 이루어진 자료는 부적합하다. 자료에서 사용하고 있는 언어가 너무 어려우면 참여자의 자존심이 상할 수 있다. 또 지나치게 지적인 이해가 필요한 작품에 대해서는 참여자가 느낌에 기초한 반응을 할 수 없으므로 독서치료에 부적합하다. 물론 단어 한두 개 정도는 설명해 줄 수 있고 의미를 확실히 알도록 맥락을 설명해 줄 수 있다. 그러나 참여자에게 어려운 단어나 고어를 따로 모아서 설명해 주어야 이해할 수 있는 작품이라면 독서치료자가 그것을 쉬운 용어로 바꾸어 주거나 다른 자료로 대체해야 할 것이다.

그런데 어휘가 쉽다고 해도 문법적으로 독특하게 사용된 경우에는 참여자가 이해하기 어려워할 수 있고, 아동이나 임상적 환자의 경우에는 주의집중 시간이 짧아서 긴 문장이나 복문을 잘 이해하지 못할 수도 있다. 따라서 독서치료자는 어휘와 구문을 잘 살펴야 한다. 아무리 좋은 내용이라도 언어 수준이 독서치료 자료로 선정하는 데 문제가 될 수도 있기 때문이다.

(4) 복잡성

복잡성은 글의 길이나 문장 구조의 문제다. 독서치료를 위해서는 대체로 길이가 짧은 자료가 좋다. 독서치료를 할 때에는 자료의 내용을 소개하고 그에 대해 생각하며 자료에 대한 토의를 할 수 있는 시간이 필요한데, 내용이 길면 자료를 소개하고 이해하는 데 시간이 너무 걸려 토의할 시간이 남지 않게 된다. 또한 작품이 길면 참여자는 너무 여러 가지 자극을 받아 정작 내용에 대해서는 제대로 집중을 하지 못한다. 따라서 텍스트는 한두 페이지를 넘기지 않는 것이 좋다. 간혹 4~10행짜리 시로도 독서치료 시간을 적절하게 채울 수 있다.

글의 길이가 짧아야 한다고 해서 시만이 좋은 독서치료 자료가 될 수 있는 것은 아니다. 1~2페이지짜리 우화, 신화, 속담도 독서치료에 적합한데, 이는 보편적인 이미지를 떠올리게 하고 사물의 성격에 대한 신념을 반영하므로 아주 강력한 자료가 될 수 있다.

반면 단편, 에세이, 장편의 경우는 한 번에 전체를 제시하고 토의하기는 어렵다. 그러나 중요한 단락만을 뽑아 사용할 수 있고, 발달적 독서치료를 위해서는 미리 읽어 오게 할 수도 있다. 특히 논픽션의 경우 여러 번의 독서치료 기간에 걸쳐 나누어 읽을 수 있고, 희곡은 장면별로 나누어 토의하거나 한 구절에 초점을 두어 토의할 수 있다. 물론 이렇게 부분적으로 내용을 뽑을 경우에도 주제와 문체에 대한 기준을 제대로 잘 적용하여 선택해야 한다.

복잡성은 글의 길이만의 문제는 아닌데, 표현 기법이 다양하면 이해하기가 힘들어진다. 독서치료에서 중요한 것은 자료에 대한 즉각적인 반응인데, 자료가 복잡하면 그만큼 반응의 양과 질은 떨어질 수밖에 없다.

CD에서 노래나 곡 하나를 들어 주는 것은 쉽지만, 영화를 보는 경우에는 길이와 복잡성을 고려해야 한다. 1시간 내에 토론까지 해야 한다면 영화는 10～20분을 넘기면 안 된다. 이런 시간 제약 내에서 다양한 종류의 영화를 택하도록 한다. 비디오나 DVD가 대중화되면서 영화와 방영된 TV 자료를 편집해서 독서치료를 할 수도 있다.

　이제까지 주제와 문체의 측면에서 독서치료 자료의 선정 기준을 살펴보았다. 이를 정리해서 제시하면 〈표 4-1〉과 같은데, 바람직한 독서치료 자료의 성격을 기억하여 독서자료 선정 시 참고하도록 한다.

〈표 4-1〉 **독서치료를 위한 자료의 성격 구분**

구분	바람직한 자료	바람직하지 않은 자료
주제	• 보편적 경험이나 정서 • 영향력 있는 주제 • 이해할 수 있는 주제 • 긍정적 주제	• 사적 경험이나 정서 • 진부한 주제 • 모호한 주제 • 부정적 주제
문체	• 연속성이 강한 리듬	• 불연속적인 리듬
	• 뚜렷한 이미지 • 구체적 이미지	• 진부한 이미지 • 추상적 이미지
	• 쉽고 정확한 어휘 • 명확하고 간결한 언어	• 어렵고 고리타분한 어휘 • 모호한 언어
	• 적당한 길이의 문장 • 간결하고 명확한 문장	• 긴 문장 • 산만한 문장

3) 발달 단계별 자료 선정 기준

(1) 아동 독서치료의 자료 선정
1 주제와 소재
① 명확하고 단일한 주제: 아동은 흥미를 지속시키는 관념적이지 않은 주제로 결과가 예측되는 것을 좋아한다.

② 새로운 발견, 이해, 기쁨을 제공하는 흡입력 있는 이야기: 생생한 의미로 기억된다.

③ 등장인물, 사건에 의한 흥미와 새로운 태도나 통찰을 불러일으키는 내용

④ 확장되어 가는 아동의 세계에 따른 문제에 치열하게 파고들어 아동의 욕구를 충족시키는 내용

⑤ 자아개념, 두려움, 환상과 모험, 유머 등 아동의 내적 세계에서부터 가족 세계, 사회적 세계, 자연적 세계, 입양, 이혼, 환경 보존 등 현대의 사회적 문제를 다룬 내용

2 플롯(그림책 속 이야기, 사건을 통일성 있게 짜는 수법)

① 단순하지만 발상이 신선하여 책을 본 후 머릿속에 줄거리가 떠오르는 이야기

② 호기심을 불러일으키는 진행과 움직임, 긴장, 그리고 유머를 흥미롭게 뒤섞어 아동에게 흥미를 불러일으키는 구성

③ 글을 혼자서 읽지 못하는 아동을 위해 성인이 읽어 주는 경우도 많기에 성인 독자에게도 충분히 인정받을 만한 짜임새 있는 구성(서정숙, 남규, 2005).

3 등장인물(그림책 속 사건의 주체로 삼라만상이 대상이 됨)

① 아동의 감정을 잘 나타내고 있어 어린 독자가 쉽게 동일시하고 공감할 수 있는 어린이다운 성격의 생생한 인물

② 아동이 즐겨 머리에 그리는 인물을 구체화하여 그려 놓은 책

③ 용감하고 아름답고 지혜로운 모습의 판에 박힌 인물보다 생동감 있고 오랫동안 기억될 만한 독특한 주인공

④ 인간관계와 감수성 자각, 심성 인식에 도움이 될 만한 역할모델이 될 수 있는 등장인물

4 문체(언어 표현력—작가가 선택한 단어의 총체)

① 아동을 결코 좌절시키지 않으면서도 적당히 도전적인 글로 쉽게 읽히는 문

체여야 한다.

② 아동이 이해할 수 있는 어휘로 쓰이되 언어 경험을 확장시킬 수도 있다는 것을 염두에 둔 것이어야 한다(익숙하지 못한 단어도 다소 포함될 수 있다).

③ 혼자 책을 읽지 못하는 아동이나 집단에게 그림책을 구연해야 할 경우도 많다. 그래서 그림책은 내적인 리듬감과 음률을 살린 언어 사용이 된 것이어야 한다(한국의 내적 리듬감은 글자, 단어, 구절, 문장의 반복과 의성어, 의태어 등에 바탕을 둔다).

④ 번역서 경우는 번역 기법에 어긋나지 않는 원작에 충실하고 자연스러운 내용이어야 한다.

5 글과 그림(문화적 적합성과 발달적 적합성, 책의 디자인 등)

① 예술적 기교가 탁월한 훌륭한 미술작품: 아동의 심미안을 발달시킨다.

② 다양한 매체와 기법을 시도한 작품으로 이야기의 주제, 개념, 분위기를 잘 나타내는 그림

③ 작가의 독자적 세계가 표출된 독창성과 만듦새(글자체, 제본 상태, 종이의 질) 등을 고려한다(변학수, 2006).

(2) 초등학교 고학년 독서치료의 자료 선정

아동기 중 초등학교 고학년의 경우는 그들이 과도기적 발달 단계에 있다는 특성을 고려하여 독서치료 자료 선정 시 더욱 세심하게 배려해야 한다.

① 자료의 주제가 개인이나 집단이 쉽게 공감·이해하여 동일시할 만한 정서와 경험을 다룬다(Jalongo, 1988).
    - 긍정적인 주제와 문학적 완결성이 있는 자료를 선정한다.

② 자료가 다양한 종류와 수준의 의미를 내포하고 있다.
    - 읽은 아동이 자유롭게 생각하고 반응할 수 있도록 선정하고, 참여자가 자신의 개인적 과거사에 기초하여 각각의 느낌을 갖고 의미 있게 받아들일 수

있으며 부정적인 감정도 접하고 그것을 발산할 수 있는 자료를 선정한다.

③ 초등학교 고학년의 발달 단계 특성상 중·장편을 선정하는 경우가 많은데, 실제 현장에 적용할 경우 읽기 능력과 흥미가 각각 다른 아동이 모두 참여하여 활발하게 상호작용하기 위해서 주어진 시간 내에 함께 읽고 이야기를 나눌 수 있는 자료가 바람직하다.

- 어휘와 어법이 분명하고 문장 구조가 짧고 간단한 텍스트로 되어 있어 토의시간을 충분히 가질 수 있고 이해하기 쉬운 자료로 선정한다.
- 참고도서에 중·장편 자료를 첨부하여 초등학교 고학년 수준의 아동 특성에 맞도록 집에서도 활용할 수 있게 한 자료를 선정한다.

(3) 청소년 독서치료의 자료 선정

청소년의 발달적 욕구를 알고 이해해야 함은 물론, 청소년과 현실적이고 진실한 관계를 유지하기 위해 청소년의 발달과업과 개인의 관심 및 흥미를 배려한 자료 선정을 해야 한다.

① 자아정체감 형성이 중요한 청소년기이기에 자기객관화와 자기수용에 도움이 되는 자료를 선정해야 한다. 즉, 자기에 관련된 모든 것(좋은 점과 나쁜 점, 이점과 불리한 점)을 있는 그대로 보여 주는 동일시가 잘 이루어지는 자료를 선정한다.

② 참여자의 진단분석 결과에 따라 참여자의 의지로 선택된 자료를 선정한다.

③ 긍정적인 주제와 문학적 완결성이 있는 자료를 선정한다.

④ 내담자가 쉽게 몰입될 만한 인물, 사건, 배경의 자료를 선정한다.

⑤ 청소년기는 이상 추구의 시기로 현실을 인식하면서도 이상을 강하게 추구한다. 따라서 현실에 부딪혀 가며 이상 실현의 가능성을 시험해 가는 실행의 지혜와 용기를 다룬 자료를 선정한다.

⑥ 자아정체감 위기의 상황에서 주위의 적절한 대상에게 조언을 구함으로써 바람직한 해결을 이루어 내는 마음이 열려 있는 주인공이 등장하는 자료를 선

정한다.

(4) 성인 독서치료의 자료 선정

성인 독서치료의 자료 선정 역시 참여자의 문제 상황에 따른 치료의 목적에 따라 달라진다. 예를 들어, 건강한 자아를 갖기 위한 치료 목적의 달성을 위해 적극적으로 여러 회기의 독서치료 프로그램에 참여하게 하기 위한 자료는 어떤 종류의 것도 가능하다. 문학작품은 물론 신문이나 잡지의 기사도 가능하고 노래 가사나 영화도 독서치료 자료가 될 수 있다. 참여자가 공감하는 가운데 자신의 개인적 반응을 자연스럽게 드러낼 수 있게 해 주는 자료, 즉 '촉매'로서의 역할을 하는 자료라면 좋은 독서치료 자료라고 할 수 있다. 일반적인 성인 독서치료 자료의 특성을 살펴보면 다음과 같다.

① 참여자의 문제해결에 도움이 될 만한 부정적 영향력에서 벗어나기 위한 대처방안의 정보를 제공하는 자료를 선정한다.
② 참여자의 진단분석 결과에 따라 참여자의 관심과 흥미에 적합한 자료를 선정한다.
③ 인간에 대한 이해를 돕는 것으로 먼저 자신을 이해하게 하고 이어서 다른 사람을 이해하고 돕도록 하는 자료를 선정한다(박연식, 2008a).
④ 자료를 접한 후 그간 표출되지 않았던 내면을 글쓰기, 그림 그리기, 역할극 등 다양한 매체를 통하여 적극적으로 표출하도록 유도하는 다시 말하기(restory)의 자료를 선정한다.

(5) 모든 선정에서 배제해야 할 자료

모든 발달 단계 특성을 고려했을 때 적절하지 않은 것으로 판단되는 자료를 하나씩 제외한다면 결국 남는 자료는 독서치료에 적합한 자료가 될 것이다.

① 불필요한 성폭력, 공포, 폭력, 신비주의 등을 과도하게 강조한 자료

② 기존 의식 등에 반항하거나 권위에 무조건 반항하도록 조장하는 것

③ 상투적 표현이 많은 조잡한 자료

④ 이슈를 과도하게 단순화시키거나 협소한 시각으로만 바라보는 내용

⑤ 테러나 가혹한 처벌 장면, 종말 같은 것을 지나치게 강조하는 것 등 독자가 모방할 경우 실제 삶에 해가 되는 내용

⑥ 독자에게 백일몽을 그려 주는 것 이상의 역할을 하지 못하는 것으로서 대중 문화의 요구에 맞춰 폭력과 마술, 성에 대한 뒤틀린 그림을 제공하는 세뇌적 인 비현실적 내용

3. 선정 기준의 적용

초보 독서치료자는 주제와 문체의 측면으로 나누어 앞서 제시한 기준 하나하 나에 대해 5점 척도로 자료의 점수를 매겨 본다. 그러나 차츰 경험이 쌓이게 되면 일정한 척도가 절대적인 것은 아니라는 것을 알게 된다. 독서치료에 아주 좋을 것 같은 작품과 적절하지 않을 것 같은 작품에 대해서는 대개 동의하지만, 대부분의 작품은 그 중간에 속하고 그런 작품에 대해서는 사람마다 주관적인 평가를 하기 때문이다. 그러므로 주제나 문체와 관련하여 독서치료자가 무엇인가 거슬리는 점이 있으면 다른 자료를 선택하는 것이 좋다. 이는 참여자가 개인적으로 선호하는 작품을 가지고 독서치료를 진행할 때 독서치료를 더욱 손쉽게 할 수 있기 때문이다.

지금부터 앞서 제시한 기준에 맞는 국내 자료를 소개하고자 한다. 독서치료 자료는 독서치료자가 맡고 있는 참여자의 개별적 특성이나 참여자 집단의 특성에 따라 달라지므로 다음에 소개하는 자료가 독서치료에 절대적으로 좋은 자료라고 할 수는 없다. 그러나 앞서 제시한 주제와 문체에 따른 선별 기준에 적합한 자료 는 어떤 것인지를 독서치료의 관점에서 제시하는 것은 독서치료를 위한 자료의 선정에 기초적인 지침이 될 것이다.

여기서 제시하는 자료는 주로 독서치료를 할 때 한자리에서 읽을 수 있는 짧은 시나 동화 또는 그림책이다. 그러나 개인을 대상으로 독서치료를 하거나 집단 참여자 모두가 독서를 좋아하는 경우에는 참여자의 독서 능력을 고려하여 선정하여야 한다. 장편 동화나 소설 등 길이가 긴 자료의 경우에는 참여자가 집에서 읽고 와서 서로의 생각을 나누는 방식을 택하거나, 전체 줄거리를 요약한 파워포인트 또는 영상 자료를 미리 준비하여 간략하게 이야기를 환기하는 방법을 쓸 수 있을 것이다.

1) 유아 및 초등 저학년

먼저 아동이 성장하는 가운데 자주 접하게 되는 일상생활과 관련된 자료가 있다. 예를 들면, 분노 조절을 하지 못하는 경우, 어둠을 두려워하는 경우 등 유아나 초등 저학년 시절의 발달과정에서 겪는 어려움이다. 『쏘피가 화나면-정말, 정말 화나면』(1997), 『밤을 켜는 아이』(1997)와 같은 그림책은 이 같은 상황에 대처하기 위한 좋은 자료가 될 수 있다.

(1) 쏘피가 화나면-정말, 정말 화나면(몰리 뱅, 2000)
1 줄거리

언니와 고릴라 인형을 차지하기 위해 싸움을 하던 동생 쏘피는 언니에게 인형을 빼앗긴데다 트럭에 걸려 넘어지기까지 한다. 갑자기 화가 머리끝까지 난 쏘피는 새빨갛게 달아올라 소리소리 지르며 마음의 화산이 폭발한다. 그래도 화가 풀리지 않자 쏘피는 문을 꽝 닫고 달려나간다. 울고 또 울다가 커다란 밤나무에 올라가 파도가 출렁이는 넓은 세상을 바라보며 마음에 평안을 얻고는 웃는 얼굴로 집에 돌아와 가족과 평화로운 시간을 되찾는다.

2 독서치료적 분석

이 이야기에서 쏘피가 화나는 이유는 과연 언니가 인형을 빼앗고 트럭에 걸려

『쏘피가 화나면－정말, 정말 화나면』

넘어져서일까? 아동의 문제 행동인 부적절한 감정 표현의 뿌리를 알게 해 주기에 이 책이 갖는 힘은 크다.

이 내용을 보면 언니와 쏘피 사이에 엄마가 개입한다. "그래도 돼! 쏘피! 언니가 가지고 놀 차례야." 엄마는 여지껏 어린 쏘피의 편을 들어 언니에게 "어린 동생 쏘피에게 양보하렴." 했을지도 모른다. 그러기에 늘 자기편인 줄만 알았던 엄마에 대한 배신감으로 화가 났을 수도 있고 그간 동생으로 태어나 무조건 양보하여 쌓였던 분노가 터졌을 수도 있다. 어찌하든지 아동은 이 책을 통하여 화가 났던 자기의 경험을 만난다.

책 제목과 표지 그림, 심지어 작가명 '몰리 뱅'까지 절묘하게 조화를 이루어 독자에게 웃음을 자아낸다. 몰리 뱅에서 'Bang'은 '가지런히 자른 앞머리'라는 뜻도 있지만 문을 세게 닫을 때 내는 '쾅 소리'라는 뜻도 있는데, 책 속에서 쏘피의 마음의 화산이 '쾅' 하고 폭발하기 때문이다. 이 책은 아이들에게 분노에 처했었던 자기 모습을 발견하게 하고 저마다 처했던 분노의 현장을 떠오르게 한다(이미지). 특히 ADHD 아동의 경우 교실 상황에서 여러 가지 정서 문제(쉽게 좌절하기, 분노 폭발, 사기 저하, 친구의 따돌림이나 배척 등)를 보이게 된다. 그들은 수업시간에 떠들거나 다른 아이들의 놀이에 끼어들어 방해하거나 하여 교사와 또래에게서 자주 부정적인 피드백을 경험하게 됨으로써 "친구들이 날 싫어해요." "엄마가 나만 미워해요." 등의 표현과 함께 낮은 자존감을 나타낸다. 이러한 정서 문제 중 특히 분노는 아동을 돌보는 이들을 가장 힘들게 하고 혼란스럽게 만드는 것 중의 하나다. 따라서 이 책을 통해 아동은 자신이 언제 화가 나며 화가 날 때는 어떻게 대처해야 하는지 등을 알게 되며, 쏘피가 자연을 통해 마음의 평안을 되찾는 것을 보며 자신은 과연 어떻게 하여야 자기조절이 가능한지를 찾게 된다(영향력 있는 주제).

두꺼운 테두리의 불투명 수채화가 인상적인 이 그림책은 마치 아이가 그린 그림처럼 보이기에 동일시가 더 잘 일어날 수 있다. 쏘피의 감정 상태에 따라 배경의 풍경 및 테두리의 색깔까지 변한다. 화산이 폭발한 듯한 분노의 모습과 터질

안 돼!" 쏘피가 말했어요.

"그래도 돼 쏘피! 언니가 가지고 놀 차례야."

어머니가 말씀하셨습니다.

언니가 그림라를 빼앗아 갔을 때……

쏘피는 토럭에 걸려 넘어졌습니다.

저런! 쏘피는 지금처럼 화난 적이 없었습니다.

쏘피는 발을 굴러 댔어요. 쏘피는 소리를 질렀어요.

쏘피는 이 세상을 작은 조각으로 부숴 버리고 싶었습니다.

쏘피는 소리를 질렀어요. 새빨간 빨간색처럼 소리 질렀어요.

『쏘피가 화나면-정말, 정말 화나면』 중에서

것 같은 분노를 억누르고 있는 모습의 그림을 보다 보면 너무 격정적이어서 마치 아동 자신이 빨간색 화를 분출하고 있는 듯한 느낌마저 든다. 벌름벌름한 콧구멍, 삐쭉삐쭉한 입, 머리카락까지 화를 내고 있는 듯 양옆으로 뻗쳐 있는 표지 그림, 그리고 쏘피가 평정을 찾아 하얀 너도밤나무에 올라가 있는 연파랑 테두리의 그림 역시 강렬한 인상을 준다(이미지).

어휘나 문장 구조 면에서는 명확하고 간결한 언어와 쉽고 정확한 어휘의 문체로 되어 있으며, 아동이 읽기에 적당한 분량으로 이루어져 있어 책의 내용에 집중할 수 있다. 미리 혼자서 읽더라도 그림에서 내용을 충분히 설명하고 있어 참여자가 쉽게 동화되고 자신과 쏘피를 동일시할 수 있게 해 준다. 스스로 자신의 감정을 조절하려는 또 다른 쏘피에게 선물이 되는 책이다.

(2) 밤을 켜는 아이(레이 브래드베리, 2005)

① 줄거리

밤을 무서워하는 아이가 있었다. 아이는 빛이 나는 햇님, 손전등, 불꽃 등을 좋아했고, 스위치를 내리면 불빛이 꺼지기 때문에 스위치를 아주 싫어했다. 밤에는 밖에 나가지 않았다. 그래서 외롭고 불행했다. 그런데 어느 날 '어둠'이라는 작은

여자 아이가 찾아와 스위치를 내린다고 불이 꺼지는 것이 아니며 반대로 '밤을 켜는 것'임을 일깨워 주었다. 그래서 아이는 이제 밤을 무서워하지 않게 된다.

2 독서치료적 분석

이 책은 아이들에게 단순하게 어둠에 대한 공포감에서 벗어날 수 있게 하는 것뿐 아니라 생각의 전환을 알려 준다. 밤을 무서워하지 말라고 타이르는 딱딱한 설명조가 아니라 이야기로서의 재미를 가진다. 까만 머리칼, 까만 눈동자, 까만 드레스, 까만 신발, 거기에 얼굴은 '달'처럼 하얗고 눈동자는 하얀 '별'처럼 빛나는 '어둠'이라는 이름의 여자 아이에 대한 묘사는 말 그대로 어둠의 형상을 보여 준다(이미지). 어둠은 아이를 보자마자 아이의 외로운 마음을 알아주고 친구가 되어 준다. 자기의 마음을 알아주길 바라는 아이에게 엄마와 아빠는 전혀 알지 못한 채 스위치를 내린다. 아빠는 여행을 가고, 엄마는 깊은 잠에 빠져 있을 때 찾아온 아이의 마음을 알아주는 그러한 존재는 아이에게 얼마나 큰 기쁨을 줄까? 무서워하던 어둠이 반대로 그 마음을 가장 잘 알아주는 친구가 된 것이다(영향력 있는 주제, 이미지) 친구가 된 어둠은 스위치를 내리면 '불이 꺼지는 것'이 아니라 '밤을 켜는 것'이라는 생각의 전환을 하게 한다. 또 밤을 켜면 밤에만 느낄 수 있는 어떤 새로운 것을 발견할 수 있다고 이야기해 준다. 그런 새로운 발견을 통해 아이는 밤을 즐기고, 어둠에 지배당하는 것이 아니라 어둠을 지배할 수 있게 된다. 아이의 말처럼 '언제든 스위치로 밤을 켤 수 있게' 된 것이다. 그래서 아이는 어두운 밤에도 밖에서 친구들과 즐겁게 웃으면서 놀 수 있고 더 이상 외롭거나 불행하지 않게 된다(영향력 있는 주제).

『밤을 켜는 아이』

불을 끄기 때문에 싫어했던 스위치가 '어둠'을 통해서 새로운 세상을 여는 기능의 장치로 변환된다. 아이는 표지 그림에서 그림자를 보고 겁에 질려 있다. 그림자는 크고 이상하게 생긴 괴물 같다. 하지만 정작 그 그림의 실체는 아이와 스탠드, 의자, 곰 인형이 만들어 낸 것일 뿐이다. 즉,

생각을 어떻게 하느냐에 따라 아무것도 아닌 것이 괴물로도 보일 수 있다는 것이다. 천장에서 집 내부를 볼 수 있고 여러 방향에서 그림을 볼 수 있는 다양한 시각을 가진 신비한 느낌의 그림은 다이앤 딜런(Diane Dillon)과 레오 딜런(Leo Dillon) 부부의 공동 작업이다. 이 책에서 무서움의 존재가 좋아하는 대상으로 바뀌는 환상적인 느낌의 그림이 새로운 경험이 될 것이다(이미지). 사용된 어휘나 문장의 길이, 어법 등에서도 어둠을 무서워하는 4세 유아부터 저학년 아동에 이르기까지 읽기에 어려움이 없을 것이다(적절한 언어 표현).

어둠에 대한 즐거움을 일깨워 주는 책인 만큼 어두운 색채를 쓰면서도 밝은 느낌을 표현한 것이 신선하다. 전반부에서는 우울했던 아이의 표정이 어둠을 만난 이후에 밝아져 아이들에게 긍정적 상상력을 갖게 한다.

(3) 발레리나 벨린다(에이미 영, 2003)

① 줄거리

춤추기를 좋아하는 벨린다는 유난히 큰 발 때문에 오디션을 받지도 못하고 춤추기를 포기한다. 그러던 벨린다는 식당에서 일하게 되는데, 어느 날 음악이 연주되자 자기도 모르게 춤을 추게 된다. 모든 사람이 벨린다의 춤에 감동한다.

『발레리나 벨린다』

② 독서치료적 분석

이 이야기는 주어진 기회에 노력하는 사람은 결국 어떠한 결점도 극복할 수 있다는 것을 말해 주며, 자기가 좋아하는 일을 하는 것이 얼마나 큰 행복인지를 깨닫게 한다(보편적 주제, 이해될 만한 주제). 이 그림책은 철저히 3인칭 관찰자 시점에서 표현하고 있다. 벨린다가 노력했음에도 신체 특성상의 약점으로 인정받지 못함은 우리 일상 속에서 종종 경험되는 일이다.

"그런데 벨린다에게 문제가 하나 있어요./아니 왼발, 오른발이니까 문제가 둘이었어요." 이런 간단명료한 묘사는 이 책을 더욱 돋보이게 한다.

작가는 전통적인 옛이야기 서사 방식을 취하여 벨린다의 마음을 표현하면서 끝을 맺는다. "벨린다는 춤을 추고/또 출 수 있어서/행복했어요."

벨린다가 오디션을 받지도 못하고 발레를 포기한 후 슬픔에 빠져 목욕탕에 들어간 모습은 아동에게 자신이 겪은 힘들었던 사례에 비추어 개별적인 느낌을 갖게 한다(영향력 있는 주제). 그러나 더 중요한 것은 발레를 그만둔 후 벨린다가 적극적으로 일자리를 찾아 주어진 상황에서 최선을 다하는 모습에 대한 묘사다.

> 손님들은 벨린다를 좋아했어요.
> 벨린다는 사뿐사뿐 걷고 빠로 거든요.
> 프레드도 열심히 일하는 벨린다는 좋아했어요.

『발레리나 벨린다』 중에서

이는 주어진 상황에서 자기가 잘하는 것을 찾아내어 열심히 노력하는 방법을 구체적으로 알려 준다. 중요한 것은 쉽게 포기하지 않는 것이다. 벨린다가 발레를 통하여 지녔던 태도는 모두에게 인정을 받아 꿈을 이루는 통로로 이어져 뜻밖의 즐거움을 안겨 준다(긍정적 주제). 그리고 그 꿈을 이룰 수 있다는 것을 구체적으로 알려 준다(영향력 있는 주제).

문체 면에서도 유아나 초등 저학년 아동이 읽고 이해하기에 무리가 없는 어휘와 문장 구조로 되어 있고, 특히 벨린다의 심리에 대한 언어 표현과 텍스트와의 자연스러운 조화를 이룬 벨린다의 이미지가 잘 드러나 있다(적절한 언어 표현, 이미지).

(4) 틀려도 괜찮아(마키다 신지, 2006)

① 줄거리

답이 틀렸다고 친구들이 혹시나 웃지는 않을까 하는 생각 때문에 멋지게 대답하고 싶지만 틀릴까 봐 손 들기를 망설이는 초등학교 신입생에게 교실은 틀려도 괜찮은 곳, 틀리면서 정답을 찾아가는 곳임을 알려 주어 학교생활을 즐겁게 하도록 도와주는 이야기다.

『틀려도 괜찮아』

[2] 독서치료적 분석

"아는 사람 손 들어 봐." "할 수 있는 사람 나와 봐."로 시작하는 수업시간에 잘 모르는 아이, 자신없는 아이의 가슴은 오그라든다(보편적 주제).

책 표지의 그림 속 선생님의 모습은 바로 우리가 바라던 선생님의 모습이다. 두 팔 가득 아이들을 끌어안고 있는 모습과 온화한 표정, 그리고 아이들의 행복한 미소, 모두가 손을 들고 참여하는 수업 풍경은 우리 모두가 꿈꾸는 교실의 모습이다(이미지).

> 틀리는 걸 두려워하면 안 돼. 틀린다고 웃으면 안 돼.
> 틀린 의견에 틀린 답에 이럴까 저럴까 함께 생각하면서 정답을 찾아가는 거야.
> 그렇게 다같이 자라나는 거야……
> 구름 위의 신령님도 틀릴 때가 있는데 태어난 지 얼마 안 된 우리들이 틀린다고 뭐가 이상해.
> 틀리는 건 당연하다.

『틀려도 괜찮아』 중에서

이 말은 발표로 힘들었던 경험을 가진 아이들이 꼭 듣고 싶었던 이야기이기에 공감을 불러일으킨다(영향력 있는 주제). 사람이란 완벽할 수 없음을 자연스레 알게 하고, 생각 자체가 소중함을 일깨워 주면서 남도 자신과 똑같이 실수하고 두려움과 부끄러움을 갖고 있다는 것을 알게 한다. 그리고 정답뿐 아니라 과정도 중요하며, 그 과정이야말로 정답으로 나아가는 확실한 방법이라는 교훈을 주고 있다.

2) 초등학교 고학년

(1) 바다에 간 코르크(마크 서머셋, 2008)

① 줄거리

『바다에 간 코르크』

『바다에 간 코르크』는 조그만 갈색 코르크가 겪는 삶의 여정에 대한 이야기다. 코르크는 인생이라는 바다에서 떠돌아 다니다가 마침내 자기에게 꼭 맞는 유리병을 만나 행복 여행을 한다.

작가 마크 서머셋은 거대한 태평양에서 작은 배를 타고 이리저리 흔들릴 때 '우리는 모두 파도에 흔들리는 바다 위의 코르크와 같다' 라는 깨달음을 얻어 높은 파도, 즉 인생의 굴곡을 두려워하지 않는 정신을 다른 사람과 함께 나누기 위해 이 이야기를 썼다.

② 독서치료적 분석

이 책의 선명한 두 가지 색인 시원한 바닷빛 옥색과 황토빛은 미래의 삶 도처에서 만날 수 있는 이유 없이 찾아오는 아픔과 까닭 없는 일을 상징한다(이미지). 무서운 잿빛의 상어와 고래에 대비하여, 새롭게 등장하는 고양이 닮은 물고기, 나비, 날치 떼, 문어, 인어아가씨, 펠리컨, 유리병은 노란색으로 빛나면서 만남은 힘들어도 헛된 것이 아닌 뜻깊은 것임을 알게 해 준다(이미지, 긍정적 주제). 환상적인 삽화와 함께 다음과 같이 리듬감을 불러일으킨다.

환상적인 인어아가씨의 입을 빌려 작가는 삶에 대해 겁내지 말라고 노래하듯 주문한다. 돌고래를 탄 인어와 코르크의 대화는 마치 오페라 속 노랫말 같다(리듬). 외로울 수 있었던 코르크의 여정이 통일성과 완전성을 의미하는 셋이라는 안정된 만남에 의해서 신나는 모험이 된다(영향력 있는 주제).

"겁내지 마." 인어아가씨가 속삭였어요.

"바닷물이 거세게 춤을 추고

파도가 높다랗게 일어날수록

우리의 모험도 더 신나지 않니?"

"나도 그렇게 생각해요.

하지만 가라앉으면 어떻게 해요!

나도 그 돌고래에 좀 태워 주실래요?"

이윽고 셋은 일렁이는 파도를 따라가며

신나게 모험을 즐겼습니다.

『바다에 간 코르크』 중에서

    아름다운 운율의 글을 쓴 마크와 연필 선이 살아 있는 간결한 그림을 그린 로완이 만나 바다 냄새가 물씬 풍겨오는 환상적인 그림책을 만든 것처럼, 코르크는 유리병을 만나 자신의 진정한 자리를 찾는다(이미지, 영향력 있는 주제).

    "하지만 이것만큼은 확실해. 네겐 지금 나 같은 마개가 필요하다는 것 말이야." 누군가에게 필요한 존재가 된다는 것, 있는 그대로의 자신에게 필요한 누군가가 있다는 것, 그런 누군가를 만남으로써 우리는 모두 존재의 이유를 되찾게 된다. 코르크의 여정은 유리병을 만나 끝난 듯하지만 둘의 만남으로 다시 새로운 여행이 시작된다. 만남은 또 하나의 시작이며 또 다른 자신의 그림을 그릴 수 있게 해 준다(영향력 있는 주제).

(2) 가끔 새가 되고 싶을 때가 있다(권영상, 1992)

가끔 새가 되고 싶을 때가 있다

권영상

어디론가
푸르르—
아주 멀리로
날아가고 싶을 때가 있다.

네게 내 부끄러움을 보였을 때
바보 같은 짓을 했을 때

어디론가
훌쩍 날아가
새가 되거나 먼지가 되거나
구름이라도 되고 싶을 때가 있다.

회오리바람에
툭 채이어
날아오르는 낙엽처럼 그렇게

그렇게
날아올라선 한 이틀쯤, 아니면
일주일쯤 새가 되었다가
슬며시 돌아오고 싶을 때가 있다.
가끔은.

동시집 『가끔 새가 되고 싶을 때가 있다』 중에서

① 내용소개

「가끔 새가 되고 싶을 때가 있다」는 쥐구멍에라도 들어가고 싶을 정도의 실수를 저지른 아이의 마음을 노래하는 동시다. 더구나 좋아하는 사람이나 인정받고 싶은 사람 앞에서의 실수는 더욱 견디기 힘들다. 그래서 훨훨 나는 새나 먼지가 되거나 구름이라도 되어 탈출해 보고 싶다고 말한다.

② 독서치료적 분석

이 동시는 참여자에게 억압되었던 감추고 있던 부분을 드러내게 하는 데 도움이 된다. 자신이 고민하고 힘들어하는 문제가 자신만의 문제가 아니란 것을 알았을 때의 심리적인 안도감은 바로 자신을 그대로 받아들이는 자존감과도 연결된다. 그리고 다시 해 보고자 하는 용기는 자신감 또한 불러일으킬 것이다. 내놓기 힘들었던 부끄러운 경험을 이야기하거나 쓰게 하면서 억압된 콤플렉스나 불안을 치료하는 데 적합하다.

대부분의 큰 사건도 작은 실수에서 비롯된다. 이렇게 실수란 단어는 우리 모두가 흔히 겪는 일상 중 하나다. 실수를 원하는 사람은 결코 없을 것이다. 그런데 문제를 가진 사람에게는 되풀이되는 실수가 더욱 긴장감을 유발시키며 스트레스를 주는 것 중 하나일 것이다(보편적 주제). 게다가 자신이 좋아하는 사람이나 특별한 사람 앞에서의 실수라면 더욱 절망감을 가질 것이다. 자신의 부끄러움을 감추기 위해 누구든 그 자리를 모면하고 싶은 마음이 들 것이다. 하지만 타임머신을 타고 사라질 수도 없기에 훨훨 날아오르는 새나 먼지가 되거나 구름이라도 되어 보고 싶지 않을까? 그조차 힘든 일이기에 회오리바람에 툭 채이어 날아오르는 낙엽처럼 그렇게 남의 힘을 빌어서라도 사라지고 싶게 된다. 그러나 영원히 사라질 수는 없기에 시간이 지나면 슬며시 다시 자기 자리로 돌아오고 싶을 것이다.

누구나 경험이 있을 법한 상황을 시로 표현하여 공감을 끌어냈다. 자신만의 부끄러움이 아니라는 것, 자신만 바보 같은 짓을 하고 후회하는 것이 아니라는 것만으로도 이 시는 아이들에게 큰 위로를 줄 것이다(영향력 있는 주제).

3) 청소년

(1) 작은 씨앗을 심는 사람들(폴 플라이쉬만, 2001)

① 줄거리

『작은 씨앗을 심는 사람들』

아무도 관심을 갖지 않는 황량한 공터에 9세 베트남 소녀가 강낭콩 씨앗을 심는 것으로 이 이야기는 시작된다. 넓은 공터에 강낭콩 몇 알이 뿌려진 것뿐이었지만 각자 다른 이유로 공터는 기적처럼 푸른 농작물이 가득한 밭으로 변해 간다. 마치 고정관념과 편견으로 물들어 있던 삶에서 뛰쳐나온 다양한 인종이 언어와 사회적 배경이라는 장벽을 극복하고 서로를 북돋워 주면서 새로운 공동체를 만들어 가는 것과 같이 말이다. 생동감 있게 묘사된 인물들이 잔잔한 감동과 작은 위안을 전한다.

② 독서치료적 분석

씨앗은 흙에 뿌려진 희망이다. 그 희망이 어떻게 기적을 이루며 자라나는지, 또 그 기적은 얼마나 단순하게 이루어질 수 있는지 13인의 인물들이 저마다의 목소리로 자신들의 이야기를 보여 준다(영향력 있는 주제, 이미지).

짧은 이야기들이지만 그 감동은 결코 짧지 않다. 이 책에 등장하는 13인의 '작은 씨앗을 심는 사람들'을 통하여, 청소년 독자는 자신이 과연 그들 중 어느 사람의 이미지 또는 역할에 가장 근접해 있을까 하는 질문을 함으로써 자신과 근접한 타자를 통해 자아정체감을 발견하게 될 것이다(보편적 주제).

〈표 4-2〉는 13인의 등장인물과 역할을 정리한 것이다.

그동안 잊고 지냈던 흙 냄새와 흙의 감촉 그리고 씨앗을 통해 저마다 타고난 관심 영역에서 죽었던 공터에 생명을 불어넣음으로써 생명 회복의 신비와 희망을 되살리게 되는 것이다.

〈표 4-2〉『작은 씨앗을 심는 사람들』에 등장하는 13인과 그 역할

	등장인물	역할
1	킴	아버지를 그리워하는 맘으로 처음 강낭콩을 심는 베트남 소녀
2	아나 할머니	이웃에게 도움을 요청한 지켜보는 자
3	웬델	대신 물을 준 아저씨. 작은 것이 모여 큰 힘을 만든다는 깨달음을 줌
4	곤잘로의 할아버지	밭을 일굴 기회로 활력을 찾은 사람
5	레오나	관공서 전화 및 방문으로 쓰레기더미를 치우도록 만든 실력자
6	늙은 어부 샘	마음의 그물코를 깁듯 사람과 사람 사이를 이어 줌
7	버질	욕심 많은 택시기사 아빠 때문에 헛고생을 한 딸
8	세영	불의의 어려움으로 사람을 피하다 마음의 문을 연 한국 아줌마
9	커티스	텃밭에 토마토 가꾸기로 헤어질 뻔했던 여자친구와 사랑이 회복됨
10	노라	원기를 회복하고 다정한 이웃을 가지게 된 중풍 노신사의 간병인
11	마리셀라	텃밭 가꾸기를 통하여 생명의 소중함을 깨닫게 된 10대 미혼모
12	아미르	솜씨 좋은 가지 키우기로 이웃을 마음의 눈으로 바라보게 된 인도 출신 직물 주인
13	플로렌스	텃밭에 애정을 가지고 겨우내 봄을 기다리는 '씨앗을 심는 사람들'이란 이름을 붙여 준 흑인 할머니

(2) 씨앗이라는 것(신현득, 2003)

씨앗이라는 것

신현득

땅에 묻는다 해서
모두 싹트는 건 아냐.
스스로 제 껍질을
벗을 줄 알아야 해.

돌멩이도 싹은 트고 싶지만
안 된다구.

"이건 잎이 될 거다.
이쪽은 줄기다." 하고
제 모습을 알아야 하거든.

"누가 나를 보듬어 주네.
따스운 입김까지 오고 있네." 하고
손길의 고마움을 알아야 해.

이럴 때 이슬비가 속삭여 주는 거지.
"너는 싹틀 수 있다.
내가 목마르지 않게 해 주마."
이 말을 알아듣는 귀가 있어야 해
그래서 작은 알갱이지만
씨앗이란 이름이 따로 있지.

『자장면 대통령』 중에서

1 내용 소개

씨앗에는 종족 보존과 생산의 의미 그리고 희망의 메시지인 가능성이 담겨 있다. 특히 청소년에 대한 기대와 희망을 간직하며 끊임없는 생명력을 이야기한다. 생명을 잉태하는 씨앗은 어떤 어려움이 있어도 싹을 틔운다. 심지어 버려지거나 생산의 의미가 없이 의도하지 않게 떨어진 씨앗도 스스로 세찬 비바람을 견뎌 내고 봄이 되면 싹을 틔운다.

2 독서치료적 분석

씨앗이 독자에게 던지는 메시지는 풍부하다. 더구나 희수를 바라보는 시인 신현득은 씨앗과 돌멩이의 비교를 통하여 직면의 중요성을 촉구한다(영향력 있는 주제).

화자는 무엇인가 노력하지 않고 결실만을 바라는 안이한 태도를 지닌 오늘날의 많은 청소년의 마음에 혹시 그간 돌멩이로서의 삶을 살지는 않았는지 반성을 촉구한다. 청소년은 자신의 미래에 대하여 중압감을 느끼며 불안한 마음을 경험하기에 이 시는 쉽게 공감될 수 있다(이해될 만한 주제).

이 시는 자신에게 이슬비 같은 존재가 누구며 자신을 격려하는 존재가 누구인지 저절로 마음속에 떠오르게 한다(이미지). 그래서 그동안의 미움과 분노의 대상이 사실은 자신을 보듬어 주는 존재였다는 통찰과 함께 그 대상에 대하여 저절로 감사하는 마음을 갖게 한다(영향력 있는 주제). 더불어 이 시는 연마다 대구법과 비슷한 종결어미를 사용하여 리듬감을 느낄 수 있게 함으로써(리듬), 부정적 사고의 현장에서 힘든 대상이 자연스럽게 주변을 돌아보게 한다. 또 조력자 및 격려자를 발견하게 하고, 무엇보다 스스로 긍정적 사고의 주체자가 되어 이제까지의 부정적 플롯을 긍정적 플롯으로 변환하는 데 도움을 준다. 그래서 민감한 시기에는 길을 묻는 반항적인 청소년에게 부모나 선생님의 꾸중보다 시 한 편이 더 큰 힘을 갖는 것이다.

4) 성인

(1) 갑옷 속에 갇힌 기사(로버트 피셔, 2002)

① 줄거리

자기가 입은 무거운 갑옷에 갇혀서 갑옷을 벗지 못하게 된 한 기사에 관한 우화 형식의 이야기다. 행복한 삶을 누리기 위해 열심히 생활했건만 점점 더 절망에 빠져드는 한 기사가 진정한 자아를 찾아가는 유쾌한 모험담이다. 기사의 모험담을 읽으며 독자는 자신의 삶을 되돌아보게 된다.

『갑옷 속에 갇힌 기사』

② 독서치료적 분석

희망과 절망, 믿음과 환멸, 웃음과 눈물이 교차하는 매혹적인 모험담에 숨겨진 심오한 지혜와 진리를 발견하게 된다. 그리고 자기가 처한 인생의 문제를 직면하여 삶의 의미를 폭넓게 생각하고 조금 더 생생하게 감동하고 표현하며 더 풍요롭게 살아가는 데 도움이 된다(영향력 있는 주제).

간단하고 리듬 있는 문체와 함께 한국어판에는 원작에는 없는 따뜻한 파스텔 톤의 그림이 독자의 심상에 자연스럽게 각인된다(이미지, 리듬). 이 책은 가족, 친구, 주변 사람과의 관계에서 늘 힘들어하는 사람들에게 올바른 자기 인식을 할 수 있도록 도움을 줄 것이다.

(2) 연금술사(파울로 코엘료, 2004)

1 줄거리

양치기 청년 산티아고는 낯선 소년이 나타나 그가 이집트의 보물을 찾게 될 거라고 말하는 꿈을 두 번씩이나 꾼다. 이후 집시 여인의 해몽과 우연히 만난 살렘 왕의 충고를 받아들여 양떼를 팔고 이집트로 떠난다. 짝사랑하던 가게 주인의 딸과 동고동락했던 양떼를 두고 모험의 길을 택한 것이다. 이후 그는 도둑, 화학자, 낙타 몰이꾼, 아름다운 연인 파티마, 사막의 침묵과 죽음의 위협을 거쳐 마침내 연금술사를 만나 자신의 보물을 찾는다.

청년 산티아고를 따라가는 기막히게 멋진 험난한 여정은 연금술사가 '철학자의 돌'을 얻기까지 진행되는 실제 연금술의 과정과 닮아 있다. 자아의 연금술, 즉 만물과 통하는 우주의 언어를 꿰뚫어 궁극의 '하나'에 이르는 길, 각자의 참된 운명, 즉 자아의 신화를 사는 것이 진정한 연금술이라고 작가는 말한다.

> 자아의 신화를 이루어 내는 것이야말로
> 이 세상 모든 사람에게 부과된
> 유일한 의무지.
> 자네가 무엇인가를 간절히 원할 때
> 온 우주는 자네의 소망이 실현되도록
> 도와준다네.

『연금술사』중에서

2 독서치료적 분석

어린 시절에는 꿈을 가졌던 많은 사람이 자신의 가능성을 한정 짓고 꿈을 포기한 채 살아간다. 누군가는 꿈을 이루며 살아가는데 자신은 그렇지 못하는 이유는 무엇일까? 이 책은 꿈을 이루고 살아가지 못하는 이유가 꿈을 향해 나아갈 수 있도록 예비되어 있는 '표지'를 찾지 못한 채 살아가고 있기 때문이라고 말한다(보편적 주제).

'자아의 신화'(꿈의 실현)에 다가가는 것은 행동으로 옮겨져야 비로소 가능해지는 것이라고 강조한다. 더불어 반복되는 삶의 타성에 젖은 사람에게 자신만의 피라미드는 마음만으로 쌓을 수 없으며 누구나 자신의 삶의 몫이 있고 그에 헌신하는 것이 중요하다고 강조한다.

이 책은 풍부한 상상력, 다감한 매력, 극적이고 심리적인 긴장감을 가지고 있다. 그리고 독자를 영혼의 환상적인 여행으로 인도하는 은유와 깊은 통찰이 아름답고 간결한 필체에 담겨 있다(이미지, 문체). 더불어 자기만의 신화를 갖게 하기 위해서 스스로 자아의 소리를 듣게 하고 그리하여 더 늦기 전에 후회 없는 삶을 살게 하는 환한 지혜로 가득 차 있다.

(3) 나무도령(최정원, 2008)

1 줄거리

마고성의 법칙을 어긴 벌로 땅에서 계수나무가 된 아버지와 하늘의 선녀 사이에서 태어난 나무도령이 인간 세상을 벌하려고 마고신이 내린 홍수에도 살아남아 다시 세상에 인간을 퍼뜨린다는 이야기다. 여기에 구조자의 은혜에 보답한 미물인 모기와 개미와는 달리 은혜를 배반한 개똥이의 행동을 통해 인류의 선악 대립을 설명하는 논리성을 지닌 이야기는 재미를 더한다.

이 이야기는 한민족의 창조주이자 인류의 창조주인 '마고' 이야기와 연결되어 그간 해결되지 않았던 궁금증을 풀어 준다. '하늘의 뜻에 맞는 나라' 또는 그 나라의 서울이라는 뜻을 담은 박제상의 『부도지』에서는 단군 시대 이전에 마고할미가 다스리던 마고성 시대를 다루고 있다. 마고성은 중앙아시아 파미르 고원에 있던 인류의 역사가 시작된 곳으로, 결국 '나무도령'은 우주와 이 세상 만물이 어떻게 만들어졌는지를 알려 주는 한국의 '창세 설화'다.

② 독서치료적 분석

이 이야기 속 주제는 진실한 사랑이다. 또한 어떻게 하여 이 세상에 착한 사람과 악한 사람이 생기게 되었는지 그 유래를 밝힌다. 이것은 자신에게 상처를 준 악한 존재에 대한 이해를 돕는다(영향력 있는 주제).

인류를 말살하려는 홍수만큼 더 큰 어려움이 있을까? 닥친 어려움에 대한 해결의 열쇠를 이 이야기에서는 미물에 대한 배려[德]에서 찾아낸다.

불타 없어진 남대문처럼 나무도령 설화는 가장 중요한 부분을 잃어버리고 떠돌아다녔는데, 『부도지』속의 홍수 이야기와 나무도령 이야기가 만나 짝을 찾게 된 것이다. 작가가 『창세가』에 이어 나무도령을 통하여 그간 아련하기만 했던 우리 삶의 퍼즐 맞추기를 쓰는 이유는 결국 세계 속에서 자신이 누구인가 하는 정체감 찾기이고, 이는 결국 자기 삶에 감춰진 문제의 열쇠를 찾기 위함이다(보편적 주제).

5) 그 외의 판단 기준

앞에서는 자료의 주제와 문체의 측면에서 자료를 판단하는 기준을 살펴보았는데, 이것은 선정될 자료가 독서치료의 토론을 위한 촉매 역할을 얼마나 할 수 있을 것인가를 판단하는 기준이라고 할 수 있다. 여기에서는 자료가 독서치료의 목적 중 구체적으로 어떤 목적을 수행하는 데 도움이 될 것이냐를 평가할 수 있는 기준을 제시하고자 한다. 하인스와 하인스-베리(1994, pp. 77-78)는 자료에 대한 토론에서 생길 수 있는 특정 반응을 예측하기 위해 다음과 같은 목표를 제시했다.

(1) 목적과 세부 목표

다음은 네 가지 독서치료 목적과 그에 속하는 세부 목표를 제시한 것이다.

목적 1 자료는 다음과 같은 것을 가능하게 해 주는 심상(mental images)과 느낌을 자극하고 풍부하게 해 줌으로써 반응 능력을 증진시켜 준다.

- 목표 1: 말하기 반응과 쓰기 반응을 격려한다.
- 목표 2: 자연에 대한 인식력을 길러 준다.
  - 지리학적 측면(산, 강, 사막, 바다)
  - 자라나는 생물(식물, 동물)
  - 만져서 알 수 있는 성질(질감, 단단함, 부드러움)
  - 계절(사실적인 의미와 상징적인 의미)
- 목표 3: 소리와 침묵에 대한 인식력을 길러 준다.
- 목표 4: 시각적 이미지와 색에 대한 인식력을 길러 준다.
- 목표 5: 맛과 냄새에 대한 인식력을 길러 준다.
- 목표 6: 촉감에 대한 인식력을 길러 준다.
- 목표 7: 상상의 세계를 열어 준다.

목적 2 자료는 다음과 같은 것을 통해 개인의 가치를 고양시켜 주고 자신을 좀 더 정확하게 알게 해 준다.

- 목표 1: 신체에 대한 이미지를 제공한다.
- 목표 2: 신체의 중요성을 강조한다.
- 목표 3: 자신에 대한 태도와 느낌을 노출시킨다.
- 목표 4: 정서, 느낌, 분위기를 자극한다.
- 목표 5: 성장과정에 대한 인식력 및 자연과 자신과 시간의 변화에 대한 인식력을 길러 준다.
- 목표 6: 추억을 불러일으킨다.
- 목표 7: 약물 의존이 자신에게 미치는 영향에 대한 인식력을 길러 준다.

목적 3 자료는 다음과 같은 것에 대한 인식력을 길러 줌으로써 대인관계 방법을 가
르쳐 준다.

- 목표 1: 이타심이나 이기심의 효과
- 목표 2: 사랑과 우정 또는 그것들의 부재
- 목표 3: 분노, 질투, 증오
- 목표 4: 좌절이나 성공
- 목표 5: 다른 사람에게 영향을 미치는 약물 의존성
- 목표 6: 의사소통(듣고 의견을 나누는 것)과 다른 사람에 대한 이해
- 목표 7: 가족관계
- 목표 8: 다른 사람에 대한 책임

목적 4 자료는 다음에 대한 인식력을 길러 줌으로써 우리가 살고 있는 세계에 대한
현실 감각을 키워 준다.

- 목표 1: 일상적인 삶의 도구
- 목표 2: 삶의 양식과 그 의미
- 목표 3: 일
- 목표 4: 여가 선용
- 목표 5: 삶과 그 의미
- 목표 6: 죽음과 그 의미
- 목표 7: 역경
- 목표 8: 행복과 장점

(2) 판단의 적용

마르쿠스 피스터의 『무지개 물고기와 흰수염고래』(2009)를 앞서 제시한 목표에
견주어 그 효용성을 판단해 보고자 한다.

이 작품은 글과 그림이 주는 이미지가 강하므로 목적 1의 하위 목표 중 다섯 개

의 하위 목표를 달성하기에 적합하다. 흰수염고래와 물고기
집단 간의 갈등의 원인과 해결에 대한 토의과정을 격려함으
로써 목표 1이 이루어질 것이다. 깊은 바다 속의 생물에 대
한 호기심을 갖도록 하여 자연에 대한 인식력을 길러 줄 것
이며(목표 2), 말하며 표현하는 것과 그렇지 않은 것에 대해
생각하며 소리와 침묵에 대한 인식력을 길러 줄 것이다(목표
3). 그리고 시각적 이미지도 제공하며(목표 4), 심연 속의 생
물의 삶에 대한 상상력을 제공할 것이다(목표 7).

『무지개 물고기와 흰수염고래』

　이 작품은 자신의 신체와 성장에 대한 느낌을 갖도록 하는
목적 2와는 연관성이 적은 것으로 보인다. 그러나 참여자로 하여금 자신의 태도와
감정을 생각해 볼 수 있도록 하며(목표 3), 이런 강한 분위기는 정서, 분위기, 감정
을 자극하는 것으로 보인다(목표 4). 하지만 신체에 대한 이미지나 중요성을 강조
하거나 추억을 불러일으키지는 않을 것이다.

　이 작품은 특히 목적 3의 내용과 가장 연관성이 많은 것으로 보인다. 이 작품의
내용은 '대인관계' 방법을 다루는 내용이기 때문이다. 이 무지개 물고기 연작은
이타심의 효과를 고려하게 하며(목표 1), 사랑과 우정(목표 2), 분노(목표 3)를 느끼
고 대인관계에서 느꼈던 성공과 좌절의 느낌을 생각해 보도록(목표 4) 하는 좋은
기회를 줄 것이다. 그리고 타인에 대한 이해, 의사소통의 중요성을 강조하고(목표
6), 타인에 대한 책임까지도 고려하게 할(목표 8) 것이다.

　이 작품은 목적 4에 대해서는 흰수염고래 때문에 새우 먹이를 못 먹고 갇히게
된 물고기 떼를 다룸으로써 삶의 양식과 그 의미(목표 2)를 느끼게 할 것이다.

4. 독서치료 자료 선정 시 고려사항

　독서치료를 위한 자료를 선정할 때 고려해야 할 구체적인 사항에 대해 알아보
고자 한다. 이것은 어떤 자료가 어떤 사람, 집단 및 시간에 적합할 것인가를 결정

하는 일과 관련되는 것으로, 그 자료가 독서치료에서 사용될 만한 잠재 가능성을 갖고 있는지의 여부를 평가하는 앞의 자료 선정 기준과는 다소 구별된다. 자료 선정을 할 때 고려할 사항은 자료 선택자, 참여자의 생활환경, 자료 형태, 장르별 효과 등인데, 이에 대한 판단은 독서치료자의 능력에 달려 있다.

1) 자료를 선택하는 사람

독서치료를 위한 자료를 선정할 때 고려해야 할 사항 중 하나는 독서치료에 사용할 자료를 독서치료자가 선정할 것이냐, 참여자가 선정할 것이냐, 또는 기존의 자료를 사용하지 않고 참여자가 쓴 글을 사용할 것이냐에 대한 결정이다. 독서치료자는 상황에 따라 다음의 세 가지 중 하나를 선택하여 개별 독서치료 모임을 계획한다.

(1) 독서치료자가 선택할 경우

독서치료자 스스로 자료를 선택하는 이유는 크게 두 가지다. 하나는 그들이 그 일을 좀 더 잘할 수 있는 전문가이기 때문이다. 임상적 집단을 대상으로 하든 발달적 집단을 대상으로 하든, 독서치료자는 정해진 독서치료 기간에 사용할 자료를 선정하고자 한다면 대개 참여자의 요구에 맞춰 자료를 결정한다. 독서치료자는 참여자의 요구를 맞출 수 있도록 교육을 받고 참여자 각각이 키워 나가야 할 능력이 무엇인지에 대해 민감해지도록 교육을 받기 때문에 그것이 가능하다. 그리고 독서치료자는 특정한 요구를 맞춰 주는 데 도움이 되는 일반적인 자료집을 갖고 있을 뿐만 아니라 많은 경험에 기초하여 어떤 자료가 효과적인지에 대한 직관적이고 비평적인 감각을 갖추고 있다. 게다가 수련 감독체제와 체계적인 자기평가 과정을 거치기 때문에 독서치료자의 비평 능력은 더 전문화된다.

독서치료자가 자료를 선택하는 또 다른 이유는 참여자가 스스로 자료를 선택할 수 없기 때문이다. 예를 들면, 정신지체아, 학습장애아 또는 정신질환자는 자신의 요구가 무엇인지, 그런 자료를 어디서 어떻게 구해야 하는지를 알지 못한다. 발달적 독서치료 집단의 참여자 경우에는 독서치료자가 몇몇 제언을 해 주는 가운데 참여자가 자료를 선택할 수도 있을 것이다.

(2) 참여자가 선택할 경우

참여자에게 자료를 선택하게 할 것인가의 여부는 사실상 독서치료자가 결정할 문제다. 독서치료자는 참여자가 스스로 선택한 자료를 가지고 대화해 보게 하는 집단 모임을 실제로 한두 번 갖고, 그 과정에서 참여자가 얼마나 많은 이득을 얻게 되는지를 살펴보고 참여자가 자료를 선택하는 문제를 결정해야 한다. 몇 번의 집단 모임을 통해서도 참여자의 흥미를 잘 파악하지 못할 경우, 독서치료자는 참여자에게 좋아하는 책을 가져오게 함으로써 활발한 반응을 유도할 수 있다.

참여자가 자료를 선택하는 경우, 대체로 처음에 참여자가 자신이 선택한 자료에 대해 많은 반응을 한다. 그 자료의 어떤 점이 자신을 즐겁게 하는지, 어떤 점에서 감동을 받았는지, 어떤 점에서 속상했는지 등에 대해 표현을 한다. 좀 더 깊은 단계로 가서 어떤 자료가 더 적합한지를 찾을 줄 알게 되면 참여자는 자신이 표현하고 싶은 것은 무엇인지, 의문이 나는 것은 무엇인지, 그리고 미디어의 종류나 장르에 따라 메시지나 개념이 어떻게 다르게 전달되는지에 대해 더 잘 알 수 있게 된다. 그리고 마지막에는 참여자 간의 대인관계 능력이 강화될 수 있다.

이렇게 참여자가 자료를 선택하면 참여자는 자신에게 의미 있는 자료를 즐기고 공유할 수 있는 기회를 갖게 되는 것이다. 이 과정에서 어떤 참여자는 자신이 선택한 자료가 갖고 있는 장점과 문제점을 인식하게 되는 동시에 집단 행동에 대한 책임감을 느끼게 될 것이다. 또 어떤 참여자는 자신만이 아니라 다른 참여자에게 의미 있을 것으로 보이는 자료를 의식적으로 찾아 주려 노력할 정도로 다른 사람에 대해 잘 알게 될 것이다.

(3) 참여자가 쓴 창작 글을 사용할 경우

어떤 참여자는 토론 중에 말로 의견을 낼 때보다 글로 표현하면서 더 많은 도움을 받을 수 있다. 글쓰기는 모든 참여자에게 해당되는 외재적 반응 방식이다.

실제로 쓰기 활동이 시작되면 누가 잘 쓸지 알 수 없다. 글로 쓰고 싶다는 말을 한 적이 없는 참여자가 아주 유용한 자료를 쓰는가 하면, 말로 자신을 표현하는 데 문제를 갖고 있는 사람이 쓰는 것은 자유롭게 하기도 한다. 그러나 같은 사람인데도 때에 따라 쓰는 것에 어려움을 느끼기도 하고 쉽게 쓰기도 한다.

손으로 글씨를 쓰는 것을 싫어하거나 글씨체가 나쁘다는 지적을 많이 받은 참여자는 쓰는 것을 거부할 수도 있다. 그러므로 글쓰기를 두려워하거나 글쓰기에 익숙하지 않은 참여자에 대해서는 쓰기를 통한 표현 방식에 편안함을 느끼도록 도와주는 것이 중요하다.

또한 집단이 결속력을 갖고 상호 관심을 보이며 운영되는 분위기가 될 때까지는 창작 글을 자료로 활용해서는 안 된다. 아직 그런 분위기가 아닌데 창작 글로 토론을 하면 참여자는 싫증, 부주의, 적대감을 나타낼 수 있다.

창작 글을 자료로 사용하는 정도는 독서치료자에 따라 다를 수 있다. 어떤 독서치료자는 참여자에게 글을 자주 쓰도록 하는데, 실제로 참여자에 의한 창작 글이 가장 생산적인 자료라고 보는 독서치료자도 있다. 어떤 독서치료자는 참여자의 글을 가지고 토론하는 것이 쉽지 않다고 느끼기도 한다. 또 다른 독서치료자는 책을 읽은 후 글쓰기를 통해 자신을 표현할 때 나오지 않았던 반응을 자극한다고 보기도 한다. 이런 견해는 모두 타당하다. 독서치료자가 자신이 사용하고 있는 방식에 편안함을 느껴야 한다는 점이 중요하다.

2) 자료 선정에 영향을 미치는 요인

집단 독서치료나 개별적 독서치료에서 자료 선정에 영향을 미치는 요인에 대해 알아보고자 한다.

(1) 나이와 교육 수준
① 아동과 청소년
아동과 청소년을 위한 책이 많이 있지만 독서치료자는 바로 그 아동에게 효과

가 있을 것인가를 판단하여 자료를 선택해야 한다. 아동을 대상으로 하는 경우, 독서치료자는 주제뿐만 아니라 자료의 문체와 자료의 제시 방식에도 매우 민감해야 한다. 아동은 특히 지루한 것을 싫어한다. 독서치료자는 아동이 지루해하는 경우에 내용이 너무 심각하거나 재미가 없어서인지, 아니면 독서치료를 받고 싶지 않아서인지를 구분해야 한다. 자료를 제시하는 방식 때문에 자료 자체에 대한 반응이 줄어서는 안 되겠지만 독서치료자는 생동감을 불어넣을 수 있는 예상 밖의 방식으로 자료를 제시하거나 보충 자료를 활용하도록 한다.

일반적으로 적절하다고 여겨지는 것에 대해 청소년은 매우 보수적일 수 있기에 독서치료자는 민감해야 한다. 예를 들면, 유행가 가사는 매우 영향력 있는 자료이지만 대중음악을 애호하는 어떤 청소년은 그들에게 즐거움을 주는 노래 가사를 독서치료 과정에서 '의미 있는' 것으로 활용하고자 하는 어떠한 시도에 대해서도 불쾌감을 나타낼 수 있다.

어떤 아동은 자신에게 고통을 주는 문제에 직접적으로 직면하게 만드는 글을 보면 움츠러들 것이다. 현재 가정 붕괴에 대면하고 있는 아동은 이혼가정의 아동에 대한 이야기를 가지고 독서치료를 하는 것에 대해 강한 거부감을 나타내기도 한다.

② 읽기 능력이 부족한 참여자

읽기 수준은 자료의 효과에 아주 중요한 영향을 미친다. 유아뿐 아니라 학습장애아, 정신지체아, 약물 중독자, 만성 정신질환자인 경우 거의 읽지 못하므로 자료를 읽고 독서치료를 하는 과정 자체가 매우 힘들고 좌절되게 느껴져 자신의 느낌에 기초한 반응을 하고 싶어 하지 않는다.

성인 문맹자 역시 자신이 잘 읽지 못하는 것에 대해 매우 민감하여 아동용 책처럼 보이는 자료를 사용하면 저항감을 느낀다. 이런 경우 효과적인 방법은 말로 이야기해 주거나 자료를 각색하여 쉬운 단어로 바꾸고 문장이나 구문을 짧게 바꾸는 것이다. 시는 이미 짧기 때문에 더 이상의 각색이 어려우므로 짧은 시 한 편으로 독서치료를 해 본 후 어려움을 느낀다면 어휘나 구문이 좀 더 간단한 다른 시를 가지고 시도해야 할 것이다.

③ 노인

대상이 노인이라 해도 거의 모든 자료가 가능하다. 그러나 좀 다른 것이 있다면 다루어야 할 토론 주제일 것이다. 어떤 노인 참여자는 직장이 있는 사람들의 삶과는 아주 다른 일상적인 삶에 적응하고 거기에서 의미를 발견하고자 하고, 또 다른 노인 참여자는 삶을 되새겨 보는 것에 관심을 갖는다. 만성질환에 걸린 노인 환자는 아주 무기력하고 의기소침하므로 가장 기본적인 종류의 자극이나 상호작용만 가능해도 성공적이다.

(2) 정신적 · 신체적 상태

① 정신질환자

자료 선택을 할 때 정신질환의 유형과 정도를 반드시 고려해야 한다. 예를 들면, 조울증 환자와 그 외에 정서적 동요가 심한 환자는 주의집중 시간이 매우 짧으므로 이 점을 고려해야 한다. 그리고 만성 환자의 경우 주변 세계에 대해 관심을 갖도록 하기 위해서는 아주 큰 자극이 필요하므로 독서치료자가 보충 자료로 강화시키는 가운데 아주 구체적이고도 짧은 자료를 사용해야 한다. 반면 어떤 환자는 영화에서 발견되는 자극과 같이 강한 자극이 제시될 때는 집중을 하지 못한다.

정신건강에 문제가 있는 환자를 대상으로 하는 독서치료자는 치료 팀의 일원으로 일하는 경우가 종종 있다. 이 경우 환자에 대해 지속적으로 기록하고 다른 요원과 의논도 해야 한다. 정신건강과 관련된 일을 해 본 경험이 없는 독서치료자라면 자신이 맡고 있는 환자의 반응과 행동 유형을 일반적인 견지와 그 환자만의 개별적인 특성의 견지에서 좀 더 잘 이해하기 위해 관련 서적을 읽고 지도도 받아야 할 것이다. 정신질환자에게는 특히 정신분열적 환상이나 자살하고 싶은 충동을 유발하는 자료는 피해야 한다.

② 시각장애자

자료의 주제에는 제한이 없지만 본문을 보지 않고 듣기만 해서 아이디어나 이미지를 어떻게 쉽게 이해할 수 있게 할지에 대해서는 고려해야 한다. 그러므로 강한 시각 이미지로 된 자료를 사용하기보다는 청각, 촉각, 미각, 후각을 사용하여 알 수 있는 자료를 찾는 것이 좋을 것이다. 어떤 독서치료자는 텍스트의 효과를 높이기 위해 소리 나는 종과 같은 보조 자료를 사용하기도 한다. 점자책, 말소리가 나오는 책, 그 외에 테이프 자료가 시각장애자에게는 유용하다.

③ 청각장애자

독서치료자는 입술 모양 읽기, 수화문자, 수화와 같이 청각장애자와 의사소통을 하는 방법에 익숙해야 한다. 만약 청각장애자가 사용하는 의사소통 방식에 서툴다면 독서치료자는 통역자를 두어야 한다. 또한 독서치료자는 모든 참여자가 서로의 의사소통 방식을 쉽게 볼 수 있도록 해 주어야 한다. 그리고 서술적인 언어를 수화로 나타내는 것이 특히 어렵기 때문에 형용사나 은유법, 추상적 언어에 너무 의존하는 시는 독서치료 자료로 적합하지 못하다.

④ 그 외의 장애자

여러 가지 이유로 인한 언어장애자와 대화를 할 때는 언어치료사와 상의하여 도움을 받도록 한다. 주제와 관련해서는 장애를 다룬 이야기나 시, 한계나 자기인식을 다루는 가운데 인내, 좌절과 같은 일반적인 주제를 다룬 자료를 사용할 수 있다. 그리고 건강교육 자료도 장애에 대한 오해를 바로잡거나 감정을 발산시킬 기회를 제공할 것이다.

3) 사용하는 장르와 미디어의 종류

독서치료자는 특정 집단이나 특정 시간에 어떤 장르의 책과 어떤 미디어의 사용이 대화를 가장 활발하게 이끌어 낼 수 있을 것인지 결정해야 한다.

(1) 시

시는 가장 폭넓은 층의 사람들에게 정돈되고 함축된 상태로 어떤 경험에 대해 표현하는 장르다. 시는 길이 면에서도 독서치료에 적절하다. 또 시에 나타난 이미지와 은유는 마치 바람에 색깔을 칠하듯 정제된 감정을 집중하게 하고 엄선된 가장 순수한 이미지와 진실한 언어는 감각, 정서, 지성, 상상력에 동시적으로 호소하기에 독서치료에 적합하다. 어떤 참여자는 문자 그대로 해석하는 수준에서 시의 메시지와 아름다움에 반응한다. 또 어떤 참여자는 상징적인 의미에 반응하거나 시에서 얻은 통찰을 자신의 생활과 통합시킨다. 좋은 시는 비밀스러운 영역, 인간 무의식의 원초적 상흔을 모사하는 반복된 리듬, 은유에 의한 심상, 새로운 인식, 변형될 수 있는 텍스트 등에서의 여러 수준의 반응을 통하여 감정을 발산시키는 것뿐만 아니라 영혼이 새로운 통찰을 얻고 승화되도록 개입하여 치유를 일으킨다(변학수, 2006, pp. 220-235).

노래 가사도 일종의 시이기 때문에 독서치료에 효과적이다. 발라드, 민요, 영가, 대중음악의 가사는 리듬, 반복과 같은 문체를 효과적으로 사용할 뿐 아니라 인간의 정서에 대한 주제를 담고 있다. 참여자는 노래를 들으면 저마다 특정 사람이나 경험을 떠올릴 것이다. 그리고 그 노래를 모르는 참여자도 노랫말과 음악의 아름다움 때문에 자유로움을 느낄 것이고, 부분적으로는 그 노래를 알 수도 있을 것이다. 그런데 음악의 특정 스타일에 대한 저항감이 있거나 노래에 몰입하느라 가사의 의미에 집중할 수 없는 경우에는 음악 없이 가사만을 제시해야 한다.

모든 사람이 시에 긍정적으로 반응하는 것은 아니다. 이런 경우 시에 대한 편견이 없어질 때까지 다른 장르로 시작해야 한다. 그리고 참여자에게 필요한 적합한 시를 발견하지 못한 경우에도 다른 장르로 우선 시작해야 한다. 시를 문자 그대로 해석하는 참여자에게 상징적인 수준의 시는 적합하지 않다. 이런 경우 단편, 기사, 영화와 같이 좀 더 편안한 자료를 택하는 것이 대화를 이끌기에 더 용이하다.

(2) 상상에 기초한 산문

단편, 우화, 과학소설, 환상문학, 희곡 등은 모두 상상적 산문 형태라 할 수 있다. 이와 같은 종류의 글은 각기 장단점이 있겠지만 길이는 중요한 문제다. 신문 형태의 글을 다룰 때, 독서치료자는 의미 있을 것으로 보이는 구절을 뽑아 오거나 참여자가 미리 그 글을 읽어 오도록 계획해야 한다.

이야기 줄거리와 등장인물은 대개의 상상적 산문에서 중심적인 요소다. 그러므로 어떤 작품을 독서치료에 사용하고자 할 때 독서치료자는 다음과 같은 질문을 통해 이야기의 특징을 검토해야 한다(Kanaan, 1975; Lundsteen, 1964).

- 중요한 문제를 다루고 있는가?
- 있을 법하다고 믿겨지는 등장인물인가?
- 분석할 만한 조건을 갖춘 문제를 다루고 있는가?
- 글 속의 상황을 고려하여 참여자가 등장인물을 도울 수 있는 가설을 세울 수 있겠는가?
- 글에 참여자가 무엇인가 얻을 수 있는 것이 있는가?
- 글에서 다루고 있는 문제나 상황을 그 글과는 다른 방식으로 다룰 수 있도록 하기 위해 미결된 상태로 글의 일부를 뽑아내는 것이 가능한가?
- 왜 그런 일이 일어나는지를 서술하거나 암시하는 이야기의 플롯이 튼튼한가?
- 대상의 눈높이와 내면세계를 잘 비춰 줄 수 있는 자료인가?
- 중층 기술을 가능하게 하는 내용으로 도덕, 예의, 신뢰보다는 환상, 정의, 욕망에 대한 내용을 다루어야 한다(변학수, 2006, pp. 220-235).

(3) 정보를 주는 자료
① 인물 소개 글과 기사

이런 종류의 글은 길이가 짧고 처음부터 독자의 흥미를 끌 의도로 쓰이고 생동감이 있으며 신문, 잡지, 수필집 등에서 발견할 수 있다. 이렇게 이해하기 쉬운 글은 감정이입이 어려운 사람이나 학습장애아, 정신지체아, 정서적으로 심각한 문제가 있는 사람의 흥미를 자극할 수 있다.

그러나 모든 인물 소개 글 및 기사가 자료가 될 수 있는 것은 아니다. 그것은 참여자가 자신의 행동이나 태도를 살피는 데 유용한 것이어야 한다. 신문 칼럼도 일상생활에서 느끼는 감정이나 상황을 생생하게 잡아내므로 활발한 토론을 조장할 수 있을 것이다. 그러나 자세하게 쓰인 재난 기사나 사건 기사는 독서치료에 별 도움이 되지 못하는데, 그런 것은 공포, 무력감, 절망의 감정을 일으킬 뿐 참여자에게 개별적인 의미를 가져다주지 못하기 때문이다. 효과적인 독서치료란 정서적 동요를 일으키는 것이 아니라 정서적 통합을 꾀하는 것이다.

② 사실적 정보

신체건강, 정신건강, 참여자의 생활에 직접적인 영향을 미치는 기술이나 정보 또한 독서치료에 유용하다. 이런 경우 사실적인 정보를 제공하는 목적은 참여자가 특별한 치료법을 알도록 하는 것일 뿐 아니라 병의 성격과 결과에 대해 느끼는 자신의 정서적 반응을 알고 그것을 처리하도록 도와주는 것이다. 예를 들면, 독서치료는 입원환자를 위한 교육 프로그램의 하나로서 병에 대한 사실적 정보와 병의 관리에 대한 정보가 제공될 수 있다. 당뇨병, 천식, 신경쇠약 등의 환자의 건강은 약을 규칙적으로 먹음으로써 지켜지는 것이지만, 독서치료는 약 먹는 것을 소홀히 하거나 약을 먹지 않으려 하는 내적 자아에게 말을 거는 효과적인 방법이 된다.

③ 시청각 자료

글로 된 자료는 언제라도 사용할 수 있지만 시청각 자료는 언제 어디서 사용할 것이냐의 문제가 따른다. 그리고 시청각 자료의 사용은 독서치료자의 개인적 취향에 달려 있다. 참여자는 인쇄 자료와 시청각 자료를 다른 방식, 다른 정도로 흡수하고 반응한다는 사실을 경험상 알 수 있는데, 이에 대해서는 앞으로 더 많은 연구가 이루어져야 할 것이다.

유능한 독서치료자에게는 광고도 유용한 자료가 될 수 있다. 예를 들면, 알코올 의존증으로 약물에 의존하는 환자 집단에게 대중적인 맥주 광고를 보여 주고 술을 마셨을 때 그들의 실제 태도나 경험을 그 광고들이 잘 나타내고 있는지 혹은 왜

곡하고 있는지를 검토해 보게 할 수 있다.

5. 독서치료 자료의 제시 방식

다음은 독서치료자가 자료를 참여자에게 제시하는 방식에 대한 설명이다. '자료를 누가 제시하느냐'고 했을 때, 이는 크게 독서치료자가 제시하는 경우와 참여자가 제시하는 경우로 나뉜다. 그러나 각 경우는 제시되는 자료의 성격에 따라 또다시 나뉠 수 있는데, 그 세부 내용은 다음과 같다.

1) 독서치료자가 자료를 선택하는 경우

(1) 기본모형: 문학작품을 사용하는 경우

전형적인 상호작용 독서치료 집단 모임에서는 독서치료자와 참여자가 결속력과 상호작용을 높이기 위해 둥글게 앉는다. 그날 사용할 자료를 모두 나누어 가진후, 독서치료자는 그 자료를 명확하게 큰 소리로 읽는다. 그 후 감흥을 가라앉히기 위해 잠시 침묵한다. 만약 그 자료가 짧거나 특별히 함축적이라면, 또는 참여자가 자료를 들여다보는 것보다 읽어 주는 것에 더 의지하는 것 같으면 한 번 더읽어 줄 수도 있다.

토론은 가능하면 다음과 같은 개방된 질문 또는 언급으로 시작하는 것이 적절하다.

- "이 시에 대해 이야기할 것이 있는 분 계신가요?"
- "이 자료의 내용에 대해 이야기해 봅시다."
- "여기 이야기가 있어요. 이야기 속에는 여러분이 좋아하는 점과 좋아하지 않는 점이 있을 거예요. 그에 대해 이야기하실 분 계신가요?"

만약 자료의 주제가 참여자 대부분의 관심 영역에 해당된다면 주제를 반영한 질문을 할 수도 있다. 예를 들면, "이 자료는 우정에 대해 어떤 것을 암시하고 있습니까?"와 같이 질문할 수 있다.

기본적인 양식의 자료 제시방법은 자료 도입부에 참여자를 포함시킴으로써 수정될 수 있다. 처음 자료를 읽은 후에 혹은 처음 글을 읽을 때에 한두 명의 참여자에게 자료를 큰 소리로 읽게 하거나 자신에게 특별히 의미 있는 줄을 읽게 할 수 있다. 참여자의 읽기 능력이 부족할 때는 독서치료자가 먼저 읽고 나서 집단 전체가 모두 함께 소리 내어 읽도록 할 수 있다.

일대일 독서치료 모임에서는 자리 배치와 누가 어떤 자료를 읽을 것인가가 다소 달라지지만, 독서치료를 시작할 때 하는 질문이나 말은 집단 독서치료 모임의 경우와 같다.

(2) 변형모형 1: 시청각 자료를 사용하는 경우

시청각 자료로 독서치료를 할 때는 앞의 기본모형이 수정되어야 한다. 특히 기제의 사용으로 대화가 방해되지 않도록 하기 위한 전략을 사용해야만 할 것이다. 예를 들면, 참여자가 방으로 들어왔을 때 시청각 자료를 볼 수 있는 시설이 미리 설치되어 있어야 하고, 시청각 자료는 시작 부분에 미리 맞추어져 있어야 한다. 영상을 볼 때, 독서치료자는 참여자 모두가 화면을 볼 수 있도록 자리를 적절하게 배치하고 시청 후에는 다시 둥글게 앉도록 조정한다.

영화나 영상의 일부분만을 사용할 때, 독서치료자는 보지 않은 부분에 대한 내용을 간단하면서도 분명하게 설명해 주도록 한다. 그런 요약이 없다면 참여자가 다음에 어떤 내용이 전개될지를 이해하기 위해 애쓰느라 정작 그들의 자발적인 반응은 분산될 수 있다.

(3) 변형모형 2: 분위기 조성 활동이나 보충 자료를 사용하는 경우
① 분위기 조성 활동

분위기 조성 활동(warm-ups)은 독서치료를 처음으로 시작하는 모임이나 감정이입이 어려운 참여자로 구성된 모임에서, 그리고 민감한 주제를 다루는 모임에서 집단을 이끌어 가는 데 효과적이다. 초기 독서치료의 경우, 독서치료자는 매번 모일 때마다 참여자끼리 서로 이름을 알려 주고 자기소개를 하는 등 서로를 알 수 있게 해 주는 이야기로 모임을 시작하는 것이 좋다. 또는 서로 좋아하는 색이나 계절은 무엇인지 이야기하면서 모임을 시작할 수도 있다. 그러나 이런 분위기 조성 활동은 참여자가 좀 더 자유롭고 편안하게 반응할 수 있도록 돕는 것이지 치료 과정의 중심 활동은 아니다.

독서치료가 몇 번 진행된 집단에게도 분위기 조성 활동을 할 수 있는데, 그런 활동은 참여자가 일상적인 문제에서 벗어나 개방적이고 반성적인 마음을 가질 수 있도록 도와준다. 예를 들면, 참여자가 붓, 잉크, 종이를 나누어 주고 눈을 감고 그림을 그려 보도록 한다. 그런 다음 독서치료자는 참여자에게 자신이 무엇을 그렸는지 보고 그에 대해 느낀 것을 단어나 구로 말해 보게 한다. 이렇게 잘 그렸다 못 그렸다를 평가하지 않고 단어를 자발적으로 선택하여 표현할 수 있는 활동을 함으로써 참여자는 독서치료자가 주요 활동으로 계획해 둔 것이 무엇이든 그것에 자유롭게 반응할 수 있게 된다.

2 보충 자료
① 시각 보충 자료

분위기 조성 활동은 자료를 가지고도 할 수 있는데, 많은 경우에 시각 자료가 포함된다. 예를 들면, 만화도 참여자에게서 자료의 주제를 끌어내기 위한 좋은 보충 자료다. 혹은 「문」이라는 시에 대해 토론하기 전에 여러 가지 문의 사진이 실린 잡지를 자세히 보고 가장 매력적인 문을 고르라고 한다. 그런 다음 참여자에게 왜 그 그림을 선택했는지 한 사람씩 말해 보게 한다.

이러한 분위기 조성 활동은 특히 오랜 시간 집중하기 힘들어하는 참여자에게 유익하고, 참여자에게 위협적이지 않으면서 주제에 완전히 개별적으로 몰입할 수 있도록 하며, 실물 자료가 제시되고 그에 대해 토론하기 때문에 참여자가 계속 개인적 반응을 할 수 있게 한다.

캘리포니아의 시 치료자 샤이먼(Sheiman, 1972)은 많은 가면 사진을 독서치료에 사용했다. 예를 들면, 참여자는 자신에 대해 무엇인가를 이야기하는 가면이나 자신이 되고 싶거나 되고 싶지 않은 것을 나타내는 가면을 찾아내어 그에 대해 이야기할 수 있다.

② 실물 보충 자료

독서치료자는 독서치료 자료에 묘사된 상황이나 생각과 관련된 실물을 독서치료에 사용할 수 있다. 예를 들면, 참여자는 모자를 써 보거나, 벨벳 슬리퍼의 고급스러운 질감을 손으로 만져 보거나, 특별히 매력을 느끼는 조개 또는 돌 하나를 선택하거나, 어린 시절의 놀이인 줄넘기를 해 보거나, 신선한 빵의 특별한 냄새와 맛을 즐길 수 있다.

실물 자료를 사용하면 참여자의 감각적 지각이 수반되는데, 이렇게 생긴 감각적 지각은 실물 자료 바로 뒤에 이어질 일차적 독서치료 자료에 담겨 있는 이미지와 내용에 좀 더 즉각적이고도 강한 반응을 일으킬 수 있다. 즉, 보충물이나 활동에 의해 감정적 반응이 촉발되고 그 후 자료나 대화에 의해 점차 어느 한곳으로 초점이 맞춰져 반응이 나타나도록 돕는다.

장애인, 아동, 노인, 특수교육 집단은 구체물과 접촉함으로써 글로 쓰인 상상적 자료의 의미를 자신의 삶과 더 쉽게 연관시킬 수 있다. 만성적 퇴행 질환자는 몸을 움직이는 것을 매우 꺼리지만, 실물 자료를 가지러 책상으로 오라고 하면 그때까지의 수동적인 패턴을 깨뜨리고 움직이려는 의지를 보인다. 실물 자료의 사용은 임상적 참여자뿐 아니라 발달적 참여자에게도 중요하다. 친숙한 물체도 독서치료 모임에서 사용하면 새로운 의미를 지닐 수 있기 때문이다.

그러나 일차적인 독서치료 자료의 도입을 위해 사용할 수 있는 실물 자료가 풍부하면 풍부할수록 그것을 사용하는 전략은 매우 신중해야 한다. 독서치료자는 특별한 사물 또는 활동이 집단에게 미치는 실제 효과를 판단하기 위해 직관, 경험, 훈련에 의존해야 한다. 어떤 상황에서 어떤 집단의 요구에는 적절하던 자료가 다른 상황에서는 불만족스러운 것이 될 수도 있기 때문이다.

③ 청각 보충 자료

실물 자료보다 청각 자료가 더 효과적인 경우가 있다. 예를 들면, 슬라이드 필름이나 자료를 읽을 때 들려주는 노래 또는 악기 연주곡은 배경 역할을 효과적으로 한다. 또 어떤 경우 일차적 자료의 앞이나 뒤에 음악을 들려줄 수도 있다. 무드음악은 창의적 글쓰기를 자극하거나 앞으로 제시할 자료의 분위기를 형성하는 데도움이 된다. 어떤 독서치료자는 일본이나 인도 음악과 같은 인상적이면서도 친숙하지 않은 음악으로 독서치료의 시작 신호를 알림으로써 매우 산만한 집단의 주의를 집중시킬 수 있었다고 한다.

청각 자료가 항상 음악일 필요는 없다. 특수 음향효과 CD나 테이프, 바람, 비, 바다, 딱딱 소리를 내며 타는 불 속 장작 소리도 청각적 보충 자료로 활용할 수 있다. 또는 참여자가 리듬에 맞춰 박수를 치거나 허밍을 하거나 노래를 부르거나 간단한 악기를 사용하여 만든 음악도 가능하다. 물론 이러한 청각 자료가 대화를 시시하게 만들어서는 안 되지만, 소리와 음악은 실제로 독서치료 자료의 효과를 크게 높여 준다.

④ 미술 보충 자료

미술 자료는 분위기 조성 활동으로서뿐 아니라 읽을 자료가 제시된 후 독서치료 과정을 촉진시키는 데에도 효과적이다. 독서치료 과정에서는 참여자에게 큰 종이, 유성펜, 크레용, 물감 또는 점토를 제공하고 그들이 들은 것을 시각적으로 표현하도록 한다. 그릴 줄 모른다며 거부하는 참여자에게는 그들의 작품에 대해 어떤 판단도 하지 않을 것이라는 점을 알려 주는 것이 도움이 될 것이다. 아주 수줍어하던 참여자도 일단 자유롭게 표현해 보고 나면 미술 표현에 즐거움을 느끼게 되는 경우가 많다. 물론 누구나 미술 활동에 참여하도록 격려해야겠지만, 그렇다고 참여를 강요해서는 안 된다.

독서치료자가 미술 활동에 참여할 경우 더 성공적으로 반응하는 참여자가 있는가 하면, 반대로 독서치료자가 미술 활동을 아주 쉽게 하는 것을 보고 오히려 두려워하거나 낙담하는 참여자도 있다. 그러므로 독서치료자는 각 상황에 맞는 최고의 전략을 결정해야 한다.

독서치료에서 미술 활동은 그 자체가 목적이 아니다. 중요한 것은 참여자로 하여금 자신이 그린 그림을 말로 표현하게 하고, 읽기 자료와 자신이 시각적으로 표현한 것의 결합에서 나타난 것을 통찰해 볼 수 있도록 도와주는 것이다.

이제까지 독서치료자가 일차적 자료를 도입하기 위해 사용하는 여러 가지 보충 자료에 대해 알아보았다. 그런데 사실상 보충 자료 없이 일차적인 자료만을 사용하는 것이 더 이로울 경우도 많다.

보충 자료는 반응을 자극하기 위한 것이지 일차적 자료가 주는 메시지를 압도하기 위한 것이 아니다. 그러나 보충 자료가 일차적 자료 자체를 압도하는 경우가 있는데, 그것은 참여자가 보충 자료에 대한 기대 때문에 일차적 자료에 자발적으로 반응하지 않는 경우다. 실물 자료나 그 외의 보충 자료는 다소 직접적이고 지시적이라서 일차적인 자료 내용보다 참여자의 주의를 끄는 것이 사실이다. 이런 경우 참여자는 일차적인 자료가 주는 독특한 의미를 자유롭게 인식할 수 없게 된다. 또 다른 경우는 독서치료자 자신이 실물 보충 자료나 청각 보충 자료, 시각 보충 자료에 너무 의존하는 경우다. 이런 경우 독서치료자는 다양한 글 자료의 선택 범위를 제한시킬 뿐 아니라 대화를 위해 사용할 수 있는 시간의 양도 줄이는 우를 범하게 된다. 그러므로 일차 자료의 도입을 위해 보충 자료를 사용할 때는 적절한 종류의 것을 적절한 정도로 사용하는 지혜가 필요하다.

2) 참여자가 자료를 선택하는 경우

(1) 참여자가 독서치료 모임 중에 자료를 선택하는 경우

독서치료가 집단으로 이루어질 때, 독서치료자는 여러 권의 시집, 동화책 등을 가져와 참여자가 잘 볼 수 있게 그것들을 펼쳐 놓는다. 그리고 참여자에게 일종의 지침이나 자료를 소개하는 다음과 같은 말로 자료를 선택하도록 도와준다.

- "여기서 여러분이 좋아하는 책을 찾아보세요."
- "우리 모임에서 함께 이야기 나누고 싶은 내용을 담고 있는 시를 찾아보세요."
- "다음 목록 중에 오늘 함께 보고 싶은 영화를 골라 보세요."

집단 전체가 특정 주제에 관심을 갖고 있는 경우에는 독서치료자가 자신이 갖고 있는 파일에서 관련 자료를 찾아와서 그중에서 선택하게 할 수도 있다.

둘 중 어떤 경우든 독서치료자는 참여자가 편안하게 선택할 수 있도록 충분한 시간을 주어야 한다. 어떤 참여자는 자료를 보자마자 바로 고를 것이고, 또 어떤 참여자는 완전한 자료를 찾기 위해 오랫동안 고심할 것이다. 독서치료자는 참여자에게 그들이 선택한 자료의 양식에 관해 어떠한 판단도 하지 않을 것이라는 점을 분명히 알려 주어 선택을 자유롭게 하도록 해 주어야 한다.

그러고 나서 독서치료자는 자료를 어떻게 제시하고 토론할지에 관해 결정해야 한다. 어떤 경우에는 이 역시 참여자의 의지에 따라 결정할 수도 있다. 보통 발달적 집단은 스스로 결정할 수 있는 데 반해 임상적 집단은 어떤 자료부터 제시하고 누가 그 자료를 읽을 것인지 등에 대한 결정을 위해 독서치료자가 참여자 각각의 지식 정도와 독서치료자 자신의 독서치료 경험을 참고하여 정해야 한다.

모든 참여자에게 자료를 선택할 수 있도록 격려하되 강요해서는 안 된다. 누군가가 자료 선택 의사가 없어 보이면 독서치료자는 다음 사람에게 조용히 넘겨야 한다. 그러나 동시에 독서치료자는 그 거부 의사가 근원적인 문제가 있는 것인지 또는 쉽게 극복될 수 있는 것인지 알기 위해 참여자의 비언어적 표현에 민감해야 한다. 때때로 처음에는 참여하기를 거절한 참여자도 여러 자료가 제시되고 그에 대한 토론을 보고 나면 공유하고자 하는 자료의 선택에 자유로움을 느끼게 될 수 있다. 그러므로 독서치료자는 다른 참여자가 자료를 선택하고 나서 처음에 자료 선택하기를 거부했던 참여자에게 다시 한 번 기회를 주는 것이 좋다. 그렇게 하면 나중에는 자원하여 자료를 선택하게 될 것이다.

민감한 독서치료자라면 "제가 고른 것은 그리 좋지 않아요." 혹은 "아무도 제가 선택한 시를 좋아하지 않을 거예요."와 같이 자기를 비하하는 참여자의 비평은 불안감을 감추기 위한 말이거나 특별한 관심을 끌기 위한 것이라는 것을 알아야 한다. 이런 경우 독서치료자가 '그렇지 않다'고 강하게 부정하거나 안심시켜 주는 것은 별 도움이 되지 않는다. 경험이 많은 독서치료자라면 "당신은 당신에게 중요한 의미가 있는 시를 선택하신 겁니다. 그러면 된 것입니다. 우리는 지금 당신이 선택한 것을 함께 나누기 바랍니다."라고 하며 조용하지만 실제적인 격려를 할 것이다. 일단 자료를 선택하고 나면 각자 자기가 선택한 자료를 큰 소리로 읽도록 한다. 여기서 중요한 것은 다른 참여자가 모두 자료를 갖고 있지는 않으므로 다른 참여자가 듣고 이해할 수 있도록 발표가 이루어져야 한다는 것이다. 그러므로 언어적 표현에 어려움이 있는 참여자가 있다면 독서치료자가 직접 그 자료를 읽거나 미디어의 도움을 받아 자료의 내용을 청취하여 이해하도록 도울 수 있다.

다음은 선택한 자료에 대해 가장 적합한 전략을 결정하여 공유할 기회를 주는 말의 예다.

- "이제 당신 차례입니다. ○○ 씨, 당신이 고른 시를 읽어 줄 수 있겠어요?"
- "제게 그걸 발표해 볼 수 있나요?"
- "선택한 자료를 다른 ○○ 씨에게 읽어 달라고 할까요?"

집단의 상황에 따라 독서치료자는 가장 적합한 전략을 결정해야 하며 참여자가 선택한 자료를 제시할 때 무엇보다 존중하는 태도를 보여 주어야 한다. 수줍어하는 참여자의 경우에는 단순히 자료를 선택하고 발표하는 것만으로도 중요한 행동을 한 것이므로 왜 그 자료를 선택했는지 의문이 들더라도 그 참여자가 이룬 성취를 우선 인정하도록 한다. 그 이후에 왜 그 작품이 의미 있어 보였는지 이유를 찾아보라고 격려할 수도 있다. 그리고 선택된 자료에 대해 다른 참여자가 감정적 반응을 할 수 있도록 대화의 장을 열어 놓는 것도 중요하다.

참여자가 선택한 것을 자료로 사용하는 것은 집단의 분위기에 영향을 미칠 수 있다. 예를 들면, 임상적 참여자는 자료에 대해 객관적으로 토의할 수 없을 정도로 자신이 선택한 자료에 대해 강한 집착을 보일 수 있다. 어떤 경우에는 다른 사람이 자신이 선택한 자료에 대해 논평하는 것 자체를 싫어할 수도 있다. 어떤 참여자는 자신이 선택한 자료에서 다른 자료로 넘어가는 것이 자신이 선택한 자료에 대한 거부이거나 토론된 내용에 대한 무시로 받아들일 수 있다. 이런 경우 독서치료자는 그렇지 않다는 점을 재확인시켜 주어야 한다. 어떤 참여자가 선택한 자료는 다른 사람에게는 위협적이거나 불쾌하게 느껴질 수 있다. 또 다른 참여자는 선택한 자료를 제대로 발표하지 못할 수도 있고 자료 자체가 재미없을 수도 있다. 어떤 경우든 독서치료자는 진지해야 하고, 참여자를 존중해야 하며, 독서치료 분위기를 유지할 줄 알아야 한다.

참여자가 선택한 자료 하나에 어느 정도의 시간을 할애해야 하는지에 대해서는 정해진 규칙이 없다. 그러므로 독서치료자는 그때그때의 상황에 준하여 융통성 있게 결정해야 한다. 그러나 대부분의 경우, 특히 집단의 규모가 클 경우 참여자가 선택한 자료를 다 끝내기 위해서는 1회 이상의 모임이 계획되어야 한다.

(2) 참여자가 외부에서 자료를 선택해 오는 경우

대개는 독서치료자가 자료를 선택하거나 독서치료 모임 중에 참여자가 자료를 선택하지만, 참여자에게 다음 치료 모임을 위한 자료를 선택해 오도록 하는 것도 효과적일 때가 있다. 실제로 도서관이나 그 밖의 기관에서 지원하는 발달적 독서치료 집단의 경우에는 참여자로 하여금 자료를 선택하도록 정해 놓은 경우도 있다. 이런 방법은 대개의 임상적 독서치료 집단에게는 문제가 되지만, 약물 중독집단의 경우 그들에게 의미 있는 자료가 어떤 것인지 여러 차례 질문하며 선택해오도록 하면 아주 큰 효과를 얻을 수 있다.

참여자가 선택해 온 자료를 가지고 독서치료를 하는 방법은 독서치료 모임 중에 참여자가 자료를 선택했을 때와 마찬가지로 독서치료자의 감각, 경험, 훈련에 의존한다. 그러나 선택 후 발표 때까지 그 사이에 시간 여유가 있으므로 자료를 복사해서 모든 참여자가 그 자료를 참조할 수 있다는 점에서 차이가 있다. 게다가 자료를 그 자리에서 선택할 때보다 생각할 시간이 많기 때문에 선택과정에서 일어난 정서나 떠오른 생각을 검토해 보도록 하면 풍성한 대화가 가능할 것이다. 더불어 왜 그 자료를 선택했는지에 대해서도 대화를 나눌 수 있다.

독서치료자는 참여자가 자료를 선택할 때와 그것을 실제 발표할 때가 서로 다르다는 점을 알고 있어야 한다. 참여자는 선택해 온 자료로 함께 이야기 나누는 동안 그 자료를 처음 선택했을 당시 놓쳤던 의미를 발견하게 된다. 이때 유능한 독서치료자라면 참여자로 하여금 자신의 시각이 처음과 달라지는 과정에서 어떤 의미 있는 일이 일어났는지 좀 더 자세히 살펴볼 수 있도록 도와야 한다.

발달적 또는 임상적 독서치료 참여자 중에는 독서치료자가 요구하지 않았는데도 자신이 선택해 온 자료를 다른 참여자와 함께 나누고자 하는 경우도 있다. 독서치료자는 항상 참여자의 이런 제안을 존중해야 하므로 다음 모임이나 제안이 이루어진 그 모임의 마지막에 그 제안을 받아들여야 한다. 그러나 그러한 제안이 언제나 집단 전체에 적합하거나 유용한 것은 아니므로 독서치료자는 제안이 적절하지 않은 경우에는 그에 대한 이유를 상대방을 존중하는 가운데 분명하게 설명해야 한다.

독서치료자 자신이 자료를 선택해 오지 않는 경우에는 반드시 집단 참여자 모두가 다음 모임을 위해 자료를 가져와야 한다는 것을 미리 알려 주어야 한다. 그러나 문제가 발생할 경우를 대비하여 항상 예비의 대체 자료를 준비하도록 한다.

6. 독서치료 자료의 자원과 관리

1) 독서치료 자료의 자원

책을 포함한 다양한 종류의 독서치료 자료는 어디서 구할 것인가? 독서치료자는 모든 자료를 독서치료 자료로서의 가능성을 고려하는 가운데 주의 깊게 살펴보아야겠지만, 다음과 같은 자원을 통해 독서치료 자료를 확보할 수 있을 것이다.

(1) 목록, 명시선집 및 자료 모음집

심각한 장애가 있거나 만성적인 정신질환자 또는 고차원적인 상징적 자료에 대한 이해가 어려운 사람의 경우 청소년을 위한 명시선집, 대중적 노래, 시집, 그림책 등이 오히려 효과적일 수 있다. 대부분 그런 자료가 상식적인 어휘와 보편적 주제, 구체적인 심상을 다루기 때문에 광범위한 종류의 환자에게 호소력이 있다.

아동과 성인을 위한 일반적인 도서 목록을 훑어보는 것도 유용하다. 어떤 자료는 분명 청소년을 위한 것이지만 어떤 것은 성인에게도 적용될 수 있는 보편적인 주제의 것도 있기 때문이다. 읽기 능력이 떨어지는 성인을 대상으로 하는 독서치료인 경우 독서 수준이 표시된 목록이 좋다. 우리나라의 경우 어린이도서연구회, 각종 출판사 등에서 매해 발간하는 권장도서 목록을 참고할 수 있다.

독서치료자는 특정 집단을 위한 자료 모음집을 원하기도 하는데, 미국의 경우 흑인이나 인디언의 경험을 다룬 시집도 있고 그 외 다양한 집단을 위한 자료집을 활용할 수 있다.

고등학교와 대학교의 문학 교재는 인간의 공통적인 경험이나 기본 주제(자신의 재능을 잘 활용하기, 형제관계, 장애 극복, 친구 사귀기)를 담고 있는 시나 단편, 수필을 광범위하게 얻을 수 있는 좋은 자원이다. 어떤 연령층 또는 어떤 조건의 사람이든 이런 기본적인 주제의 책을 읽으면 사랑과 미움, 공포, 분노, 즐거움, 열정, 슬픔 등의 정서를 갖게 된다. 현재 출판되고 있는 다양한 시집도 독서치료 자료가 된다. 더불어 특별히 독서치료용으로 계획된 것처럼 보이는 글 모음집을 활용할 수도 있다(〈부록 5〉 참조).

(2) 독서치료자가 만든 목록

우리나라에도 문화관광부의 지원으로 2004년도 한국도서관협회 독서진흥위원회 특별연구 팀에 의해 도서관을 포함한 각종 독서 현장에서 독서치료 프로그램의 기획과정에 활용할 수 있도록 만든 상황별 도서 목록이 처음 작성되었다. 각종 상담기관의 상담 내용을 조사·분석하여 그 분류를 기초로 만든 이 목록은 사서의 자료에 대한 지식과 매개자로서의 경험이 독서치료에 유용하게 적용될 수 있다고 이야기하고 있다. 또한 한국독서치료학회에서 2002년 2월부터 직접 운영 중인 독서치료 전문가과정 수료자가 종강 시 제출한 리포트를 모아 발간한 각종 자료집 등이 벌써 인쇄물로 16회째 발간되고 있는데, 이 역시 좋은 자료가 된다. 또한 독서치료 연구자나 도서관 등에서 이미 정리해 놓은 자료 목록을 참고하는 것도 좋은 방법이다. 미국의 경우 독서치료자가 독서치료를 하면서 사용한 자료를 모아 발행하기도 하는데, 이런 자료 모음집이나 미국 도서관협회에서 발행하는 독서치료 토의 모임 소식지는 교육을 받고 있는 예비 독서치료자에게 도움이 될 것이다.

(3) 일반적인 자원

어떤 면에서 도서관 사서는 독서치료를 하는데 적격자다. 도서관은 책과 시청각 자료의 저장고이자 자료를 찾는 데 필요한 유용한 도구를 제공하고, 사서는 그런 자원을 숙련되게 사용할 수 있는 훈련을 받은 사람이기 때문이다.

훈련 중인 독서치료자는 자료를 참고하고 책을 고르는 기술을 위한 교육을 받을 필요가 있다. 미국의 경우 도서관학과와 교육학과에서 아동 문학과 청소년 문학 과목을 개설하고 있는데, 이런 과목에서 책의 구체적인 제목과 자원에 대한 유용한 정보를 제공해 주고 있다.

다문화 문학 또는 단편문학 수업, 영화 수업을 통해 독서치료자는 문학작품에 친숙해질 수 있다. 이런 과목의 강사는 비록 심미적 가치에 강조점을 두어 자료를 소개하겠지만 독서치료자는 다양한 자료가 어떻게 자기 이해를 증진시킬 수 있는지를 알게 될 것이다.

2) 독서치료 자료의 관리

독서치료 자료로 선택된 자료는 파일로 정리 · 보관하고 색인을 만들어야 한다.

글로 된 독서치료 자료는 원본과 복사본 모두 독서치료자가 쉽게 사용할 수 있도록 파일로 안전하게 보관해야 한다. 그리고 그 파일에 들어 있는 자료가 무엇인지 각 장에 색인으로 만들어 두는 것이 좋다. 전체 자료가 있다고 해도 색인이 있으면 어떤 자료가 있는지 훑어보기가 더 쉽기 때문이다. 기억력이 좋은 독서치료자도 색인을 통해 어떤 자료가 있는지 살펴보는 것이 더 효과적이다. 특히 정신병원과 같은 대규모 기관에서는 여러 사람이 파일을 다루기 때문에 자료를 파일과 색인으로 정리하여 보관해야 한다.

각 자료는 다음 〈표 4-3〉과 같이 정리해 두면 적절한 자료를 선정할 때 용이하고 같은 자료집을 또다시 검토하는 수고를 덜 수 있다(Doll & Doll, 1997 참조).

〈표 4-3〉 자료집 정리 방식의 예

	저자 / 출판 연도 / 책 제목 / 출판사	
1	개요	자료집의 목적, 자료에 담긴 정보의 상세한 정도, 포함된 자료의 수 등
2	해당 연령	자료집에 담겨 있는 자료에 적합한 연령
3	색인	자료에 명시된 항목(저자, 제목, 주제, 독서 수준, 장르 등)
4	모집단 자료	자료를 선정한 모집단 자료의 성격(예: 1980년부터 2000년까지의 아동 도서, 1990년 이후의 비디오 자료 등)
5	주석	자료의 특성에 대한 평가, 언급(예: 플롯에 대한 평가, 저자에 대한 정보 등)
6	장점	자료집의 장점(예: 아동에게 일어날 수 있는 상황과 관련되는 자료를 포괄적으로 포함하고 있다, 추천하는 도서와 그렇지 않은 도서의 차이를 밝히고 있다 등)
7	단점	자료집의 단점(예: 오래된 자료만 담고 있다, 제한된 장르의 자료만 담고 있다 등)

(1) 원본 파일

글로 된 자료의 원본 파일에는 시, 희곡, 노래, 동화, 수필, 단편 등을 한 부씩 넣어 둔다. A4 용지에 깨끗이 입력하거나 복사해서(대개 한 면만 사용하고 간격을 여유 있게 둠) 파일에 보관해야 한다. 자료를 사용한 후에는 그 자료를 즉시 제자리에 넣어 두어야 하는데, 특히 두 사람 이상이 파일을 함께 사용하는 경우에는 더욱 주의해야 한다.

원본 자료는 다음과 같은 형식으로 정리해 두는 것이 좋다.

- 저자 이름은 지면의 왼쪽 위에 적은 후 저자 이름을 가나다순으로 정리하고 그 상태에서 다시 제목별로 자료를 정리한다.
- 제목은 오른쪽 위에 위로부터 약 2.5cm 떼어 따옴표 안에 적는다.
- 모든 방향에 약 2.5cm에서 4cm 정도씩 여백을 두어 자료의 내용이 지면 중앙에 오도록 한다.
- 맨 밑의 여백에는 내용의 출처인 책의 제목과 출판에 대한 정보를 적는다.
- 다른 줄에는 내용을 발췌한 책의 해당 페이지 번호를 적는다.

이 내용에 기초하여 자료 보관 형식을 만들어 보면 [그림 4-1]과 같다.

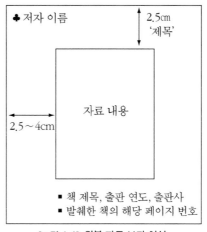

[그림 4-1] 원본 자료 보관 형식

(2) 사본 파일

참여자에게 나누어 줄 자료의 사본은 사본 파일에 저장한다. 파일을 한 사람만 사용하는 경우라면 사본 파일을 따로 둘 것 없이 원본과 함께 사본을 정리해 두면 된다. 특별한 항목의 복사본이 거의 소진되면 파일 앞에 라벨을 붙여 즉시 자료를 복사할 수 있도록 표시해 두어야 한다.

자료는 매력적이고 알아보기 쉬어야 한다. 편집이 제대로 안 되고 지저분한 자료는 참여자가 본문을 읽는 데 장애를 준다. 더 중요한 것은 어떤 참여자는 자료를 제시하는 태도나 자료의 상태를 보면서 독서치료자가 참여자를 존중하는지를 의식적이든 무의식적이든 판단하려 한다는 것이다. 그리고 참여자에게 원본을 복사해서 주기 전에 작가 등의 책에 대한 정보는 지우고 주어야 한다. 어떤 참여자는 저자의 이름만 보고도 자발적인 반응에 방해를 받기 때문이다.

텍스트가 책이나 잡지의 일부 페이지를 복사한 것이라면 참여자에게 줄 때는 보기 편한 형태로 다시 편집하여 주는 것이 좋다. 대부분의 사람이 지면의 중앙에 여유 있게 큰 글씨로 써 놓았을 때 편안하게 느끼며, 특히 읽는 데 어려움을 느끼는 참여자에게는 큰 글씨가 좋다. 또한 단락을 바꿀 때는 서너 줄을 비우는 것이 보기 좋고, 단락별로 내용이 완결되도록 나누는 것이 참여자가 이해하는 데 도움을 준다. 글을 잘 읽지 못하는 참여자뿐 아니라 자신의 문제에 지나치게 빠져 있는 참여자도 독서치료에서 토론을 하려면 글이 적절한 분량의 단락으로 이루어져 있어야 집중을 잘한다.

(3) 선반 파일

독서치료자가 수시로 참조하는 책, 자료 모음집이나 명시선집과 같은 책이 아닌 CD, DVD, 카세트테이프 등은 크기가 들쭉날쭉하여 정리해 둘 선반이 필요하다. 어떤 독서치료자는 비슷한 항목끼리 함께 모아 항목별로 가나다순으로 정리하고, 어떤 독서치료자는 같은 가나다순 안에 미디어를 섞어서 정리하기도 한다. 인쇄 자료에서 저자의 성 순서대로 정리하면 다른 미디어에서도 같은 원칙에 따라 정리하는 것이 좋다. 예를 들면, 영화의 경우에는 영화 제작자가 대체로 저자와 동등한 것으로 받아들여지므로 제작자의 성에 따라 정리하면 된다.

그러나 영화와 기타 시청각 자료는 대체로 제목에 따라 정리한다. 제목이 겉에 쓰여 있지 않은 경우에는 라벨을 붙여 표시하며 정리한다. CD나 테이프 등도 정리하기가 어려운데, 기억하기 쉽게 작곡가, 악기, 연주자 등의 기준을 정하여 그에 따라 정리한다. 예를 들면, 교향악은 작곡가별로 정리하고 대중음악은 연주자별로 정리할 수 있을 것이다.

정리가 된 선반에 내용별로 라벨에 처음 세 글자를 써서 붙여 놓는다. 자료를 찾기 쉽고 정리하기 쉽게 하기 위해서는 책의 모서리에, 그리고 DVD, CD 등의 겉표지의 잘 보이는 곳에 제목을 붙여 두어야 한다. 마지막으로 두 사람 이상이 자료를 사용할 때는 서로 합의한 원칙에 따라 자료를 정리·관리하도록 한다.

요 약 >>>

이 장에서는 독서치료를 할 때 사용할 수 있는 자료와 관련된 내용을 다루었다. 독서치료의 자료는 일반 독서자료와는 구별된다. 독서치료에서 적절한 자료를 선정하는 것은 개입의 핵심 부분이다. 따라서 내담자의 심리-정서적 문제의 해결을 돕고 또한 내담자의 독서연령(reading age)을 고려한 것이어야 한다. 너무 쉬운 자료는 참여자로 하여금 무시받는 느낌을 가지게 만들고 너무 어려운 책은 반대로 좌절감을 불러일으킬 수 있다.

이 장에서 제시한 독서치료 자료의 성격, 독서치료 자료의 선정 기준, 독서치료를 위한 자료를 선정할 때 고려해야 할 사항, 독서치료 자료의 제시 방법, 독서치료에 사용될 수 있는 자료의 자원과 선정된 자료를 정리하고 보관하는 방법을 숙지하여 효과적인 독서자료 선정 기술을 습득하도록 한다.

🎓 학습과제

❶ 독서치료를 위한 '자료의 선정 기준'에 대하여 말해 보시오.

❷ 바람직하지 않은 독서치료 자료에 대하여 설명해 보시오.

❸ 발달단계에 따른 연령별 독서치료 자료 선정 시 유의할 점에 대하여 말해 보시오.

❹ 독서치료 자료를 제시할 때 특히 자료의 소개단계에서 주의해야 할 사항에 대해 설명해 보시오.

❺ 최근 나 스스로 감동받은 다양한 매체 중에서 내가 돕고 싶은 내담자의 관심과 특성에 맞는 바람직한 자료에 대하여 구체적으로 설명해 보시오.

❻ 바람직한 독서치료 자료의 보관과 관리에 대하여 자기 생각을 말해 보시오.

제 5 장

독서치료자의 자질*

학습목표 및 개요 ● ● ● ●

독서치료자는 시, 이야기 등의 문학작품과 자기계발서 등의 독서매체를 통해 독서치료가 필요한 참여자의 욕구를 충족시키고 역량을 강화시킴으로써 참여자 스스로 자신의 문제를 해결할 수 있도록 돕는 조력자다. 이 장에서는 이러한 독서치료자(bibliotherapist)의 역할과 독서치료자가 되기 위한 자격조건 및 자질에 대하여 알아본다.

---

* 이 장의 일부는 독서치료(2004) 4장을 참조하였다.

1. 독서치료자의 정의와 전문적 자질

1) 독서치료자의 의미

독서치료자는 독서치료가 필요한 참여자에게 시, 동화, 소설 등의 문학작품 및 자기계발서 등의 독서치료 자료를 읽은 후 문제를 해결할 수 있도록 도와주는 조력자다. 독서치료자는 독서매체를 통해 참여자의 감정을 수용하고 명료화를 도움으로써 그들의 억압된 정서나 부적절하게 형성된 습관을 합리적이고 긍정적으로 변화시킬 수 있도록 도와준다. 일반인을 비롯한 아동 및 청소년에게는 책을 통하여 정보와 지식을 얻을 수 있는 기회를 제공하며, 또 자아실현의 가능성과 성장 발달을 돕는 교사이기도 하다. 전문직으로서의 독서치료자는 일반인의 정신건강 증진을 위한 독서치료 프로그램을 개발 보급함으로써 정신적 문제 발생을 미연에 방지하고, 정신 문제의 해결에서 도움이 필요한 참여자에게는 현재의 상황에 맞는 적절한 독서치료 기술로써 그들의 문제를 해결할 수 있도록 돕는다.

또한 개인적으로든지 집단에서든지 참여자와 만날 준비를 갖추고 독서치료자 자신만의 전문성 있는 독특한 기술과 신뢰할 수 있는 사례를 가짐으로써 독서치료자의 가치를 돈독히 해야 한다. 그러나 뛰어난 독서치료 기술과 유능한 지식을 쌓는 것보다 더 우선시되는 것은 참여자에 대한 사랑과 진실함을 가지는 것이다. 즉, 인간관계의 치료자로서 정체감과 신뢰감을 바탕으로 하여 참여자와 친밀한 관계를 형성해야 한다. 참여자와의 관계 형성 시 지시적이거나 상하관계가 아닌 수평적 관계를 가지고 그 속에서 참여자 개개인의 다양성을 존중하며 헌신적으로 참여자를 도와야 한다. 즉, 참여자와의 만남이 시작되면 거의 모든 것을 참여자 중심으로 진행하여야 한다.

치료과정에서 치료자는 말을 하는 사람이 아니고 참여자의 말을 적극적으로 경청해 주는 사람이다. 특히 독서치료자는 자신이 참여자를 대신하여 그들의 문제를 직접 해결해 주는 것이 아니라, 참여자가 자신의 지도 아래 적절한 독서매체를 경험하여 깨달음(awareness)을 얻음으로써 참여자 스스로 자신의 문제를 해결할 수 있는 역량강화를 돕는 사람이라는 사실을 잊어서는 안 된다.

(1) 독서치료자의 목표

독서치료의 목표를 독서치료 자료를 활용한 후 읽기나 쓰기 등의 다양한 활동을 통해 바람직하고 긍정적인 사고를 가진 성숙한 인간발달에 둔다면, 독서치료자의 목표는 참여자의 적극적인 성장과 변화에 중점을 두고 자기이해를 돕기 위해 참여자 중심의 수용적인 환경을 제공하는 일이 된다. 따라서 독서치료자는 독서치료적 접근으로 참여자의 욕구충족을 도와줌으로써, 참여자가 자신의 내적 감정이해와 정서적, 행동적인 문제를 탐색하고 통찰하는 과정에서 비합리적이고 적절하지 못한 자신에 대하여 스스로 알 수 있도록 도와주어야 한다. 그리고 독서치료자는 참여자의 갈등 해결을 위해 도움을 주는 조력자로서 인성적, 학문적, 기술적인 경험을 가지고 참여자의 현재 상황에 적절한 기술로써 실천할 수 있는 장기계획과 단기계획을 설정하고 달성 가능한 목표를 세워야 한다.

다음은 독서치료자와 참여자의 상호 활동에서 세워야 할 기본 목표다.

- 독서치료자는 참여자 스스로 자신의 욕구 및 감정을 이해하고 느낄 수 있는 환경을 조성한다.
- 독서치료자는 독서치료를 통해 참여자가 바람직하고 성숙한 인간으로 성장할 수 있도록 참여자와 협력하여 앞으로의 방향을 모색한다.
- 참여자와 협의가 이루어지면 발달적 접근기술과 임상적 접근기술에 의미를 두고 목표설정을 한다.
- 독서치료자는 참여자의 환경과 독서능력을 파악하고 현재 상황을 이해하여 실천 가능성 있는 계획과 목표를 설정하되 단기치료와 장기치료를 구분한다.
- 독서치료자는 참여자의 현재 상황에 적절한 자료를 활용하여 그들의 성취감을 도와줌으로써 삶의 만족도를 높인다.
- 계획된 목표가 이루어지면 종결하고, 종결 후의 추수상담까지 계획한다.

(2) 독서치료자의 역할

1957년 서울특별시 교육위원회가 중등교사를 대상으로 하여 카운슬러 교사연수를 한 것을 시초로 하여 우리나라에 상담이 도입된 지 반세기가 지났다. 그동안 많은 발전을 하며 다양한 치료기법이 개발되고 있는 가운데 시대 변화에 따라 독서치료자의 활동 또한 왕성하게 이루어지고 있다. 근래 들어 학교나 임상 현장에서 독서치료자의 역할은 교육과 치료를 통합하는 특수직의 임상실천가이자 교사로서 그 영역이 확대되고 있다.

독서치료자의 기본 역할을 한마디로 규정하면 '심리적 · 정서적 문제를 해결하고자 하는 참여자에게 책을 읽히거나 글을 쓰게 함으로써 변화가 일어나도록 촉진하는 조력자'라고 할 수 있다. 조력자로서의 역할은 독서치료 3요소인 참여자와 상담자 그리고 독서치료 자료의 역학관계로 볼 수 있다. 즉, 독서치료를 필요로 하는 사람을 지칭하는 참여자와 독서치료 훈련과정을 거쳐 인증된 관공서 혹은 학회 등에서 자격을 인정받은 사람을 가리키는 독서치료자, 그리고 독서치료에 필요한 문학작품, 자기계발서, 글쓰기 자료 등과의 관계를 말한다.

독서치료자는 참여자의 존엄성과 가치 및 인격을 존중하며 그들의 잠재력을 개발하고 다양한 치료 프로그램을 개발 활용함으로써 참여자가 독서와 글쓰기를 통하여 창조적인 힘을 얻게 도와주는 역할을 한다. 그러나 참여자에게 나타나는 양상은 개개인이 다르게 나타날 수 있으므로 판단을 할 때는 항상 열려 있는 태도를 보여야 할 것이다. 상담이나 치료는 바로 그 자리에서 정답을 말하고자 하는 교육이 아니다. 참여자에게서 정답을 들으려고도 하지 말고 그들에게 정답을 말하려고도 하지 말아야 한다. 참여자 스스로 말하고 스스로 결정을 내릴 때까지 기다리면서 곁에 있어 주어야 한다.

이러한 독서치료자의 기본 역할을 요약하면 다음과 같다.

- 독서치료자는 독서치료에 필요한 지식과 자료에 대하여 충분히 숙지해야 한다. 충분한 독서치료 자료에 대한 이해는 참여자의 성장을 돕는다.
- 독서치료자는 독서치료와 관련한 다양한 기술을 갖추어야 한다. 개인치료와

집단치료에 필요한 이론적 지식과 다양한 기술을 익혀야 한다.

- 독서치료자는 독서치료와 관련한 새로운 정보에 대한 지식이 있어야 한다. 새로운 자료, 시집, 저널, 동화, 신문 등 독서치료와 관련한 최신 정보에 대한 지식을 넓힘으로써 좀 더 손쉬운 접근으로 독서치료 효과를 높여야 한다.
- 특수집단을 위한 지식과 특수한 치료기술 능력을 갖추어야 한다. 타문화권자, 정신질환자 등 특수집단의 특성에 따라 적절한 방법으로 접근해야 한다.
- 독서치료 계획과 병리 현상에 따른 심리검사를 실시하여 평가와 해석을 한 후 정리해야 한다.
- 회기가 종결된 후에도 추수상담과 사후관리까지 맡아야 하는 책임감을 가져야 한다.

이 외에도 독서치료자는 국가적, 사회적인 보호 차원에서 참여자를 위한 장기적인 관리와 보호할 수 있는 방법을 동원하여 그들을 돌보아야 한다.

다음은 이건(Egan, 1982)이 설명하는 치료자가 해야 할 일이다.

- 치료자는 우선적으로 자신의 신체적, 지적, 사회·정서적, 영적 성장을 위해 노력해야 한다.
- 치료자는 적절한 운동과 식이요법으로 자신의 신체에 대한 자긍심을 가져야 한다.
- 치료자는 직관력과 기본적인 아이디어를 가지고, 자신의 지적 가능성을 인식하고 이상적인 세계를 존중해야 한다.
- 치료자는 상식과 사회적 기능을 겸비해야 한다.
- 치료자는 조력이라는 것이 힘든 일이며, 또한 열심히 하더라도 현명하게 일하는 것도 중요함을 알아야 한다.
- 치료자는 통합자임을 알아야 한다.
- 치료자는 자기 자신의 삶에 복종하기보다는 삶을 주도하는 사람이므로 참여자가 목표를 설정하고 건설적인 행동 변화를 가질 수 있도록 행동 프로그램

정교화를 도와주어야 한다.
- 치료자는 개인 상담이나 집단 상담을 이끌 때에도 자유롭고 편안하게 해야 한다.
- 치료자는 어떤 문제가 발생하더라도 그 문제에서 벗어나지 않아야 한다.

이처럼 독서치료자는 참여자의 성장과 변화를 증진시키려고 한다면 우선 자기 자신의 선택과 결정을 탐색함으로써 자신의 삶을 향상시키고 성장 가능성을 자각하도록 힘써야 할 것이다. 이어서 치료자가 상담 진행과정에서 참여자를 대할 때 고려해야 할 신체적 자세를 이건(Egan, 1982)의 SOLER를 기준으로 살펴보면 다음과 같다.

- 참여자를 비스듬히 마주 대하라(face the client Squarely). 즉, 치료자가 참여자와 함께하고 있다는 뜻을 전하기 위해 취하는 신체 방향이다.
- 개방적 자세를 취하라(adapt an Open posture). 즉, 참여자에게 관심을 갖는다는 자세로 임해야 한다.
- 치료자는 참여자 쪽으로 몸을 기울이라(Lean toward the other). 즉, 가능한 한 상대방을 향하여 다소곳하게 앉아야 한다.
- 시선 접촉을 적절히 하라(maintain good Eye contact). 즉, 주시하는 것이 아닌 자연스럽게 시선을 보내야 한다.
- 상담 및 치료과정에서 치료자 자신이 긴장하지 말라(try to be Relaxed while engaged in these behaviors). 독서치료자는 안절부절못하거나 주의가 산만한 상태에서 상담 및 치료를 시작해서는 안 된다.

(3) 독서치료자의 기본 기술
독서치료자가 갖추어야 할 기본 기술은 다음과 같다.

① 기본 요소

① 참여자에 대한 이해

독서치료는 약사나 의사가 환자에게 약을 권하는 것과는 달리 독서를 통해 참여자의 아픈 마음을 돕는 일이다. 독서치료자에게는 독서로써 사람과 사람의 마음을 오가게 하는 전달기술이 필요하므로 인간을 우선 이해해야 한다. 상대를 얼마나 이해하고 신뢰하느냐 하는 상호 인간관계에 따라 치료효과는 달라지므로 상담자는 참여자를 깊이 이해해야만 도울 수 있다.

프레스턴(Preston, 1998)은 참여자와의 상담과정에서 지금 내 앞의 참여자는 어떤 상태인가, 원하는 것은 무엇인가, 그 원인은 무엇인가, 그리고 어떻게 할 것인가를 주요 질문으로 제안하였다. 즉, 상담과정은 why보다는 how나 what으로 자연스럽게 접근해야 하며, 치료자와 참여자의 관계는 신뢰에서 시작되므로 참여자의 감정을 수용하고 치료자가 참여자에게 공감, 존중 및 일치성을 보여 줌으로써 참여자가 촉진적 관계를 조성함은 물론 자신을 깊게 탐색하고 자연스럽게 접근할 수 있게 해야 한다.

② 독서치료 자료에 대한 이해

독서치료는 참여자와의 상담이나 치료단계에서 독서매체를 매개로 접근한다는 특수성을 가지고 있다. 독서치료자는 독서치료 접근방법과 치료매체의 특성을 알아야 하고, 문학작품에 대하여 숙지하여야 한다. 이 밖에도 글쓰기와 시 쓰기, 저널 쓰기, 문학 작품을 서사적으로 분석하여 치료적 발문을 만드는 능력을 갖추어야 한다.

참여자와의 면담이 시작되면 다양한 참여자에게 어떤 자료를 가지고 어떻게 접근할 것인가의 문제는 전문적인 독서치료자로서 갖추어야 할 필수 사항이다. 참여자와 임상 현장에서 활용할 책은 우선 가독성을 점검하고 책의 크기, 활자의 크기, 책의 분량 등을 세심하게 배려하여 선택해야 한다. 그림책을 이용한 접근일 경우에는 그림과 글의 비율 등에서부터 주제의 난이도까지 고려하여 자료를 선정함으로써 독서치료 효과를 높일 수 있다.

한편, 그림책은 종종 아동용으로만 여겨지기도 하는데, 실제로 그림책은 강요적이지 않고 비지시적인 특성이 있어 남녀노소에 관계없이 참여자 중심의 접근을 할 수 있게 해 주는 효과적인 매체로 평가된다.

③ 참여자와 치료자 간의 관계에 대한 이해

독서치료자는 참여자와 적절한 상담 관계를 발전시킬 수 있는 기술이 있어야 한다. 만약 집단을 기반으로 하는 독서치료라면 집단을 이끄는 방법과 기술에 관한 연구가 필요할 것이며, 집단을 이끌 때는 집단의 리더로서 필요한 기술과 방법을 익혀야 할 것이다. 또 치료 현장에서 참여자가 책을 치료적으로 읽고 반응할 수 있는 발문 기술을 비롯하여 경청, 공감, 직면 기술을 적절히 활용하여 구두 언어로도 참여자를 격려할 수 있어야 할 것이다. 라포(rapport) 형성은 상담과정에서 성공적인 치료관계를 형성하는 단계로서 상호 간의 존경과 신뢰를 바탕으로 이루어지고(Gambril, 1997), 치료자와 참여자 간의 이해와 전문적 관계를 형성한다(Barker, 1995). 라포 형성이 잘 이루어지면 참여자는 편안한 마음으로 자신의 내적 감정을 잘 드러내게 되고 치료자는 구체적이고 실질적인 계획을 잘 설정할 수 있게 된다.

Johnson과 Van Hasselt 및 Hersen(1997)은 라포 형성을 위해 다음을 고려할 것을 제안한다.

- 치료자와 참여자가 편안한 환경을 조성하도록 한다. 특히 면담에 오는 참여자는 두려움과 불안감을 갖고 무엇을 해야 할지 모르는 경우가 많으므로 치료자는 참여자가 편안한 상태를 유지하도록 도와야 한다.
- 참여자의 문제를 사정하고 공감적인 반응을 보여 준다. 참여자는 종종 문제해결에 대한 저항감을 가질 수 있으므로 참여자가 신뢰를 갖고 자신의 문제 상황을 말할 수 있도록 돕는다.
- 참여자의 통찰력 수준을 파악하고 동맹관계(alliance)를 형성하도록 한다. 참여자는 자신의 문제에 대한 통찰력이 없을 수 있는데, 치료자가 이를 정확하

게 파악하고 있지 못하면 라포 형성이 어렵거나 또는 이전에 형성되었던 라
포까지도 줄어들게 된다.

- 참여자의 역할을 이해할 수 있도록 돕는다. 이전에 치료자를 이용한 경험이
  있는 내담자에게도 치료자가 일하고 있는 기관의 절차와 규정 및 원조과정을
  설명하고, 내담자가 갖고 있는 질문에 답함으로써 상호 간의 이해와 기대를
  향상시킬 수 있다.

또한 치료과정에서 치료자는 말하는 사람이 아닌 참여자의 말을 잘 들어주는
사람이다. 경청은 참여자의 말을 그냥 듣기만 하는 것이 아니라 적극적인 과정의
절차다. 눈 맞춤, 자세, 표정 등의 비언어적인 행동을 통해 참여자에게 신뢰를 주
며 강화효과를 높일 수 있다. 독서치료는 실천적인 면을 강조하므로, 치료 현장에
서 참여자와의 상담과정에서 나타나는 비언어적인 행동까지 살펴보아야 한다. 공
감을 위하여 오로지 참여자에게만 집중해야 하며, 참여자의 정서적 · 인지적 내용
또한 정확히 파악해야 한다. 이것이 적극적 경청의 자세로서 귀로 듣는 것뿐만이
아닌 눈과 특별한 지각력으로 듣는 것이다(Brammer, 1979).

적극적 경청 기술의 목적은 개인의 의도, 관점, 견해를 정확히 알고 상호관계의
감정과 의도를 충분히 이해하며 또 청취자로서 가정과 인지가 정확한지를 검토함
으로써 의사소통의 단계와 관계를 향상시키기 위해서다. 따라서 참여자의 말을
몸과 마음 전체로 이해해야 한다.

④ 상담과정에 대한 이해

상담은 시간 흐름 속에서 펼쳐지는 하나의 사건이다. 따라서 상담자는 프로그
램을 구성하는 능력이 있어야 한다. 상담은 한 편의 이야기처럼 시작과 중간과 끝
이 있으며 상담에 방해가 되는 적대자와 갈등, 위기, 깨달음의 요소가 있다. 시간
속에서 펼쳐지는 이러한 상담의 과정을 한 편의 서사로 보고 흐름을 알 수 있는 감
각이 필요하다.

2 이론적 관점에 따른 치료기술

독서치료자는 참여자의 현재 상황에 따라 학문적 이론에 근거해 적절한 방법을 사용해야 한다. 정서치료가 필요한 참여자, 인지치료가 필요한 참여자, 혹은 행동수정이 필요한 참여자의 다양한 양상에 따라 검증된 이론과 기술에 기초해 접근한다.

형태주의에 근거한 게슈탈트 치료자는 지금－여기를 목표로 계획된 활동을 함으로써 참여자를 새로운 방식으로 재경험시키고자 한다. 그리고 인본주의 이론에 근거한 독서치료 인지주의 치료자(cognitive therapists)는 참여자의 행동방식이 그들 자신과 타인에 대한 인지적 이해에서 비롯된다고 믿고, 자기 자신의 능력에 대한 새로운 이해를 할 수 있도록 도와준다(Hughes, 1988; Kendall & Braswell, 1985). 가장 확실한 인지적 전략은 참여자에게 의사결정을 내릴 때 체계적인 문제해결 과정을 가르치는 것이다. 즉, 문제를 정의하고 설명하기, 참여자가 취할 수 있는 대안 열거하기, 선택 가능한 결과를 설명하기, 하나의 대안을 선택하고 그 대안방법을 직접 시도하기, 그리고 그것이 성공했는지 여부를 알기 위한 평가 계획을 세우는 것이다.

독서치료 프로그램에는 책 읽고 느낌 말하기, 느낌을 글로 쓰기, 시 읽기, 시화 꾸미기, 소설이나 동화 속의 주인공 되어 보기, 등장인물에 대해 감정 나누어 보기 등 여러 활동이 있다. 그러나 중요한 것은 이론적 관점에 기초한 기술을 통해 각 참여자에 따른 진단을 한 후 그에 맞는 방법을 계획하고 적절한 시간에 개입함으로써 참여자의 깨달음을 돕고 스스로의 변화를 도울 수 있게 하는 것이다. 독서치료와 심리학적 이론과의 관계는 2장에 구체적으로 제시되어 있으니 참고하기 바란다. 아울러 근래 들어서는 여러 심리학 이론을 통합해서 독서치료에 적용하는 기법이 점차 늘어나는 추세다.

2) 독서치료자의 가치

(1) 독서치료자의 신념

독서치료자의 가치가 개인 자신의 삶 속에서 소중함을 성취하고 참여자의 성장과 변화를 돕는 것이라면 우선 독서치료자 자신에 대하여 탐색하고 깨달으며, 개인 자신에 대한 철학적인 신념을 가지고 자신을 보호할 수 있어야 한다. 참여자를 진정 위한다면 자신을 돌보는 일부터 해야 한다. 치료자 자신의 개인적 가치와 전문적 가치 간의 상호작용은 전문적 활동에 상당한 영향을 미치므로 개인적 자질 및 가치에 대한 통찰 없이는 전문가로서 성장하기 어렵다(Hepworth, Rooney, Rooney, Strom-Gottfried, & Larsen, 2006).

① 개인적 가치

독서치료자의 개인적 가치는 독서치료자에게 있어 매우 중요한 부분이다. 특히 문화와 종교적인 문제는 치료과정에서 참여자의 개인적 가치와 갈등을 일으킬 수 있다. 이러한 개인적 가치와 전문적 가치가 치료에 미치는 영향을 고찰해 보면 다음과 같다.

- 치료자의 가치는 전공 영역의 교육을 받고 지식과 기술이 전문화될 때 전문인이라 할 수 있다
- 독서치료자는 개인의 권리를 존중해야 하고 독서치료자와 참여자의 관계는 참여자의 가치와 존엄성에 기초해야 한다. 이는 비밀 보장, 법적 및 윤리적 존중 등 기본적인 관계를 통해 접근되어야 한다.
- 독서치료자는 다양한 문화집단의 특성을 존중하고 수용하며, 인종, 계층, 종교적인 특성 등을 간섭해서는 안 된다.

② 전문가로서의 가치

- 전문가로서의 전문 지식 및 기술은 바로 능력이며, 전문가로서의 가치를 확

립하는 것이다. 능력을 정당화하되 독서치료의 목적을 경제적인 이윤이나 수
익성에 두어서는 안 된다.

- 다양한 참여자에 따른 특수성 있는 전문 지식과 기술을 통해 참여자에게 충
분한 상담과 치료 기회를 제공한다.
- 다양한 참여자에 따른 특수성 있는 전문가로서 책임감 있게 일을 계획하고
배려하며 윤리적인 도덕성을 갖춘다.
- 정직과 진실성 있는 전문가로서 참여자의 개인적인 존엄성에 대하여 존중한다.
- 참여자의 욕구와 관련한 자기결정에 최대한 참여하여 최선의 해결방안을 모
색하고 추후관리까지 배려한다.
- 사회적 현상과 연계하여 제도적으로 참여자 보호를 강화할 수 있는 방안을
모색한다.

(2) 독서치료자의 윤리

① 윤리적, 법적 기준

독서치료자는 전문직 종사자로서 자신이 종사하는 직업의 윤리 규범을 준수해
야 한다. 또한 국가의 법률과 그 법적 한계 및 책임의 한계를 지키고, 자기인식을
통한 개인적 및 전문적 가치의 확립으로 윤리적 딜레마의 대처방안도 모색해야
한다.

자신과 독서치료를 진행하던 참여자가 아무런 상의 없이 다른 독서치료자와 치
료를 진행하고 있음을 알게 되었더라도 수용할 수 있어야 하며, 유머와 위트로 상
담과정을 진행할 수 있어야 한다. 더 나아가 예전의 참여자와 새로운 독서치료자
와 협의하여 참여자에게 도움을 줄 수 있는 성숙함과 책임감을 가져야 한다. 독서
치료자는 독서치료가 끝난 후에도 참여자와 지속적인 관계를 유지해야 하는 특수
한 직업으로서 치료자의 인성과 기질, 성향 등이 참여자에게 지속적으로 깊은 영
향을 주므로 전문인으로서의 능력과 효율성을 증진시키기 위해 반드시 전문가 집
단의 일정한 교육과 연수를 받아야 한다.

② 윤리강령

독서치료자는 인본주의 · 평등주의 사상에 기초하여 모든 인간의 존엄성과 가치를 존중하고 천부의 자유권과 생존권의 보장활동에 헌신한다. 특히 사회적 · 경제적 약자의 편에 서서 사회정의와 평등, 자유, 그리고 민주주의 가치를 실현하는 데 앞장선다. 또한 도움이 필요한 사람들의 사회적 지위와 기능을 향상시키기 위해 그들과 함께 일하며, 사회제도 개선과 관련된 제반 활동에 주도적으로 참여한다.

독서치료자는 개인의 주체성과 자기결정권을 보장하는 데 최선을 다하고, 어떠한 여건에서도 개인이 부당하게 희생되는 일이 없도록 한다. 이러한 사명을 실천하기 위하여 전문적 지식과 기술을 개발하고, 사회적 가치를 실현하는 전문가로서의 능력과 품위를 유지하기 위해 노력하며, 동료나 독서치료자의 활동을 평가하며 인도하는 윤리기준을 선언하고 준수해야 한다.

③ 비밀 보장

독서치료자로서 갖추어야 할 윤리 가운데 가장 예민한 부분은 비밀 보장이다. 치료자는 참여자의 비밀을 보장해야 할 의무가 있으며, 일방적으로 참여자의 사생활이나 비밀을 누설해서는 안 된다.

참여자의 사실적인 비밀관계에서부터 법적 전과기록, 이혼, 호적관계, 출신 및 출생 관계, 가족 및 입양, 동성애에 이르기까지 참여자의 명예를 훼손하거나 불이익을 줄 수 있는 일은 참여자와의 협의 없이는 어떠한 경우에도 타인에게 공개해서는 안 된다.

만약 치료자가 참여자에게 현재 치료 중인 사실을 이웃이나 직장에 비밀로 할 것을 약속한 후 이러한 사실을 지키지 못했을 경우, 둘의 신뢰관계는 깨지고 이는 치료관계에도 부정적인 영향을 미칠 수 있다.

그러나 극약 소지, 자살 등의 위기가 확인될 때, 라이터 등 방화물을 소지하였거나 방화 증거가 있을 때, 칼이나 흉기 등 타인에게 위협적인 도구를 소지했을 때 등 큰 위험이 예상될 때는 보호자, 가족, 전문인 등에게 알림으로써 위험에 대처하거나 방지할 수 있는 방법을 모색하여야 한다.

④ 이중관계 및 성적 접촉

독서치료자는 참여자와 가족, 친척 등 이중관계로 얽힐 경우에는 치료관계를 맺어서는 안 된다. 이미 개인에 대한 정보를 아는 사이에서는 치료가 효과적으로 이루어지지 않는다. 또한 치료자와 참여자의 관계에서 신체접촉이나 성적 관계를 시도하거나 성적 관계를 맺어서는 안 되며, 치료실 밖에서 참여자를 만날 경우 금전적 혹은 사적 이윤을 추구해서도 안 된다. 치료자와 참여자의 관계는 상담 후 치료실을 나오면 일반인의 관계이므로 치료자는 먼저 아는 척을 하지 않는 등 세심하게 배려해야 한다.

2. 독서치료자의 유형과 자격 기준

독서치료자는 참여자와 관련하여 일반적인 지식에서 새로운 정보까지 참여자를 도울 수 있어야 하고, 개인 상담과 집단치료에 대한 이론과 기술에 이르기까지 프로그램을 계획하고 자신만의 유일하고 독특한 기술을 개발할 수 있는 전문가로서의 가치를 확고히 해야 한다.

카츠와 와트(Katz & Watt, 1992)는 책이 치료자를 대신할 수는 없으나 독서치료는 "책을 통해 마음을 치유한다."라고 언급하고, 참여자에게 간접 경험을 통해 정보와 해결 방안을 얻을 수 있는 기회를 제공한다고 하였다. 이처럼 독서치료자는 참여자를 위한 여러 가지 방법과 다양한 기술을 익혀야 하며, 이러한 관점에서 여러 유형의 독서 관련 활동은 독서치료의 역할을 할 수 있다.

독서치료는 활동 대상에 따라 발달적 독서치료와 임상적 독서치료로 분류할 수 있다. 발달적 독서치료는 한 개인이 정서 문제를 겪거나 성장 발달이 늦을 경우에 그 대상이 되며, 교사 · 사서 등 사람들을 지원할 수 있는 여러 분야의 전문가가 독서치료를 담당할 수 있다. 그러나 정서적 치료가 필요한 사람들은 임상적 독서치료로 접근해야 하며 이때는 반드시 정신건강 전문가의 참여가 함께 이루어져야 한다.

일반적으로 도서관에서 책과 자료를 담당하는 사서와 미디어 전문가는 참여자에게 알맞은 책, 비디오테이프, 컴퓨터 프로그램, CD-ROM과 같은 자료를 선정해 주고, 그 자료에 대해서 토론하는 일을 한다. 나아가 사서와 미디어 전문가는 책과 자료를 통해 대상자에게 조언하고, 사람들의 감정, 희망, 꿈, 진로에 대해서 이야기를 나누는 데도 적절한 기술을 가지고 있어야 한다.

결론적으로 임상 현장에서 경험이 풍부한 독서치료가 되기 위해서는 책을 담당하는 도서관 사서, 미디어 전문가, 교사, 정신건강 전문가 간의 공조 활동(collaborative activities)이 이루어져야 한다. 서로의 협조가 이루어지면 각 전문가가 갖고 있는 특별한 능력을 활용할 수 있고, 독서치료자가 참여자의 예기치 않은 문제나 반응에 직면하여 책임감 있고 안전하게 행동할 수 있게 된다. 그러므로 이들 전문가 간의 협조, 즉 서로 조언하는 활동이 있다면 독서치료는 이들 전문가 모두가 하기에 적합한 활동이 될 수 있다. 다음에서는 이러한 각 전문가 중 책을 담당하는 도서관 사서, 미디어 전문가, 독서치료사와 독서치료 전문가의 역할에 대해 구체적으로 살펴본다.

1) 도서관 전문가

베네(Benne, 1991, p. 2)는 도서관 전문가의 책임을 독자를 위한 적합한 자료의 선택과 유지, 정보 제공과 독서 지도, 프로그램의 계획과 제시의 세 가지로 서술하였다. 그러므로 도서관 사서는 자료에 대한 지식, 조회 기술(reference skill), 독서지도에 관한 경험을 바탕으로 하여 독서치료자로서의 교육과 조건을 구비하였을 때는 독서치료자로서 매우 적합한 전문인이 될 수 있다. 미누친과 피시먼(Minuchin & Fishman, 1981)은 전문가는 "참여자를 대할 때 아주 다양한 방법으로 맞이할 수 있는 달인이 되어야 한다."라고 한 것처럼 독서치료자는 전문인으로서의 특수성과 최고의 능력을 유지하기 위해 참여자 개개인을 위한 끊임없는 프로그램 개발과 다양한 기술을 활용하여 최선을 다해야 한다.

(1) 자료에 대한 지식

도서관 전문가는 많은 책을 읽고, 비디오를 보고, 녹음자료를 들으며, 자료를 수집하고 내용을 비판하고, 자료 선정과 분류 작업을 하며, 유해한 자료는 배제시켜야 한다. 독서치료를 위한 자료를 선택할 때에는 등장인물, 플롯, 주제, 배경(setting), 시점(point of view), 문체(style), 어조(tone)가 적절한지 살펴보아야 한다. 또한 도서관 전문가는 정신건강 전문가와 협력하여 함께 독서치료를 진행할수 있다.

- 참여자의 현재 상황에 적절한 책과 자료를 선정하되 참여자가 좋아하는 자료가 그들을 위한 최고의 자료이며 적합한 도구임을 알아야 한다. 정신건강 전문가는 독서치료를 시작하기 전에 참여자가 가지고 있는 문제의 심각성과 그밖의 상황을 평가하고 검토하여 책이 주는 해결책을 활용함으로써 좀 더 성공적인 독서치료 결과를 기대할 수 있다.
- 참여자에게 자신의 아픈 기억과 경험을 너무 자세하게 되새기게 하는 것은 자발적 참여가 아닌 강요가 될 수 있고 상처가 될 수 있다. 참여자는 강한 정서적 반응이나 고통스러운 인상 때문에 해결을 포기하거나 다시 시도하는 것을 싫어할 수 있다. 도서관 전문가는 참여자의 고통을 해결함에 있어서 고민해결에 민감해야 하고, 대처하는 힘을 길러 줄 독서치료 자료를 많이 가지고 있어야 한다.

(2) 조회서비스

래드포드(Radford, 1989, p. 3)는 "도서관 사서는 도서관 이용자와 정보의 원천이 서로 만나도록 하는 사람이다."라고 언급하였다. 이처럼 도서관 사서는 이용자가 원하거나 요구하는 정보나 항목을 찾아내며, 정보 획득을 원하는 사람들을 만족시키는 데 필요한 활동과 기술을 익혀 이용자를 돕는 역할을 한다.

도서관 전문가는 정신건강 전문가와의 협력적 독서치료 작업에서 '인간 상호 작용의 수단'으로 다음과 같은 기술을 사용할 수 있다.

- 도서관 전문가와 정신건강 전문가는 책, 비디오, DVD, 그리고 다른 자료의 범위를 정하고 찾아낼 수 있다.
- 도서관 전문가는 참여자에게 적절한 책, 비디오, DVD 등 시청각 자료를 통해 접근할 수 있다.
- 도서관 전문가와 정신건강 전문가는 참여자 혹은 이용자에 따른 특수한 주제를 선택하기 위해 함께 일할 수 있다.

(3) 독서지도

독서지도(reading guidance) 측면에서 도서관 전문가는 독자에게 조언하기, 책에 대해 토론하기, 책 소개하기의 활동을 하는데, 이는 독서치료에서 중요한 역할을 한다.

① 독자에게 조언하기

독자에게 조언하기(reader's advisory)는 조회서비스와 밀접한 관련이 있으며, 아동과 청소년을 위한 도서관 서비스에서 자리를 잡고 있다. 1987년 미국의 공공 도서관 사서 중 88%가 청소년과 독자에게 조언하기 서비스를 제공했으며, 87%가 학교의 필요에 의해 청소년에게 독자에게 조언하기 서비스를 제공했다고 보고했다(U. S. Department of Education, 1990, iii).

② 책에 대해 토론하기

도서관 전문가는 집단이 함께 공유한 책, 녹음 및 녹화 자료에 대해 토론을 이끌 수 있는 기술과 경험을 갖고 있으며, 사서는 집단토론에서 사용할 특별한 주제를 정하기 위한 자료 선택에 그들의 기술을 활용할 수 있다.

특히 아동과 청소년의 토론에서는 어떤 주제에 대해 다른 사람보다 더 민감하고 섬세할 수 있으므로 도서관 사서는 자신의 배경지식을 이용하여 생산적이고 가치 있는 역할을 하여야 한다.

다음은 책에 대한 토론 시 토론자가 해야 할 아홉 가지 지침이다(Kruse & Horning, 1989).

- 먼저 긍정적인 의견부터 표현하고, 좋은 점과 좋은 이유를 표현하기 위해 노력하라.
- 책의 전반적 내용에 관해 단정적인 판단을 하기보다는 어려운 점을 질문의 형태로 표현하도록 하라.
- 요약을 위한 시간은 아니므로 줄거리를 다시 떠올리거나 그 책을 자세히 설명하는 것은 피하라.
- 개인적 사건과 관련시키는 것보다는 토론은 가까이의 책에 초점을 맞추라.
- 동일한 작가의 책이나 다른 책과 비교하기보다는 토론 목록에 있는 다른 책과 그 책을 비교하기 위해 노력하라.
- 누가 그것을 말하는가보다는 무엇을 말하는 것인지 개방적으로 들으라. '정확한' 답이나 옳고 그른 정답은 없다.
- 당신의 의견을 나누기 위한 기회를 기다리기보다는 다른 이들의 의견에 반응하라.
- 토론 진행자에게 이야기하게 하기보다는 서로서로 대화하게 하라.
- 당신 가까이에 앉은 누군가에게 의견을 말하기보다는 집단 전체에게 의견을 말하라.

③ 책 소개하기

한 주제에 관하여 책을 소개하는 의도는 이용자로 하여금 책을 읽거나, 비디오나 녹화자료를 보거나, 음반을 듣도록 하는 것이다. 책 소개하기가 독서치료와 관계되는 예로는 친구 사귀기에서부터 형제자매 간의 경쟁, 또래 간의 억압, 자살, 슬픔에 이르기까지 광범위하다. 또 아동과 청소년을 위한 책의 소개는 아동을 위한 집단 독서치료 모임에도 접근할 수 있게 한다. 우선 도서관 전문가와 정신건강 전문가는 주제를 정한 다음 자료를 선정하고 책 소개하기를 준비하고 제시한다. 그다음 도서관 전문가와 정신건강 전문가는 자료에 대해 토론하고 관련 이슈를 탐색하기 위해 아동과 함께 작업한다. 이러한 방법은 학교지역의 정서교육 프로그램이나 상담가, 심리학자 또는 사회사업가에 의해 지도되는 치료 집단에도 통합시킬 수 있다.

2) 정신건강 전문가와 독서치료자

김현희 등(2004)에 따르면 우리나라에서 정신건강 서비스를 담당할 수 있는 전문가로는 독서치료자, 상담심리사, 언어치료사, 전문상담교사, 특수교사, 양호교사, 정신과 전문의, 정신보건 간호사, 정신보건 사회복지사, 임상심리학자 등이 있다. 이들 가운데 독서치료자, 상담심리사와 발달심리사, 언어치료사는 국가공인 자격증이 아닌 주로 각 관련 학회에서 승인하는 자격증을 가지고 활동한다. 그리고 상담교사, 특수교사, 양호교사, 정신과에서 정신건강을 담당하는 전문가들은 교육과학기술부나 보건복지가족부에서 승인하는 자격증을 가지고 활동한다.

독서치료는 상담학을 비롯하여 독서지도, 문헌정보학, 교육학, 문학, 사회복지학 등 다양한 학문과 연계되어 있어 학제 간 연구가 용이하고 적용 폭이 넓어 최근 들어 더욱 관심이 확대되고 있다. 독서치료자는 전문가로서의 목표를 자신의 변화와 가족, 지인을 돕는 정도에 둘 수도 있고 정신치료를 할 수 있는 전문적인 훈련에 둘 수 있다. 무엇보다도 학문적인 연구와 임상가로서의 훈련은 서로 연관성이 있으면서도 구별된다는 점을 알아야 하며, 독서치료를 학문적으로 지지할 수 있는 논문이나 신뢰할 수 있는 자료를 통해 인정받을 수 있게 발전시켜야 할 것이다.

그리고 임상가로 성장하기 위해서는 독서치료 과정을 이수해야 하는데 이때 받아야 할 네 가지 훈련으로는 독서치료 동료집단 체험(개인 상담이나 집단상담에 참여자로 참여하는 것), 독서치료 실습(참여자를 직접 상담해 보기), 슈퍼비전, 독서치료에 필요한 이론 습득이 있다.

이에 대해서 미국 시치료학회(http://www.poetrytherapy.org)의 사례를 들어 본다. 미국 시치료학회는 시치료사 자격검정위원회(National Federation for Biblio/Poetry Therapist: NFB/PT)를 두어 CPT(Certified Poetry Therapist)와 RPT(Registered Poetry Therapist) 과정을 관리하고 있다. CPT는 임상을 전제로 하지 않는 발달적 독서치료에 종사하는 이들로서, 학사학위 이상을 가진 사람이 CPT 이상의 자격을 취득한 멘터나 슈퍼바이저의 지도를 받아 총 440시간의 훈련을 받아야 한다.

CPT(Certified Poetry Therapist)

① 이론적인 학습(Didactic Study of Poetry Therapy): 200시간

② 시치료를 적용한 집단상담이나 개인상담 또는 가족상담 실습(Facilitating Group, Individual or Family Sessions of Poetry Therapy): 120시간

③ 슈퍼비전(Supervision): 60시간

④ 동료집단 체험(Peer Experience in Poetry Therapy): 60시간

■ 총 440시간

CPT를 위한 훈련은 총 440시간이지만 슈퍼비전과 상담실습 시간을 겸하여 실시할 수 있으므로 실제 시간은 이보다 약간 줄일 수 있다. 일반적으로 CPT 과정은 최소한 2년의 기간이 소요된다.

RPT(Registered Poetry Therapist)

① 이론 수업: 250시간

② 집단 및 개인 상담 실습: 300시간

③ 슈퍼비전: 100시간

④ 동료집단 체험: 60시간

⑤ 정신병원과 같은 임상기관 체험: 165시간

⑥ 기타 임상 관련 경험(Other Meritorious Learning): 100시간

■ 총 975시간

RPT는 임상 장면에서 일하는 정신과 전문의 수준의 시치료사로서 상담 분야에서 최소한 석사학위 이상을 소지한 사람이 지원할 수 있고, 정신과 환자를 치료할 수 있는 자격이 주어진다. 대개 이미 정신과 의사로 훈련받은 전문가나 그에 상응하는 상담 전문가들이 자신의 전문성을 증진하기 위해서 시치료를 공부하는 경우도 많다고 한다. 참고로 CPT와 RPT는 주로 다루는 대상이 다르기 때문에 반드시 CPT를 거쳐서 RPT로 갈 필요가 없고 별개의 과정으로 취급된다.

우리나라의 경우 한국독서치료학회에서 독서치료사와 독서치료 전문가로 개념을 정의하고 있는데, 이를 위한 자격과정은 〈표 5-1〉과 같다. 그리고 독서치료사와 독서치료 전문가가 되려면 한국독서치료학회에 제시하는 〈표 5-2〉의 해당과목 자격시험에 합격하고 〈표 5-3〉의 수련과정을 이수해야 한다(한국독서치료학회, http://www.bibliotherapy.or.kr 참조).

〈표 5-1〉 독서치료사 및 독서치료 전문가의 자격획득과정

자격구분	독서치료사	독서치료 전문가
자격요건	• 한국독서치료학회(이하 본 회)의 준회원인 자 • 학사학위 이상 소지자로서 독서치료사 2급은 〈표 5-2〉의 자격시험을 합격한 자, 독서치료사 1급은 자격시험을 합격한 후 〈표 5-3〉의 수련과정을 모두 거친 자 • 본 회에서 주관하는 독서치료사 자격시험에 합격하여 본 회 자격관리위원회의 심사를 거친 자 • 위의 모든 사항에 해당하는 사람으로서 본 회 자격관리위원회에서 그 자격을 인준받은 자	• 본 회 정회원 자격을 2년 이상 보유한 자 • 석사학위 이상 소지자로서 〈표 5-2〉와 〈표 5-3〉에 명시된 수련기간을 이수한 자 • 본 회에서 주관하는 독서치료 전문가 자격시험에 합격한 후 본 회 자격관리위원회의 심사를 거친 자 • 위의 모든 사항에 해당하는 사람으로서 본 회 자격관리위원회에서 그 자격을 인준받은 자
면제 사유자	다음 각 항에 해당하는 사람은 본 회의 자격관리위원회의 면접시험에 합격하고 자격심사에 통과한 뒤, 본 회 이사회의 인준을 거쳐 독서치료 전문가의 자격을 취득할 수 있다. ① 외국에서 독서치료 전문가의 자격증을 취득한 사람 또는 수련과정을 거친 사람 ② 대학 관련 분야의 정·부교수 또는 박사학위를 소지한 사람으로서 독서치료 분야에 현저한 연구 및 임상실적을 남긴 사람 ③ 대학원 석사학위 이상의 학위를 가진 사람으로서 독서치료 분야에 5년 이상 종사한 경력이 있고 현저한 연구실적을 남긴 사람	

〈표 5-2〉 독서치료사 및 독서치료 전문가 자격시험 과목

	독서치료사	독서치료 전문가
필수과목	인간발달, 상담기법, 독서치료론, 심리 측정 및 검사	발달장애 심리학, 인간발달, 상담기법, 독서치료론, 심리 측정 및 검사
선택과목	청소년 문학, 독서론, 어린이문학, 이상 심리, 집단 상담, 문학이론 중 1과목을 선택함	분석심리, 가족치료, 청소년 문학, 독서론, 어린이문학, 이상심리, 집단상담, 문학이론 중 2과목을 선택함

〈표 5-3〉 독서치료사 및 독서치료 전문가 수련과정

동료실습훈련	수련자들이 치료집단을 구성하여 슈퍼바이저가 동참하는 가운데 수련자들이 교대로 지도자가 되어 집단을 이끌어 가는 방법으로 진행된다. 그 집단에 적절한 자료와 활동의 선택, 치료 기법의 선택에 관해 슈퍼바이저나 집단에게 지도를 받고, 각 회기의 평가, 피드백도 받게 된다. 이러한 동료실습훈련은 학회 참석을 통한 경험을 통해서도 가능하다. 이러한 과정은 보고서를 제출함으로써 그 시간을 인정받는다. 학회에서의 사례 발표와 학회에서 실시하는 워크숍의 참석은 동료실습훈련에 포함한다.
기관실습(독서치료 전문가만 해당됨)	독서치료 관련 기관 사례 협의, 실무자 회의 활동, 다른 학문 분야와의 팀 미팅, 기록 보존 외의 다른 임상적인 작업이 포함된다.
심화과정(독서치료 전문가만 해당됨)	독서치료 관련 연구, 연구논문 및 서적의 저술과 슈퍼바이저에게 승인되는 독립적인 연구 계획, 참여할 워크숍 등이 포함된다.
독서치료사의 수련기간	독서치료 관련 이론 135시간(관련 분야를 1/3이상 수료해야 함) 독서치료 실습 90시간 실습훈련 45시간 동료 실습훈련 45시간 총 315시간
독서치료 전문가의 수련기간	독서치료 관련 이론 180시간(관련 분야를 1/3이상 수료해야 함) 독서치료 실습 225시간 실습훈련 70시간 동료 실습훈련 45시간 기관실습 90시간 심화과정 100시간 총 720시간
독서치료 관련 이론	독서치료에 필요한 이론적이고 학문적인 기초 지식을 갖추기 위한 것이다. 이 분야는 크게 독서치료 분야와 심리학 분야, 문학 분야로 나누고 다음에 해당하는 분야의 과목을 모두 포함한다. ① 독서치료 분야: 독서 교육론, 독서치료 이해, 독서치료론, 독서치료 실제, 시치료, 이야기치료, 글쓰기치료 ② 심리학 분야: 이상심리학, 집단상담, 상담심리, 인간발달, 성격이론, 심리 측정 및 검사 ③ 문학 분야: 어린이문학, 청소년문학, 문학사, 문학이론, 그림책의 이해, 글쓰기, 서사

독서치료 실습	개인, 가족, 집단 치료 경험이 모두 포함된다. 이러한 경험은 보고서로 제출하여 승인을 받는다. 독서치료 실습의 장소는 학교, 도서관, 교회, 교도소, 학교 외에 치료기관 등이 모두 포함되나 본 회 자격 관리 위원회의 인준을 거친 장소로 한한다. 단, 자격시험에 합격하기 전에 했던 독서치료실습은 30%의 시간만을 인정한다.
실습훈련	슈퍼바이저에게 독서치료 실습을 지도받는 것, 조언을 듣는 것, 피드백을 받는 것과 함께 같은 수련자 간의 집단토의나 개인 간의 토의가 포함된다. 이러한 개인이나 집단토의에서는 수련자가 하게 되는 자료의 선택이나 목표설정, 활동, 개입, 기록의 유지관리는 물론 치료실습 중 발생할 수 있는 기관의 문제나 기타 문제를 모두 다루게 된다. 실습훈련 시 전문성이 필요한 부분은 협력 수련감독을 받을 수 있다.

이 외에도 발달심리사와 발달심리 전문가, 통합예술치료사, 언어치료사, 전문상담교사, 특수교사, 양호교사, 정신과 전문의, 정신보건 간호사, 정신보건 사회복지사, 임상심리사와 임상심리 전문가 등도 독서치료자와 상호적인 관계에서 공존하여 활동할 수 있다. 최근 전국의 각 시 · 도 교육청에서는 통합예술치료 시범학교를 선정하여 독서치료와 문학 및 예술치료의 통합적 프로그램을 운영하고 있고 부산, 전남 지역 등에서는 독서치료자와 함께 각 교육청을 중심으로 점차 확산되고 있다.

한편, 코튼과 타비다스(Cottone & Tarvydas, 1998)는 정신건강 관련자가 지녀야 할 참여자에 대한 권리와 책임으로 다음의 내용을 지적하였다.

- 개인적 자유에 대한 권리
- 다른 사람에 대한 책임 능력 범위 내에서 개인적인 결정권에 대한 책임
- 참여자 자신의 개성을 존중받을 권리
- 지배나 강요, 지시를 당하지 않을 권리
- 참여자 자신의 실수에서 배울 수 있는 권리

3. 독서치료자의 인성적 자질

"지피지기면 백전백승"이라는 옛말은 상담에서도 다르지 않다. 상담자 자신이 가장 중요한 변인임을 자각하기 위해서는 자기 이해가 선행되어야 한다. 또한 어떤 상담자도 모든 사람을 대상으로 모든 문제를 다룰 수는 없다. 우선 가장 먼저 해야 할 일은 상담자로서 자신에게 이미 있는 자원을 점검하고 최대한 활용하는 일로, 자신의 자원에 관심을 가지는 것이다.

1) 자기점검

우선 상담자가 어떤 성품을 가져야 하는지의 일반론을 이야기하기 전에 자신의 자원을 스스로 점검해 보자. 자신의 생긴 모습(SHAPE) 그대로가 곧 상담 자원으로 구체적인 내용은 다음과 같다.

(1) 자기

자기(Self)는 자신의 객관적이고 사회적인 모습을 말한다. 즉, 국적과 나이, 성별, 사는 곳, 언어, 직업, 결혼 여부, 사회경제적 지위, 학력, 가족관계 등이다. 이런 것은 대부분 자기 의지로 바꿀 수 없는 것이 많고 그 자체로서 중요한 자원이 된다. 예컨대, 당신이 여성이라면 남성 참여자보다 여성 참여자에게 훨씬 더 자연스럽게 다가갈 수 있다. 또 한국말을 유창하게 하는 것은 한국인 참여자를, 베트남어나 필리핀어 등 언어를 구사할 수 있다면 다문화 가정을 도울 수 있는 필수적인 자원을 가진 것이다.

(2) 열정

열정(Heart)은 마음의 에너지가 자연스럽게 흘러가는 곳이나 대상으로 당신이 어떤 일을 누구와 더불어 어떤 기관에서 하는 것을 즐기는지 알려 주는 나침반과 같다. 상담이 즐겁지 않다면 참여자의 두서없는 말을 듣는 것 자체가 큰 고통이 될 것이다. 어떤 치료자는 아동과 함께하는 것이 즐겁고, 또 어떤 치료자는 노인이나 장애인과 일할 때 보람을 느낄 수 있다. 병원이라는 공간이 친숙하게 느껴지는 사람이 있는가 하면, 학교나 학원 등에서 교육적 활동을 좋아하는 사람도 있다. 특정 상담자가 모든 문제, 모든 대상을 상대할 수는 없으므로 어떤 일을 누구와 어디서 하는 것이 좋을지는 열정이 흐르는 대로 따라가는 것이 좋다.

(3) 능력

능력(**A**bility)은 지금 당신이 무엇을 할 수 있는가에 대한 점검이다. 즉, 운전을 비롯하여 글쓰기, 인터넷, 문서작성, 편지 쓰기, 시 쓰기, 음악과 미술, 게임 등으로 상담을 하게 될 것이다. 또 시대에 맞추어 매체 접근능력이 갈수록 중요해지고 있는데, 컴퓨터 자판에 익숙하지 않은 상담자에게 인터넷으로 청소년을 상담하라고 요청할 수 없으며, 글쓰기를 몹시 어려워하는 사람이 글쓰기치료를 고집할 필요도 없다. 지금 할 수 있는 것으로 시작하여 잠재적으로 개발할 수 있는 영역을 확장하는 것이 바람직하다.

(4) 성격

성격(**P**ersonality)은 상담자와 참여자의 역동적 관계를 점검하는 데 중요한 지표가 된다. 참여자가 저마다 다르듯, 상담자 역시 저마다 독특한 성격을 지니고 있다. 정신분석에서는 참여자의 상담자에 대한 전이분석이 치료의 기초가 된다. 참여자의 성격을 알기 전에 자기 이해는 기본이다.

(5) 경험

경험(**E**xperiences)은 사람을 성숙하게 할 뿐 아니라 타인을 이해하는 준거가 되며 상담을 위한 매우 중요한 자원이 될 수 있다. 대부분의 뛰어난 상담자가 자신이 고통스러운 상처를 극복한 경험을 바탕으로 하고 있다는 점은 이러한 사실을 입증해 준다. 특히 상담에서 중요한 것은 실패와 좌절, 고통, 질병과 같은 부정적 경험이 좋은 자원이 될 수 있다는 것이다. 여기에는 직업과 학업, 가정생활, 독서 경험, 학문적 경험, 성공 경험 등 무엇이든지 가능한데, 단 자신의 경험의 틀에 갇히지 않도록 주의해야 한다.

독서치료에 관하여 폭넓게 공부하되 이상에서 설명한 자기점검을 통해서 언제, 누구를 대상으로, 어떻게 접근할지 감지할 수 있어야 한다. 기초가 탄탄해야 실천에 대해서도 더 많은 것을 배울 수 있으며, 상담 또한 현재 자신이 할 수 있는 데서 출발하여 영역을 확장하고 그 깊이를 더해 가는 것이 바람직하다.

2) 상담자 기본 자질

독서치료자가 정확한 자기이해에 기초해 긍정적인 자아상을 갖는 것은 올바른 상담자의 자세이자 태도다. 자기 자신에 대한 이해가 부족하면 자신의 행동에 일관성이 결여되고 타인과도 원활한 인간관계를 성립하지 못하기 때문에 참여자와 원활한 관계를 이루기 어렵다. 자기를 알기 위해서는 자기에 대해서 개방적이고 수용적이어야 하며, 가식이나 현실을 왜곡해서는 안 된다. 이처럼 있는 그대로의 자기를 탐색하는 과정에서 자신의 모습을 바로 알아야만 참여자와의 원만한 인간관계가 가능하므로 상담자의 자질 중 인성은 학문적 능력, 임상경험 능력보다 우선시된다.

로저스(C. R. Rogers)는 상담자의 기본 자질로서 참여자에 대한 민감성, 객관적인 태도 및 정서적으로 격리된 태도, 자기에 대한 이해와 한계 및 결점을 아는 능력, 참여자에 대한 무조건적인 존중과 있는 그대로를 받아들일 줄 아는 수용능력, 인간 행동의 이해 등 다섯 가지를 들고 있으며, 정원식과 박성수는 상담자의 자질로서 인간적인 자질—자아의식, 원숙한 적응 상태, 인간문제에 대한 관심, 감정의 통제 모델로서의 상담자—과 전문적인 자질—인성의 조직과 발달에 대한 지식, 사회 환경에 대한 지식, 개인의 평가에 대한 지식, 카운슬링의 이론과 실제에 대한 지식, 카운슬링 실습, 연구 방법과 통계적 지식에 관한 지식, 카운슬링이 적용하는 분야에 대한 이해―로 구분하여 제시하고 있다. 따라서 상담자는 다음과 같은 인성적 자질을 갖추어야 한다.

독서치료자의 인성적 자질은 참여자와의 상호 활동적인 관계에서 치료 효과에 큰 영향을 미친다. 사랑과 성실성, 도덕성이 바탕이 되어야 하고 창의성이 있어야 한다. 문학행위 그 자체가 창의성이며 창의성이 발휘될 때 뇌에 변화 현상이 일어나는데, 이 때문에 창의성은 예술매체 접근적 상담에서 매우 중요한 부분을 차지하며 치료의 성패에 영향을 끼친다. 이 외에 치료자의 인성적 자질에는 단정한 외모, 대화를 이어 가는 능력, 유머와 위트, 자신감, 의사소통의 조건 등이 있다. 진실성, 공감적 이해, 무조건적 긍정적 존중은 독서치료자의 대표적인 인성적 자질이며 이를 정리해 보면 다음과 같다.

(1) 진실성(진솔함)

진실성은 치료자에게 있어 가장 중요한 태도다. 독서치료자의 진실한 태도는 참여자와의 만남을 순수하고 개방적인 자기탐색이 되도록 도와준다. 치료자의 태도에서 마음과 행동이 진실하게 일치할 때, 참여자는 의도적이지 않으면서도 자유롭게 자신의 감정을 표현할 수 있다. 독서치료자가 문학적 소질과 독서치료에 관한 풍부한 자료를 가졌다 하더라도 문학적 가치보다 더 중요한 것은 진실성이다. 진정한 의미의 진실성은 참여자 중심의 자료 선정과 참여자 중심의 기술로 진행되는 것이며, 이 경우 참여자의 반응을 더 많이 이해할 수 있다. 진실한 독서치료자는 자기인식을 명료화하고, 참여자의 말을 적극적으로 경청하여야 한다. 자기인식이 부족한 독서치료자는 참여자를 이해하지 못하는 것은 물론 언어적, 비언어적 반응 또한 감지하지 못해 오히려 그 순간을 왜곡시킬 가능성이 높다. 독서치료자는 자신의 감정을 진실하게 인식할 때 참여자에 대한 정확한 관찰과 반응을 알아차릴 수 있다.

(2) 무조건적 긍정적 존중

치료자가 참여자에게 보이는 인간적인 존중 속에서의 따뜻함과 수용적인 자세는 참여자에 대한 기본적 배려다. 로저스(Rogers, 1942)는 어떤 경우든 참여자에게 무조건적인 긍정과 수용의 태도를 전달하면 치료 변화의 가능성은 더욱 커진다고 주장하였다. 치료자의 마음과 자세는 말로만 전달되는 것이 아니라, 비언어적인 것까지 전달된다는 것을 잊지 말아야 하며 의사소통에서 사람들 메시지의 약 65%가 말 이외의 수단으로 전달되고 있다(Birdwhistell, 1970). 독서치료가 진행되는 동안 치료자의 말과 행동, 느낌, 표정, 목소리, 몸짓 등은 말보다 더 많은 것을 전달한다. 참여자와의 눈 맞춤과 표정을 읽는 것은 소리 없는 대화인 만큼 반대 의사를 표시할 때라도 부드러운 음성을 유지하고 치료자가 수용적임을 참여자에게 전달할 수 있어야 한다.

치료자가 참여자의 의견에 동의하지 못할 경우에는 동의하지 않는다는 사실을 분명히 전달하되 그 표현이나 자세는 권위적이거나 강요적이지 않아야 하며 참여자를 무조건적인 수용의 자세로 받아들여야 한다. 무조건적인 수용의 목적은 진실한 치료를 목표로 지금 치료자 자신 앞에 있는 참여자의 약점까지도 있는 그대로 받아들이겠다는 진정한 수용의 의미다. 즉, 참여자의 감정, 사고, 행동 등에 편견 없는 한 사람의 인격체로서 존중하는 인간적인 배려를 의미한다. 지금 상담자 자신 앞의 참여자가 예의 없는 행동을 하거나 불쾌한 차림을 하고 있더라도 기꺼이 존중해야 한다. 참여자를 경멸하거나 비난하는 느낌을 주어서는 안 되며, 참여자의 비언어적인 의미까지도 적극적인 경청을 통해 이해해야 한다. 참여자의 존엄성과 개인적 가치에 대한 장단점, 긍정적 · 부정적 감정을 현재 그대로 보고 안정감을 느끼도록 존중과 인간적인 자세로 마주해야 한다. 그러나 치료자에게 폭행이나 위협을 가하는 등 위급 상황이 발생했을 때에는 예외로 즉시 가족이나 관련기관에 보호 요청을 하여서 피해를 막아야 한다.

치료현장에서의 진정한 수용 역할은 다음과 같다.

- 지금의 참여자 그대로를 편견 없이 받아들이는 완전한 이해의 의미다.
- 참여자와의 종교적, 문화적 가치관 차이도 자연스럽게 받아들여야 한다.
- 존중의 의미인 무조건적인 수용과 방임의 차이를 알게 해야 한다.

• 설득 또는 충고를 한다거나 비난하지 않아야 한다.

(3) 공감적 이해

공감(empathy)은 감정이입에서 시작한다고 할 만큼 독서치료자의 인간적 이해와 감정에 영향을 미친다. 공감은 자신의 실제적인 경험 없이도 다른 사람의 느낌이나 생각을 지적으로 혹은 상상으로 이해하는 능력이다.

코리는 감정이입을 공감적인 자기반성이라 하고, 독서치료자의 감정이입 능력은 참여자가 느끼고 의미하는 것을 정확하게 인식하는 능력과 다른 사람의 사적인 내적 느낌 및 생각을 수용하고 이해한 것을 그 참여자에게 다시 돌려 의사소통하는 능력을 의미한다.

능력있는 상담자는 공감, 자신의 목표 등에서 긍정적인 자기인식과 자신의 능력 및 가치관에 바탕을 두고 참여자를 돕는 일을 우선적으로 해야 한다(Combs, 1986).

셜먼(Shulman, 1984)은 공감과 관련된 기술을 크게 세 가지로 분류하였다.

• 참여자의 감정에 도달하기: 참여자의 입장에서 감정을 경험해 보는 것을 의미한다.
• 참여자의 감정을 이해했음을 보여 주기: 참여자의 말이나 몸짓, 표현 등을 이해하였음을 몸짓, 표정 등을 통해 보여 주는 것을 의미한다.
• 참여자의 감정을 언어로 표현하기: 참여자가 자신의 감정을 충분히 이해하지 못하거나 특정 감정을 언어적으로 정교하게 전달하지 못할 때, 참여자가 전하고자 하는 감정을 섬세하게 자기만의 언어로 표현하는 것을 의미한다.

(4) 성숙

성숙(maturity)은 진정성에서 비롯되는 자신에 대한 태도이자 정직함, 공감, 존중에 관한 전제조건이다. 성숙한 치료자는 자신에 대한 긍정적인 자기인식을 가지고 있으며, 자기수용적이고 타인에게도 관대하다. 관용적인 성숙함을 갖춘 치료자는 현재 상황을 객관적으로 볼 수 있는 힘을 가질 수 있으며, 개인이나 집단에서 참여자의 비인격적인 태도나 저항, 적개심, 갈등까지도 치료자로서의 진실과 참여자 중심적인 입장에서 이해할 수 있어야 한다. 전문적인 독서치료자의 진정한 성숙함은 모든 것이 자기의 책임이며 궁극적으로 치료자나 참여자 모두 현재 상황을 해결해야 하는 사람은 자기자신이라는 것까지 일깨워 준다.

(5) 적응성

우선 독서치료자는 집단이나 개인 치료가 시작되기 전에는 어떤 결과를 예측할 수 없다. 개입하여 즉각적인 반응이 일어나지 않는다 하더라도 적응성으로 수렴할 수 있어야 한다. 준비된 독서치료자는 매체와 참여자 사이에서 항상 반응을 얻을 것이고, 의도적이거나 닫힌 치료자는 참여자의 실제적 반응이 의도된 방향과 어떻게 다른가를 비교하는 데 초점을 두게 되어 집단원의 반응을 정확하게 경청할 수 없을 것이다.

그리고 독서치료자는 '현재 이 순간'에 적응성을 가져야 한다. 카타르시스, 자기적응, 통합은 미리 계획할 수 없기 때문에 매체접근이나 작업 중에 자연스러운 계기로 반응이 일어날 수 있음을 예측할 수 있어야 한다. 예상하지 않은 저항에 부딪혔을 때 그에 적절한 새로운 전략을 재빠르게 결정해야 하는데, 어떤 특정한 반응을 기대하거나 전략을 바꾸는 데 필요한 적응성을 갖추지 못한 사람은 그 순간에 얻을 수 있는 요소를 모두 놓치게 된다.

또한 유능한 독서치료자는 참여자가 스스로 의미를 해석하는 것을 방해할 만큼 자신이 자료에서 개인적으로 발견한 의미에 집중하지 않는다. 독서치료자는 참여자가 발견한 메시지가 자기이해를 유도하는 것이 분명하다면, 그 내용을 잘못 이해하는 것도 적응할 수 있어야 한다. 문학을 분석하고 논지와 원리를 분명하게 하는 데 능숙한 사람은 독서치료에 필요한 좀 더 완화된 접근방법을 수용하는 데 문제를 가질 수 있다.

(6) 융통성

독서치료자는 상담의 성패 여부에서 확신할 수 있는 것은 아무것도 없다는 사실을 인정해야 하고, 독서 매체가 즉각적인 반응이 없더라도 문학작품과 참여자 사이에는 독특한 상호작용이 일어날 수 있다는 것을 알아야 한다. 개인과 집단 내의 현재 순간에 반응적이어야 하고 때때로 토론의 방향을 최대한 이용할 수 있도록 전환하는 것도 필요하다. 다른 때에는 예상치 못한 저항을 다룰 수 있는 새로운 전략을 재빠르게 결심해야 할 것이다. 경험이 많은 독서치료자조차도 중요한 순간을 놓칠 수 있다. 독서치료자가 참여자에게 지나치게 몰두하면 참여자가 스스로 창조할 수 있는 기회를 잃어버릴 수 있으므로 참여자가 잘못 읽는 것까지도 참을 수 있는 충분한 융통성을 발휘해야 성숙하고 융통성 있는 치료자가 될 수 있다.

(7) 민감성

독서치료자는 참여자의 감정에 민감해야 되며, 감정의 의미를 이해하고 참여자의 감정에 목적을 가지고 적절히 반응헤야 한다. 민감성(sensitivity)은 존엄성을 바탕으로 참여자의 감정을 세심하게 관찰하는 것과 주의 깊은 경청에서 비롯된다. 독서치료자의 민감성은 참여자의 언어적 방법 외 표현의 강도, 주저함, 억양, 표정, 자세, 복장 등을 통해 감정을 이해하고, 정보와 특수한 기술과 지식을 가지고 민감하게 접근해야 한다.

요 약 >>>

독서치료자는 진실하고 개방적이며 융통성 있는 조력자로서, 건강한 자기인식을 바탕으로 '제3의 귀'와 눈을 가지고 참여자를 이해해야 한다. 즉, 참여자의 언어적 전달 내용 외에 동작, 표정, 자세, 복장과 외모 등을 통하여 정신적·신체적 상황을 민감하게 전체적 (holism)으로 볼 수 있어야 한다. 이것이 곧 전문적 독서치료자의 성숙하고 책임 있는 태도이자 자세다.

　상담자는 내담자의 탐색과 통찰을 도와주는 촉진자로서 말을 하는 쪽이 아닌 말을 잘 들어주는 사람이며, 독서치료에서 치료자는 말 대신 독서 매체로써 내담자의 감정과 의사 전달을 돕는 사람이다. 따라서 독서치료자는 매체선정 능력을 갖추어야 한다. 독서치료에서 텍스트는 바로 말이자 자신의 무의식이다. 말하는 것에 어려움이 있는 참여자에게는 시, 이야기, 글쓰기 등으로 감정을 공유하고 라포를 형성하여 적절한 순간에 접근함으로써 자유로운 창조적 표현을 하도록 도울 수 있다. 또한 치료자는 '지금-여기'의 목표 아래 자각과 미해결 과제 속에 있는 참여자 스스로를 발견할 수 있도록 도와야 한다. 자료선택에서는 등장인물, 플롯, 주제, 배경, 시점, 문체, 어조의 조화가 이루어져야 하고 문학성이나 예술성보다는 참여자의 문제를 해결할 수 있는 작품을 직관과 통찰력을 가지고 선택함으로써 치료적 힘을 가질 수 있게 해야 한다.

　참여자에게 나타나는 양상은 개개인이 다를 수 있으므로 치료 기술을 제한하는 것은 비효과적이다. 특히 상담 및 치료는 바로 정답을 아는 것이 아닌, 결정을 보류하고 참여자가 결정을 내릴 때까지 곁에서 함께 기다려 주어야 하는 것임을 잊어서는 안 된다.

학습과제

❶ 독서치료자로서 독서치료 현장에서 존중, 공감, 진실성이라는 상담자의 기본 태도를 어떻게 실천하고 있는지 스스로 점검해 보시오.
❷ 독서치료자로서 상담이 시작해서 끝날 때까지 내담자를 보는 직관력과 전체성에 대하여 스스로 어떻게 해 오고 있는지 생각해 보시오.

제2부

독서치료의 방법론

제6장 글쓰기치료의 이론과 기법

제7장 시치료의 이론과 기법

제8장 이야기치료의 이론과 기법

제9장 문제 유형별 독서치료 프로그램

글쓰기치료의 이론과 기법*

　이 장에서는 우선 글쓰기치료의 개념과 이론적 기초에 대한 기본 이해를 갖도록 한다. 또 글쓰기치료의 임상적 근거에 따른 효과를 이해하고 이를 상담과 심리치료에 효과적으로 활용할 수 있는 방법을 모색하도록 한다. 그리고 독서치료 과정에서 활용할 수 있는 글쓰기치료의 기법을 이해하고 활용하도록 한다. 따라서 이 장에서는 글쓰기치료의 기원과 개념, 글쓰기치료의 이론적 기초가 되는 심리학적 기법과 배경이론, 글쓰기치료의 임상적 효과, 독서치료 과정에서의 참여자 역할, 장소/시간, 내용, 글쓰는 과정 등이 소개되며, 실제적으로 유용한 글쓰기 기법들이 사례로 제시된다.

---

* 이 장의 일부는 『신앙과 학문』(2007. 12)에 기고한 원고를 기초로 하여 재정리한 것이다.

1. 글쓰기치료의 역사적 기원과 개념

글쓰기치료는 본래 고대 라틴어에 어원을 둔 '쓰인 것'이란 의미의 '스크립텀 (scriptum)'과 '간호하다' 또는 '치료하다'란 의미의 '테라페이아(therapeia)'의 합성어로 '스크립터테라피(scriptotherpy)'라고 한다(Riordan, 1996). 어원의 의미를 그대로 따르면 '치료를 목적으로 쓴 글쓰기'로 정의될 수 있다.

글쓰기치료의 역사적 배경은 인류 역사의 기원과 유사하게 거슬러 올라간다. 고대인이 자신의 생각과 감정을 기호나 문자 등을 활용하여 깊은 동굴 벽에 그린 그림, 진흙덩이 위에 그린 상형문자, 그리고 돌이나 파피루스 또는 중세인의 종이에 기록한 글들이 고증 자료라 할 수 있다. 수 세기를 걸쳐 오면서 작가들은 이미 글쓰기가 치유적 성격을 가졌음을 그들의 작품을 통해 명시하고 있다(Manier & Olivares, 2005). 천재 작가인 영국의 셰익스피어(W. Shakespeare)도 그의 극작인 『맥베스(*Macbeth*)』에서 글과 말을 통한 표현이 인간의 내면의 고통을 한층 덜어 줄 수 있는 치료적 성격을 가졌음을 다음과 같이 보여 주고 있다.

> 그 슬픔을 (글/말로) 토로하시오;
> 그 슬픔이란 큰 소리로 말하지 않으면
> 비탄에 찌든 가슴에 속삭여
> 결국에 터뜨려지고 마는 법이요!
>
> —『맥베스』, 4막 3장 중
>
> Give sorrow words;
> the grief that does not speak,
> Wispers the o'er-fraught heart
> and bids it break

셰익스피어는 맥베스라는 주인공이 그의 가슴을 짓누르고 있는 슬픔과 비탄을 벗어날 방법이 언어를 통한 감정 토해 내기임을 호소하며, 그렇지 않을 경우 가슴이 터질 만한 심리적 위기를 경험할 것임을 경고하고 있다.

서기 400년에 기록된 아우구스티누스(A. Augustine)의 『고백록(*Confessions*)』 역시 글쓰기치료의 효시적 작품으로 꼽을 수 있다. 그것은 저자가 자신의 과거의 삶을 발달 시기별로 회고하며 참회하고자 하는 유목적적 글쓰기를 통해 자신의 죄와 방탕이 얼마나 안타까운 일인지, 또 그것이 얼마나 자신의 사고의 미숙과 왜곡에서 온 소치인지에 대한 자기 이해와 인지적 통찰을 가진 최초의 장편 글쓰기라는 점에서 그렇다.

이미 10세기경 세계적으로 보급된 저널 쓰기는 일본 궁정 여인들에게도 애용되던 자기 고백적 글쓰기였다. 그녀들의 '필로우북(pillow book)'[1]은 자신의 감정에 대한 비밀스러운 글쓰기치료 방법이었다. 19세기경 유럽 신사숙녀의 자기 점검 도구(vehicle of self-examination)로 사용된 저널 역시 글쓰기를 통한 감정 표현과 해방감의 경험 그리고 자기 점검과 자기 경영으로서 글쓰기치료의 역사적 기원을 잘 설명해 주는 유물이라고 볼 수 있다.

현대적 의미에서 글쓰기치료에 대한 개념을 논한 라일(Ryle, 1990)은 글쓰기치료를 내담자의 자기 표현적이며 반성적인 글쓰기로서 자발적일 수도 있고 치료자의 지도를 받을 수 있는 글쓰기라고 하면서 글쓰기치료의 자주적 성격을 더 분명하게 제시하였다.

글쓰기치료는 본래 치료적인 목적으로 글을 쓰는 것이므로 글쓰기 과정에서 치료적 글쓰기(therapeutic writing)의 성격을 지닌다. 치료 목적으로 쓰는 글쓰기치료는 정신적, 육체적, 정서적, 영적으로 더 나은 건강과 행복을 위하여 목적 지향적이고 의도적인 글쓰기를 하는 심리적 치료 기법이라고 볼 수 있다(De Salvo, 1999).

글쓰기치료가 일반적 글쓰기와 다른 점은 '글쓰기치료＝글쓰기＋치료'라는 합성어에서도 알 수 있듯이 일반적 글쓰기가 자신의 일상적인 문제나 주제에 대한 글이라면 글쓰기치료는 자신 안의 해결되어야 할 문제와 관심사, 갈등과 혼돈

---

1) 필로우북이란 10세기 헤이안 왕조의 한 궁녀였던 세이 쇼나곤이 궁 안에서의 갑갑한 생활을 어떻게 견딜까를 궁리하다 자신이 본 것들을 그냥 자신의 관점에서 적어 놓은 책을 말한다. 그 일기는 모두 13편의 시로 이루어져 있으며 일본 문학사에서 빼놓을 수 없는 걸작으로 꼽힌다.

에 초점을 맞추어 해결 중심적인 목적으로 문제나 갈등을 그대로 직면하여 써 보는 가운데 문제를 명료하게 바라보게 하는 글이다. 또한 그 문제를 해결하는 원인을 파악하고 그 해결과정을 그대로 글로 쓰면서 문제 해결의 주체인 자신을 더 알아 가고 발견해 가는 유목적적인 글쓰기이며, 글쓰기 과정에서 치료를 경험한다는 점이 일반적 글쓰기와의 가장 큰 차이점이라고 할 수 있다.

글쓰기치료 과정에서 필자는 문제 해결의 주체자로서의 자아발견을 통해 낮은 자존감이나 자신감이 결여된 자아가 아니라 자신의 문제에 대한 적극적이고 주체적인 자아에 대한 새로운 인식을 통해 성장하고 성숙해 가는 자신을 경험하게 된다. 자존감을 향상시키고 자신감을 증가시켜 사회적 삶의 적응력, 대처 능력 및 대인관계에 대한 긍정적 효과를 가져오는 것이다(김현숙, 1999; 서미정, 2002; 정현규, 1995; 조희숙, 2003; Chandler, 1999; Plasse, 1995; Sneider, 1993).

1930년대에 글쓰기가 심리적 치료 기법이 될 수 있다는 것에 대한 대중적 인식은 세계대전 이후 PTS 증후군으로 고통당하는 입원치료 중인 상이군인에 대한 의학적 보조 수단으로서의 글쓰기, 더불어 전쟁으로 인한 가족과의 생이별, 죽음, 공포, 상해와 상처 등의 참담한 경험과 심리적 고통을 당하는 학생들에 대한 교육상담적 지원이 이루어지면서 점차 증가된 것으로 보인다. 학생들의 심리적 억압의 배출구로서의 글쓰기는 정규 교과로 인정되어 심리치료 도구로서 자리 잡았으며, 1950년대에 보편화된 일기장은 소녀들의 감정의 기록장의 역할을 해내기도 하였다(Brand, 1979).

글쓰기치료의 임상적 효과에 대한 검증은 페니베이커(J. W. Pennebaker)를 비롯한 수많은 임상심리학자와 사회복지, 상담학 관련 분야 및 의료 관계자에 의해 계속 증명되고 있다. 국내에서도 한국독서치료학회의 글쓰기치료 분과가 2003년부터 그 학문적 활동을 하면서 출판된 『저널치료』(Adams, 2006a)와 『저널치료의 실제』(Adams, 2006b), 『나를 치유하는 글쓰기』(Werder, 1994), 『글쓰기치료』(Pennebaker, 2007) 등이 글쓰기치료 실제를 위한 글쓰기치료 기법에 관한 단행본으로 현재 출판되어 있다.

2. 글쓰기치료의 이론적 기초

1) 인간 중심의 비지시적 상담

1940년대에 칼 로저스(Carl Rogers)는 내담자 중심의 상담이론으로 무의식의 지배를 받는 정신분석이론에 대한 반론을 제기하였다. 그는 문제해결 기법보다는 내담자에 대한 상담자의 태도를 더 중시하였다. 그리고 내담자 자신이 자아실현의 기본적 동기와 능력을 가지고 있어서 과거의 경험에 묻혀서 보이지 않는 자신의 가능성과 잠재력을 발견하여 자신이 추구하는 바를 실현할 수 있는 존재임을 강조하는 이론을 내세웠다. 그리하여 그는 내담자 스스로가 타고난 잠재력 실현 경향성을 갖고 있어서 과거의 문제를 지금 여기에서 글로 씀으로써 감정과 사고의 억압과 고통에서 자유로워지는 경험을 갖게 된다는 심리상담적 기초를 마련하였다. 아울러 그는 내담자 스스로가 이러한 잠재력을 발견할 기회를 갖지 못한 채 심리적 문제로 인해 내재적 가능성을 계속 묻어 두게 될 경우 신체화 현상으로 나타나 질환적 증상이나 고통을 수반하게 된다고 주장하였다.

로저스는 긍정적 성격 변화를 이루는 필요충분조건으로 세 가지의 상담자 태도, 즉 진솔성, 무조건적인 긍정적 존중, 공감적 이해를 강조하였다. 비지시적 상담이론이 글쓰기치료에 효과적인 이론적 기초를 제공한 점은 바로 이것이다. 즉, 내담자 자신이 쓰는 글 자체가 바로 상담 내용이 되므로 그 어떤 상담자가 주는 반응보다 글의 부정적·긍정적 요소에 상관없이 그리고 왜곡됨 없이 진솔하게 수용해 주고, 무조건적으로 상담 내용(글)을 존중하며 공감적 이해를 무한히 받을 수 있어서, (글 쓰는 이) 내담자가 그 어떤 판단과 제약, 심리적 방해 등을 받을 필요가 전혀 없이 글을 쓰는 중에 자신의 문제에 대한 직면과 공감, 그리고 문제해결에 대한 통찰을 얻을 수 있다는 점이다.

2) 초인격주의

(1) 에이브러햄 매슬로

초인격주의(transpersonalism)를 주창한 에이브러햄 매슬로(Abraham Maslow)에 따르면 우리는 누구나 초월적/초인격적인 것이 없다면 병들고 난폭해지고 허무해지고 소망이 없으며 냉담해질 수밖에 없다고 한다. 그래서 우리는 개인의 인격을 초월해서 고차원적인 자기, 일체의식, 우주 또는 하나님의 영역 안에서의 자기 성취를 추구한다. 더불어 새롭고 자연적이고 경험적인 경외의 대상에게 우리 자신을 바칠 수 있는 우리보다 더 큰 무엇을 필요로 한다. 글쓰기치료 내용에는 자기를 초월한 신 또는 절대자에 대한 기도문이나 바람 등이 자연스럽게 표현될 수 있다. 그러한 존재에 대한 경외심과 신뢰감을 통해 우리 자신의 억눌린 정서의 고통을 위로받을 수 있는 글쓰기 기법을 활용한다. 또한 매슬로의 욕구위계설은 글쓰기를 통해 우리가 우리 자신에 대한 질서 및 자존감을 회복하고 자아실현의 욕구를 채울 수 있다는 것에 대한 이론적 토대를 제공해 준다.

(2) 로베르토 아사지올리

로베르토 아사지올리(Roberto Assagioli)는 요가, 수피즘, 불교, 기독교 수도원 운동 등에서 다양하게 영향을 받았으며, 음악치료와 상상 여행을 통해 개인의 내면, 타인과의 관계 및 우주와의 관계에서 조화된 자아를 통합해 가는 '정신통합치료(psychosynthesis)'의 주창자다.

정신통합치료는 안전하고도 지원적인 분위기로 내담자의 자기 성찰적 이슈나 관심사를 해결하도록 도와준다. 주로 사적이거나 인간관계, 가족과의 갈등과 소외감, 죽음, 사랑하는 이를 잃은 후 해소되지 않는 슬픔, 직업적 소진, 중독 성향, 아동 성 피해 및 학대, 신체적 질병, 정신적·영적 측면에서의 실현되지 않는 추구나 바람 등에 관한 주제나 내용을 다룬다. 저널 쓰기, 명상, 상상, 호흡법 등을 활용하여 자신의 강점과 의지, 그리고 기쁨, 지혜, 사랑이라는 자원을 가진 자기를 발견하고, 이를 통해 주변 세계 안에서 통합적 존재로서 위엄을 갖고 타인을 존경하며 더 잘 기능하게 되는 것이다. 글쓰기치료의 한 영역인 저널치료에서 항상 글을 쓰기 전에 명상시간을 갖고 호흡을 조절하고 자신의 내면 깊이 들어가며 자신의 모습을 상상하여 떠올리는 작업을 하게 되는 것도 바로 정신통합치료에 근거한 활동이라고 할 수 있다.

3) 분석심리학

카를 융(Carl Jung)은 인간의 정신/마음은 개인적 경험뿐 아니라 종족적 경험에 의해서도 인격 형성이 영향을 받으며, 성적 욕구보다는 도덕적 · 정신적 가치관에 의해 인간 행동이 결정된다는 분석심리학의 이론을 체계화하였다. 융은 치료 기법의 측면에서 건강하고 정상적인 심리학을 강조하였는데, 그는 특히 인간 영혼에는 '집단무의식'이 존재한다고 보았다. 따라서 개인 경험에 상관없이 조상 또는 종족 전체의 경험 및 생각과 관계가 있는 원시적 감정, 공포, 사고, 원시적 성향 등을 포함한 무의식이 신화, 전설, 꿈, 환상 등의 원형을 이룬다고 보았다.

융에게 있어 인간의 심리(성격)를 이루는 중요한 요소는 바로 '자기'와 '자아' 개념이다. 자기(Self)는 중심적 원형(central archetype)으로서 인간 정신의 중심에 있는 비개인적인 내적 전체성(impersonal innate potential wholeness)이다. 그것은 정신의 질서를 잡는 원칙(ordering principle)이자 의식의 자아(ego)에 대응하는 것으로서의 무의식의 자기다. 융은 그것이 꿈, 환상, 변형된 의식 상태(Altered States of Consciousness: ASC) 등에서 방향을 제시하는 초인, 이상형(superpersonality, ideal personality)의 상으로 나타난다고 하였다. 자아는 자기와 동일하게 되려는 노력을 하고 성장과 분화에 힘써 결국 개성화의 단계에서 자기실현을 추구한다(김성민, 2001, pp. 13-41). 글쓰기치료는 바로 자아가 자기를 발견할 수 있는 여행을 위한 동반자 역할을 한다.

글쓰기치료에서 발견할 수 있는 분석심리학적 요소는 글 쓰는 이가 자신의 무의식 속의 자아를 찾아가 의식의 자아가 합일되고 통일되는 그 과정 자체를 자기를 찾아가는 여행으로 표현하도록 한 점이다(Adams, 2006a).

4) 가족치료

경험적 가족치료자로 유명한 버지니아 사티어(Virginia Satir)는 인본주의 인간 관과 철학의 바탕 위에 행동주의, 학습이론, 의사소통이론을 기본으로 하여 그녀 의 독특한 내담자 중심의 가족치료(family therapy) 모델을 발전시켰다. 사티어는 내담자의 역기능적 원가족 또는 대인관계 속에서 상처받은 내담자의 내적 존재와 잠재력을 통찰하여 진정한 참 자기를 경험할 수 있도록 하기 위해 가족 간의 의사 소통을 통한 상호존중감, 신뢰감 회복을 위한 체험과 교육을 중시하였다. 정직한 의사소통을 할 수 있도록 펄스의 게슈탈트 기법, 가족조각, 심리극(빈 의자 기법), 비유, 유머, 신체 접촉 등의 기법을 사용해서 원가족의 미성숙한 태도, 역기능적 의사소통, 낮은 자존감, 억압된 감정 표현에 초점을 맞추어 가족 개개인의 미해결 된 사건 또는 감정을 자연스럽게 표현하고 경험하게 하였다(송성자, 2005, pp. 316-357).

5) 게슈탈트 이론

게슈탈트 이론(Gestalt theory)으로 유명한 프리츠 펄스(Fritz Perls)는 정신분석 학에 대한 반동으로 실존철학과 현상학에 기초하여 내담자 각자가 갖는 즉시적 사건의 경험을 중시하였다. 현재의 순간을 완벽하게 이해하고 경험하며 음미하기 위해 '지금 여기'에 자신의 과거의 상처와 고통, 번민 등을 가져와 다시금 재경험 하며, 그 문제에 대한 통찰과 인식의 변화를 통해 자신에게 문제해결에 대한 자원 이 있음을 스스로 발견하도록 한다. 그러므로 과거의 문제에 대한 '왜'라는 질문 보다는 지금 현재 '무엇'을 '어떻게' 경험하고 있는가에 대화의 초점을 둔다. 그 리하여 과거에 인정받지 못하거나 수용되지 못했던 자아가 현재 인정받고 수용되 는 경험을 통해서 자아의 성장과 변화를 현재 시점에서 경험하게 함으로써 자아 성장의 책임과 자원이 내담자에게 있음을 드러내 준다. 그의 이러한 즉시적 경험 은 글쓰기치료 기법 중 대화 기법, 보내지 않은 편지 등에서 구체적으로 묘사되어 억압으로부터의 자유, 카타르시스 등을 경험할 수 있도록 도와준다.

　한편 저널치료의 확고한 분야를 세운 아이라 프로고프(Ira Progoff) 박사는 집중 저널 기법 중 대화 기법(dialogue)과 보내지 않은 편지(unsent letter)를 통해 가족 조각과 빈 의자 기법을 경험하게 하였다.

6) 영성심리학

　영성심리학을 다루는 유사이키아(Eupsychia)란 원래 초인격주의를 주창한 매슬로(Maslow, 1962)가 창안한 단어로 '좋은 마음(good psyche)' 또는 '복지(well-being)'를 뜻한다. 이는 재클린 스몰(Jacquelyn Small)이 심리-영성 통합과 호흡법에 대한 그녀의 심리치료법에서 주창하는 심리이론이라고 할 수 있다. 그녀는 '진정한 치료자는 우리 자신에게 있다(The healer is within)!'는 전제 아래 인간의 자아와 영혼의 모든 차원의 복리와 존경을 증진시키려는 철학을 가지고 우리 모두가 세상 밖으로 나가 빛을 발하기를 기다리고 있는 스타라고 하였다. 그러면서 자아의 발견과 좀 더 높고 통합적인 삶과 섬김의 방법으로 자신을 세워 가는 과정을 통해 내담자를 치료한다는 이론을 펴고 있다. 저널치료 또는 글쓰기치료의 기본 전제는 우리 자신에게 있는 강점과 자원을 찾아 숨겨진 자아와 억압된 자아를 새로이 발견하고, 그에 대한 깊은 애정과 돌봄을 통해 참 자기를 발견해 나가고 성장시켜 나가는 자기발견의 긴 회복 여행, 즉 치료 여행이라는 것이다. 이런 점에서 저널치료 또는 글쓰기치료는 스몰의 이론에 근거하고 있다고 볼 수 있다.

3. 글쓰기치료의 임상적 효과

　글쓰기치료의 임상적 효과는 20세기 후반부터 점차 인기를 얻는 연구 주제가 되어 왔다. 글쓰기치료를 임상치료의 적극적인 주요 또는 보조 치료 수단으로 활용하는 전문가 중에는 글쓰기치료사, 저널치료사, 사회복지사, 보건전문가뿐만 아니라 의료적 임상훈련과 무관해 보이는 리더십 훈련 관련, 자기계발 관련 연구가나 전문가도 많다. 현재 세미나, 워크숍, 인터넷 사이트 등을 통해 글쓰기치료가 국내외적으로 상당히 인기를 얻고 있는 상황임에는 틀림이 없다. 그러나 글쓰기치료가 건강한 사람에게 긍정적 영향을 미친다는 점에 대한 연구는 있으나, 특별히 어떤 주제가 특정 문제에 더 치료적 효과를 가져올 수 있는지에 대한 구체적 연관성에 대한 연구는 미흡하다. 그럼에도 대체로 글쓰기치료가 대상자의 자존감, 자기이해, 자기계발, 사회적응력, 대인관계 등의 다양한 분야에 걸쳐 효과적인 것으로 나타났다.

1) 신체건강과 정신건강 증진

글쓰기치료 관련 연구들을 주제와 대상 및 효과에 따라 분류해 볼 때 그 대상자 중의 상당수를 차지하는 집단에 말기 암, 에이즈, 천식, 우울증, 류머티즘 등의 환자가 포함된다. 그들에게 주 치료법인 약물요법에 대한 보조 치료법으로 글쓰기치료가 병행되었을 때 자신의 고통스러운 경험에 대한 글쓰기를 한 결과를 살펴보면, 환자의 신체 증상의 완화, 예상 임종 시일의 연장, 우울증 감소, 류머티즘 관절염 증상 호소의 감소, 자기의 질환에 대한 수치심의 경감 등 긍정적 효과가 나타났다. 이 외에도 글쓰기치료의 효과를 영향력 있게 검증한 임상 연구가 상당히 활발히 진행되어 왔다.

스미스, 스톤, 휴레위츠와 캐일(Smyth, Stone, Hurewitz, & Kaeil, 1999)은 류머티즘 관절염 환자(61명)와 천식 환자(51명) 112명에게 그 질환이 주는 스트레스에 대한 감정을 글로 쓰게 하였다. 그 결과 그 집단은 그렇게 하지 않은 집단보다 질병의 완화 및 개선이 극적으로 이루어진 것으로 보고하여 글쓰기치료의 임상적 효과를 증명하였다.

페니베이커와 시걸(Pennebaker & Seagal, 1999)은 대상 집단에게 3일간 매일 15분씩 개인적 경험을 정서적 언어로 표현하게 한 후 컴퓨터 단어분석을 실시하였다. 그들은 긍정적인 정서적 언어를 가장 많이 활용하면서 중간 정도의 부정적 정서의 언어를 활용한 집단이 3일간의 글쓰기치료 경험에 대한 인식과 인지가 가장 많이 일어난 집단이라고 보고하였다. 더불어 이러한 글쓰기치료에 대한 경험은 성별, 나이, 문화, 사회계층, 성격에 관계없이 전반적으로 유사하게 드러났다고 보고하였다.

스피겔, 블룸, 크래머와 고테일(Speigel, Bloom, Kraemer, & Gottheil, 1989)은 유방암 말기 여성이 자기개방적 글쓰기 집단에 참여한 이후 예상 수명보다 18개월 정도 수명이 연장되었다는 실험 결과를 발표하였다.

국내에서는 이은정과 조성호(2000)가 56명의 대학생을 대상으로 2~3일 간격으로 매 20분씩 3회에 걸쳐 고통스러운 상처 경험에 대한 자기 고백적 글쓰기를 하게 하였다. 그 결과, 신체적 증상과 부정적 정서가 감소하고 긍정적 정서는 증가하였으며, 상처 경험으로 인해 영향을 받는 정도는 감소된 것으로 나타났다. 그리고 자기지각에서도 부정적 영향보다는 긍정적 효과가 더 크게 나타나 글쓰기치료의 효과를 유사하게 증명해 내었다.

신체적 또는 심리적 질환, 실직 등의 문제를 안고 있는 참여자를 대상으로 글쓰기를 한 결과를 보면 다음과 같다. 참여자가 처한 상황에 대한 인지적 재구성, 오명에 대한 지각의 감소, 정신건강 지수의 증가 및 병원 방문 횟수의 감소(Pennebaker & Beall, 1986), 스트레스 수준의 감소 및 세포 면역 기능의 강화(Esterling, 1990, 1994), 고혈압 환자의 혈압을 낮추어 주는 역할(Katja, 2007), 문제해결에 대한 직면과 해결 수단 및 정보 획득의 통로를 통한 실직으로부터의 재취직(Spera, Buhrfeind, & Pennebaker, 1994), 심리적·신체적 건강의 증진과 면역 기능의 강화(Esterling, 1994; Pennebaker, Kiecolt-Glaser, & Glaser, 1988), 스트레스 지표인 피부의 전기 전도 수준의 감소(Pennebaker, Hughes, & O' Heeron, 1987) 등이다. 이처럼 다양한 임상 분야에서 글쓰기치료의 필요성과 그 효과는 계속적으로 증명되고 있다.

2) 긍정적 자아개념 및 자존감 증진

챈들러(Chandler, 1999)는 자존감 향상을 통한 정신건강 증진을 목적으로 소수민족 고교생 11명을 대상으로 미국의 저소득층 위기에 대해 국어시간에 작문을 하게 하였다. 특히 자신의 경험과 감정에 대해 집중적으로 쓰게 한 후 또래에게 2주간 피드백을 받게 하였다. 이와 같이 글쓰기를 경험하게 한 결과 참여자들의 자존감과 자기효능감은 증진되었다.

스나이더(Sneider, 1993)는 저소득층 여성, ESL 학생, 자녀를 잃은 부모, 청소년, 전문작가 등 다양한 집단을 대상으로 하여 긍정적 자아개념과 자존감을 증진시키고 자신의 내면의 목소리를 개발하기 위한 방법으로 글쓰기를 10년간 실시하였다. 그 결과 모두 긍정적인 효과가 있었는데, 특히 저소득층 여성의 경우 자신감과 가난과 역경을 잘 견디어 내는 삶의 모델을 자녀에게 제시하는 역할을 감당할 수 있게 되었다고 한다.

국내의 경우, 김현숙(1999)은 내향성 청소년의 자아개념과 자아존중감을 높이기 위한 방안으로 마련된 12회의 집단 회기에서 글쓰기치료 프로그램에 참여한 대상자가 말하기 중심 프로그램에 참여한 비교집단, 통제집단보다 훨씬 높은 자아존중감을 갖게 된 것으로 보고하였다. 또한 글쓰기 발표지도가 중학생의 자아존중감 및 자기 표현에 효과가 있었다는 연구도 있다(조희숙, 2003). 28회기의 글쓰기 발표지도 프로그램에 참여한 대상자들은 통제집단보다 자아존중감과 자기 표현 능력이 월등히 향상되었다. 특히 실험집단이 통제집단보다 자기 표현뿐 아니라 성격 및 태도, 신체적 특성 등의 점수에서도 높은 향상을 보였다.

정현규(1995)는 「자기치료로서의 글쓰기: 지크프리트 렌츠의 독일어 시간 연구」에서 독일 문학작품에 묘사된 주인공의 글쓰기를 통한 치유를 다루고 있다. 소년원의 독방에 격리 수감된 소년은 벌칙으로 주어진 글쓰기 과제를 수행해 가는 과정에서 자신의 은밀하고 개인적인 상처를 글로 진술할 수 있는 자기 개방과 자기 진술을 통해 자기 내면의 문제의 원인을 직시하게 된다. 소년은 자신을 학대하고 속박했음에도 이상화했던 아버지 대상으로부터 자신을 이탈시켜 현실감을 되찾고 자신의 강박적 나르시시즘을 치료해 가는 과정을 경험하게 된다. 이러한 내용은 불행한 어린 시절에 대한 회고적 글쓰기가 상담자의 개입 없이도 내적 치유의 효과를 발휘하는 치료적 도구임을 시사하고 있다.

3) 사회적 기술의 향상

바이키와 빌헬름(Baikie & Wilhelm, 2005)은 관련 연구의 이론적 고찰을 통해 치료 목적으로 글을 쓰는 참여자의 상당수가 직장 결근율이 감소하고 실직 후 재취직 시기가 빨라지며, 작업기억이 향상되고, 스포츠 수행 능력이 증진되며, 학생의 경우 성적이 향상되고, 사회적·언어적 행동의 변화로 사회적응 능력이 더 신장된다고 발표하였다.

플라스(Plasse, 1995)는 다양한 형태의 중독 증상이 있는 부모를 위한 부모 교육 및 참여 프로그램 집단을 대상으로 시 쓰기, 저널 쓰기 등을 실시한 결과, 참여자들의 부모-자녀 간 의사소통 기술과 대인 간 의사소통 기술에 긍정적 진보가 이루어졌다고 보고하였다.

서미정(2002)은 왕따 경험을 한 120여 명의 중학교 3년생의 심리적 상처 치유를 위한 문제해결적 글쓰기와 고백적 글쓰기 프로그램을 개발 및 실시하였다. 그 결과, 실험집단 및 통제집단에서의 부정적 감정 표현은 고백적 글쓰기 집단이 가장 낮은 점수를 보였으며, 자기지각에서는 문제해결적 글쓰기 집단이 가장 유의미한 차이를 보였다. 사전-사후 비교에서 피해자 집단은 가해자 집단, 가해-피해자 집단보다 부정적 정서가 의미 있게 낮았는데, 연구자는 그 이유를 따돌림을 경험함으로써 갖게 된 우울, 불안, 두려움, 무력감 등이 글쓰기를 통해 표출되어 부정적인 정서가 해소된 것으로 설명하였다. 이는 또래 집단 따돌림 경험으로 인한 심리적 상처 치유, 문제해결 방법, 능동적인 대처 방식에 대한 지각과 태도 변화에 글쓰기치료가 효과가 있음을 입증해 주는 결과다.

오영림(2001)은 정신지체아 청소년을 대상으로 일기 쓰기를 집중적으로 지도한 결과 일기 쓰기에 대한 흥미와 어렵고 지루하게 느껴진 국어시간에 대한 학습 태도와 동기가 긍정적으로 바뀌었다. 더불어 그들은 자신감 있고 활발하게 수업에 임하고 교우와의 인간관계가 개선되고 자기표현 능력이 향상되었으며, 일기 쓰기가 생활화되면서 생각이 깊어지고 자신감이 늘고 관찰력도 신장되었다고 보고하였다.

4) 자기경영 및 자기점검의 도구 및 효과

베르더와 슐테-슈타이니케(Werder, Schulte-Steinicke, 2004)가 함께 쓴『교양인이 되기 위한 즐거운 글쓰기』에서는 미술, 음악, 춤처럼 글쓰기를 심리치료의 한 방법으로 보면서, 인생의 위기를 다스리는 매개체이자 인생을 늘 새롭게 구상할 수 있는 능력을 키워 주는 인큐베이터로서의 글쓰기를 다루고 있다.

또한 애덤스(Adams, 1990, pp. 14-26)는 글쓰기치료를 통해 자기계발의 효과가 다양하게 나타난다고 하였다. 예를 들면, 지속적인 치료적 경험을 통한 글쓰기는 글 쓰는 이의 내재된 작가적 잠재력을 발견하게 하기도 한다. 또 자신에 대한 여러 가지 다른 측면을 새로이 발견하고 또 사랑하게 한다. 자신 속의 잠재의식, 무의식, 초의식, 집단무의식, 그리고 초자아에 내장된 정보에 접근하고 활용하여 더 나은 미래의 삶으로 자신의 삶을 발전시킬 수 있다. 그 밖에도 삶의 상징체계를 인지하고 직관을 발전시키기, 시간과 업무 효율을 최대화하고 창조력을 개발하기, 자신의 삶의 주기, 패턴 및 경향을 탐지하기 등의 자기개발에 매우 큰 효과를 준다. 그렇기에 애덤스는 글쓰기치료가 사업, 경영, 리더십 개발 등에 효과적인 치료방법이라고 제안하고 있다.

임재영(2001)은 키츠(J. Keats)의 5편의 오드(Ode, 송시)를 통해 글쓰기는 자신이 현재 갖고 있는 그 어떤 자아도 아닌 비운 상태에서 자신의 삶의 고통과 환희를 경험하여 지식을 확대하고, 또 직관적 상상력을 통해 삶의 다양하고 양면적인 진실을 포착하여 그 안에 존재하는 새로운 대상의 정체성을 파악하는 것이라고 하였다. 키츠는 자작시를 통해 삶의 여행과 그 여정에서의 새로운 깨달음을 갖게 되는데, 이것은 눈물의 골짜기가 아닌 아름다운 영혼을 형성하는 계곡이므로 그 험한 계곡을 오히려 희망적으로 걸어갈 수 있다고 기술하고 있다.

장미옥(2004)은 초등학생을 대상으로 글쓰기를 통한 자기효능감 향상에 관한 연구를 하였다. 그 결과, 실험집단의 참여자가 통제집단의 참여자보다 글쓰기 및 자기효능감에서 더 우월한 점수를 보였으며, 글쓰기에 대한 자신감을 가진 참여자가 그렇지 못한 대상자보다 글쓰기에 대한 걱정이 더 적었다. 그리고 글쓰기는 실험집단의 글쓰기 경험 대상자의 자기효능감 증진에 긍정적인 영향을 미쳤다.

결국 글쓰기는 성경, 의학, 교육학, 문학, 상담, 임상심리학, 정신보건학 등의 다양한 분야에서 역사적 배경을 기초로 하여 그 치료적 효과가 임상적으로 잘 드러나고 있음을 알 수 있다.

4. 독서치료 과정에서 활용할 수 있는 글쓰기치료 기법

1) 참여자

글쓰기치료의 대상자는 보통 내담자보다는 참여자라고 불린다. 이것은 집단 지도자나 치료자의 일방적인 도움으로 대상자가 치료를 받는 것이 아니라 글을 쓰는 가운데 자신의 문제를 스스로 발견하여 자신의 자원을 찾아 문제를 해결하는 주체적인 역할을 하기 때문이다. 그러므로 대상자의 적극적인 치료 주체자로서의 경험을 존중한다는 점에서 독서치료 과정과 흡사한 개념의 용어가 쓰인 것이라 볼 수 있다.

따라서 글자를 쓸 줄 아는 사람이라면 누구나 특별한 작문의 재능이나 훈련 없이도 자신의 감정을 솔직하게 개방하여 스스로를 점검하고자 하는 심리적 동기를 갖고 글쓰기치료에 참여할 수 있다. 글쓰기치료가 작문 수업과 다른 큰 이유는 글쓰기치료에서는 작문에서 늘 유의해야 하는 문법, 철자, 문체, 필체, 결과물 등에 신경 쓸 필요 없이 필자가 자신의 직관을 신뢰하고 내면의 솔직한 정서와 사고를 그대로 거르지 않고 솔직하게 써 내려가면 되기 때문이다.

평가를 받는 글이 아닌 치료를 목적으로 글을 쓰는 것이기에 누구에게 점검을 받거나 공개해야 할 의무가 없다. 글쓰기를 통해 자신의 무의식의 안개 속에서 자신의 감정과 경험을 하나하나 분명하게 끄집어 드러내 보이고, 자기점검이라는 가치 있는 자원으로 자신의 글을 점검하고, 또 그 속에 비친 자기의 모습을 거울처럼 보고자 하는 욕구와 동기가 높을수록 치료 효과는 더욱 커진다.

2) 장소와 시간, 내용

글쓰기치료는 공간, 시간, 비용, 인간관계, 환경의 제한을 받지 않고 필자 자신의 결정과 의지에 따라 주도적으로 이끌어 가는 참여자 주도적이며 자기경영적인 치료방법이다. 그러므로 모든 것이 필자의 의지에 따라 그 참여 형태가 다양하게 나타날 수 있다(Adams, 2006b).

미국의 저널치료센터 소장이며 미국 NAPT(National Association of Poetry/Biblio Therapy)의 증경회장이던 애덤스(1999)는 글쓰기치료가 치료자와의 주기적인 면담 없이 자신의 문제를 해결하거나 치료받기를 원하는 사람이라면 누구나 한 권의 노트나 작은 수첩을 펴서 자신의 깊은 내면을 털어놓게 해 준다는 점에서 비용 효과적이고도 시간 효율적인 치료방법임을 그녀의 30년간 글쓰기 경험과 임상 경험을 통해 주장하고 있다. 이러한 장점은 바쁜 현대인에게 더할 나위 없이 반갑고 편리하면서도 유용한 자기 통찰의 비상책이 된다.

> "……나는 거의 30년 동안 동일한 치료사에게 치료를 받고 있다. 치료사는 하루의 24시간을 내가 이용할 수 있게 했고, 30년 동안 휴가를 가지 않았다. 나는 나의 치료사를 새벽 3시에도, 나의 결혼식에도, 점심시간에도, 춥고 외로운 크리스마스에도, ……치과 접수처에서도 부를 수 있다. 언제나 이야기할 수 있다……. 조용하게 들어준다. 내가 원하는 어떤 방식으로든 이야기할 수 있다……. 나의 치료사는 이 모든 것을 받아준다……. 모든 것을 세부적인 부분까지 기록할 수 있다……. 나의 치료사는 돈을 원하지 않는다. 나는 스프링 노트에 적은 나의 저널을 '75센트짜리 치료사'라고 부르기도 한다(Adams, 2006b).

3) 글쓰기치료의 과정

글을 처음 쓴다는 것은 대부분의 사람에게 낯선 일이다. 공간적 환경을 고려해 볼 때 시공간의 제한을 받지 않는 점이 글쓰기치료의 장점이기도 하지만, 글 쓰는 이가 자신의 내면 여행을 충분히 경험할 만큼 조용하고 안전하며 남에게 방해받지 않는 시간과 장소가 확보되면 좋다. 그곳에서 자신과의 글쓰기 서약서를 작성하고 글쓰기치료의 목적이 실현되어 자신의 문제가 해결되었을 때 자축할 수 있는 예식의 분위기를 만들어 기념한다면 상당히 의미 있는 자기 내면의 이해와 발견 의식이 될 것이다. 그리고 가끔 함께 만나 자신의 글을 나누어 볼 수 있는 신뢰할 만한 집단이 있다면 더욱 좋다.

먼저 매일 10일간의 기간을 두고 글쓰기를 해 보는 것이 효과적이다. 또 어떻게 글을 써 내려가야 할지 막막한 상황에서 도움이 되는 문장 완성하기나 도약대를 이용한 글쓰기 등 문장의 처음 몇 단어를 제시하고 그 문장을 완성해 보는 식의 글을 써 보는 것도 글쓰기의 첫 문을 여는 좋은 시도가 될 수 있다. 먼저 글을 쓸 한 권의 노트, 저널, 일기장, 글이 잘 써지는 펜, 색연필 등 자신의 감정을 솔직히 드러낼 수 있는 도구를 준비해야 한다. 타인에게 자신의 글을 노출시킬 위험 부담에서 벗어나고 싶다면 자물쇠가 달린 노트나 글을 안전하게 보관할 수 있는 잠금 장치가 있는 곳을 확보해 두면 된다. 글을 쓰고 싶은 분위기를 연출할 수 있는 소품도 준비하면 효과적이다(Adams, 2006a, 2006b).

얼마나 자주, 무엇을 써야 하는지에 대해서는 글 쓰는 이에 따라 다양할 것이다. 글쓰기치료의 권위자인 페니베이커(2007)와 드 살보(De Salvo, 1999)는 매일 15~20분 정도 주 4회 이상 쓴다는 규칙을 정하고 매일 그 약속을 지키면 효과적이라고 말한다. 글쓰기 연습 기간이 끝나면 자신의 내면의 적극적인 치유를 위해 자신이 항상 고민해 왔으며 그것에만 봉착하면 분노, 좌절감, 죄책감, 우울감과 같은 부정적 감정이 솟는 어떤 대상이나 주제를 가지고 글을 계속적으로 써 내려간다. 매일 시간을 내어 그런 문제에 대한 솔직한 내면의 감정을 쏟아붓듯이 연필 가는 대로 글을 쓰면 된다.

글 쓰는 이는 그 결과물보다는 과정에 초점을 맞추어 자신의 의식 및 하위 의식에 내재된 생각을 모아 반추·성찰하는 것이 필요하다. 자신이 쓴 단어와 글들을 다시 읽어 보고 점검하고 분석하며, 글로 표현된 감정의 모습과 내용을 활자라는 거울에 대고 거리감을 갖고 조망하고 반영해 보는 것은 자신의 내면세계를 들여다보기 위한 효과적인 전략이 될 수 있다.

문제가 되는 생각, 감정, 경험을 통제 가능한 크기의 더 작은 조각으로 나누어 그 안에 내재된 감정의 소용돌이와 긴장을 풀고 통제력, 자신감, 자기이해를 증진시키기 위해 계속 글을 써 내려가는 것이 필요하다. 쓴 글들을 다시 읽음으로써 자신의 성취, 불안, 성공과 실패의 자기 책임성, 편견과 내면적 언어에 의해 영향을 받는데, 내면에 대한 부정적 언어가 글을 쓰는 가운데 긍정적 언어로 점차 바뀌면서 긍정적 자아개념을 갖게 한다. 글을 쓰는 가운데 자기 이해와 자기개방이 자신을 있는 그대로 수용하게 해 주어서 문제에 대한 응어리가 다 소멸되어 동일한 문제에 대해 마음의 불편함이 조금도 없을 정도까지 글을 쓴다면, 그 주제와 대상에 대한 내적 치유가 이루어졌다고 본다. 그리고 그 글쓰기 전체에 제목을 붙이고 끝을 낸 후 다음 대상이나 주제를 선정하여 글을 쓰면 된다.

글쓰기치료 프로그램 집단에 참여하거나 혹은 자신이 쓴 글을 공유하고 싶은 신뢰할 만한 치료자나 지원 그룹과 정기적으로 만나 토론하며 집단적 글쓰기 경험을 하는 것도 자신만의 내적 치유에 더 효과적일 수 있으나 의무사항은 아니다. 성경공부 모임, 내적 치유 모임 등을 활용하면 좋다(De Salvo, 1999).

내적 치유에 관심이 있는 사람이라면 자신을 객관적으로 살펴볼 수 있는 표준화된 심리검사를 받아보는 것도 도움이 된다. 예를 들어, 다면적 인성검사(MMPI), 적성검사(MBTI), 문장완성검사(SCT) 등과 같은 도구는 그 검사 문항에 대한 솔직한 답변만으로도 자신의 성격 유형과 사고의 집중이 어느 곳에 있는지를 확인할 수 있다. 이러한 자료를 글쓰기치료 과정이 시작되기 이전과 이후의 내면 변화에 대한 측정 도구로 활용한다면 더 과학적이고 객관적으로 자신의 내적 치유의 변화를 살필 수 있는 보완적 증거물이 될 수 있다.

4) 내적 치유의 경험을 돕는 글쓰기 기법

(1) 애덤스의 글쓰기치료 참여자를 위한 기법

애덤스는 글쓰기치료에 처음 참여하는 사람들이 쉽게 글쓰기 경험을 할 수 있는 10일간의 연습과정을 간단한 몇 가지 글쓰기 기법의 도움으로 용이하게 할 수 있도록 제시하였다. 애덤스(2006b)의 10일간의 글쓰기 여행은 매일 한 가지 글쓰기 과제를 완성하는 것으로 진행된다.

- 첫째 날: 문장 완성하기
- 둘째 날: 5분간 전력 질주
- 셋째 날: 구조화된 저널 쓰기

⋮

- 여덟째 날: 도약대
- 아홉째 날: 시 쓰기
- 열째 날: 자유로운 글쓰기

1 문장 완성하기의 예문
- 내가 만약 현재 6세[16세, 60세]라면 ＿＿＿＿＿＿＿＿＿＿ .
- 내가 혼자 있을 때 가장 두려워하는 것은 ＿＿＿＿＿＿＿＿ .
- 내가 어릴 때 우리 아버지/어머니는 ＿＿＿＿＿＿＿＿＿ .
- 내가 생각하기에 여자(남자)란 ＿＿＿＿＿＿＿＿＿＿ .
- 나를 가장 잘 표현하는 형용사는 ＿＿＿＿＿＿＿＿ 이다.

이 예문들은 빈칸을 채우는 것만으로도 글을 쓰는 과정으로 들어가게 한다. 그래서 글쓰기치료 초기에 참여자가 글쓰기에 대한 심리적 부담 없이 문장을 완성해 가도록 하므로 글쓰기에 유익하다

2 5분간 전력질주
어떤 주제든지 자신이 선택한 주제를 가지고 단 5분 동안 쉼 없이 글을 써 내려가는 글쓰기 기법이다. 5분 동안 집중하여 글을 쓰는 가운데 자신도 모르는 사이에 상당량의 글이 쓰임을 발견하게 되고, 그 안에서 자신도 미처 감지하지 못했던

내면의 이야기를 읽을 수 있게 된다.

③ 가나다 시 짓기

가나다라…… 또는 ㄱㄴㄷㄹ……을 일렬로 나열하고 각 문장을 사행시 짓듯이 각각 가, 나, 다 등으로 시작되는 말을 떠오르는 대로 적어 가면 된다. 각 문장의 첫 글자가 주는 영감이 11행이나 되는 문단을 완성하면서 그곳에 집중된 자신의 감정과 생각을 쉽게 발견하게 된다.

자신이 쓴 글의 단어와 글을 다시 읽어 보고 점검하고 분석하면 자신이 표현한 감정의 모습과 내용을 발견하게 된다. 글을 쓴다는 것은 자신과 자신의 개인적 경험을 저만치 떨어뜨려 놓고 활자라는 거울에 비추어 보는 것이므로, 활자화된 자신의 내면의 감정과 생각을 적정한 거리를 두고 직시함으로써 자신의 문제와 갈등을 여러 측면에서 조망하고 반영해 볼 수 있는 시각을 얻게 된다. 그리하여 달이 가고 해가 가면서 자신이 써 놓은 글을 통해 더 깊이 있는 자기이해를 할 수 있게 되는 것이다. 다시 말하지만, 문제가 되는 생각, 감정, 경험을 통제 가능한 크기의 더 작은 단위로 나누어 그 안에 내재된 감정의 소용돌이와 긴장을 풀고 통제력, 자신감, 자기이해, 자아개념과 자존감을 증진시킬 수 있게 되는 것이다.

(2) 맥애덤스의 자서전적 글쓰기치료

맥애덤스(McAdams)의 자서전적 글쓰기는 글 쓰는 이의 연령에 관계없이 삶의 중요 시점을 시간적 측면에서 나열하여, 해당 주제에 따라 글을 쓰는 가운데 자신의 삶의 발자취 속에 영향을 남겼던 사건과 인물, 그(것)들과 글쓰는 이 간의 주관적 경험(부정적 또는 긍정적 영향)에 따른 감정, 기억에 내재된 아픔과 상처, 그에 대한 현재의 조망을 함께 기록하는 형식으로 8단계 삶의 주요 경험을 쓰는 것을 골자로 한다. 8단계의 중요 시점에 따라 떠오르는 주요 사건과 기억을 생애에서 가장 감동적이고 행복한/최악의 경험, 생애에 중대한 변화를 가져온 사건, 가장 어렸을 때의 기억, 중요한 아동기/청소년기/성인기의 기억과 현재 자신과의 관련성, 그 밖의 중요한 과거의 사건에 대한 기억 등을 시간적 순서에 따라 기록하면

한다.

이런 8단계의 중요 시점에 따라 글을 쓴 후 자신이 기록한 자서전에 제목을 붙이고, 자기 삶에 가장 중요한 영향(긍정적, 부정적)을 미친 네 사람, 미래에 대한 전반적인 계획과 꿈, 지금 현재의 심한 스트레스, 갈등, 어려움을 느끼고 있는 것 두 가지, 그리고 자기 삶의 전반적인 주제를 살피기 위한 마침글로 자서전을 마친다.

자서전 쓰기는 대체로 삶의 무력감과 죽음에 대한 두려움을 가진 노인을 위해 추천되는 글쓰기 기법이다. 자신의 무력감으로 인한 소외감, 우울증을 가진 사람들이 갖고 있는 낮은 성취감과 대조적으로, 자서전적 글쓰기는 상세한 삶의 기록의 거울 앞에서 상당한 성취와 존재의 의미를 부여하여 자신이 자기 자신과 가족, 동료와 타인을 위해 참으로 유익하고 필요한 삶을 살았다는 새로운 통찰을 주게 된다.

또한 앞으로의 삶을 어떻게 살아야 하는지에 대한 비전을 제시한다. 현재의 자신이 있기까지 자신의 삶의 발자취를 통해 절대적 힘과 존재에 대한 감사와 지원에의 보답은 자신만이 아닌 다른 이들에게 자신의 좋은 것을 나눌 마음의 여유를 갖게 해 준다. 더불어 과거에서 현재에 이르기까지 자신이 성취하고 소유한 것들을 충분히 타인을 위해 나누어 줄 만한 여유가 생기면서 한층 넉넉해진 자신을 바라볼 수 있게 해 준다(양유성, 2005에서 재인용).

5. 나가는 글

인간을 대상으로 한 심리치료 기법은 각각 독자적 분야이면서 동시에 상호 보완적인 역할 통합적 치료를 만들어 간다. 글쓰기치료는 하나의 치료 분야임과 동시에 독서치료, 미술치료, 음악치료, 의학적 임상치료와 병행될 수 있는 상호 보완적 치료법이다. 그러므로 글쓰기치료에 대한 바른 이해와 활용은 글쓰기치료뿐만 아니라 주변 심리치료의 효과를 증대시킬 수 있을 것이다.

특히 바쁜 현대인이 상담자나 치료자를 정기적으로 만나지 못하는 현실 속에서 전문적 안내 없이 자연스럽게 자신의 내면을 들여다본다는 것은 결코 용이하지 못한데, 이러한 상담 및 치료의 한계를 글쓰기치료가 극복할 수 있는 장치를 마련해 준다고 볼 수 있다. 이미 글쓰기치료 기법은 많은 임상을 거쳐 확인되고 입증되고 있다. 그러므로 글 쓰는 이가 그 기법을 따라 글을 써 가는 가운데 자신의 내면을 들여다볼 수 있는 자기 성찰 및 자기 이해와 통찰에 대한 내적 도구를 스스로 갖추게 되는 셈이다.

 요 약 >>>

독서치료과정에서 글쓰기치료 기법은 독후 활동으로 자연스럽게 병용되는 도구다. 글쓰기 자체만으로도 자신의 내면을 들여다볼 수 있는 심리치료 및 자기점검의 도구가 되므로 독서치료 현장에서 유용하게 활용할 수 있는 보조 기법이 될 수 있다.

🎓 학습과제

❶ 글쓰기치료의 개념을 말하시오.
❷ 글쓰기치료의 장점과 단점을 논하시오.
❸ 글쓰기치료와 독서치료의 상호 보완적 관계를 이야기 나누어 보시오.

제7장

시치료의 이론과 기법

학습 목표 및 개요 ● ● ● ●

　시치료의 정의, 역사적 · 이론적 배경을 살피면서 시치료가 무엇인지에 대하여 고찰해 본다. 이울러 시치료 현장에서 사용되는 세 가지 유형인 수용적(처방적), 표현적(창조적), 상징적(의식적) 요소를 예를 들어 소개한다. 실제로 시치료 현장에서 할 수 있는 여러 활동은 2005년 미국 시치료학회 워크숍에 참석하여 실시해 본 예의 일부와 그 외에 필자가 독서치료를 하면서 시를 활용하였던 여러 가지 실례를 소개하고자 한다. 그다음 시치료 자료의 선정 기준과 주제별 시 목록, 시치료 임상 적용에서의 주의사항을 살펴본다.

1. 시치료의 정의

1) 어원

오귀스트 르네 로댕의 〈시인과 뮤즈〉

시치료는 그리스어로 *poie*(I make or compose 만들다/creator 창조자, 생산자; http://en.wikipedia.org/wiki)와 *therapeia*(도움이 되다/병을 고쳐 주다/의학적으로 돕다)가 합쳐진 말이다. 그러므로 시치료에는 시를 보거나 낭송하면서 도움을 받기도 하지만 시를 쓰면서 도움을 받는다는 의미가 이미 들어 있다.

한자에서도 詩는 言(똑똑하고 음조가 고른 말)과 寺(손을 움직여 일함)의 결합으로, 시가 언어를 매체로 하여 무엇인가를 창조한다는 의미를 갖고 있다(김영철, 1993). 시의 어원을 보면 시는 손을 움직여 일하는 창작 행위라는 의미를 가지고 있다(문덕수, 1995; 이어령, 1996). 또 시는 마음의 움직임을 언어로 표현하는 창작 행위다(이성옥, 2007). 따라서 어원에 의해 시치료가 무엇인지 간단명료하게 정의 내려 본다면 시를 읽거나 씀으로써 마음의 상처가 치유되고 개인의 성장을 돕는 것이라고 할 수 있겠다.

시치료는 독서치료의 독특하고 강력한 유형으로서 은유, 이미지, 리듬과 다른 시적인 기법을 독특하게 사용한다. 1960년대부터 집단치료가 많아지면서 독서치료와 시치료에서 '상호작용 과정'이나 '상호작용적 대화'가 강조되기 시작하였다(미국 시치료학회, http://www.poetrytherapy.org).

이상의 시치료의 정의를 종합하면 1장에서 언급한 독서치료의 정의와 유사하다. 즉, 시치료는 은유, 이미지, 리듬과 다른 시적 기법(과장, 각운, 두운법 등) 등을 사용한 시를 매개로 하여, 치료자와 일대일이나 집단으로 토론, 글쓰기, 그림 그리기 등의 여러 구체적 활동과 상호작용을 통해서 자아를 이해하고 개인의 적응과 성장 및 당면 문제를 해결하는 데 도움을 얻는 것이다. 여기서 참여자는 심각하고 특정한 문제를 가지고 있는 사람뿐 아니라 발달해 가면서 발달과업 과정에서 겪는 갈등이나 문제를 가지고 있는 일반인도 포함된다. 또한 시를 가지고 하는 활동은 기존의 시를 읽거나 듣거나 혹은 시의 변형된 형태인 노래를 담은 테이프, CD를 듣기도 하지만 모방시나 시를 직접 쓰는 활동, 노래 부르기, 콜라주 시도 포함된다.

2) 시의 치료적 기능 및 과정

시치료에서 활용되는 시의 치료적 기능은 여러 가지로 설명할 수 있지만, 여기에서는 헤닝거(Heninger, 1981)의 연구, 그리고 정신분석 접근에서 본 시(이승훈, 2007)와 시 활동을 활용한 이성옥(2007)의 연구를 간단하게 살펴보고자 한다.

(1) 헤닝거의 시의 치료적 기능

헤닝거(1981)는 시의 치료적 기능을 카타르시스, 자기 탐색 및 이해, 위안, 적극적인 통제와 정서 다스리기, 안전장치, 즐거움 등으로 정리하였다. 그는 시치료 과정에서 이루어지는 활동이 갈등을 해결하고 심리적 안정과 성장을 도모하는 한 방법이 될 수 있다고 강조하였다. 그 자세한 내용은 다음과 같다.

1 카타르시스

시치료는 참여자의 마음 깊은 곳에 있는 감정이나 생각을 터놓고 표현할 수 있는 기회를 준다. 치료에서 시를 사용하는 것은 참여자의 강렬한 감정을 배출시켜 정서를 정화시킴으로써 심리적으로 자유롭게 한다. 또한 시는 고백의 목적으로 사용되기도 한다. 시는 참여자의 가장 비밀스러운 문제까지도 부끄럼 없이 드러내게 하며 참여자가 죄책감이나 창피함을 당하지 않고도 감정을 배출할 수 있는 안전한 매체가 된다. 이처럼 시치료 장면에서 하는 활동과정 자체가 증상을 완화시켜 주고 치료로 나아가게 한다.

② 자기 탐색 및 이해 증진

시는 치료의 탐색과정을 촉진시키며 자기발견을 하도록 도와준다. 즉, 의식하지 못했던 자신의 문제를 일깨워 주며 내담자의 무의식을 드러낼 수 있게 한다. 따라서 시는 자기자각, 자기직면과 자기노출을 증가시켜 준다.

③ 위안/힘을 얻음

시는 참여자에게 용기와 자신감을 주고 의사소통과 정신 집중을 증진시킨다. 그리고 독서치료와 마찬가지로 자신의 문제를 다른 사람도 비슷하게 가지고 있다는 보편성을 깨닫게 하여 위안(support)을 얻게 한다. 나아가 집단으로 치료가 진행될 때는 다른 사람과 이야기하고 자신의 생각과 감정을 공유하여 인간관계가 개선될 수 있게 해 준다.

④ 적극적인 통제와 정서 조절

시에 사용된 시어는 혼란스러운 것을 정리해 주고 정서적으로 견디기 어려운 것을 직면할 수 있는 무언가로 전환시켜 준다. 그리고 시는 상황을 효과적으로 통제하도록 하며 감정을 조절할 수 있도록 해 주고, 참여자가 도저히 납득할 수 없는 감정도 수용하도록 하여 상처를 아물게 하고 건강과 조화를 경험하게 한다. 다시 말하면, 시는 자기통제가 가능한 무의식 속에 억압되고 잊힌 것들을 드러내어 자기의 감정과 생각을 재경험하게 하면서 통합하게 한다. 시치료 과정에서 하는 활동은 성숙과 성장을 촉진하는 경험이 되며 조화를 이루게 하여 더욱 통합된 인격을 갖게 하는 것이다.

⑤ 안전 및 안전장치

시는 직접적으로 표현할 수 없는 생각, 감정과 태도를 우회적으로 표현할 수 있고 완전한 심리적 노출을 하지 않고도 감정을 정화시켜 준다. 따라서 시는 표현하려는 충동과 은폐하려는 충동을 동시에 만족시켜 준다. 시인과 내담자는 익명으로 자신의 정체를 감추면서 마음속에 사무쳤던 감정을 안전하게 고백할 수 있다.

6 즐거움

아리스토텔레스는 시의 기원을 모방에서 찾는다. 모방은 인간의 본능으로서 충족할 시 쾌락을 느끼게 된다. 따라서 시는 예술적 즐거움과 심리적 즐거움 등의 쾌락을 추구하는 것에서 시작된 것이다.

(2) 이승훈과 이성옥의 연구

이승훈(2007)은 『정신분석 시론』에서 시 쓰기는 궁극적으로 마음 비우기로 발전한다고 보았다. 그는 자신이 "시를 쓴 게 아니라 나를 찾아 헤맨다."(p. 19)라고 얘기한다. 그에 따르면 시 쓰기는 병든 내면을 극복하고 치료하는 과정이었다. 또한 시를 쓰는 과정이 자아방어에서 자아해방으로 발전하는 프로이트의 정신분석 단계를 밟는 것과 같다고 하면서, 현대시를 여러 정신병리학적 입장에서 살피는 틀로서 자아방어, 자아승화, 자아해방의 단계로 발전시키며 분석하였다.

첫째로 자아방어의 단계는 시를 씀으로써 불안, 공포, 우울증, 신경증에서 자아를 방어하고 보호하는 단계로 자아와 의식이 강조된다. 둘째는 이런 자아가 허구, 환상, 이미지, 거짓이라는 사유를 매개로 하여 자아와 본능, 의식과 무의식의 화해를 지향하면서 자아가 승화되는 단계다. 셋째로 자아해방의 단계는 무의식, 특히 억압된 무의식, 욕망, 충동, 욕동의 해방을 통해 완전한 자유를 성취하는 선불교에서 말하는 해탈의 경지를 지향한다.

시 활동이 어떤 심리적 치유과정을 거치는지를 연구한 이성옥(2007, p. v)은 시 활동을 "참여자의 자기 보호적 · 치유적 행위이며 소통을 위한 과정"으로 보았다. 이성옥은 시 활동을 통하여 경험되는 심리적 치유과정을 피아제(J. Piaget)의 인지 발달 과정과 연관시키면서 정화, 동화, 조절이라는 기제로 설명하였다.

카타르시스 과정은 참여자가 억눌린 감정을 배설함으로써 마음의 짐에서 자유로워지고 상황을 심리적 거리감을 두고 객관적으로 보게 하는 것이다. 카타르시스 과정은 아리스토텔레스의 『시학(Poetics)』에서 논의되었던 카타르시스와 같은 개념으로 독서치료의 기원에서도 논의된 바 있다. 이성옥은 연구 결과 시를 읽을 때보다 쓸 때 주로 카타르시스를 경험한다고 하였다.

동화과정은 참여자가 정서적 동일시를 느낌으로써 감정이입을 하게 되는 것이다. 이를 통하여 시적 화자에게 자신을 투영시켜 자신의 결핍을 채우거나 자신만이 그런 고통을 경험하는 것이 아님을 알고 위안과 안정을 얻게 된다. 이성옥은 참여자의 정서와 유사한 정서를 묘사한 시에 감정이입이 더 잘 이루어진다고 보고하였다.

조절과정은 참여자의 기존 이해의 틀을 수정하여 갈등 상황을 새롭게 통합하는 과정이다. 이성옥의 연구는 조절은 이질적이고 인지적인 측면을 잘 묘사한 시를 통해 이루어진다고 보고하였다. 이처럼 정화는 억압된 내면을 비우게 하여 심리적 거리를 줄이며, 동화는 결핍된 부분을 채우며, 조절은 경험을 통합하는 동기로 이어진다. 이렇게 마음이 정리되면 자신의 경험에 새로운 의미를 부여하는 단계가 오는데, 이때 상황을 통제할 수 있는 힘이 생기며 소통 회복을 위한 전환점이 되는 것이다.

2. 역사적 배경과 발전과정 [1)]

1) 고대

시치료의 출발점으로는 의학과 시의 신이었던 아폴로가 자주 언급된다(Brand, 1980; Leedy, 1969; Putzel, 1975). 고대 그리스인은 시와 치료에서 언어와 감정의 중요성을 가장 먼저 직관적으로 깨달은 사람들로 여겨진다(Putzel, 1975).

아리스토텔레스는『시학』에서 감정을 치료하는 데 있어 카타르시스의 역할을 논했으며, 통찰과 우주적 진리를 획득하는 데 있어서 시의 가치를 언급했다. 카타르시스의 제1요소인 정서적 동일시 역시 1장에서 소개한 것처럼 독서치료와 시치료에서 매우 중요하게 여겨지고 있다.

---

1) 김현희(2003)에서 발췌 수정한 내용이다.

블린더먼(Blinderman, 1973)은 시치료의 흔적을 선사시대의 주문과 기원에서부터 찾았는데, 그 주문의 목적은 주로 자신, 상대방 또는 환경에 어떠한 변화를 이끌어 내기 위한 것이었다. 아스트로브(Astrov, 1962, p. 207)는 미국의 인디언 원주민을 예로 들면서 언어의 힘을 설명했다. "환자에게 처방하는 약초 자체보다는 약초에 거는 주문이 치료 행위에서 필수적이다." 이러한 관점은 원시시대의 치료자들 대부분이 공통적으로 가지고 있었던 견해다(Blinderman, 1973).

2) 근대

좀 더 최근의 역사를 살펴보면, 19세기 초에 정신건강의 목적을 위해 시가 사용되었음을 알 수 있다. 존스(Jones, 1969)는 정신병 환자들이 1843년에 「반사거울(The Illuminator)」이라는 시를 써 펜실베이니아 병원신문에 실렸다고 한다. 모리슨(Morrison, 1973)은 그레이브스(Graves, 1922, p. 79)라는 시인이 "잘 고른 하나의 시집이 일반적인 정신질환 대부분을 완전히 치료할 수 있고 치료뿐만 아니라 예방에도 마찬가지의 효과를 얻을 수 있다."라고 말한 것을 인용하면서 시가 치료에 도움이 될 수 있음을 설명했다.

서플러(R. H. Schauffler)는 1925년에 『시치료: 시로 된 작은 약상자(*The Poetry Cure: A Pocket Medicine Chest of Verse*)』를 썼다. 이 책은 심리 상태나 정신질환에 맞는 시가 분류되어 있다. 여기서 서플러는 시가 모든 사람에게 똑같은 방식으로 감정을 유발하지는 않을 것이며, 그러므로 조심해서 사용해야 한다고 지적하고 있다. 이 책에서 말하는 중요한 또 다른 요점은 "진정한 치료 능력이 있는 시는 그 시를 쓴 시인 스스로 치료가 되어야 한다."(p. xvii)라는 것이다. 그는 또한 선구자적으로 자신의 환자들을 대상으로 추려 낸 열네 가지 일반적인 질환에 맞는 시를 분류한 책을 쓰기도 했다. 1931년에는 『청소년 시치료: 모든 청소년을 위한 시로 된 구급 약상자(*The Junior Poetry Cure: A First-Aid Kit of Verse for the Young of All Ages*)』를 출간하였다. 프레스코트(Prescott, 1922)가 쓴 『시적인 마음(*The Poetic Mind*)』은 시적 사고와 심리학의 원리를 관련짓는 데 있어 큰 공헌을 했다.

3) 현대

심리학자인 블랜튼(Blanton, 1960)은 시의 치료적 가치를 주장하였고, 영감을 주는 시들을 사용하면서 처방적인 접근을 유지했다. 그는 특별한 심리적인 문제에 맞는 시들을 분류한 『시의 치료적 힘(*The Healing Power of Poetry*)』을 썼다.

시인이자 변호사였던 그리퍼(Griefer)는 시치료라는 용어를 처음으로 사용한 사람이다(Schloss, 1976). 슐로스(Schloss, 1976)에 따르면 그리퍼는 뉴욕의 크리드모어 주립병원에서 자원봉사를 하는 약사였는데, 리디(Leedy)와 함께 시치료 집단을 만들었다. 그들은 모레노의 격려와 도움으로 미국 집단심리치료와 사이코드라마 학회에서 발표를 하였다. 모레노(Moreno)도 심리치료를 하면서 시를 사용하는 것에 관심이 있었고 '심리시학'이라는 용어를 썼다. 1963년에 그리퍼는 『시치료의 원리』를 썼고, 리디가 그리퍼의 연구를 이어받아 1969년에 『시치료: 정서장애치료를 위한 시 사용』을 편집했다(Leedy, 1969). 또한 리디는 제2판인 『시치료(*Poetry the Healer*)』(1973)를 펴냈다. 두 책의 내용은 나중에 출간된 『시치료: 정신질환을 고침(*Poetry the Healer: Mending the Troubled Mind*)』(1985)에 다시 정리되었다.

1969년에 시치료협회(APT)가 설립되면서 시치료는 공식적으로 알려졌고, 1971년부터 매년 뉴욕에서 학회가 열리기 시작했다. APT는 1981년에 미국 시치료학회(NAPT)로 바뀌었으며, 그때부터 매년 미국 전 지역을 돌아가면서 학회가 열리게 되었다.

슐로스는 심리시학에 대한 연구를 통해 시치료 연구에 지대한 공헌을 했다. 심리극에 대한 지식을 바탕으로 그는 뉴욕의 사회치료연구소에서 연구를 했고 워크숍과 교육 경험을 제공했다. 1976년에는 그가 쓴 『심리시학』이 출간되었는데, 환자들의 시를 포함한 많은 사례 연구들을 제시하고 앞으로의 연구를 위한 새로운 방향을 제시했다.

시인이자 심리학인 러너(A. Lerner)는 1973년에 로스앤젤레스에서 시치료 연구소를 만들었다. 이 단체는 "시치료의 연구와 실제를 위해 헌신한 최초의 합법적인 비영리 조직이었다."(1992, p. 107) 이 연구소는 1992년에 없어졌지만 시치료의 교육과 실습에서 현저한 발전을 이루게 했다. 『치료체험에서의 시』(1978; 제2판은 1994년에 출간)는 시치료의 실제와 이론과 연구들을 모아 놓은 것이다. 특별히 흥미를 끈 것은 이 분야에서 처음으로 통계적인 연구를 했던 베리(Berry)의 '과학적인 방법으로 시치료에 접근하기' 다.

해로워(M. Harrower)는 에릭슨(Erikson, 1963)의 발달 단계에 맞추어서 그녀의 시와 작품들을 검토했는데, 그의 『시치료』(1972)라는 책은 치료와 정상 발달 부분에서 시를 고려 대상으로 했다는 점과 특히 개인이나 집단 상황에서 시를 건강한 측면으로 다룬 하나의 근거를 제시했다는 점에서 중요하다.

한편 우리나라의 경우는 시치료에 대한 연구논문이 1980년대부터 나오기 시작하였다고 볼 수 있다. 김종주(1986)는 원광의대 부속 제2병원 신경정신과에서 장기간 입원한 치료 · 감호 환자인 30대 남자가 쓴 6편의 시를 분석하였다. 그는 시치료를 실시하면서 경험한 시치료 과정과 역동을 발표하였다(김종주, 1986; 김종주, 이경수, 1986). 이후 현윤이(1992), 유정화(2002), 이숙진(2003), 이승희(2003), 최소영(2004), 윤정미(2005), 김지훈(2007), 박태건(2007), 오필하(2007), 이성옥(2007), 차재량(2007), 그리고 2008년에는 김혜은, 오재옥, 하수민 등이 시치료에 관한 학위논문을 발표하였다. 독서치료 관련 논문이 2005년 이후 폭발적으로 증가하면서 시치료에 대한 학위논문도 증가하고 있는 추세다(이에 대한 더 자세한 내용은 〈부록 6〉 참조).

3. 이론적 배경 [2]

1) 정신분석이론

심리치료에서 시를 사용하는 것에 대한 이론적 배경은 정신분석 문헌에서 중요

---

[2] Mazza(2005)의 1장을 일부분 참조하여 정리한 것이다.

하게 다루어진다. 프로이트의 이론에 따르면 무의식적이고 본능적인 소망과 갈등은 판타지와 문학작품을 만들어 내도록 한다. 브랜드(Brand, 1980, p. 54)는 작품 쓰기와 심리치료 간의 영향에 대하여 논하면서 다음과 같이 주장한다.

> 시와 정신분석이 꿈과 판타지의 무의식적이고 전의식적인 요소와 프로이트의 체계적인 자기분석과 그의 대담한 치료 기법을 공유한다는 프로이트의 가설은 심리치료를 위한 방법으로서 아직 탐구되지 않았던 문학작품에 대해 지속적인 관심을 갖게 했다.

프로이트 학파의 용어에 따르면 시와 심리치료 사이의 밀접한 관계는 감정을 탐색하기 위해 전의식과 무의식의 요소를 서로 사용하고 구현하기 위해 단어들을 쓰는 것이다.

시와 치료는 둘 다 내적인 갈등을 해결하려는 것이며, 상징화와 치환이 그 두 가지에 다 쓰인다. 패티슨(Pattison, 1973, p. 212)은 "상징화가 자신을 조직하며 종합하고 표현하는 의사소통적 수단이기 때문에 상징 매체로서의 시는 심리치료적 의사소통의 유력한 방법이 된다."라고 했다. 프로이트는 시를 치료방법으로는 생각하지 않고 오히려 예술가의 성격을 알아내는 것에 흥미를 가졌다. 그는 예술의 기원을 신경증이라고 믿었던 것이다(Mazza, 2005).

2) 분석심리이론

융은 프로이트 개념의 많은 것을 재조정했으며 본질적으로 치료 모형에서 성장 모형으로 바꾸어 갔다. 융은 예술을 질병으로 보지 않았고 상징을 증상으로 보지도 않았다.

융은 시에 의미를 부여하는 시인의 책임이 정신분석을 받는 것과는 대조를 이룬다고 했다. 그리고 모든 사람이 시인이며 다양한 창의적인 요소를 통해서 체계와 세계에 대한 독특한 의미를 발전시킬 수 있다고 보았다(Putzel, 1975). 휘트몬트와

카우프만(Whitmont & Kaufmann, 1973, pp. 108-109)은 예술을 분석심리학의 맥락에서 다음과 같이 논의했다.

> 우리는 너무 자주 예술작품을 작가의 가족 배경이나 어렸을 때의 상처를 추적하여 제한적으로 분석한다. 그러나 영감에 의한 예술은 그 이상이다. 그것은 우리 각자에게 존재하는 보편적이고 영원한 뭔가를 개인적으로 표현하는 것이다……. 창의성은 채워지지 않는 욕구 원형을 현실적이고 눈에 보이도록 표현할 수 있는 능력을 요구한다. 예술가는 …… 신경증 환자여서가 아니라 그가 창의적이고 자신의 내면에 있는 강력한 힘들과 싸워야만 하기 때문에 작품을 만드는 것이다.

프로이트가 예술의 병리적 관점에 관심을 가졌다면, 융은 예술을 정상의 관점에서 보았다.

3) 아들러 학파 이론

아들러 학파의 심리학 역시 시치료에 대한 흥미 있는 개념을 제시했다. 아들러의 개념 중에 특히 중요한 것은 개인의 언어-상징의 타고난 반응 잠재력이다. 아들러는 이러한 반응을 사람의 반응 중에서 가장 중요한 것으로 여겼다. 그것은 욕구와 흥미와 감정을 의사소통하는 기본 방법으로 생각하는 데 중요한 위치를 차지한다. 상징과 언어를 통해서 우리는 대인관계를 발전시킨다.

아들러 이론의 중요한 점은 개인을 사회 맥락 안에서 이해하려는 것이다(Adler, 1954). 그의 창조적 자아라는 개념은 성취 경험을 추구하는 개인의 독특함으로 인정하는 것이다. 이런 경험은 사회 맥락에서 발견될 수도 있고 창조될 수도 있다.

허구적 최종 목적이라는 개념도 이 연구와 관련이 있다. 아들러는 사람들이 과거 경험보다는 미래에 대한 기대에 의해 동기화된다고 주장했다. 아들러 이론의 인지적 요소는 사회 맥락 안에서 기능하고 발전하며 의사소통하기 위해 언어나 상징을 사용하는 것이다. 아들러(1933)는 개인의 삶의 양식을 이해하는 시인의 능력을 존경하면서 다음과 같이 언급했다(Mazza, 2005, p. 35에서 재인용).

우리는 시인의 능력을 최고로 찬양하게 된다. 그것은 시인이 그가 처한 환경에서 해내야 할 일들과 가장 밀접하게 관련을 가지면서 개인이 살아가고 행동에 옮기고 죽어 가는 과정들을 분리할 수 없는 전체로서 보여 주는 능력을 가지고 있기 때문이다…….언젠가는 예술가들이 절대 진리를 추구해 가는 인류의 선봉자가 될 것이다. 나를 개인심리학에 대한 통찰을 하도록 이끌었던 최고의 작품으로는 다음과 같은 것들을 소개할 수 있다. 민담, 성경, 셰익스피어, 괴테 등등.

프로이트처럼 시인은 통찰과 감수성 면에서 인정을 받지만, 아들러의 초점은 덜 심리적이고 대인관계를 더 중요시한다.

4) 게슈탈트 이론

시치료의 인본주의적 기원은 게슈탈트 이론에서 찾아볼 수 있다. 펄, 헤퍼라인과 굿맨(Pearl, Hefferline, & Goodman, 1951)이 쓴 『게슈탈트 치료(Gestalt Therapy: Excitement and Growth in the Human Personality)』에는 '말로 표현하는 것과 시'에 대해 설명한 장이 있다(Mazza, 2005에서 재인용). 그들은 관계에서 언어가 중요하다는 것을 주장했고, 시를 신경증에 걸려 장황하게 말하는 것과는 명백하게 구별했다. 신경증적인 의사소통은 에너지를 낭비하는 것이지만 시는 문제해결의 관점에서 보았다. 진커(Zinker, 1977)는 『게슈탈트 치료에서의 창의적 과정(Creative Process in Gestalt Therapy)』에서 창의성을 개인의 표현 행위이자 사회적 행위라고 했다. 본질적으로 삶 자체가 창의적 과정이기도 하다. 그는 각 치료 회기의 구조와 흐름을 얘기했는데, 회기를 시작할 때는 단순히 깨달은 내용을 서로 나누나 결국에는 의미 있는 주제로 이끌어 가게 된다는 것이다. 그때 주제가 발전되며 최후에는 새로운 방식으로 생각하고 행동하는 쪽으로 바뀌게 된다.

진커는 시와 심리치료가 변화와 변형이라는 점에서 비슷하다고 했다. 그는 치료자를 치료 상황과 분위기를 만들어 내며 관계에 의해 과정을 시작하는 예술가로 보았다. 이런 과정이 결국에는 자아를 탐색하고 성장하도록 촉진한다는 것이다. 인본주의의 영향을 고려할 때, 매슬로와 저나드(Jounard)의 연구도 주목하게 된다. 매슬로는 병리에 관심을 두기보다는 시에 집중함으로써 심리치료에 새로운 접근을 불러오게 했고, 저나드는 문학의 치료적 가치를 인식했다.

5) 사이코드라마 이론

앞에서는 개인을 고려한 이론적 방향을 다루었다. 그러나 집단 심리치료의 아버지인 모레노도 시치료에 대한 이론적 기초를 다지는 데 중요한 공헌을 했다. 그는 공식적인 인정을 받기 전에 이미 치료하면서 시를 사용했고 그것을 심리치료로 언급했다(Schloss, 1976). 모레노의 『심리극(*Psychodrama*)』(1946, 1948, 1969)은 심리치료에 예술적인 방법을 사용하도록 하는 데 중요한 영향을 미쳤다. 그는 집단 심리치료에도 영향을 미쳤는데, 이는 역할극과 실제 행동, 공감적 동일시, 카타르시스와 같은 기법을 통해서였다. 게슈탈트와 심리극 이론은 모두 역할 탐색의 중요성과 은유의 사용을 강조했다.

이상 시치료의 이론적 배경을 요약하면, 심리학에서 시치료의 위치는 낭만주의 철학, 전통 또는 현대 심리학 이론, 여러 학문에 걸쳐 통합적으로 이루어진 연구, 독서치료, 글쓰기의 치료 효과에 대한 연구 등과 같은 다양한 근거에 의해 설명될 수 있다.

4. 시치료의 모델[3]

마차(Mazza, 2005)는 다양한 내담자에게 사용해 볼 수 있는 서로 다른 시의 기법인 시치료의 실제 모델이 다음과 같은 세 가지 요소로 구성된다고 보았다.

---

3) Mazza(2005)의 2장 일부분을 참조하여 정리한 것이다.

① 수용적/처방적 요소(receptive/prescriptive component): 치료에 기존의 문학 작품을 도입하는 것

② 표현적/창조적 요소(expressive/creative component): 치료에 내담자의 글쓰기를 사용하는 것

③ 상징적/의식적 요소(symbolic/ceremonial component): 은유, 의식(rituals), 이야기 들려주기를 사용하는 것

이들 요소에 대해 구체적으로 살펴보면 다음과 같다.

1) 수용적/처방적 요소

시치료에서 가장 일반적으로 사용하는 기법은 개인이나 집단에게 기존의 시를 읽어 주고(혹은 내담자나 참여자에게 시를 읽게 하고) 얘기를 나누는 것이다. 치료자(촉진자)는 내담자의 반응을 예상하고 탐색해야 한다. 그러기 위해 치료자는 시를 사용하기 전에 그 시에 대한 자신의 반응을 먼저 점검해야 한다. 특정 회기에 시를 도입하는 것은 그 회기의 내용이나 대화와 관련되어야 한다.

시를 읽거나 낭송한 후에는 시와 관련하여 '이 시를 읽고 나니 어떤가요? 이 시가 여러분에게 어떤 의미가 있나요?'와 같은 질문을 해야 한다. 내담자는 전체적으로 혹은 특별한 행이나 이미지에 초점을 두어 반응할 수 있다. 예를 들어, '가장 마음에 와 닿는 특별한 행이 있습니까? 혹은 당신의 문제를 생각나게 하는 행이 있습니까? 특별한 사건이나 사람이 생각나시나요? 제일 감동적인 부분은 어디인가요?'와 같은 질문이다. 이러한 질문은 내담자가 시에 대한 얘기를 하면서 자신의 경험을 충분히 털어놓을 수 있도록 한다. 나아가 시를 수정하거나 다른 결말을 제공하도록 이끌 수 있다. 이때 가능하다면 시를 복사하여 내담자들이 눈으로 볼 수 있도록 나누어 주는 것이 좋다.

이 기법의 변형된 형태로 대중가요를 듣고 그 노래의 가사를 읽거나 노래 테이프(CD, DVD)를 틀어 줄 수도 있다. 시나 노래를 선정하는 것은 처방적일 수 있다.

내담자의 분위기와 밀접한 시를 선정하지만 긍정적인 결말로 된 시를 선택하는 원리는 잊지 말아야 한다. 열린 결말로 된 시들은 자기 탐색을 촉진할 수 있다. 처방적인 시의 예로는 「그럼에도 불구하고」와 칼릴 지브란의 「결혼에 대하여」 등을 들 수 있다. 이러한 시들은 교훈적이며 특별한 메시지를 포함하고 있다.

그럼에도 불구하고

사람들은 때로 믿을 수 없고, 앞뒤가 맞지 않고,
자기중심적이다.
그럼에도 불구하고 그들을 용서하라.

당신이 친절을 베풀면
사람들은 당신에게 숨은 의도가 있다고 비난할 것이다.
그럼에도 불구하고 친절을 베풀라.

(중략)

당신이 가진 최고의 것을 세상과 나누라.
언제나 부족해 보일지라도,
그럼에도 불구하고 최고의 것을 세상에 주라.

―인도 캘커타의 마더 테레사 본부 벽에 붙어 있는 시

또한 내담자에게 특별히 도움이 되었던 시와 노래를 각 회기 모임에 가져오게 할 수 있다. 좋아하는 시를 가져오게 하여 그중에서 참여자가 한 편의 시를 골라 얘기를 나누게도 할 수 있다. 혹은 내담자에게 다양한 분위기를 포함한 시 중에서 읽고 싶은 시와 듣고 싶은 노래가 어떤 것인지 물어볼 수 있다. 노래 혹은 시의 의미와 분위기의 관계는 효과적인 임상적 정보와 내담자의 자기 이해를 제공할 수 있다.

(1) 기성시 낭송하고 얘기 나누기

기존의 시 중 하나를 선택하여 낭송한 후 전체 느낌, 마음에 와 닿는 부분, 생각 나는 사건 및 사람, 그때와 지금의 느낌 차이 등에 대해 이야기 나눈다.

수많은 시가 있지만 여기에서는 자아를 인식하고 수용할 수 있도록 하기 위해 집단 독서치료 실습 현장에서 많이 사용하여 활발하고 깊은 반응을 보였던 몇 편의 시를 소개해 보려 한다.

처음에 소개하는 이용휴(1708~1782)는 18세기를 대표하는 문인이지만 많은 사람에게 잘 알려지지 않은 인물이다. 연암 박지원과 쌍벽을 이루었다고 할 정도의 인물로, 평생 재야문사로 지내며 참신한 시와 산문을 문단에 소개하는 등 중추적 역할을 하였다. 다음의 「나를 돌려다오」는 오래된 시이지만 사람들에게 많은 공감을 불러일으킨다.

나를 돌려다오

이용휴

처음 태어난 그 옛날에는
천리(天理)를 순수하게 따르던 내가,
지각이 생기면서부터는
해치는 것이 분분히 일어났다.

지식과 견문이 나를 해치고
재주와 능력이 나를 해쳤으나,
타성에 젖고 세상사에 닳고 닳아
나를 얽어맨 굴레에서 벗어나지 못했다.

성공한 사람을 받들어
어른이니 귀인이니 모시며,

그 둘을 끌어대고 이용하여
어리석은 자를 놀라게도 했다.

옛날의 나를 잃게 되자
진실한 나도 숨어 버렸다.
일 꾸미기를 좋아하는 자가 있어
돌아가지 않는 나의 몸새를 노렸다.

오래 떠나 있자 돌아갈 마음 생기니
잠에서 깨면 해가 뜨는 것과 같았다.
훌쩍 몸을 돌이켜 보니
나는 벌써 옛집에 돌아와 있다.

보이는 광경은 전과 다를 바 없지만
몸의 기운은 맑고 평화롭다.
차꼬를 벗고 형틀에서 풀려나
오늘에는 살아난 느낌이구나!

눈이 더 밝아진 것도 아니고
귀가 더 잘 들리지도 않으며
하늘에서 받은 눈과 귀의 밝음이
옛날과 같아졌을 뿐이다.

수많은 성인은 지나가는 그림자니
나는 내게로 돌아가리라.
적자(赤者)와 대인(大人)이란
그 마음이 본래 하나다.

돌아와도 신기할 것 전혀 없어
다른 생각이 일어나기 쉽겠지마는
만약 여기를 다시 떠난다면

영원토록 돌아올 길 없으리.

분향하고 머리 조아리며
신에게 하늘에게 맹세하노라.
"이 한 몸 다 마치도록
나 자신과 더불어 살겠노라."

이어지는 시 「나는 누구인가」는 디트리히 본회퍼(Dietrich Bonhoeffer, 1906~1945)가 제2차 세계대전이 끝나 갈 무렵 생의 마지막 순간에 베를린 감옥에서 쓴 시다. 이 시는 내가 보는 나와 남이 보는 나 그리고 되고 싶은 나에 대해 얘기를 나누며, 그 사이의 간격에 대해 많은 얘기를 나눌 수 있다. 특히 많은 사람이 마음에 와 닿는 부분으로 반응을 보였던 행과 구절은 "오늘은 이 사람이었다가 내일은 다른 존재로 변하는가. 아니면 양쪽 모두 내 모습인가. 다른 사람들 앞에서는 위선자이고 혼자 있을 땐 고통에 짓눌리는 연약한 존재인가…… 패잔병 같은 그 무언가가 여전히 내 속에 있는 것인가?"였다. 그런 반응에 대해 '어떨 때 특히 그렇게 느끼는지 얘기해 줄 수 있는가?'와 같은 질문으로 얘기를 진행해 간다.

나는 누구인가

디트리히 본회퍼

나는 누구인가.
사람들은 내가 마치 영주가 자기 성을 나오듯
조용하고 활기차고 견고한 모습으로
감방에서 걸어 나온다고 말한다.

나는 누구인가.
사람들은 내가 마치 내 사람에게 명령이라도 하듯

자유롭고 친절하며 명확한 말로
간수들에게 이야기한다고 말한다.
(중략)

나는 누구인가.
이것인가 혹은 저것인가.
오늘은 이 사람이었다가 내일은 다른 존재로 변하는가.
아니면 양쪽 모두 내 모습인가.
다른 사람들 앞에서는 위선자이고
혼자 있을 땐 고통에 짓눌리는 연약한 존재인가.

이미 얻은 승리 앞에서 무질서하게 흩어지는
패잔병 같은 무언가가 여전히 내 속에 있는 것인가.

나는 누구인가.
내 안에서 비롯된 이 고독한 질문들이 나를 비웃는다.

(후략)

그 외 원성 스님의 「나를 바라보기」, 천양희의 「마음의 달」, 프랭크 오하라의 「문학적 자서전」 등이 자아 탐색과 이해를 위해 사용할 수 있는 좋은 자료다.

(2) 노랫말을 낭송한 후 얘기 나누기

대중가요를 들려주거나 테이프(CD, DVD)를 이용하여 노래를 듣고 나서 그 노랫말을 낭송한 후 이야기를 나눈다. 대중가요는 어쩌면 일반 사람의 마음을 가장 잘 움직이는 노랫말이 담겨 있는지 모른다. 시의 변형된 형태로의 대중가요를 가지고 얘기를 나누었던 경험을 소개하고자 한다. 이은미의 「가시나무」의 노랫말을 복사하여 나누어 주고 같이 읽은 후에 콘서트 실황의 DVD를 보고 같이 노래를 불렀다. 이어서 다시 노랫말을 읽고 얘기를 나누었다.

가시나무

하덕규 작사/작곡

내 속엔 내가 너무도 많아
당신의 쉴 곳 없네

내 속엔 헛된 바램들로
당신의 편할 곳 없네

내 속엔 내가 어쩔 수 없는 어둠
당신의 쉴 자리를 뺏고
내 속엔 내가 이길 수 없는 슬픔
무성한 가시나무숲 같네

바람만 불면 그 메마른 가지
서로 부대끼며 울어대고

쉴 곳을 찾아 지쳐 날아온
어린 새들도 가시에 찔려 날아가고

바람만 불면 외롭고도 괴로워
슬픈 노래를 부르던 날이 많았는데

내 속엔 내가 너무도 많아
당신의 쉴 곳 없네
당신의 쉴 곳 없네

이 노래를 부른 다음에 '가장 마음에 와 닿는 부분이 어디인가? 여기에서 내 속에 내가 너무 많은 나는 어떤 나인가? 여기에서 당신은 누구인가?' 와 같은 질문을

하고 공감과 수용 등의 상호작용을 했다. '내 속에 어떤 내가 많은가?' 라는 질문에
는 열등감에 찌든 나, 성취욕에 불타는 나, 일 중독에 빠진 나 등의 대답이 많이 나
왔다.

'여기에서 당신은 누구인가?' 라는 질문에는 배우자, 자녀, 또 다른 나, 하나님
등의 대답이 나왔다. 어머니라고 얘기한 사람 중 교육계에 종사하여 꽤 성공한 한
50대 중년 남성의 예를 소개한다.

- 왜 어머니인가요?
  "어머니가 고생하셨기 때문에 잘해 드리고 싶었는데, 결혼하여 자녀 낳고 키
  우다 보니 어머니에게 소홀해졌어요. 그래서 어머니가 많이 생각납니다."
- 어머니 하면 어떤 이미지가 떠오르세요?
  "머리에 광주리를 이고 행상하던 모습이 떠오릅니다."
- 그 이미지를 떠올리니 어떤 기분, 어떤 느낌이 드세요?
  "슬퍼요." (눈물을 흘린다.)
- 어머니에게 어떻게 하고 싶으신가요?
  "자주 전화를 해야겠네요."

이렇게 얘기를 나눈 후 구체적으로 실천할 수 있는 방안을 찾도록 하여 매주 화
요일 저녁 8시에 어머니께 전화를 하기로 하였다. 이는 대중가요를 가지고 마음에
있는 얘기를 끌어내어 실제 생활에 적용할 수 있게 한 좋은 예였다. 가족을 다룰
때 문정희의 「남편」, 마종기의 「박꽃」 등 기존의 시를 활용할 수도 있으나, 이승
환의 「가족」이라는 노래도 많은 반응을 불러일으켰다.

(3) 모방시 쓰고 나누기

샤론 크리치(Sharon Creech, 2001)가 쓴 『LOVE THAT DOG』은 주인공 잭이 청
소년기에 훌륭한 선생님을 만나 시를 배우고 직접 시를 쓰면서 사랑하던 개의 죽
음에 대한 깊은 슬픔을 치유해 가는 과정을 보여 준다. 시 쓰기를 무척이나 싫어하

던 잭은 다른 사람의 시를 모방하여 재미있게 써 내려가면서 점점 자신감을 갖게
된다. 시 쓰는 것을 재미있게 느끼도록 선생님이 매우 신중하고 조심스럽게 인용
한 프로스트(R. Frost)와 블레이크(W. Blake)의 시도 삶의 진실을 깊이 있게 보여
준다.

필자가 만난 주의력결핍 성향이 있는 한 초등학교 3학년 남학생 역시 시 쓰기를
매우 어려워했는데, 이 시집 중에 「나의 노란 개」라는 시를 보더니 매우 재미있어
하면서 「나의 집」, 「나의 책상」이라는 시를 만들어 내기 시작하며 점점 시에 대해
흥미를 보였다.

나의 노란 개
_ 잭

『LOVE THAT DOG』

『LOVE THAT DOG』 중 「나의 노란 개」

앞에서 언급한 본회퍼의 「나는 누구인가」라는 시에 대해서 얘기를 나눈 후에
같은 제목으로 모방시를 쓰게 하였다. 그 후 다시 그 모방시를 가지고 얘기를 나
누었는데, 자신에 대해 많은 통찰을 얻었다고 하였다. 모방시의 예로 다음 두 가
지를 소개하고자 한다. 둘 다 한 사람이 쓴 것인데, 앞의 시는 「나는 누구인가」라
는 시의 모방시를 그 자리에서 바로 쓴 것이고, 뒤의 시는 집에서 다시 써서 일주
일 후에 가져온 것이다.

모방시 1

나는 누구인가

박**

나는 누구인가?
그들이 종종 말하기를
부족할 것이 없다고 한다.

나는 누구인가?
그들은 말하기를
잘 웃고 남을 웃겨 준다고 한다.

나는 누구인가?
하고 싶은 일을 잘해 나간다고 말한다.
그러면 나는 정말 다른 이들이 말하는 그런 존재인가?
아니면 나는 나 자신이 아는 그런 존재인가?
새장에 갇힌 새처럼
나가 보고도 싶지만
나가면 죽어 버리고 마는
주인 말을 잘 듣는 강아지처럼
다른 이들이 말하는 나
내가 보는 나
모두 한 가지 나다.
나는 나로만 존재할 수 없다
개미, 벌과 같이
내게 주어진 일만 할 수 있다.

내가 보는 행복, 내가 보는 불행
그 어느 것도 믿을 수 없다
내게 주어진 일을 할 뿐이다.

모방시 2

변검

박＊＊

음악에 맞춰 덩실덩실 춤추고 있는 광대는
여러 개의 얼굴을 가지고 있다.
촤르르 착! 촤르르 척!
웃고 있는 내 얼굴, 울고 있는 내 얼굴
재미있는 내 얼굴, 찡그리고 있는 내 얼굴
친절한 내 얼굴, 멍한 내 얼굴
즐겁게 덩실덩실, 화가 난 내 얼굴

음악이 꺼지고 사람들이 돌아갈 때
어둠 속에서 하나하나 내 얼굴을 줍는다
모두 다 내 얼굴

오늘도 잘 했나?
내일을 위해 소중한 내 얼굴들을 챙겨
집으로 간다.

　다음은 각자 좋아하는 시를 가져오게 한 후 여러 시 중에서 가장 많은 사람이 마음에 들어하는 시로 용혜원의 「어느 날 하루는 여행을」이라는 시가 선택되어 얘기를 나누었다. 이 시는 떠나고 싶으나 여러가지 제약 때문에 여행을 못 떠나는 주부들에게 많은 공감을 불러일으켰다.

　다음 시는 용혜원의 「어느 날 하루는 여행을」이라는 시에 대해서 한 남성이 자신의 아내를 생각하며 쓴 모방시다. 이 시는 집단 내의 많은 여성에게 깊은 감동을 주었다.

모방시 3

어느 날 하루는 여행을

홍**

어느 날 하루는 여행을 떠난다 말하지 마세요.
눈빛 담긴 곰국을 남기지도 말고
아이 옷, 내 옷, 빨래 걷어 놓으라 말하지도 마세요.

하루라 말하지도 마세요
하루의 반을 지나도 당신은 계속 서울.
하루의 다를 쓰고 나면 당신은 이미 마음이 집입니다.

어느 날 하루라 말하지 마세요.
저는 그게 언젠지 하루로 뭘 할런지 물어보다
종내 내 할말만 하며
당신을 주저앉힐 겁니다.

어느 날 하루라 말하지 마세요.
그냥 떠나십시요. 가지고 올
그 무엇도 생각하지 마세요.

2) 표현적/창조적 요소

표현적/창조적 요소는 시치료에 내담자의 글쓰기를 사용하는 것이다. 폭스(Fox, 2005)는 시를 쓰는 것이 새로운 느낌을 갖게 하여 우리 삶에 창조성과 치료가 융합되도록 할 것이라고 하였다. 그는 치료와 고통의 기쁨에 대한 반응을 더 잘 이해하려면, 첫째로 우리에게 어울리는 질문을 하고, 둘째로 우리에게 맞는 치료자(촉진자)를 알아내고, 셋째로 치료과정을 우리의 삶에 어떻게 구체적으로 적용할지에 더 섬세하게 대처해야 한다고 하였다. 시를 쓰는 창조 작업이 이 세 가지 방법 모두를 열 수 있는 열쇠이며, 시 쓰기는 우리에게 자신에 대한 심오한 발견을 하도록 해 준다고 하면서 시 쓰기의 중요성을 강조하였다.

창의적 글쓰기(시, 이야기, 저널 쓰기)는 내담자가 감정을 표현하고 질서감과 구체성을 얻을 수 있는 수단이 된다. 글쓰기는 자유로운 쓰기(자유 주제, 자유 형태)일 수도 있고 미리 구조화된 것(형태나 내용에서 특별한 지시가 주어진 것)일 수도 있다. 문장완성검사처럼 문장 서두('내가 외로울 때는' '만약 당신이 나를 알았다면')의 사용은 약간 구조화된 형태다.

(1) 대구 시 쓰기

서로 반대되는 주제를 대구로 사용한다. 한 사람이 대구로 하여 시를 쓸 수도 있고 짝지어 할 수도 있다. 아동을 위한 다양한 글쓰기 기법의 예로는 각 행마다 특정 문장을 서두로 쓰는 것과 서로 반대되는 주제를 대구로 사용하는 시 쓰기가 있다.

〈예 1〉 내가 바라는 것은 _____ .
〈예 2〉 예전에 나는 _____ .
　　　　그러나 지금은 _____ .

(2) 단어 모으기

단어 모으기(clustering)는 리코(Rico, 1983)에 의해 발전된 또 다른 창의적 글쓰기 기법이다. 이 기법은 한 사람이 '겨울, 슬픔'과 같은 중심 단어에서 이미지를 연상해 내는 것이다. 중심 단어가 정해지면 그 사람은 인물, 기억, 감정, 장소 등과 같은 주변 단어들을 이끌어 낸다. 이 연습은 시를 쉽게 쓰도록 이끌어 줄 수 있다. 애덤스(1990)는 이 기법이 저널 쓰기에 특별히 도움이 된다고 보고하였다.

(3) 편안한 장소에 대한 시 쓰기

내게 가장 편안한 장소, 내가 가장 나다울 수 있는 곳을 그린 후 그 장소에 대해 시를 쓰고 옆 사람과 짝이 되어 서로 나눈다. 색연필 등 필기도구와 종이를 미리 준비하여 그리게 한다. 옆 사람과 시에 대한 얘기를 나눈 후 그 시를 집단에게 소개한다.

(4) 단어 바구니(100개 이상)에서 단어를 몇 개 꺼내서 시 쓰기

〈규칙〉
① 단어들을 더한다.
② 단어들을 뺀다.
③ 단어들을 바꾼다.
④ 단어들을 반복한다.

단어 바구니에 있는 단어들의 예는 축제, 한밤중, 로켓, 초록, 태풍, 잠수함, 끈, 큰소리치다, 지글지글하다, 거울, 무화과, 백만, 천둥, 엘리베이터, 에메랄드, 달, 돌진하다, 번개, 라일락, 타다, 시멘트, 얽히다, 노랑, 불, 허리케인, 어둠, 춤, 언덕, 흩어 버리다, 아침, 불가사리, 빙빙 돌리다, 좁은, 피아노, 파랑, 행진, 늑대, 손가락, 불, 자주색, 줄, 바보, 잔물결, 책, 입맞춤, 비, 한숨, 물결, 강, 웅덩이, 젖은, 종소리, 나뭇잎, 비누방울, 빨강, 망치, 돌, 동그라미, 음악, 우산, 바이올린 등이다.

(5) 마음 잇기 프로젝트(Hand to Hand, Heart and Heart Project)
① 지시방법
• 12개 구절 중 좋아하는 것에 동그라미를 친다.
• 선택한 단어가 시 제목, 시의 첫 단어, 쓰기 시작하기 위한 아이디어가 될 수 있다.
• 숨을 고르면서 조용한 시간을 가지라.
• 이미지, 느낌, 단어들의 음악을 생각해 보라.
• 운율을 맞출 필요는 없다.

- 다 썼을 때 그림을 그릴 수 있다.
- 그 시에 이름과 나이를 쓴다.

② 구절들
선생님이 칠판에 쓸 수도 있고 목록을 각 학생들에게 줄 수도 있다.

내 손	내 마법의 꽃
내 가슴	주고받다
다리(건너는)	바위 위에
내 눈물들	속으로 깊은
나의 분노	내 날개
내 구름	나, 나 자신

(6) 유명한 시귀나 격언에서 따온 귀절로 번갈아가며 합동시 쓰기

격언을 8개 정도 써놓고 좋아하는 첫 문장을 선택해서 시를 쓴다. 한 줄 고른 후에 짝과 교대로 바꾸어 가며 시를 쓴 후 여러 사람 앞에서 낭송한다. 다음은 그 예다(Smiles, 2005).

① 사람이 지치는 것은 / 부지런히 움직일 때가 아니라 / 아무것도 하지 않을 때이다.
② 사람들은 천재는 찬미할 뿐이지만 / 인격적인 사람은 신봉한다.
③ 일에 대한 사랑은 / 천해지고 약해지는 것을 막는 최선의 방책이다.
④ 변함없는 의무감은 / 인격에서 가장 중요한 요소다.
⑤ "모든 이가 당신을 그토록 사랑하는 이유가 무엇인가요?" / "내가 모두를 너무 사랑하기 때문이죠."
⑥ 친구를 사귈 수 있는 가장 좋은 방법은 / 다른 사람의 장점을 진심으로 칭찬하는 것이다.

⑦ 결혼생활에 있어서 황금률은 / '참고 또 참아라' 다. / 정치와 마찬가지로 결혼은 협상의 연속이다.

⑧ 아무도 노동으로부터 도망칠 수 없다. / 과로로 죽는 사람도 있지만 / 이기심, 게으름, 방종 때문에 죽는 사람이 더 많다.

'사람이 지치는 것은'을 선택한 사람이 짝이 되어 완성된 시를 소개하고자 한다.

*

사람이 지치는 것은
무기력한 자신을 발견했을 때다.
나는 무기력하고 싶지 않다.
나에게 주어진 일에 열정을 가지고 임하고 싶다.
열정은 내가 만드는 것이다. 누구도 나를 대신할 수 없다.
나의 길을 달려가는 내가 자랑스럽다.
언젠가 자랑스러운 내 모습에 나 자신이 뿌듯해할 것이다.

*

사람이 지치는 것은
할 일 없이 우두커니 앉아 있을 때다.
사람이 지치는 것은
앞만 보고 걸어가야 한다고 느낄 때다.
우두커니 앉아 있지 말고 친구에게 전화 걸어 만나 보는 건 어떨까요?
그렇다, 지친다는 것은
누구에 의해서도 아닌 나 자신의 굴레 속에
나를 가둔 것이었다.
때로는 음악을 듣거나, 영화를 보거나, 잠을 자버리거나!
일어났다.
문을 열었다.
이젠 더 이상 지치지 않을 것이다.
그리고 행복할 것이다.

참여자들은 짝지어 같이 교대로 글을 이어받아 쓰는 작업을 통해 서로에 대해 많은 이해를 할 수 있게 되고 이해하려고 애쓰는 마음이 된다고 보고하였다. 그리고 서로 교류하다 보니 상대방이 부정적으로 표현하면 다른 한 사람은 긍정적으로 만들어 감으로써 균형을 이루려고 하는 경험이 귀하게 느껴진다는 반응이 많았다.

(7) 상징을 보고 시 쓰기

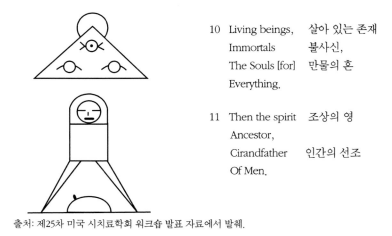

10	Living beings, Immortals The Souls [for] Everything.	살아 있는 존재 불사신, 만물의 혼
11	Then the spirit Ancestor, Cirandfather Of Men.	조상의 영 인간의 선조

출처: 제25차 미국 시치료학회 워크숍 발표 자료에서 발췌.

(8) 만다라를 이용한 감정 표현

출처: 정여주(2009).

① 대비되는 감정을 쓰게 하고 색칠하도록 한다.

② 다양한 감정 중에서 일부를 골라서 언제 그 감정을 느끼는지 쓰거나 이야기
　하게 한다.

〈예〉

내가 부끄러울 때는 _____ 이다.

나는_____ 때 부끄럽다.

내가 자랑스러울 때는 _____ 이다.

나는 _____ 내가 자랑스럽다.

③ 감정을 표현하는 데 서투른 경우가 많은데, 마음속에서 일어나는 다양한 감
　정을 표현하는 단어의 예를 들어 보면 다음과 같다.

• 기쁨, 즐거움: 기쁘다, 좋다, 기분 좋다, 안심된다 등

• 분노, 화, 증오: 화난다, 억울하다, 배신감, 지겹다 등

• 슬픔, 근심, 비애: 슬프다, 우울하다, 외롭다, 상처받았다, 괴롭다, 걱정하다,
　소외감 등

• 애정, 관심: 사랑스럽다, 감사하다, 포근하다, 온화하다, 존경받은 느낌, 멋
　있다 등

• 욕: 질투, 부럽다, 약 오른다, 참을 수 없다, 후회스럽다, 꼴좋다, 경쟁심을 느
　낀다 등

• 놀라움: 놀랐다, 당황하다, 뒤통수친다, 당한 느낌, 판단받은 느낌, 아찔하
　다, 기가 막힘 등

• 의심, 의구: 의심스럽다, 이해할 수 없다, 피곤하다, 안개 속이다, 생소하다,
　비관적 등

• 두려움, 불안, 공포: 무섭다, 불안하다, 피하고 싶다, 당황하다, 부자연스럽
　다 등

- 생각, 판단: 그립다, 사려받은 느낌, 아련하다, 가슴이 뭉클하다, 버림받은 느낌 등
- 수치, 죄: 창피하다, 미안하다, 어이없다, 멋쩍다, 죽고 싶다, 쥐구멍을 찾고 싶다 등
- 능력, 자신감: 약하다, 무능하다, 맥 풀린다, 풀죽었다, 허전하다, 기대고 싶다 등. 그리고 확신하다, 마음이 든든하다, 의기양양하다, 신나다, 쉽다, 살맛나다 등

3) 상징적/의식적 요소(Mazza, 2005)

(1) 은유

은유(metaphors)의 사용은 여러 가지로 치료적 힘이 있다. 은유는 정서나 행동 그리고 믿음에 대한 상징 혹은 이미지다. 콤스와 프리드먼(Combs & Freedman, 1990)은 정서적인 상태나 태도에 대한 상징을 발견하는 몇 가지 방법을 다음과 같이 제안했다.

① 치료에 유용할 것 같은 열두 가지 정서적인 상태나 태도(자신감, 안정, 분노, 연민 등)를 목록으로 만들라.
② 목록에서 첫 번째 항목을 선택하여 자신에게 물어보라. '만약에 그 상태나 태도가 그림 혹은 이미지라면 그것은 어떤 그림 혹은 이미지가 될 것 같니?'
③ 자신에게 이미지가 떠오를 때까지 기다리라. 이미지가 떠오르면 다른 종이에 적어 두라.
④ 그러고 나서 목록의 첫 번째 항목으로 돌아가라. 그리고 자신에게 물어보라. '만약에 그 상태 혹은 태도가 신체적인 자세나 행동이라면 그것은 어떤 자세나 행동이겠니?' 자신이 발견한 대답을 적어 두라.
⑤ 자신에게 물어보라. '만약에 그 상태 혹은 태도가 어떤 소리라면 그것은 어떤 소리일 것 같니?' 이 특별한 상태 혹은 태도에 대한 자신의 대답을 이전

의 답 옆에 적으라.

⑥ 자신의 목록에 있는 각각의 다른 상태 혹은 태도도 똑같은 과정으로 진행하라. 자신이 발견한 각 이미지, 자세, 소리는 그 상태 혹은 태도를 대표하는 상징으로 사용될 수 있다.

⑦ 목록화된 세 개의 범주에 다른 것을 첨가하여 자유롭게 생각하라. 예를 들면, '만약에 이 태도가 영화배우라면 어떤 영화배우일 것 같니?' 이것들은 상징으로 사용될 수도 있다.

은유는 또한 말의 표상(figures)으로 여겨질 수 있으며 임상 실제에 다양하게 사용될 수 있다. 내면 세계와 외적 실제는 은유의 사용으로 더 쉽게 연결될 수 있다. 예를 들어, '인생은 청룡열차다', '인생은 마라톤 경주다'와 같은 은유가 있을 수 있다. 이를 위해 '가족은 _____' 이나 '인생은 _____' 에 빈칸을 은유적 표현으로 채워 넣기를 한 후 얘기를 나눌 수 있다.

(2) 의식

문화인류학이나 사회학에서 보면 의식(rituals)이 갖는 힘은 오랜 세월 동안 전승되고 형성되어 온 것이라고 할 수 있다. 콤스와 프리드먼(1990)은 의식의 한 형태인 예식은 "사건을 확인하고 변화를 증진시키는 두 가지 목적을 갖는다."라고 서술했다. 예를 들어, 의식은 사람이 과거를 인식하고, 현재 그대로 진행되도록 내버려 두며, 새로운 국면으로 옮겨 가도록 함으로써 결과(죽음, 이혼 등)를 수용하도록 돕는다. 의식은 내담자의 독특한 요구나 배경에 따라 치료적 힘이 다르게 사용되어 왔다(Imber-Black, Robert, & Whiting, 1988). 의식의 예는 생일 카드와 크리스마스카드를 쓰는 것과 같은 기념일 활동을 포함하며, 고인에게 송덕문을 낭독하는 것, 쓰고 나서 태우는 것, 끝나지 않은 일에 관해 죽은 사람에게 편지를 쓰는 것과 같은 죽음 관련 애도 의식 등을 포함한다.

5. 시치료에 사용되는 시 선정과 주제별 시 목록

1) 시치료 자료로서의 시 선정

시를 선정하는 문제는 시치료를 하는 임상가들이 직면하는 가장 어려운 일 중의 하나다. 시 등의 자료 선정의 문제는 여러 연구자에 의해서 제기되어 왔다. 리디의 동종의 시 선정 원리(상응의 원리)는 내담자의 정서 상태에 맞지만, 내담자가 시의 긍정적인 결말에 대해 자신들의 감정을 무시하거나 혹은 치료자가 자신의 깊은 절망에 대해 감수성이 부족하다고 느끼는 경우에는 역효과를 낼 수 있다.

하인스와 하인스-베리(1986/1994)는 주제와 문체에 따라 시 자료 선정에 대한 자세한 준거(예: 이미지, 리듬, 언어)를 제시했다. 이 내용은 4장 '독서치료를 위한 자료'를 참조하기 바란다. 롤프스와 슈퍼(Rolfs & Super, 1988)는 시 선정과정의 중요성을 인정하면서 감정의 전이/역전이 문제를 지적했다.

로지터, 브라운과 글래딩(Rossiter, Brown & Gladding, 1990)은 시 선정이 치료적 과정과 결과에 미치는 효과에 대해서 연구했다. 그들은 문학작품이 치료적 과정에서 촉매 이상의 역할을 하며, 특정 시를 성공적으로 사용하느냐의 여부는 시와 치료자가 내담자에게 하는 질문에 의해 좌우될 수 있다고 하였다.

일부 연구자들은 시치료를 할 때 사용되는 시의 문학적 완성도나 기교보다는 감정 표현이나 감정 공유가 잘 이루어지고 있는가가 더 중요하다고 하였다(Leedy, 1969; 이성옥, 2007). 또한 김종주(1986)는 시를 쓰건 잘 알려진 시를 읽건 간에 환자가 자신을 잘 내보이도록 하는 방법이 최선이라고 하였다.

대부분의 시치료 집단의 참여자는 난해한 시보다는 쉽고 진술한 언어로 표현된 시를 좋아하였고, 이미지가 뚜렷하게 그려지는 시와 시인의 진술한 삶이 묻어나는 시를 좋아하였다. 시인의 삶이 진술하게 드러난 시는 독자에게 삶의 모델 효과를 주었고, 자연에 대한 이미지가 잘 그려진 시는 휴식과 이완을 주었다. 또 위로가 되는 시는 외로움과 상처와 관련된 정서를 잘 묘사한 시와 고통이나 한계를 다론 시였다. 통찰에 도움이 된 시는 기존의 관점을 반전시키거나 일상에서 지나치기 쉬운 사소한 것들에 중요한 의미를 부여한 시로서 치유적으로 진전하는 데 도움이 되었다(이성옥, 2007).

2) 주제별 시 목록의 예

시 목록을 고려할 때 또래가 쓴 시가 공감을 많이 불러일으킬 때가 있다. 초등학교 학생이 쓴 「내 동생」이라는 시는 단행본 그림책 『내 동생』(주동민, 2003)으로 출간되었다. 또한 중·고등학생들이 쓴 시를 엮은 시집이 있는데, 그 시들을 청소년에게 활용하면 좋을 것이다. 중학생이 쓴 시집으로는 『있는 그대로가 좋아』(이상석, 2005)가, 고등학생들이 쓴 시집으로는 『버림받은 성적표』(구자행, 2005)가 있다.

주제별 목록은 김윤환(2008), 이성옥(2007)의 것과 윤초화, 고승우(2005), 최소영(2006)의 것을 종합하여 정리해 보았다. 좋은 시가 더 많이 있지만 추후 다시 정리하기로 하고 여기서는 일부만 소개하고자 한다. 주제별 범주도 〈표 7-1〉과 다르게 나(자기 통찰), 가족, 친구(대인관계), 죽음과 질병, 사회 문제 등으로 나눌 수 있을 것이다.

〈표 7-1〉 주제별 시치료용 시 목록

주제	주제별 목록
외로움, 소외감	사막(오르탕스 블루) / 시간의 동공(박주택) / 산마을엔 보름달이 뜨잖니(유승도) / 그리운 옛집(김영남) / 어둠의 단애(류인서) / 등(서안나) / 6월(이외수) / 내 안에 계심으로(김윤환) / 나뭇잎의 말(배한봉) / 서쪽이 없다(문인수) / 가방, 혹은 여자(마경덕) / 톡톡(류인서) / 수선화(정호승) / 플라타너스(김현승) / 이제는 다만 때 아닌, 때 늦은 사랑에 관하여(이성복) / 울지 마라(정호승) 등
자기부정, 용서와 사랑의 회복	임진강가에 서서(원지훈) / 슬픔이 많은 이 세상도(정호승) / 지하철에서 만난 여자(장승리) / 침몰하는 저녁(이혜미) / 가을, 빗방울꽃(김혜경) / 바람은 어디에서 생겨나는가(조용미) / 발바닥으로 읽다(조경희) / 수수꽃다리에 대한 기억(박수현) / 편지, 여관, 그리고 한 평생(심재휘) / 벌초(이명윤) / 낡은 의자(김기택) / 마음의 달(천양희) / 이식(移植)(조말선) / 오지 않네, 모든 것들(함성호) / 물고기의 말(김형술) / 늪은(박선희) / 강(황인숙)
절망, 현실 도피	가끔씩 그대 마음 흔들릴 때는(이외수) / 짧은 여름밤을 끄다(강미정) / 악어를 위하여(진은영) / 게들은 구멍 속에 한쪽 다리를 걸치고(최정례) / 바퀴의 근성(이기와) / 단추를 채우면서(천양희) / 알겠니?(최영미) / 외곽의 힘(문성해) / 귀가(도종환) / 그에게로부터 온 편지(김윤환) / 절망(김수영) / 나무 물고기(차창룡) / 슬픔이 기쁨에게(정호승) / 담쟁이(도종환)
질병, 고통	새에 대한 반성문(복효근) / 연엽에게(송수권) / 구멍은 소리를 만든다(변종태) / 너무나 관념적인 사건(여태천) / 눈물의 방(김정란) / 석류(이가림) / 견딜 수 없네(정현종) / 보리피리(한하운) / 소록도로 가는 길(한하운) / 어머니(이선관) / 낙화, 폭포(이형기)/모르겠어요(조 밀로시) 등
이별, 사별의 고통	남신의주(南新義州) 유동(柳洞) 박시봉방(朴時逢方) (백석) / 사랑할 시간이 많지 않다(정현종) / 한 목숨이었다는 생각(박일) / 죽도록 사랑해서(김승희) / 도고 도고역(류외향) / 귀거래별사(歸去來別辭)(임보) / 사랑(김상미) / 강(조두섭) / 흙 속의 풍경(나희덕) / 이별(정양) / 하관(박목월) / 은수저(김광균) / 유리창(정지용) / 눈물(김현승) / 이별가(박목월) / 말테의 수기(릴케) / 기도시집(릴케) / 접시꽃 당신(도종환) / 'S를 위하여' (김춘수)
청소년 상담시	무등을 보며(서정주) / 설날 아침에(김종길) / 해마다 봄이 되면(조병화) / 산(김광섭) / 설일(김남조) / 흥부 부부상(박재삼) / 첫사랑(문성해) / 오늘의 약속(나태주) / 추천사(서정주) / 가정(박목월) / 아버지의 마음(김현승) / 즐거운 편지 (황동규)

6. 시치료의 임상 적용 시 주의사항

시치료의 단계에 대해서는 3장에서 다루었으므로 시치료를 임상에서 적용할 때의 주의사항을 간단히 언급하고자 한다. 시치료의 임상 적용에 있어 긍정적인 결과가 많이 제시되고 있지만 그렇다고 마치 심리치료에 획기적이거나 광범위하게 무작위로 적용되는 것처럼 오해하거나 과신해서는 안 된다. 이에 대해 샌프란시스코에 있는 캘리포니아 의과대학(醫科大學)의 라우어(Lauer, 1978) 교수는 "첫째는 광신(fanaticism)하는 것이다. 시치료를 시행하는 치료자들이 자아도취되어 '시치료'를 매스컴에 지나치게 선전하고 있고, 그 치료 효과를 과신하고 있어서 다른 과학적인 치료방법조차 포기시켜 버리는 위험을 초래할 수 있다는 것이다. 둘째는 만병통치약(panacea)으로 생각하는 것이다. 즉, 무슨 증상이 됐든 어떤 병이 됐든 누구한테나 용이하고 신속하고 고통 없이 도와주는 방법이라고 잘못 생각하여 오히려 약물요법이나 전기충격 요법이나 다른 신체적 치료방법을 사용하지 않는다는 것이다. 셋째는 시치료를 시행하는 치료자가 시치료라는 작업을 너무 쉽게 여겨서 자격 같은 것이 불필요하고, 누구나 할 수 있는 방법(anyone-can-do-it)이라고 주장하며, 어떤 공식적인 훈련과정도 부정하고, 치료적 기교라든가 심리학적 지식도 필요 없다고 믿는다는 것이다."라고 경고하였다.

요 약 >>>

　시치료는 은유, 이미지, 리듬과 다른 시적 기법을 사용한 시를 매개로 하여, 치료자와 일대일 또는 집단으로, 여러 구체적 활동과 상호작용을 통해서 자아를 이해하고 개인의 적응과 성장 및 당면 문제를 해결하는 데 도움을 얻는 것이다. 시의 치료적 기능은 카타르시스, 자기탐색 및 이해증진, 위안, 적극적인 통제, 안전, 즐거움 등이다.

　시치료의 모델은 수용적/처방적 요소, 표현적/창조적 요소, 상징적/의식적 요소가 있다. 시치료에 사용된 시를 선정할 때 유의할 점과 주제별 시 목록을 소개하였으며, 시치료 임상 적용 시 지나치게 과신하지 말 것을 제안한다.

📖 **학습과제**

❶ 시치료의 정의를 내려 보시오.

❷ 시치료의 역사적 배경을 설명하시오.

❸ 시치료의 세 모델 중에서 수용적/처방적 요소에 대해 실제 시를 가지고 시치료 과정을 설명해 보시오.

❹ 시치료의 임상 적용에서의 주의사항에 대해 논하시오.

❺ 시치료를 실시할 때 시 선정의 기준과 유의점은 무엇인지 예를 들어 설명하시오.

제8장

이야기치료의 이론과 기법

학습 목표 및 개요 ● ● ● ●

　이 장에서는 우리 삶의 이야기 속에서 자신의 정체감을 탐색하고 삶의 문제를 이해하며 해결하는 방식과 이야기가 갖고 있는 치료적 기능을 이해하고 상담과정에 적용시키는 방식을 배운다. 그리고 이야기치료의 단계적 과정을 이해하여 효과적인 치료 방식을 전개시켜 보고, 또 이야기치료의 기본 개념을 이해하며 치료법의 다양하고 독특한 특성을 살펴본다. 나아가 이야기치료의 치료 기법을 터득하여 상담 현장에 활용할 수 있는 능력을 배양한다.

최근 인문사회과학 분야에서는 인간 삶에 대한 연구의 모델과 방법론으로서 이야기(narrative)라는 패러다임을 통해 인간의 삶의 정황을 더욱 총체적으로 이해해 보려는 학문적 관심과 노력이 커지고 있다. 개인의 다양한 삶의 모습에서 나타나는 이야기처럼 인간의 이야기를 연구하는 이야기학(narratology)의 내용과 방법론도 학자의 관심 분야에 따라 매우 다양하게 개발되어 왔다. 문학에서는 소설과 드라마의 이야기가 연구되고, 경제 분야에서는 경영이나 판매 실적 등에서 성공한 사례가 깊이 분석되고, 법조계에서는 판례에 얽힌 삶의 이야기가 논의되고 있다.

1. 이야기치료의 개념

이야기는 치료적인 힘을 지니고 있다. 사람들은 이야기를 할 때에 감정의 구속에서 그리고 억압된 사건에서 자유를 얻는다. 사람들은 자기 자신에 대한 이야기를 말하고자 하는 욕구를 가지고 있다. 그러나 이야기하기를 싫어하거나 이야기를 꺼내지 못하는 사람은 지금까지 살아온 자신의 삶의 한 부분 또는 한 주제에 병적으로 고착되어 있는 경우가 많다. 상담자는 내담자로 하여금 그들의 이야기를 언어 수준으로 표현하도록 도와주어야 한다. 이야기를 할 수 없을 때 사람은 병들게 되는 것이다. 우리의 이야기가 우리의 삶에서 이런 역할을 할 수 없을 때 우리는 삶의 목적과 의미를 상실한다. 이때 우리에게 이야기의 재구성이 필요하다. 이것이 곧 이야기 심리학에서 이해하는 상담과 심리치료의 과정이다.

이야기를 통한 접근 방식은 인간의 삶에 대한 논리적이거나 분석적이거나 구조화된 접근 방식이 갖는 편견과 한계를 극복해 나갈 수 있도록 도와주기도 한다. 이야기는 개인이나 집단이 다른 사람과 살아가는 관계 속에서, 시간 흐름 속에서, 그들의 문화와 삶의 터전 속에서 의미를 발견해 내는 독특한 방식이다. 이야기는 우리가 접하는 세계에 쉽게 의미를 부여하게 하고 우리를 어떤 방향으로 인도하기도 한다. 이처럼 이야기는 의미 없는 세상에 의미를 부여하는 기능을 지닌다. 우리는 이야기를 통해 자신과 세계 그리고 이웃을 발견하게 되며, 이야기 속에서 인간의 마음과 생각을 이해함으로써 한 인간의 정체감과 치유에 대한 통찰을 얻을 수 있다.

종종 기독교상담에서 과거 오랫동안 성경 본문을 놓고 여러 방식의 해석학적인 모델과 방법론을 적용시켜 보고 발전시켜 왔듯이, 상담에서도 내담자의 삶의 이야기를 그런 방식으로 이해하고 다룰 수 있다고 주장하기도 했다. 그래서 상담에서 내담자의 삶의 이야기를 어떤 방식으로 해석하느냐에, 특히 신학적인 해석과 적용을 해 나가는 데 상담의 주안점을 두기도 했다. 한편 이야기치료를 국제적인 규모로 확대시키는 데 가장 큰 공헌을 한 가족치료 학계에서는 다분히 근래 나타났던 해결중심 학파 등의 영향을 받은 것처럼 보인다. 하지만 몇 가지 독특하고 발전된 치료법을 내놓은 마이클 화이트(Michael White)와 데이비드 엡스턴(David Epston) 등을 주축으로 한 치료모델과 방법론을 이야기치료의 표준화된 대표적 치료법으로 바라보는 면이 없지 않다. 또한 최근 국내외에서 크게 발전하고 있는 독서치료 분야에서는 문학적인 다양한 표현 수단으로서 책 읽기, 글쓰기, 이야기하기 등을 통한 치료방법을 모색하므로 학문적이고 방법론적인 면에서 이야기 접근 방식에 큰 관심을 갖고 있다.

이처럼 똑같은 이야기치료라고 하더라도 분야에 따라 해석학적인 면을 중시하기도 하고, 포스트모더니즘과 사회구성주의 등 현 시대의 철학적 정신에 기반을 둔 치료 이론과 방법을 개발하는 데 주력하기도 하고, 또 이야기의 문학적 요소에 치료의 근간을 두기도 한다. 이는 이야기치료가 각기 다른 학문 영역에서 나타났기 때문에 모체가 된 자기 학문의 영향을 받을 수밖에 없었기 때문이다. 앞으로 해결해야 할 이야기치료의 큰 과제는 이런 다양한 학문적 전통과 배경을 어떻게 효과적으로 통합시켜 나갈 수 있느냐 하는 것이다. 필자가 보기에 이야기치료는 각기 어떤 학문적인 배경 속에서 그 학문의 특성과 정체감을 지닌 채 발전하겠지만 그 중심부에는 늘 이야기 형식의 요소를 간직하고 있고, 그것이 학문 발전의 핵심적인 단서가 되기 때문에 무엇보다도 문학적인 면의 영향을 더욱 받게 될 것이다. 요컨대, 이야기치료는 똑같이 이야기치료 또는 이야기상담 등의 표현을 쓴다고 하더라도 치료 학파의 성격에 따라 그 원리나 방법론은 크고 작은 차이점이 생길 수밖에 없다. 그러나 그러면서도 어느 정도 서로 일치하는 것은 상담의 주된 개념과 방식을 무엇보다 내담자의 삶의 이야기를 이해하고 다루어 나가는 것으로 보며, 또 역기능적으로 왜곡하여 쓴 삶의 이야기를 새롭게 다시 구성해 나가야 한다고 보는 것이다.

한편으로 확대시켜 생각해 보면, 사실상 어떤 면에서는 거의 모든 상담이나 심리치료가 대부분 이야기치료의 범주에 들어간다고 볼 수 있다. 상담이나 심리치료에서 내담자는 상담자에게 자신이 누구이고, 자신이 어떤 사람이 되려 했고, 무엇이 자신을 고통스럽게 하는지 등에 관해서 자신의 삶을 이야기 형태로 표현하면서 전달하려고 한다. 그리고 상담자는 그것을 어떤 다른 이야기로 만들어 내려고 한다.

이처럼 상담과 심리치료 분야에서 이야기의 틀과 구조 속에 나타난 새로운 패러다임과 방법론을 흔히 이야기치료(narrative therapy)라고 부른다. 이 새로운 치료법은 1980년대 후반부터 상담과 심리치료의 한 분야로 대두되기 시작하였다. 한국에 소개된 것은 1990년대 후반으로 매우 최근의 일이다. 따라서 아직까지는 과거 발표되었던 학설과 치료법 등의 영향을 받고 있으며, 어떤 정형화된 상담방법을 강하게 주장하고 있지는 않다. 그렇지만 앞으로 계속해서 학제 간 연구와 임상 실험 등을 통해 아동 및 청소년 상담, 부부 및 가족 상담, 학교와 산업체 상담, 종교적 상담 등 상담의 전반적인 분야에 더욱 발전된 상담 이론과 방법론을 제공해 주리라 기대한다.

2. 이야기치료의 기본 전제

1) 첫 번째 전제

인간은 다양한 삶의 이야기 속에서 자신과 다른 사람의 이야기를 듣고 말하며, 그런 이야기에 의해 자신의 정체감이나 삶의 방식에 영향을 받으며 살아가는 존재다. 우리는 자신과 다른 사람의 이야기에 둘러싸여 살아간다. 이야기를 통해 자기 주변에서 일어나는 일을 알게 되고, 또 마치 이야기를 하는 것처럼 자신의 삶을 살려고 한다. 이야기가 우리에게 매우 중요한 이유는 우리의 삶 자체가 바로 이야기와 같은 모양새를 취하고 있기 때문이다. 그래서 이야기 형식은 우리의 삶과 같다는 인식을 주면서 우리가 믿고 받아들이게 한다.

이야기치료의 기본 전제는 무엇보다도 인간은 이야기적 존재로 태어나며, 우리는 자신의 이야기의 주체가 되고, 그 이야기는 주제가 있는 우리 삶의 역사적 기록이라는 것이다. 또한 우리는 이야기에 따라 자신의 삶을 살아가는데, 그 이야기는 단지 우리가 알고 있는 것을 설명해 주는 데 그치지 않고 더 나아가 우리가 알고 있는 것을 구성해 준다는 것이다. 인간은 세상을 만날 때 이야기를 사용하여 경험을 조직하고 이해한다. 우리가 보고 듣고 겪는 경험은 이야기 형식으로 정리되어 우리의 기억 속에 보관된다. 우리는 우리가 경험한 사건에서 의미를 연결해 이야기를 만들어 나가고, 우리가 말하는 이야기를 통해서 가치, 믿음, 욕구나 필요 등을 표현한다. 장 폴 사르트르(Jean Paul Sartre)는 "우리는 우리 이야기와 다른 사람의 이야기에 둘러싸여 살아가며, 우리에게 발생하는 모든 일을 이야기를 통해 이해하며, 마치 이야기를 하는 것처럼 우리의 삶을 살아간다."라고 말했다.

우리는 우리의 삶을 이야기로서 경험하고 이해하고 정리해 나가며, 이야기를 통해 우리 자신과 다른 사람들 그리고 이 세계와 관계성을 맺고 있는 것이다. 우리는 우리 자신과 다른 사람에 대해서 이야기를 통해 설명해 보려고 하고, 우리와 다른 사람의 행동에 대해서 의미를 붙일 때도 이야기를 통해 접근해 나간다. 이처럼 이야기는 인간의 삶에서 관계성의 틀과 의미를 밝혀 주는 중요한 통로다.

2) 두 번째 전제

상담에서 내담자의 삶의 이야기에는 어떤 주제와 동기가 깔려 있으며, 그것은 다양한 표현 방식 속에서 나타나고 그 시대와 사회의 이데올로기의 영향을 받게 된다. 삶의 이야기에는 시작과 끝, 주제와 동기, 등장인물, 그리고 갈등과 해소가 있다. 이런 문학적 요소로 인해 우리는 영화나 TV 연속극에 나오는 인물과 사건의 줄거리나 전개 방식에 친숙해져 있다. 상담에서 발견되는 내담자의 행동과 증상도 어떤 주제와 동기가 있다고 말할 수 있으며, 그 주제와 동기는 개개인의 이야기에 근거를 두고 있다. 또한 우리에게 벌어지는 때로 불연속적이고 이질적인 사건은 플롯에 따라 어떤 일관성을 지니게 된다.

이처럼 이야기는 플롯이나 스토리, 인물, 성격과 같은 요소로 잘 짜인 구성물이며, 광범위하고도 은밀하게 관여하는 이데올로기에서 자유로울 수 없다. 어떤 면에서 이야기는 이데올로기의 목소리와 힘을 빌려서 내용을 구성하기도 한다. 이야기가 사람들의 관심을 끄는 이유는 새로움이나 독창성 때문만이 아니라 그 시대 및 사회에서 원하는 지배적인 신념체계, 즉 이데올로기에 부합되기도 하는 반면 그것에 저항하기도 하기 때문이다.

3) 세 번째 전제

삶의 이야기는 과거-현재-미래의 시간성 속에서 전개되는데, 상담에서 내담자의 삶의 이야기도 그런 시간성의 영향을 받게 된다. 이야기 속에서 살아가는 삶에서 어떤 의미를 찾기 위해서, 사람들은 자신이 겪은 경험을 무엇보다 시간 흐름의 순서에 꿰맞춰 가는 경향이 있다. 이야기치료는 시간적 연속성의 흐름 위에 펼쳐지는 인간 이야기의 드라마에 관심을 가지며, 시간의 틀 속에 펼쳐진 인간 이야기의 중심 주제를 묻는다. 과거-현재-미래의 시간 위에 펼쳐지는 인간의 이야기를 듣고 깊이 공감할 수 있을 때, 상담자는 한 인간을 더욱 총체적으로 이해하며 도울 수 있을 것이다.

상담자는 치료과정을 통하여 개인이나 집단 구성원의 부정적이고 패배적인 견해를 반박하여 문제를 해결할 수 있는 자원과 능력을 찾아 이야기를 새롭게 쓸 수 있도록 도와야 한다. 이야기치료는 사람들이 과거를 다시 살펴보고 미래를 다시 내다보도록, 즉 그들의 삶의 이야기를 다시 쓰도록 하는 것이다. 우리의 이야기는 기억이라는 제대로 잘 정리되어 있지 않은 의식의 시간 흐름에 의미를 부여하기 위하여 어딘가에 중점을 두고 그것을 더욱 부각시킨다. 이와 같은 작업 속에서 어떤 것은 언급되고 어떤 것은 버려진다. 즉, 이야기 속에서 자신의 경험이 어떤 의미를 가지는지, 자신의 경험 속에서 어떤 것을 버리고 어떤 것을 선택해야 하는지, 경험을 어떻게 표현해야 하는지 등이 결정된다. 그 이야기는 자신의 삶의 방식이나 대인관계에 영향을 미치게 된다.

이야기는 인간의 시간적 경험이며, 과거나 미래의 경험을 상상력을 통해 재구성한 것이다. 우리는 자신에게 일어난 모든 일을 이야기하는 것이 불가능하다. 이야기는 시간 속에서 경험한 다양한 사건을 의미 있게 배열한 것이다. 이야기는 시간 순서에 따라 엮어 나가기도 하지만, 때로는 관점에 따라 다르게 엮을 수도 있다.

4) 네 번째 전제

상담에서 상담자는 내담자에게서 자신과 다른 삶의 영역에서 경험한 이야기를 듣게 되면서 그 이야기를 진지하게 이해해 보려고 한다. 이때 상담자는 어쩔 수 없이 내담자의 이야기를 자기 나름대로 해석해 보게 되며, 그 해석 방식이 내담자의 문제 이야기의 진단과 치료에 중대한 영향을 미치게 된다.

이야기치료에서는 어떤 현상에 대해 의미를 부여하는 해석학적인 입장을 취하기 때문에, 치료 상황에서 가장 중요한 도전은 경험에 대한 대안적인 해석에 내담자의 눈이 열릴 수 있도록 제한된 구성에서 다양한 관점의 세계관으로 자유롭게 탐색해 나아갈 수 있도록 도와주는 것이다. 그러므로 상담자는 자신의 지식이나 이야기를 내담자의 이야기 위에 강요하지 않으면서, 내담자의 이야기 세계 안에서 독자가 되어 의미 있는 해석으로 내담자와 함께 대화에 참여하며 내담자로 하여금 그들의 새로운 이야기를 이끌어 내도록 해야 한다.

5) 다섯 번째 전제

이야기는 우리 자신과 우리의 삶, 그리고 영혼에 대해서 어떤 의미를 부여하는 방식 속에서 이루어진다. 우리가 의미를 찾을 때, 이야기는 우리에게 일어나고 있는 것들을 이해하기 위한 수단을 제공해 준다. 우리는 자신의 이야기가 더 이상 진전되지 않고 의미 있는 이야기를 만들어 갈 수 없다고 느낄 때 마음이 병들게 된다. 실존적 공백은 인간이 인생의 의미를 찾는 데 실패함으로써 무엇을 위해 살아야 하는지를 잃고, 삶의 열정을 잃고, 바라며 기다리는 것을 잃은 채 인생의 목적과 어떤 방향을 찾을 수 없을 때 나타난다(Yalom, 1980, p. 440).

빅토르 프랑클(Viktor Frankl)은 크게 세 가지로 우리가 인생의 의미를 찾게 된다고 보았다. 첫 번째는 자신의 창조적이고 생산적인 행위로 세상에서 무언가를 성취하거나 공헌함으로써 인생의 의미를 찾는 것이다. 두 번째는 만남과 가치의 경험 속에서 무언가를 끄집어내면서 의미를 찾는 것이다. 이것은 자연이나 문화의 소산물과 같은 그 무엇을 체험하거나 또는 그 누구를 사랑함으로써 이루어진다. 세 번째는 고난과 우리가 바꿀 수 없는 우리의 운명과 싸워 나가면서 의미를 찾는 것이다.

6) 여섯 번째 전제

상담에서 은유는 단순한 문학적인 표현 수단이 아니다. 그보다는 우리가 모르는 삶의 영역을 탐색할 수 있는 효과적인 수단이 되기도 하고, 우회적이고 간접적이지만 내담자의 심층세계에 영향을 미치는 강력한 힘을 갖고 내담자의 왜곡된 문제 이야기를 전격적으로 고쳐 주기도 하는 치료적 수단이 될 수 있다.

은유는 생각과 행동, 사건을 이해하고 다루는 데 있어서 우리를 인지적인 영역에서 정서적인 영역으로 옮겨 주는 역할을 하기도 한다. 그것은 또한 자신이 갖고 있는 문제나 관심사가 누군가에게서 강요받거나 상처받지 않고서 어떤 가설에 근거한 환경 속에서, 아직은 자신의 생각을 어떤 행위로 변형시킬 준비가 되지 않은 개인으로 하여금 깊이 생각되고 탐색되는 무의식의 영역에 접근할 수 있게끔 한다. 은유는 자신에 대해 내면적인 성찰을 추구해 나가는 능력을 향상시킨다. 그래서 은유는 우리에게 새로운 방향을 지시함은 물론 우리를 권면하기도 하고, 우리

에게 새로운 안목을 주기도 하고, 우리가 전에는 결코 가져 보지 못한 새로운 경
험을 가져다주기도 한다. 좋은 은유는 우리에게 평범한 세계를 특별한 방법으로
볼 수 있도록 인도해 준다. 은유적 이야기는 우리가 어떤 영감을 얻고 새로운 방
향으로 나아가게끔 그 길을 열어 주고 준비시켜 준다. 그러므로 은유는 단순한 문
학적 표현 수단이라기보다는 새롭고 창의적인 사고방식의 틀과 수단으로 보아야
한다. 더 나아가 은유는 내담자의 닫힌 세계관을 깨뜨리는 치료 효과를 발휘할 수
있다.

7) 일곱 번째 전제

이야기치료에서는 상담과정 속에서 이야기의 치료적 기능을 촉진시켜 나가며,
치료를 불러일으키는 삶의 이야기를 찾아 적용하는 데 주력한다.
마르틴 부버(Martin Buber)는 이야기의 치료적인 능력을 다음과 같이 진술했다
(Pearce, 1996, pp. 15-16에서 재인용).

바알셈의 제자였던 한 랍비가 어떤 이야기를 말해 달라고 부탁받았다. 그는
말했다. "나의 할아버지는 절름발이였다. 어느 날 할아버지는 그의 스승에 대하
여 이야기해 줄 것을 요청받았다. 할아버지는 그의 거룩한 스승이 기도하는 도
중에 그가 어떻게 뛰며 춤을 추곤 했는지 이야기하였다. 나의 할아버지는 이야
기하면서 일어섰고, 이야기에 너무나 푹 빠져서 어떤 식으로 과거에 자기의 스
승이 그랬는지를 보여 주기 위해서 뛰고 춤추기 시작했다. 그 시간부터 그는 절
름발이에서 치유를 받았다. 이것이 바로 어떻게 이야기가 말해져야 하는지를
알려 준다."

이 이야기에서 부버는 이야기를 할 때 치료의 힘이 나온다는 것을 보여 주고 있
다. 프로이트는 자신이 치료를 시작할 때 환자에게 그의 삶의 이야기, 아픔의 이
야기를 먼저 말해 보라고 하였다. 프로이트의 첫 환자였던 안나 역시 이야기의 치
료적 힘에 대해 말했다. 그녀는 자신의 마음을 상하게 하고 아프게 한 정신적 외

상에 대해 이야기하면서 도움을 받았기 때문에 정신분석을 '말하기치료(talking cure)'라고 진술하였다.

　다른 여러 방식과 달리, 상담을 이야기로 보는 방식은 인간을 이야기 속에서 살아가고 자신을 발견하고 삶의 의미를 찾는 존재로 보며, 상담을 자신과 자신의 삶에 대하여 잘못되고 왜곡되게 쓴 이야기를 새로운 이야기로 다시 써 나갈 수 있도록 도와주는 작업으로 생각한다. 우리 삶의 이야기는 우리에게 우리가 누구이며, 왜 여기에 있고, 무엇을 해야 하는지를 우리에게 말해 준다. 새롭고 건강한 이야기 속에서 적극적으로 살아가는 한 존재로 자기 자신을 볼 때, 우리의 삶을 변화시키고 성장시켜 나갈 수 있는 어떤 힘을 얻게 된다.

3. 이야기치료의 과정

1) 개인적 삶의 이야기 탐색과 치료

　내담자는 때로 삶의 고통스러운 충격으로 인해 혼란스러운 이야기를 하는 경우가 많다. 마치 얽히고설킨 실타래처럼 이야기가 뒤죽박죽 제대로 연결되지 않거나 의미가 명확하게 전달되지 않는 경우도 종종 있다. 때로는 심층적인 내면세계 속에서의 진정한 자신의 모습을 보기가 두려운 경우도 많다. 또는 깊은 수치심으로 인해 자신의 진정한 이야기를 쉽사리 상담에서 꺼내 놓기가 어렵고, 그러기까지는 상당한 기간이 걸리기도 한다. 이러한 문제점을 극복하기 위해 여기서 사용되는 방법은 내담자가 자신이 누구라고 믿고 어떤 존재가 되고자 했는지를 직접적이고 명확하게 표현하도록 도울 수 있는 기술이다(Goldberg & Grespo, 1996, pp. 15-16).

　먼저 내담자가 자신의 삶의 이야기를 녹음기로 정리해 나가거나 혹은 글로 써서 읽어 보게끔 할 수 있다. 녹음기를 사용할 때는 녹음하는 데 너무 신경 쓰지 않도록 하며, 이야기를 말하고 듣는 데 집중해야 한다.

두 번째로 내담자가 삶의 이야기에서 자신의 진정한 정체감을 찾아 나가도록 하기 위해서 자신의 경험이 어떤 것이었는지를 있는 그대로 말할 수 있도록 해야 한다. 즉, 자신의 삶이 어떠했는지 그것을 가장 잘 보여 줄 수 있는 이야기를 정해야 한다. 여기서는 이성적인 예리함과 관련된 이야기보다는 자신의 감정적 경험과 관련된 이야기가 적절하다. 또한 개인적 삶의 이야기는 내담자에게 무슨 일이 일어났는지뿐 아니라 그런 경험에 관해 어떤 감정을 느꼈고 지금 상담하면서 어떻게 느끼는지를 이야기하도록 한다.

세 번째로 내담자가 자신의 삶의 이야기 속의 사건에 나오는 여러 등장인물이 각기 무엇을 생각하고 느끼고 무슨 일을 하려고 했는지를 충분히 이야기해 보도록 한다.

네 번째로 내담자가 다른 문학적 이야기처럼 개인의 삶 이야기를 시작(사건의 발단), 중간과정, 결론 부분으로 구분된 플롯을 가진 이야기로 구성해 보도록 한다.

다섯 번째로 내담자가 녹음된 이야기를 다시 들어 보면서 이야기 속에서 빠졌거나 불충분하거나 또는 의미를 이해하는 데 혼란스러운 부분을 찾아보고 이야기의 중요한 구성 요소를 깊이 생각해 보도록 한다.

여섯 번째로 상담자가 내담자의 삶의 이야기를 자연스럽게 가슴으로부터 나온 이야기로 경험한다면 내담자의 이야기를 방해하지 않도록 주의한다. 그러나 때로는 내담자에게 질문을 하거나 이야기를 연결시키는 관점에서 의견을 제시하거나 내담자가 자신에 관해 어떻게 느꼈는지를 더 깊이 알기 위해 내담자의 이야기를 중단시켜야 할 경우도 있다.

마지막으로 상담자가 내담자에게 무엇이 삶의 교훈적 의미나 원리인지, 자신의 삶의 이야기에 포함된 중요한 메시지라고 믿는지를 질문해야 한다. 내담자의 삶의 이야기에 대한 전반적인 재검토는 두세 번 또는 그 이상의 반복적인 작업이 필요할 수도 있다. 보통 이러한 재검토는 다음의 문제점을 다루게 된다.

① 내담자의 삶의 이야기는 내담자의 삶 속에서 무엇이 의미 있고 가치 있다고 이야기하고 있는가?

② 내담자는 그의 삶 속에서 무엇을 피해야 한다고 믿고 있는가?

③ 바람직한 것을 얻고 바람직하지 못한 것을 피하기 위한 최상의 수단은 무엇인가?

④ 만약 내담자가 삶의 목적을 성취하지 못할 것이라고 예상한다면 무슨 일이 일어나는가?

⑤ 시간이 지나 내담자 삶의 이야기가 어떤 중요한 방식으로 바뀐다면, 이런 변화로 인해 내담자는 자신에 관해 무엇을 배우게 되었는지를 이야기하거나 자신의 삶을 개선시켜 보려고 어떻게 했는지를 이야기하는가?

⑥ 내담자가 자신의 경험을 해석하기 위해 사용하는 어떤 개인 신화가 있는가?

⑦ 내담자의 개인 신화에서 얻게 된 세상에 관한 기본 전제는 무엇인가?

2) 이야기치료의 단계적 과정

(1) 삶 이야기의 회상(recollecting narrative)

먼저 사건의 과정, 배경, 영향 등을 생각하면서 최근에 발생한 사건에 관한 이야기를 들어 본다. 두 번째는 아동기, 청소년기, 청년기, 중년기 등의 발달주기에 관한 이야기 또는 1년 단위로 시간 순서대로 발생한 주요 사건에 관한 이야기를 듣는다. 마지막으로 내담자의 이야기 주제를 밝혀내고 내담자가 기능하는 주제의 성격을 가장 잘 보여 줄 수 있는 예화가 되는 원형적 이야기(prototype narrative)를 찾아낸다.

(2) 삶 이야기의 서술(adjectifying narrative)

이 단계의 주요 목적은 내담자가 기억하는 이야기에 색깔과 모양, 냄새와 맛, 생각과 느낌, 의미 등을 상세하게 묘사하므로 경험을 생생하게 하는 것이다.

① 일상생활과 원형적 이야기의 객관화

기억된 경험의 시각, 청각, 후각, 촉각, 미각 등의 여러 다른 감각 요소를 확대시키고 통합하는 작업을 한다. 내담자가 감각적 경험의 다양성을 탐색하고 한 가지 감각적 경험에만 지배될 필요가 없음을 깨닫도록 한다. 이 연습은 과거 경험에 관한 병적이고 제한된 감각 표상의 대안을 이끌어 낼 수 있게 해 주고, 감각적 경험의 다양한 폭을 의식하고 표현할 수 있게 해 준다. 내담자로 하여금 다양하고 복잡한 감각 요소를 건강하고 성숙하게 통합시켜 나가도록 이끌어 준다. 일상생활의 경험을 다양한 감각 요소에 따라 탐색해 본다.

② 일상생활과 원형적 이야기의 주관화

먼저 감정을 적극적으로 표현하게 하고, 내담자가 경험한 어떤 감정에 집중하여 반복하거나 과장시켜 보고, 자신의 경험을 가장 잘 설명할 수 있는 한 단어나 상징을 선택해 보도록 한다. 자신의 가정을 탐색할 때 떠오르는 생각을 이야기하고 일련의 발전된 생각을 정리해 본다.

③ 일상생활과 원형적 이야기의 은유화

내담자의 경험에서 나타나는 주제를 상징화시킬 수 있는 한 가지 은유(이름, 대상, 개념, 이미지, 동식물 등)를 선택하게 한다. 그리고 나서 원래의 은유적 이미지에서 끌어낸 다른 은유를 상세하게 설명하도록 한다. 마지막으로 다른 시각적 표현의 의미를 합성시켜 주는 최종적인 은유를 찾아낸다.

(3) 삶 이야기의 투사(projecting narrative)

마지막 단계는 내담자가 자신의 삶의 이야기를 새롭게 구성해 나가는 능력이 생기면서 대안적 내용의 삶의 이야기를 계획, 실행, 평가해 보는 것이다.

① 대안적 이야기의 구성

여기서는 근원적인 은유와 이야기에서 대안적 이야기를 탐색해 낸다. 이야기나 은유가 한 가지 의미에만 고정된 것이 아니듯, 내담자가 삶의 이야기나 은유에서 발견되는 의미의 다양성을 경험하도록 한다. 근원적 은유와 다른 방식 속에서 기능하는 삶의 다양한 이야기를 찾아내도록 내담자를 격려한다. 그러고는 그 대안적 이야기를 다중적인 은유로 구성하면서 은유적으로 탐색해 본다. 내담자에게 대안적 은유를 선택하도록 요청한다.

② 대안적 은유의 역사적 근거

여기서는 내담자가 새롭고 유리한 관점에서 자신의 과거 이야기를 재구성하도록 한다. 내담자에게 다양한 배경, 주제, 행위, 인물 속에서 대조적인 의미를 보여 주는 삶의 이야기를 선택하도록 요청한다.

③ 일상생활의 대안적 이야기의 동일시

여기서는 시간적 흐름 속에서 대안적 이야기의 근거를 찾은 다음 근원적 은유와는 대조되는 다른 이야기이면서 대안적 은유에 의해 상징화될 수 있는 일상 이야기의 증거를 찾도록 한다.

④ 대안적 이야기의 투사

여기서는 대안적 은유와 이야기의 투사를 통해 내담자로 하여금 삶의 경험을 적극적으로 계획하도록 한다. 이와 같은 작업은 다음과 같은 과정 속에서 진행해 나간다.

① 내담자가 대안적 은유를 표현하고 싶은 주간에 발생할 삶의 일화를 선택한다.
② 내담자가 객관화와 주관화를 통해 이끌어 낸 경험을 투사한다.
③ 대안적 이야기를 실행해 보고, 자신의 경험을 서술화한 내용을 녹음한다.
④ 다양한 주제, 인물, 행위, 배경을 장려하면서 상담 회기 중 새로운 이야기를 투사한다.

이런 과정은 내담자의 이야기 내용에 충분한 다양성이 존재하고 내담자의 변화 과정에 영구성이 있다고 판단될 때까지 계속해 나간다(Angus & McLeod, 2004, pp. 105-111).

3) 마이클 화이트의 이야기치료 단계

화이트와 엡스턴(1990)은 이야기치료의 상담 방식에 근거를 두고 다음의 7단계 상담과정을 제시했다.

① 1단계: 당면 문제에 관심 기울이기. 상담 동기나 개인 정보를 확인하는 과정 이다.
② 2단계: 내담자 개인과 가족의 신화에 관심 기울이기. 문제와 깊이 관련되어 있는 내담자 개인과 가족의 신화를 살펴본다. 그것들을 형성케 한 내담자의 신념과 확신에 주의를 기울인다.
③ 3단계: 신화의 성격 규명하기. 그런 신화가 내담자의 삶에 어떤 영향을 일으 키고 있는지를 살펴본다.
④ 4단계: 신화의 영향 도표화하기. 그런 신화가 어떤 영향을 미치고 있는지 추 적하여 그려 보거나 시각화해 본다.
⑤ 5단계: 선호하는 이야기 경청하기. 내담자가 특히 좋아하는 이야기를 찾아 내도록 도와준다.
⑥ 6단계: 목표 정하기. 내담자의 삶에서 실현되어야 할 이야기를 근거로 목표 를 설정한다.
⑦ 7단계: 신화 재구성하기. 내담자의 삶을 지배하거나 좌절시켰던 이야기를 재구성한다.

4. 이야기치료의 방법론

사람들은 왜 이야기를 즐기는가? 이야기가 사람들에게 즐거움을 준다면 그것은 우리 마음의 어떤 욕구를 충족시켜 주기 때문일 것이다. 즉, 이야기는 사람들이 자신도 잘 의식하지 못하는 어떤 욕구나 필요성 또는 갈망을 충족시켜 주는 기능을 갖고 있다.

상담에서 때때로 치료적인 수단으로 사용되는 많은 우화나 동화는 사건이나 경험을 다른 틀에서 바라볼 수 있도록 이끌고, 새로운 의미를 던져 주고, 지혜로운 통찰과 행동의 변화를 불러일으키기도 한다. 한 상담에서 내담자는 전에는 자신이 가족에게서 미운 오리 새끼 취급을 받았지만 앞으로는 백조로 변하는 모습을 상상해 본다. 섭식장애를 가진 한 내담자를 상담하면서, 상담자는 잠자는 공주 이야기를 사용하여 내담자의 모습은 잠자는 공주와 같이 깊은 잠에 빠진 상태와 같다고 했다. 그렇게 자신의 문제를 다른 틀에서 보게끔 하니, 내담자는 잠에서 깨어날 수 있는 가능성을 탐색하기 시작하고 상담과 자신의 삶에서 더욱 적극적인 역할을 받아들이게 되었다.

다른 시각을 가지고 새로운 틀에서 자신의 문제를 바라볼 수 있도록 돕기 위하여 상담자는 내담자에게 동화 속의 이야기를 읽고 다른 사람의 관점에서 이야기해 보라고 권할 수 있다. 예를 들면, 새엄마인 경우에 신데렐라 이야기를 읽고, 이야기 속의 새엄마의 관점에서 그 사람과 주변 인물이 어떠한지 이야기해 보라고 할 수 있다.

이야기가 우리 삶에 끼친 영향을 잘 이해할 때, 상담에서 이야기의 영향력과 효과를 이해하고 존중할 수 있게 될 것이다. 상담자는 (어떤 책으로부터 또는 TV나 영화를 보고서) 내담자에게 "당신이 가장 좋아하는 이야기는 무엇인가?"라고 묻고 들어 볼 수가 있다. 또는 다음과 같은 연습과제를 주면서 내담자의 이야기를 상담과정 속으로 끌어들일 수 있을 것이다(Burns, 2001, pp. 10-19).

① 연습과제 1: 잠시 동안 어떤 이야기가 당신에게 중요한 영향을 주었는지 깊이 생각해 보라. 그 이야기는 어떤 것인가? 당신에게 어떤 영향을 주었는가? 그것은 어떤 힘을 지니고 있었는가? 그것은 당신에게 무엇을 가르쳤는가? 당신의 행동에 어떤 영향을 주었고, 어떤 특별한 감정을 불러일으켰는가? 당신

의 마음과 신체에 어떤 변화를 촉진시켰는가? 치유라는 관점에서는 어떤 일이 있었는가? 새로운 어떤 힘을 얻거나, 어떤 지혜와 영감을 얻거나, 당신의 삶에 성장의 기틀이 되었는가?

② 연습과제 2: 근래 들어 당신 자신이나 주변 친구 또는 가족에게서 일어난 어떤 이야기를 해 보라. 정확한 단어를 생각해 내려고 애쓰지 말고 어떤 경험에 집중해 보라. 똑같은 이야기를 당신의 모든 감각기관을 동원하고 당신의 경험을 동반하여 다시 이야기해 보라. 이제 세 번째로 그 이야기를 해 보는데, 이번에는 당신이 어떻게 느꼈는지를 묘사하는 감정을 집어넣어 이야기를 확장시켜 보라. 당신의 이야기를 듣는 사람의 반응을 살펴보라. 당신이 이야기한 세 가지 이야기에 각기 어떻게 집중하는지 살펴보라.

③ 연습과제 3: 당신이 좋아할 수 있는 이야기를 찾아보라. 당신 자신의 경험에서 나온 이야기일 수도 있고 다른 사람이 당신에게 들려준 이야기일 수도 있다. 마음속으로 그 이야기를 정리해 보고 연습해 보라. 도움이 된다면 크게 소리 내어 말해 볼 수도 있다. 그리고 당신 자신만의 조용한 시간과 장소를 선택하라(이를테면 출퇴근 시의 당신의 차 안에서 또는 혼자 산책을 하면서). 모든 감각기관을 동원하여 감정을 집어넣고 연습해 보라.

1) 가족치료 학파가 개발한 주요 치료 기법

(1) 문제의 외재화

이야기치료 학파의 주요 이론가인 마이클 화이트는 문제를 외부화시키는 방법을 생각했다. 그것은 사람보다는 문제를 객관화시키는 대화로 구성되며, 문제에 의해 지배되는 이야기에서 벗어나기 위해 문제를 외부로 표출시키는 의인화 기법이다. 문제 표출 또는 외재화는 문제를 내담자의 자아정체감에서 언어적으로 분리하는 것이다. 이런 대화를 통해 사람으로 하여금 문제가 자신의 모두를 표현하고 있지 않다는 사실을 발견하게 함으로써 그 문제를 해결할 수 있는 희망을 주는 것이다. 즉, 문제 표출은 내담자를 문제 증상에 오염되어 있지 않은 부분을 가진 존재로 바라보는 길을 제시해 준다(Litchfield & Litchfield, 2002, p. 129).

상담자는 내담자가 이야기하도록 하면서 어느 정도의 신뢰가 형성되면 문제를 표출하기 위한 질문을 시작한다. 문제는 사람들과 분리된 것이므로 처음부터 사람들에게 문제의 원인이 아닌 문제의 영향으로 인한 결과에 대한 질문을 한다. 그리고 문제가 누군가에 의해 소유된 것이 아니라 문제가 그들을 소유하려 한다고 암시한다. 예를 들면, "남편의 거짓말이 당신을 괴롭히고 있군요." 보다는 "거짓말이 남편으로 하여금 두 사람 사이에 갈등을 일으키게 만들었나 보군요." 라고 말하는 것이다. 즉, 문제를 외재화한다는 것은 내면화된 증상을 인격화하는 것이다. 이와 같은 외재화 질문을 진지하게 한다면 내담자는 문제가 자신 밖의 것이라는 생각을 하게 될 것이다. 문제가 외재화되면 내담자나 가족은 문제가 사라진 건강한 사람으로 바라볼 수 있다. 즉, 우울증 환자는 자신은 우울한 사람이 아니라 자신과 가족이 싫어하는 우울한 기분에 의해 정복된 사람일 뿐이라고 인식할 수 있다. 치료자가 계속하여 어떻게 우울증을 물리칠 수 있으며 어떤 결과가 예상되는지 질문해 나갈 때, 내담자는 자신의 정체감과 자신이 무엇을 원하는지를 다른 시각으로 볼 수 있으며 새롭고 보다 좋은 이야기를 위한 가능성을 갖게 된다(김유숙, 2002, p. 219).

(2) 문제 이야기와 상반되는 독특한 성과 찾아내기

문제의 외재화 과정은 내담자가 자신의 행위를 정당화시키기 위해 구성한 이야기와 그 속에 포함된 사람들을 분리시키는 것이다. 이런 과거의 이야기가 해체될 때 과거의 문제 이야기를 대체할 수 있는 새로운 대안이 마련되어야 한다. 과거 이야기와 분리되기 위해서 내담자는 무엇이 정말로 일어나기를 바라는지, 무엇을 하고 싶어 하고 좋아하는지를 찾고 생각해야 한다. 이것은 '독특한 성과 찾기' 라는 과거 이야기 속에 빠진 사건과 행위와 사고방식을 찾아내므로 새로운 대안으로서의 삶의 이야기를 써 가는 작업을 가능케 해 준다. 치료 상황에서 말해지는 이야기는 그것에 배치되고 모순되는 많은 세밀한 내용을 빠뜨려 버리게 된다. 이야기적 접근을 원하는 상담자는 문제 이야기를 해체시킬 수 있는 귀를 가지고 그 이야기를 들어야 한다. 상담 중에 이야기가 들릴 때 문제 이야기에는 수많은 사소한 일이 빠져 있다. 또한 문제 이야기와 모순되는 이야기들은 모두 자취를 감추고 오직 문제에 점철된 이야기만이 들리게 된다. 상담자는 내담자의 이야기를 들을 때 이런 빠진 사소한 부분을 들을 수 있는 귀를 가져야 한다. 질문을 통해 오래된 이야기 속에 있는 여백을 메울 수 있는 자료를 끄집어내야 한다. 내담자는 이야기를 하는 가운데 새로운 경험을 맞이하도록 초청된다. 이런 새로운 경험은 독특한 결과라는 용어로 표현된다. 이 독특한 결과는 새로운 이야기를 위한 소재로 사용되는 것이다(고미영, 2002, pp. 15-16).

이같이 예외적인 사건을 토대로 이야기를 만들기 위해 상담자는 내담자로 하여금 최근에 있었던 일 가운데 독특한 성과를 찾아내도록 돕는 것이 중요하다. 아무리 작은 것일지라도 성공적인 사건을 강조하면 내담자나 가족의 역사와 연결시키는 새로운 이야기가 나올 수 있다. 독특한 성과나 특이한 사건을 이끌어 내기 위해 "아내에 대한 분노가 당신을 지배하려고 할 때 그렇게 하지 못하도록 했던 때를 기억할 수 있나요? 어떻게 그렇게 할 수 있었나요?"라고 질문할 수 있다(김유숙, 2002, pp. 219-220).

화이트는 삶의 경험은 우리의 이야기보다 풍부하다고 주장한다. 이야기는 그러한 경험을 조직하고 의미를 주고 있지만 언제나 우리의 모든 경험을 다 담고 있지는 않다. 가장 우세하게 드러난 이야기는 많은 세밀한 부분을 빠뜨리고 있다. 개인은 자신의 삶에 대해 지배적인 이야기(dominant story)를 갖고 있으며, 종종 숨겨져 있는 대안적인 이야기(alternative story)도 갖고 있다. 상담자는 질문을 통해 그렇게 숨겨진 빠뜨린 조각을 찾아내서 내담자가 자기 자신에 대해 좀 더 정확한 그림을 그릴 수 있도록 도와야 한다. 이 과정에서 상담자가 문제 이야기의 대안에 관한 단서를 줄 수 있는 경험, 희미한 기억, 사소한 생각에 접근 가능한 다양한 질문을 찾아보면 다음과 같다.

- 당신은 문제가 당신의 생각에 영향을 주지 않았던 어떤 짧은 순간을 생각해 낼 수 있습니까?

- 대화 중 문제가 전적으로 지배하지 않았던 어떤 때가 있었습니까?
- 문제에 의해 지배받지 않았던 삶의 어떤 순간이 있었습니까?

상담자는 내담자의 최근의 삶 속에서 내담자가 자신의 삶에 적용해 나가지 못하지만 어떤 특별한 자원과 능력의 흔적을 보여 주고 있다는 믿음을 발전시켜 나가야 한다. 그럼으로써 상담자는 내담자로 하여금 문제 이야기에 대한 대안적 이야기와 더 나은 자기 이야기를 발전시킬 수 있도록 도와야 한다.

(3) 재진술을 통한 이야기의 풍부화

이야기를 다시 말하는 것은 그 이야기를 더욱 풍성하게 하고 점차 살아 있고 참된 것이 되게 한다. 진술과 재진술 그리고 재진술에 대한 재진술이 긍정적인 자아정체감에 대한 결론을 내릴 수 있도록 돕는 것이다. 예를 들어, 다섯 명의 가족이 있다면 상담자는 그중 세 명과 면담을 하고, 나머지 두 명은 대화의 청중으로 둔다. 그리고 나서 청중이었던 두 명의 가족과 면담을 하면서 자신이 무엇을 들었는지 대화하게 되는데, 이것이 재진술이다. 다시 청중이었던 세 명의 가족과 면담을 통해 재진술하는 동안 무엇이 일어났는지를 질문하는데, 이것이 재진술에 대한 재진술이다. 이와 같은 진술과 재진술의 과정을 통하여 사람들의 인생에 대한 묘사는 점점 풍부해져 간다(김유숙, 2002, p. 222).

같은 사건이라도 매우 다른 다양한 방식으로 이야기될 수 있는데, 이런 방식은 우리가 삶을 어떻게 경험하느냐를 다르게 만든다. 만일 성공적으로 사고의 전환이 이루어진다면 더 풍요로운 삶의 이야기로 가득 채워진 전혀 다른 세계가 우리 앞에 펼쳐질 수 있을 것이다.

2) 아동과 청소년을 위한 이야기치료

(1) 옛이야기의 치료적 기능

전래동화를 비롯한 민담 속에는 우리의 삶이 독특하고도 흥미로운 방식으로 녹아들어 있다. 거기에는 수많은 평범한 사람들의 오랜 삶이 만들어 낸 삶의 지혜가 있다. 민담은 우리에게 인간의 감정과 내면세계에 대해서 알려 준다. 전래동화는 평범한 인간이 부딪히는 삶의 존재론적 문제를 이해하고 극복하는 지혜를 준다. 가령 『개구리왕자』나 『미녀와 야수』 같은 동물 주인공의 전래동화는 아이들에게 성에 대한 무의식적 두려움을 극복하게 하고 사랑에 대한 성숙한 인식이 어떤 것인지를 전의식적으로 이해시켜 준다. 민담이 주는 두 번째 지혜는 다른 사람 또는 사물과 함께 살아가는 방법에 관한 것이다. 민담은 자기 주변의 사람이나 사물을 어떻게 대해야 하는지에 대해서 많은 가르침을 준다. 세 번째로 민담 속에는 우주의 질서 속에서의 자신의 위치에 대한 영적인 가르침이 들어 있다. 한마디로 민담 속에는 자신과 사회와 우주에 대한 아주 오래된 지혜가 들어 있다. 그것은 오래된 원형적 지혜이기 때문에 세상의 변화에도 결코 퇴색되지 않는 지혜다(오탁번, 이남호, 2001, p. 208).

신화나 우화도 옛이야기와 공통된 면이 많다. 그러나 신화는 초인적인 영웅의 이야기로 평범한 인간에게는 심리적 부담을 안겨 줄 수 있고, 우화는 다분히 도덕적이어서 역시 부담을 주거나 위협이 되기도 한다. 신화가 초자아의 요구에 기초하여 행동하는 이상적인 인간형을 보여 주는 반면, 옛이야기는 본능적인 욕구를 적절히 충족시키는 것이 허용되는 통합된 자아를 그리고 있다. 그래서 신화의 지배적인 정서가 비관적이며 대부분 비극으로 끝난다면, 옛이야기의 기본 정서는 낙관적이며 항상 행복하게 끝난다. 우화는 때로 흥미를 주기도 하지만, 항상 도덕적 진실만을 이야기한다. 우화에는 숨겨져 있는 의미가 없으며, 상상력을 자극시키는 것이 없다. 반대로 옛이야기에서는 모든 결정이 다 우리의 몫이다. 이야기의 내용을 삶에 적용시킬 것인지, 아니면 단순히 그 속의 환상적인 사건들을 즐길 것인지도 전적으로 우리 마음에 달려 있다. 옛이야기가 주는 즐거움은 조만간 그 속에 숨은 의미와 만나는 것이다. 또한 신화나 옛이야기 모두 영원한 문제, 즉 세상은 어떤 모습이고, 그 속에서 어떻게 살아야 하고, 어떻게 진실로 자기 자신이 될 수 있는지 등의 문제에 대한 대답을 해 준다. 그런데 신화에는 명백한 답이 들어 있는 데 비해 옛이야기에는 암시적인 답이 들어 있다. 옛이야기의 메시지는 해결을 암시하지만 결코 분명하게 가르쳐 주는 법이 없다. 옛이야기는 아동에게 삶과 인간의 본성을 보여 줄 뿐 아동이 자신에게 적용시킬 것인가의 여부와 그 적용방법은 전적으로 아동의 공상에 맡긴다(오탁번, 이남호, 2001, pp. 70-77).

아동이 겪는 심리적 어려움은 신경증적 징후와는 달라서 무의식적 갈등을 의식화시키는 것으로 해결되지는 않는다. 아동에게는 이성의 환한 빛 아래서 내면적 문제를 파악할 능력이 아직 없다. 아동은 무의식의 내용을 백일몽과도 같은 환상의 형태로 인식하는데, 전래동화는 무의식 또는 전의식에 작용하여 아동에게 풍부한 환상을 제공한다. 전래동화의 환상은 아동이 겪는 알 수 없는 혼란과 불안에 구체적인 형상을 부여하고, 무의식과 자연스럽게 친숙해짐으로써 압박에서 벗어나도록 돕는다. 아동은 전래동화가 마련해 주는 상상력의 새로운 공간을 통해 자신의 백일몽을 구성할 수 있는 이미지를 갖게 되며, 무의식의 무한한 원천에서 자아의 싹을 틔우고 성장할 수 있는 에너지를 얻는다(오탁번, 이남호, 2001, p. 103).

옛이야기는 아동이 무의식적으로 겪는 심각한 내면적 억압을 이해할 수 있게 해 준다. 그리고 아동이 성장하면서 겪게 되는 심각한 내적 갈등을 소홀히 다루지 않으며, 그에 대한 일시적이면서도 영구적인 해결책을 동시에 제공하고 있다.

전래동화의 인물들이 어김없이 마주치는 고난과 시련은 아동에게 삶의 어려움과의 투쟁은 피해 갈 수 없는 인간 존재의 본질적 측면임을 깨우쳐 준다. 주인공이 역경을 극복하는 과정을 통해서 전래동화는 아동의 내적인 갈등이 어떻게 해결될 수 있는지, 더 높은 인간성으로 발전하는 다음 단계가 무엇인지를 미묘하게 암시한다. 그들은 평범하고 나약한 인물이지만 투쟁에서 결국 승리하며, 모험을 거침으로써 예전보다 더 나은 사람으로 다시 태어난다. 전래동화의 낙관주의는 아동에게 미래에 대한 긍정적인 확신을 심어 준다. 성장을 위한 도전은 두렵고 힘겹지만 회피하지 않고 당당히 맞선다면 더욱 가치 있고 훌륭한 삶을 얻게 되리라는 희망을 안겨 준다(오탁번, 이남호, 2001, p. 104).

(2) 상담에서 이야기를 끌어들이는 다양한 방식

이야기를 통해 의미나 가치를 가르치기 원하는 상담자, 교사 또는 부모는 고전적인 이야기를 읽어 줄 수도 있고 아동에게 집에 가서 읽어 보도록 과제물로 내줄 수도 있다. 그러고 나서 그 이야기는 다음 상담시간에 토론될 수 있다. 토론 시 다음과 같은 질문이 사용될 수 있을 것이다.

- 어떤 등장인물을 가장 좋아하니?
- 그 사람은 문제를 해결해 나가기 위해 무엇을 했지?
- 누가 문제를 해결해 나가는 데 가장 좋은(또는 도움이 되는, 실제적인) 생각을 가지고 있었지?
- 그가 무엇을 했지?
- 만약 네가 같은 입장에 있었다면 무엇을 했을까?
- 그 밖에 어떤 것이 도움이 될 거라고 생각하니?
- 모든 일이 잘 해결됐을 때 주인공이 어떻게 느꼈을 거라고 생각하니?

만약 아동상담에서 적절한 이야기책을 사용할 수 있다면 다음과 같은 방식으로 이야기를 전달할 수 있다.

① 상담시간에 이야기를 아동에게 읽어 주는 것
② 아동에게 이야기책을 읽도록 빌려 주는 것
③ 아동에게 이야기책을 읽어 주도록 부모에게 빌려 주는 것

그러나 치료적 이야기는 상담자가 어떤 이야기의 명확한 의미를 전달해 주기보다는 내담자로 하여금 그 이야기 속에서 자신이 발견한 의미를 찾을 수 있도록 도와줄 때 가장 큰 효과를 가져올 수 있다.

(3) 치료적 이야기를 찾을 때 고려해야 할 문제

① 치료적 이야기는 아동의 연령과 맞아야 한다. 치료적 이야기를 찾거나 만들어 내는 데 있어서 은유의 효과성을 높이는 비결은 아동의 연령을 잘 고려하는 것이다. 유치원 이전의 어린 유아는 산타클로스나 동화 속에 나오는 인물

을 쉽게 받아들일 것이다. 초등학교 저학년의 경우에는 동물 이야기에 더 많은 흥미를 가질 수 있다. 반면 초등학교 고학년의 경우에는 만화나 게임 또는 TV에 나오는 주인공과 더 쉽게 동일시할 수 있다. 중학교로 올라가면 스포츠 스타나 연예인 또는 영화 〈해리 포터〉나 〈반지의 제왕〉에 나오는 인물이 훨씬 적절한 선택이 될 수 있다.

② 치료적 이야기는 아동의 성별을 고려해야 한다. 아동의 연령에 맞는 이야기가 치료에 도움이 되듯, 치료적 이야기는 아동의 성별과도 맞아야 한다. 만약 이야기가 다른 성과 관련된 것이면 아동이나 청소년은 그 이야기를 쉽게 공감하지 못할 수 있다. 때로는 이야기의 주제를 유지하면서 내담자에게 맞추기 위해 주인공의 성별만 고치는 것으로 충분한 경우도 있다.

③ 치료적 이야기는 아동의 개성을 고려해야 한다. 아동의 특성과 관심에 맞는 이야기를 선택할 때 치료적 변화는 쉽게 일어날 수 있다. 이야기를 구성하기 전에 상담을 받게 될 아동에 대해 잘 알아야 하고, 관심을 갖고 있는 것을 찾아내어 이야기 속에 맞춰 넣어야 한다.

> • 아동이 스포츠를 좋아하는가?
> • 특별한 취미가 있는가?
> • 좋아하는 친구는 누구인가?
> • TV에 나오는 어떤 인물을 좋아하는가?
> • 학교에서 어떤 과목을 좋아하는가?
> • 어떤 꿈과 환상을 갖고 있는가?

④ 치료적 이야기는 아동의 문화를 고려해야 한다. 상담자는 아동이 살고 있는 지역과 동네의 특성, 경제적인 형편, 종교적인 배경, 민족적인 기질, 시대적인 상황 등을 살펴보면서 그에 맞는 이야기를 개발해 내야 한다.

(4) 내담자의 자원과 가능성을 탐색하기 위한 질문

내담자로부터 자신의 능력, 장점, 치료적 변화를 일으킬 수 있는 가능성과 자원을 탐색하여 찾아낼 수 있도록 다음과 같은 질문을 사용할 수 있다.

- 너는 어떤 일을 가장 즐기고 재미있어하니?
- 너는 언제 행복하다고 느끼니?
- 너는 어떤 취미 활동을 즐기니?
- 너는 어떤 운동을 좋아하니?
- 너는 어떤 책을 읽기 좋아하니?
- 너는 어떤 TV 프로를 보기 좋아하니?
- 네가 좋아하는 캐릭터는 무엇이 특별하니?
- 학교에서 좋아하는 과목은 무엇이니?
- 가장 가까운 친구는 누구니?
- 애완동물을 갖고 있니?

(5) 이야기를 역할극으로 표현해 보기

이야기를 소집단에서 역할극으로 표현해 볼 수도 있고, 상담에서 단둘이 해 볼 수도 있다. 예를 들어, 다른 친구에게서 괴롭힘을 당하는 아동을 상담하는 경우라면 이렇게 질문할 수 있을 것이다. "너를 가장 괴롭히는 사람이 누구지? 네가 아는 사람 중에서 누가 가장 그런 일을 잘 다룰 수 있겠니?" 여기서 우리는 아동이 성공적인 대처 기술을 배울 수 있는 역할 모델을 찾아야 한다. "너는 그 사람이 무엇을 할 거라고 생각하니? 우리 한번 그에 관해 작은 역할극을 만들어 보자. 내가 괴롭히는 사람을 해 보는 거야. 그럼 너는 그것을 잘 다루는 사람 역할을 할 수 있어. 자, 이제 이야기가 어떻게 돼 가는지 보자."

여기서 아동에게 배역을 정해 줄 때는 기대하는 결과에 이르도록 문제를 해결해 가는 역을 맡기는 것이 중요하다. 때로는 못되게 괴롭히는 아이의 역을 맡겨 보는 것도 상대편을 좀 더 잘 이해할 수 있도록 한다는 점에서 도움이 될 수 있다. 하지만 단지 상대편의 시각을 이해하는 것보다 더 중요한 것은 기대하는 결과를 얻을 수 있는 이야기를 완성하는 것이다.

- 상담자는 아동과 함께 이야기를 역할극으로 꾸며 볼 수 있다.
- 상담자는 이야기가 끝나는 지점과 결과를 찾아본다.
- 주인공이 결과에 도달하기 위해 필요한 과정을 탐색해 본다.
- 이야기의 어디서부터 위기와 갈등이 시작되는지 찾아본다.
- 이야기가 주는 메시지와 가장 비슷한 인물을 찾아본다.

(6) 내담자의 은유를 상담에서 사용하기

멋진 이야기를 만들어 내는 것이 상담자의 의무나 책임은 아니다. 대신 내담자의 경험에 참여함으로써 새로운 대안적 이야기를 발전시키는 것이 더욱 효과적일 수 있다.

① 1단계: 경청하라. 아이들이 상담에 가져온 은유를 잘 경청하라. 단지 경청하기보다 내담자가 말한 것을 너무 분석하려고 하는 데서 실수를 할 수 있다. 한 어린아이가 인형 주위를 감싸고 있는 벽을 세우고 있는 것을 주의 깊게 관찰해 보라. 한 청소년이 "나는 부모님에게 대항해 나가기 위해 내 머리를 벽에다 박고 있어요."라고 말하는 것을 경청해 보라. 내담자가 사용하는 은유의 중요성이 잘 나타나는 내담자가 사용한 단어, 표현 방식, 감정적인 분위기 등을 잘 관찰하라.

② 2단계: 내담자의 이미지를 탐색하라. 다음과 같은 질문으로 내담자의 은유적인 이미지를 탐색하라. "벽 속의 인형은 무엇을 하고 있니?" 또는 "네가 네 머리를 벽에다 박는다고 말했을 때 마음속에서 어떤 이미지가 떠오르는지 말해 줄 수 있겠니?"

③ 3단계: 감각을 탐색하라. 은유적 이미지와 연관된 감각기관을 탐색해야 한다. 아동에게 "네가 그것에 관해 생각한다면 다른 어떤 것을 볼(또는 들을, 냄새 맡을, 맛볼, 만져 볼) 수 있겠니?"

④ 4단계: 감정을 탐색하라. 은유와 관련된 감정과 경험을 살펴보라. 예를 들면, "인형이 벽 안에 있는 것을 어떻게 느낄까?" 또는 "네가 머리를 벽에다 박는

것을 상상했을 때 네 감정은 어떻지?"

⑤ 5단계: 이미지를 바꾸라. 아동이 은유적 이미지를 좀 더 받아들일 수 있는 것으로 바꾸도록 도와주어야 한다. "어떻게 인형이 벽들을 다시 세울 수 있을까? 창문이나 어떤 문이 있는 집으로 말이야. 그러면 인형이 더 행복해지지 않을까?" 또는 "네가 벽을 부수고 주변에 네가 나갈 길을 만들기 위해 어떤 일을 할 수 있겠니?"

⑥ 6단계: 변화를 강화하라. 마지막 단계는 내담자에게서 얻은 치료적 변화를 강화하는 것이다. "어떻게 너와 내가 인형이 그런 변화를 일으키도록 도와줄 수 있을까?" 또는 "어떻게 네가 그런 변화가 일어나도록 시작할 수 있을까?"

(7) 치료적 은유를 일상생활에서 찾아내기

상담자의 삶의 경험에서 또는 내담자인 아동을 관찰하면서 치료적 이야기를 이끌어 내기 위해서 다음과 같은 단계적인 방법을 동원할 수 있다.

① 먼저 아동에게 기대되는 목적을 생각해 내야 한다. 이것은 이야기가 나아가야 할 분명한 방향을 정해 준다.

② 어떤 독특한 성과를 얻었던 경험을 찾으라. 이것은 "언제 내가 비슷한 목적을 달성했는가?" 또는 "언제 내가 다른 어떤 사람이 그런 목적을 성취하는 것을 보았는가?" 하는 질문을 스스로에게 해 볼 때 발견될 수 있다.

③ 목적을 이룰 수 있도록 이야기 속에 변화와 성장을 위한 자원과 가능성을 개발해야 한다. 당신 자신에게 "나 또는 내가 관찰한 다른 어떤 사람이 그런 목적을 얻기 위해 필요한 능력이나 방법은 무엇이었는가?" 라고 질문해 보라.

④ "나 또는 다른 사람이 내가 상담해 주는 아동의 문제와 유사한 어떤 경험을 했는가?" 라는 질문을 통해 은유적 문제를 정의해 보라.

⑤ 이야기 속의 문제, 자원, 결과를 설명하면서 당신의 언어로 이야기를 구성해 보라.

다음의 사례는 어린 시절 유난히 큰 귀에 대한 콤플렉스로 열등감에 시달렸던 한 젊은 여성이 자신의 귀를 새롭게 바라보고, 귀에 대한 자신의 상처받은 이야기를 재해석해 주고 새로운 이야기로 구성해 준 할머니로 인해 콤플렉스에서 벗어나게 된 이야기다. 이야기 접근 방식을 통해 개인의 인생이 새롭게 변화된 사례다 (김홍신 외, 2004, pp. 188-193).

한 고교 교사는 어렸을 때 유난히 큰 귀로 인해 열등감에 시달렸다. 그래서 사람들을 피해 다락방에 숨어 지내곤 했다. 어느 날 다락방에서 어린 손녀를 발견한 할머니는 왜 이런 곳에서 혼자 노느냐며 동네에 나가서 친구들이랑 놀면 좀 좋으냐고 한다. 할머니의 측은해하는 눈빛에 어린 손녀는 그동안 숨겨 왔던 마음을 털어놓고 만다. "얼굴이⋯⋯ 얼굴이 너무⋯⋯ 커서, 귀가, 귀도⋯⋯ 너무 커서⋯⋯" 말을 다 맺지 못하고 목놓아 울었다. 할머니는 어린 손녀가 울음이 그칠 때까지 조용히 등만 어루만져 주었다.

그날 이후로 할머니는 저녁마다 동네 사람들이 다 모여 TV를 시청했던 옆집으로 어린 손녀를 데리고 갔다. 어린 손녀가 가장 싫어하는 장소였지만, 할머니는 손녀의 손을 힘주어 잡고 사람들 눈에 잘 띄는 곳에 자리를 잡고는 어린 소녀를 무릎에 앉히시고 묵묵히 TV를 보셨다. 어린 손녀는 사람들이 모두 자기를 바라보고 있는 것 같아 얼굴이 화끈거렸고, 고개도 못 들고 할머니에게 집에 가자며 울먹였다. 그때 할머니는 갑자기 큰 목소리로 모두에게 이야기하기 시작했다.

"저 봐라. 대통령 귀 좀 봐라. 얼마나 크고 잘 생겼누. 아마 저 사람이 대통령이 된 건 전부 저 크고 잘생긴 귀 덕분일 게야. 세상에 이름을 떨친 사람치고 귀 안 크고 잘생기지 않은 사람은 없었제. 당장 절에 가서 부처님 귀를 한번 봐라. 그 크고 잘생긴 귀 봤냐? 내 TV 볼 때마다 느낀 거지만 저 대통령 귀도 우리 영미 귀만은 못한기라. 동네 사람들 눈에도 그렇게 보이지요? 이 귀 한번 봐 주소. 눈 위로 쑤욱 올라온 것이 생기기는 또 얼마나 잘생겼는지. 귓밥도 두툼한 게 부처님 귀엔 비할 바 못 돼도 저 대통령 귀보다는 훨씬 잘나지 않았소? 우리 영미는 이 귀 덕분에 나중에 대통령보다 더 큰 인물이 될 거요. 어쩜 세상에서 처음으로 여자 대통령이 될지도 모르제."

어린 손녀는 생전 처음 자신의 두 귀에 대한 칭찬을 들었다. 그 후 어린 손녀에게는 유난히 큰 귀가 더 이상 상처가 되지 않았다.

이 사례에서 할머니는 손녀의 못생긴 귀를 나중에 큰 인물이 되어 한자리할 수 있는 축복과 성공의 상징으로 재해석해 주었다. 때로는 이와 같은 인간 이해와 문제 접근 방식이 내담자의 역기능적인 이야기를 새로운 국면으로 재해석해 내고 내담자의 삶의 이야기를 건강하고 힘 있게 이끌어 나가는 방법이 될 수 있다.

이 삶의 이야기에 대한 해석학적 접근 방식과 달리, 다음의 사례는 자연계에서 깊이 있는 관찰을 통해 얻게 된 은유를 통해서 문제 이야기를 효과적으로 해결해 주고 있다(김홍신 외, 2004, pp. 19-20).

한 소설가가 초등학교 때 여기저기 백일장에 나가 매번 떨어지기만 했다. 대회에 나가 아무 상도 받지 못하고 빈손으로 돌아오며 크게 낙담하고 있는데, 선생님께서 말씀하셨다.

"지금은 단풍이 한창이지만 봄에 나무에서 꽃이 피지?"

"예."

"너희 집에는 어떤 꽃나무가 있니?"

"매화나무도 있고, 살구나무도 있고, 배나무도 있어요."

"그래, 그러면 매화나무를 예로 들어 보자. 같은 매화나무에도 먼저 피는 꽃이 있고 나중에 피는 꽃이 있지?"

"예."

"그러면 그 나무에서 핀 꽃 중 어떤 꽃에서 열매를 맺을까?"

어린 학생이 얼른 대답을 못하자 선생님이 다시 물었다.

"매화나무는 나무 가운데서 가장 이른 봄에 꽃을 피우는 나무란다. 그런 매화나무 중에서도 다른 가지보다 더 일찍 피는 꽃이 사람들의 눈길을 끌지. 다른 가지에서는 아직 꽃이 피지 않았는데 한 가지에서만 일찍 꽃이 핀다면 말이다. 그렇지만 이제까지 살면서 선생님이 보기에 그 나무 중에서 제일 먼저 핀 꽃들은 열매를 맺지 못하더라. 제대로 된 열매를 맺는 꽃들은 늘 더 많은 준비를 하고 뒤에 피는 거란다. 이번 대회에 나가서 아무 상도 받지 못하고 오니까 속이 상하지?"

"예."

"그래서 이렇게 기운이 없고."

"……" (어린 학생은 그저 땅만 내려다보고 있다.)

"나는 네가 그렇게 어른들 눈에 보기 좋게 일찍 피는 꽃이 아니라 이다음에 큰 열매를 맺기 위해 천천히 피는 꽃이라고 생각한다. 너는 지금보다 어른이 되었을 때 더 재주를 크게 보일 거야 ……. 너는 일찍 피었다가 지고 마는 꽃이 아니고 남보다 조금 늦게, 그렇지만 큰 열매를 맺을 꽃이라고 믿는다. 선생님이 보기에 너는 클수록 점점 더 단단해질 사람이거든."

그때부터 어린 학생은 다양하고 많은 책을 읽어 내면서 훗날 뛰어난 작가로 나아가는 큰 힘을 얻게 된다.

(8) 부모에게 스토리텔링을 가르치기 위한 단계적 과정

① 1단계: 이야기에 대한 결과를 찾으라. 먼저 부모는 자녀에게 도움이 될 거라고 생각하는 가치, 메시지 또는 다른 어떤 것을 선택하기를 원할 것이다. 또는 다음과 같은 질문을 통해서 자녀와 함께 이야기의 결과를 토의해 볼 수 있다. "만약 내가 오늘밤 인어공주 이야기를 해 준다면 마지막에 어떤 일이 생길 것 같니? 너는 인어공주가 어떻게 느낄 것 같니? 너는 인어공주가 어떻게 달라지기를 원하니?"

② 2단계: 이야기를 계획하라. 모든 이야기는 시작, 중간, 끝이 있다. 치료적 이야기에서는 시작은 문제와, 중간은 자원과, 그리고 마지막은 결과와 연결시킬 수 있다. 이야기를 구성할 때는 결과를 먼저 찾아봄으로써 마지막 부분부터 시작해 보는 것이 가장 쉽다. 두 번째로 중간 부분을 채우기 위해서는 주인공이 목적을 달성하기 위해 어떤 기술이나 단계적인 과정 그리고 자원이 필요한지를 알아야 한다. 세 번째로 이야기의 시작을 구성하기 위해서는 주인공이 어떤 문제나 도전을 극복해야 하는지를 알아야 한다. 네 번째는 누구를 주인공으로 할지를 정하는 것으로, 어떤 종류의 주인공이 이야기의 메시지를 전달하는 데 도움이 될 것인지를 미리 생각해야 한다. 만약 당신이 따뜻하고 포근한 이야기의 종결을 원한다면 테디 베어나 어린 자녀의 애완동물을 선택할 수 있다. 또는 강한 메시지를 들려주기를 원한다면 라이언 킹이나 슈퍼맨 등이 더 나은 선택이 될 것이다.

③ 3단계: 이야기를 전달하라. 이야기를 시작부터 들려주라(문제 또는 도전). 주

인공이 시도하고자 하는 단계적인 과정이나 이야기의 목적을 이루기 위한 기술을 설명해 주라(자원). 마지막 부분으로 결론을 지으라(결과).

④ 4단계: 반응을 관찰하고 경청하라. 당신의 이야기에 대해 자녀가 어떻게 반응하는지를 관찰하라. 이야기를 재미있어하거나 참여하는가? 지루해하며 안절부절못하거나 신이 나서 흥분해하는가? 만약 이야기의 기대되는 결과가 보인다면 당신이 하는 이야기를 계속하고, 그렇지 않다면 이야기의 방향을 바꾸고 어떻게 이야기가 개선될 수 있는지에 자녀를 끌어들이라.

5. 나가는 글

이야기는 삶의 어떤 교훈이나 진리를 좀 더 현장감이 있고, 쉽게 이해하여 받아들일 수 있게 하고, 더욱 효과적으로 공감하거나 동일시하도록 한다. 또 때로는 다양한 해석의 여지를 남기므로 계속적으로 마음의 여운을 던져 주기도 하고, 마음속 깊이 오랫동안 기억의 창고 속에 저장되어 영향력을 발휘하기도 하며, 듣는 이로 하여금 자신이 선택하고 결정할 수 있는 자유를 주기도 한다.

여기서 이야기뿐 아니라 은유는 우리가 모르는 세계를 이해하려고 할 때, 먼저 우리가 아는 것을 통해 모르는 것에 접근해 갈 수 있는 통로를 만들어 준다. 그리고 그것은 때로 아직 존재하지 않거나 혹은 설명하고 표현하기 어렵기 때문에, 또 그렇게 상상하거나 가정하고 시작하므로 좀 다르거나 틀릴 수도 있다는 전제가 붙기 때문에 심리적인 부담을 줄여 주며, 그 속에서 의미를 풍성하게 만들어 낼 수 있는 가능성과 여지는 남겨 두게 된다. 또한 은유는 이야기를 끌어낼 수 있는 원초적인 자원을 공급해 주며, 이야기를 형성해 갈 수 있는 밑그림을 효과적으로 그려 볼 수 있게 하고, 내담자의 깊은 감정과 심층부의 이야기를 변화시킬 수 있는 특별한 힘을 발휘하기도 한다. 어쨌든 이야기와 은유는 사람들과 그들의 내면세계를 효과적으로 이해하고 그들의 문제와 갈등을 대처해 나갈 수 있는 근원적인 것이면서 여전히 우리 시대에도 강력한 도구다.

요 약 >>>

　　상담에서 내담자는 자신의 삶의 이야기를 갖고 와 그것을 털어놓고 의미 있고 질서 있게 정리해 나가기를 원한다. 또한 독서치료에서 선택하는 책은 무엇보다 어떤 줄거리를 갖고 있는 이야기책을 주로 쓰게 된다. 이런 이야기 구조를 갖고 있는 특성과 이야기를 재구성하는 치료과정에서 내담자 삶의 이야기나 동화책 또는 어떤 문학작품 속의 이야기가 치료적인 힘과 기능을 발휘할 수 있는 방법, 그것을 서로 연결시켜 줄 수 있는 방식, 그 속에서 이야기와 은유가 치료적인 면에서 상호작용하는 기능과 방식 등을 살펴보았다.

🎓 학습과제

❶ 이야기치료의 다양한 학파의 접근 방식의 특성과 차이를 비교해 보고 어떤 방식으로 통합시켜 나갈 수 있겠는지 검토해 보시오.

❷ 이야기치료의 단계적 과정을 개인적 특성에 맞춰 적절하게 변형시켜 보시오.

❸ 가족치료 학파가 개발한 주요 치료 기법을 상담 현장에 적용시켜 본 결과를 평가해 보시오.

❹ 이야기치료를 아동상담에 어떤 방식으로 적용시켜 볼 수 있겠는지 검토해 보시오.

❺ 치료적 은유를 일상생활에서 찾아낸 적절한 예를 제시해 보시오.

제 9 장

문제 유형별 독서치료 프로그램

학습 목표 및 개요 ● ● ● ●

이 장에서는 문제 유형별 독서치료 프로그램의 사례를 소개하고자 한다. 여기에 수록된 프로그램은 한국 독서치료학회 월례회에서 발표된 프로그램들이다.

1. 자아존중감

자아존중감 향상을 위한 독서치료 프로그램 사례는 다음과 같다.

1) 학습된 무기력과 읽기부진을 보이는 중학교 1학년 개인 사례

■ 2004년 1월 발표, 발표자: 하정혜

(1) 목표

① 자아존중감을 기르기 위해 긍정적인 성취 경험을 할 수 있도록 한다.
  – 성공했거나 좋았던 경험을 인식하도록 하고 자신의 능력에 대해 왜곡한 부분은 수정한다.
② 자신의 소중함을 인식하고 받아들이도록 다양한 측면에서 탐색을 돕는다.
  – 자신에 대한 구체적 장점을 발견하도록 한다.
  – 자신을 비난하는 표현을 긍정적 표현으로 되돌리도록 연습한다.
  – 칭찬과 격려를 편안하게 받아들일 수 있도록 한다.

(2) 내담자: 13세(중1)
(3) 독서치료 프로그램 구성 내용

독서자료 서지사항
• 미운 돌멩이 / 이현주 글 / 어린이도서연구회 엮음 / 오늘출판사 / 1996
• 가끔씩 비오는 날 / 이가을 글 / 중학교 1학년을 위한 우리 말 우리 글 / 나라말 / 2001
• 으뜸 헤엄이 / 레오 리오니 글 · 그림 / 이명희 옮김 / 마루벌 / 1997
• 고맙습니다, 선생님 / 패트리샤 폴라코 글 · 그림 / 서애경 옮김 / 아이세움 / 2001
• 모래밭에 그리는 꿈 / 이주영 엮음 / 우리교육 / 1997
• 내가 너 만한 아이였을 때 / 어린이교육연구회 엮음 / 현암사 / 2000
• 생각을 모으는 사람 / 모니카 페트 글, 안토니 보라틴스키 그림 / 김경언 옮김 / 풀빛 / 2001

- 〈책〉 너는 특별하단다 / 맥스 루카도 글, 세르지오 마르티네즈 그림 / 아기장수의 날개 옮김 /
  고슴도치 / 2002
  〈비디오〉 You are Special / 맥스 루카도원작 / 안드레아 조브감독 / 삼화프로덕션(주) / 2002
- 황금새 / 벌리 도허티 글, 존 로렌스 그림 / 문명식 옮김 / 웅진닷컴 / 2001
- 파리박사 / 하이타니 겐지로 글 / 문용수 옮김 / 햇빛출판사 / 1998

(4) 독서치료 프로그램

회기	목표	독서치료 자료	활동내용	준비물
	마음을 열고	• 사전검사 • 프로그램 소개		
1~2	자기 탐색	• 미운 돌멩이 • 가끔씩 비오는 날	- ①② - 별칭 정하기(자기 소개) - 게임: '나는 ~와(과) 같다'	종이
3		• 으뜸 헤엄이	- ①② - 감정 표현: 긍정과 부정을 나타내는 말	
4~5	자기표현 향상	• 고맙습니다, 선생님	- ①② - 나에 대해 잘못 생각하고 있는 것 세 가지 (내가, 가족이, 친구들이, 선생님이) - 신문지 찢기: 가지고 싶은 것과 버리고 싶은 것	신문지
6~7		• 시를 읽고 –「땅개미」 –「그냥 생각해 봤어요」	- ①② - 성공 경험을 찾아 이야기하기	종이
8~9	의사소통과 문제해결	• 생각을 모으는 사람	- ①② - 칭찬 화분 모으기(칭찬 꽃)	잡지, 가위, 콜라주 작업
10		• 너는 특별하단다 〈비디오와 책〉	- ①② - '소중한 나'에게 말 걸기(역할놀이)	
11		• 황금새	- ①② - 말하고 느끼고 행동하기	
12	자기수용	• 파리박사	- ①② - 종이비행기를 만나 봐! - 자기평가: 요즘 내 모습의 좋은 점	종이, 색연필, 사인펜

2) 읽기와 쓰기에 문제를 보이는 초등학교 1학년 학생에 적용한 사례

■ 2004년 3월 발표, 발표자: 이동희

(1) 목표
① 자신을 이해하고 자신을 표현할 수 있도록 한다.
　-가족 내에서 자신을 표현할 수 있도록 한다.
　- 친구들 사이에서 자신을 표현할 수 있도록 한다.
② 집중할 수 있는 시간을 늘려 갈 수 있도록 한다.
　-수행하기 쉬운 활동을 통해서 아동이 집중할 수 있는 기회를 마련한다.

(2) 참여자: 초등 1, 2학년
(3) 독서치료 프로그램

회기	단계	목표	독서치료 자료	활동내용	준비물
1	사전검사		사전검사와 자기소개 나누기		공책, 연필
2	준비기	자기 탐색과 자기 인식	내가 만일 엄마라면	• 내가 만일 엄마라면 • 얼굴 만들기 • 가족 그림 그리기	색지, 크레파스,
3					
4			내가 만일 아빠라면	• 아빠에게 편지 쓰기	편지지, 가위,
5			으뜸 헤엄이	• 생각해 보기 • 내가 으뜸 헤엄이라면 • '나는 ~와(과) 같다'	공책, 연필
6			니모를 찾아서	• 내가 니모라면	공책, 연필
7			미운 돌멩이	• 미운 돌멩이 이름 짓기	공책, 연필
8	시작기	의사소통과 문제 해결	까마귀 소년	• 결말 다르게 쓰기	공책, 연필
9			나쁜 어린이표	• 나쁜 선생님표 만들기 • 표창장 만들기	도화지, 색연필
10			내 귀는 짝짝이	• 내가 짝짝이라면 • 내 친구가 짝짝이라면	공책, 연필
11	발전기	자기 표현	너는 특별하단다 〈비디오〉	• 주인공에게 편지 쓰기	공책, 연필
12			너는 특별하단다	• 책 만들기	색지, 크레파스

3) 시적 화자에 대한 공감 프로그램이 고등학교 학생의 자아개념 및 학교 태도에 미치는 효과

■ 2004년 6월 발표, 발표자: 이숙진

(1) 참여자: 고등학교 2학년

(2) 시적 화자에 대한 공감 프로그램의 운영 계획

단계	과정	차시	프로그램 운영계획	시간 배당
1단계	인식	1~3차시	시적 화자에 대한 기본 개념 이해 및 시적 화자에 대한 인식	50분씩
2단계	고찰	4~6차시	시적 화자가 처한 상황에 대한 인식과 문제해결 방안 인식	50분씩
3단계	병렬	7~9차시	시적 화자가 처한 상황을 자신의 처지에 대비하여 인식	50분씩
4단계	자기 적용	10~12차시	시적 화자의 문제해결 방식에 따른 자기의 문제해결 방안 모색	50분씩

(3) 시적 화자에 대한 공감 프로그램의 차시별 주제

과정	차시	주 제
인식	1	시적 화자와 어조
	2	시적 화자에 대한 이해
	3	시적 화자에 대한 이해
고찰	4	시적 화자에 대한 이해
	5	시적 화자에 대한 이해
	6	작가의 삶에 대한 이해
병렬	7	작품 속에 반영된 작가의 삶
	8	작품 수용을 통한 독자의 반응
	9	작품 수용을 통한 독자의 반응
자기 적용	10	인물에 대한 공감을 통한 시적 형상화
	11	자신이 처한 삶의 문제 인식
	12	삶의 문제 해결을 위한 시적 형상화

(4) 시적 화자에 대한 공감 프로그램의 학습 자료

과정	차시	독서치료 자료	쓰기 자료
인식	1	화자와 어조의 개념과 기능	화자와 어조의 개념
	2	도종환 「흔들리며 피는 꽃」	시적 화자가 처한 상황 인식하기 시적 화자의 어조 파악하기 시적 화자의 태도 이해하기 문제 해결 양상 파악하기
	3	박노해 「너의 하늘을 보아」	시적 화자의 상황 파악하기 시적 화자의 기능 파악하기 '너의 하늘'이 의미하는 것은? 시적 화자의 태도 이해하기 문제 해결 양상 파악하기 느낀 점 쓰기
고찰	4	안도현 「연탄 한 장」	시적 화자의 상황 짐작하기 시적 화자의 어조 파악하기 시적 화자의 기능 파악하기 삶에 대한 태도 이해하기 '연탄 한 장'이 의미하는 것은?
	5	하우스먼 「내 나이 하나하고 스물이었을 때」	시적 화자의 상황 짐작하기 시적 화자의 어조 파악하기 삶에 대한 태도 파악하기 동일한 경험적 사례 쓰기 느낀 점 쓰기
	6	천상병 시인의 삶과 작품	시인은 어떤 삶을 살았는가? 시인의 삶에 대한 자세는 어떠한가? 자신의 삶에 비추어 볼 때 시인의 삶에서 느낀 점은? (반성해야 할 점, 새롭게 알게 된 점, 지향해야 할 점 등)
병렬	7	천상병 「나의 가난은」	삶에 대한 태도 파악하기 시적 화자의 기능 작품 속에 반영된 작가의 삶에 대한 태도 현재 자신의 삶에서 가장 힘든 부분 현재 자신의 삶에 대한 태도 자신의 삶에 대한 반성과 고찰
	8	천상병 「새」	시적 화자의 삶에 대한 태도 파악하기 이 작품을 자신의 상황에 맞게 개작하기
	9	정호승 「희망을 만드는 사람이 되라」	시적 화자의 삶에 대한 태도 파악하기 이 작품을 자신의 상황에 맞게 개작하기
자기 적용	10	산문 「너 자신이 되라」 -『마음을 열어주는 101가지 이야기』 중	작품의 내용을 바탕으로 동일한 주제로 시적 형상화하기
	11	도종환 「가지 않을 수 없던 길」	작품 속 화자와 같이 현재 자신이 처한 삶의 어려움과 그에 따른 삶에 대한 통찰을 시적으로 형상화하기
	12	이해인 「나를 위로하는 날」	작품과 같이 자신이 처한 문제를 해결하기 위한 방법을 제시 하는 시를 한 편 쓰기

4) 독서치료가 청소년 자아존중감에 미치는 영향

■ 2005년 3월 발표, 발표자: 이영주

(1) 목표

① 긍정적인 자아감을 가진다.

② 자기의 감정과 생각을 정확히 표현하기

③ 또래와의 긍정적인 관계를 맺는다.

(2) 내담자: 14세(중 2)

(3) 독서치료 프로그램

회기	주제	목표	독서치료 자료, 준비물	프로그램 내용
1	자기 발견	타인에게 자신을 표현하기	독서치료 준비를 위한 책 『드라이브』외 3권	1. 스스로가 누구인지 찾기 2. 자신의 좋은 점 알기 3. 독서치료란 무엇인가에 대한 논의 4. 집에서 일기 쓰기 숙제
2		자기의 존재 느끼기	종이, 가위, 색마분지, 세계지도책, 풀, 펜	1. 세계지도 만들기(지도를 만들면서 세계는 넓다는 것을 알고 손의 섬세함을 발달시키기 위해서) 2. 자신의 의사표현(친구, 가족에 대한) 3. 세계지도 만들기(6주 완성) 각 대륙, 색마분지 오려 붙이기 4. 아시아 대륙 완성
3		자기 감정 표현	『영혼의 새』(비룡소) 종이, 가위, 색마분지, 세계지도책, 풀, 펜	1. 자신의 감정을 인식하기 2. 상대방에게 자신의 감정 얘기하기 3. 한 대륙씩 지도 만들면서 자신의 존재감을 느끼게 함 4. 유럽 완성
4		인간 발달을 통한 나 발견	『여섯사람』(비룡소) 종이, 가위, 색마분지, 세계지도책, 풀, 펜	1. 왜 사는가? 2. 왜 다른 사람과의 관계가 형성되는가? 3. 가위로 북아메리카를 만듦(캐나다 북부지방을 오리기 힘들어함)

5	타인과의 교류 및 스스로의 자립	친구와의 원활한 관계	『숨이 있는집』 (마루벌) 종이, 가위, 색마분지, 세계지도책, 풀, 펜	1. 나무인형을 통한 자신의 감정 표현 2. 나무인형의 변하는 모습을 통하여 봉사활동으로 연결 3. 타인 인식하면 왜 함께 사는가? 4. 아프리카 대륙 완성
6		환경 변화에의 적응	『작은집이야기』 (시공주니어) 종이, 가위, 색마분지, 세계지도책, 풀, 펜	1. 주위의 변화 인식→뜻하지 않는 변화에 적응 2. 환경과 다른 사람에 대한 배려로 나 자신의 행동 찾기 3. 남아메리카 완성
7		교우와의 관계	『이럴땐 싫다고 말해요』 (문학동네) 종이, 가위, 색마분지, 세계지도책, 풀, 펜	1. 타인과의 교류 시 자신의 감정을 자연스럽게 표현하기 2. 친구와의 관계 형성에서의 대처방법 3. 친구가 때리거나 화낼 때의 자신의 감정표현 4. 오세아니아 주 완성(자신이 만든 지도를 보면서 성취감을 느낌)
8		궁금증 풀기	신기한 구름	1. 궁금증을 유발하여 무엇인가 생각할 수 있게 함
9		친구 찾기	『공원에서 일어난 이야기』 (삼성출판사)	1. 자신을 이해해 주는 사람 갖기 2. 학교 공부 시 어려운 점 서로 얘기하기 → 어휘의 부족과 책의 내용이 파악 안 됨
10	자신감 키우기	그림책을 통한 인지 능력 발달	『하지만 하지만 할머니』 (언어세상) 『으뜸 헤엄이』 (마루벌) 『지각대장 존』 (비룡소)	책 읽고 내용을 인지할 수 있도록 유도함 1. 하지만: 글자만 읽고 설명 2. 으뜸: 글자 읽고 그림 보고 설명 3. 지각대장: 글자 보고 머리로 생각하고 그림 설명 (3단계를 통해 머릿속에 맵이 형성되게 함)
11		그림책을 통한 인지 능력 발달	『인간과 사자』 (미래 M&B)	한 권의 책을 3단계로 봄 1. 글자만 보았을 때 2. 글자 보고 그림을 보는 것 3. 글자 보고 그림을 상상하고 다시 그림을 봄 (마지막이 오래 남고 집에서 책 읽을 때 사용하기로 함)

12		그림책을 통한 인지 능력 발달	『강아지 똥』 (길벗어린이) 『피트의 의자』 (시공주니어)	1. 스스로 내용을 설명하게 하고 느끼게 함. 2. 그림과 글을 보면서 머리로 인지하여 스스로의 자신 감을 갖게 함
13		자기 확신 갖기	『너는 특별하단다』 (고슴도치)	1. 타인에 대한 감정을 정리하면서 자신을 돌아봄→스 스로의 성장에 놀라함 "독서 퀴즈 나갈 거예요."
14 (12/ 25)	종결	독서치료의 효과로 인한 다음 준비	중2 국사 교과서	1. 자신이 가장 힘든 것 찾기(여드름, 공부, 숙제) 2. 겨울방학 동안 계획 짜기 3. 왜 책과 공부를 해야 하는지에 대하여 얘기

5) 자아존중감 회복과 성숙한 인간관계—대학생 독서치료 집단 상담

■ 2009년 1월 발표, 발표자: 김수복

(1) 목표

① 대학생의 자아존중감 회복을 경험하게 한다.

② 대학생의 성숙한 인간관계를 촉진시킨다.

③ 대학생의 자아정체감을 찾게 한다.

(2) 전략

① 나를 이해하고 긍정적으로 받아들이도록 한다.

② 집단원과 의사소통을 통해 자신의 문제를 보게 하고 해결하도록 한다.

③ 독서와 검사를 통해서 긍정적인 자아를 보도록 동기를 유발시킨다.

(3) 참여자: 대학 3학년

(4) 독서치료 자료

회기	독서치료 자료
2	『잃어버린 나를 찾아서』, 송이규, IVP, 2006
3	시 「나를 위로하는 날」, 이해인
4	『자전거를 못 타는 아이』, 장자끄 상베, 최영선 역, 열린책들, 1998
5	『갑옷 속에 갇힌 기사』, 로버트 피셔, 김연수 역, 뜨인돌, 2002
6	『너 자신을 사랑하라』, 월터 트로비쉬, 이현모 역, 생명의 말씀사, 2002
7	유행가 가사(자신이 가장 좋아하는 노랫말)
8	『동화 밖으로 나온 공주』, 마샤 그래도, 김연수 역, 뜨인돌, 2002
9	『새로운 나를 여는 열쇠』, 제프리 E. 영, 자넷 S. 클로스코, 최영민 외 공저, 열음사, 1992
10	자기 이름을 사랑의 글로 표현

(5) 독서치료 프로그램

회기	제목	목표	활동	독서치료 자료, 준비물
1 (4/8)	나의 자존감	• 프로그램 소개 • P 기대감 형성	• 프로그램 소개 및 기대감 나누기, 자아존중감, 인간관계 사전검사, KFD 검사	• 자아존중감 및 인간관계 검사지 • KFD 검사지
2 (4/15)	나의 산보기	• 외모 콤플렉스	• 외모 콤플렉스 나누기	• 『잃어버린 나를 찾아서』
3 (4/22)	나 위로하기	• 시를 통해서 내 모습 보기	• 시 읽고 소감 나누기	• 시 「나를 위로하는 날」
4 (4/29)	실수 인정	• 나의 실수를 살핀 후 보내기	• 실수를 말하지 못했던 것을 나누고 보내기(잊음)	• 『자전거를 못 타는 아이』
5 (5/6)	내 삶의 목적	• 삶의 우선순위 이해하기	• 주객이 전도되었던 상황 나누기	• 『갑옷 속에 갇힌 나』

6 (5/13)	나의 가치	• 삶의 존재 찾기	• 자신을 사랑할 이유 나누기-가치 있는 존재	『너 자신을 사랑하라』
7 (5/20)	나의 소원	• 무의식 속의 나 찾기	• 마음에 와 닿은 내용 나누기	• 유행가(자신이 좋아한 것)
8 (5/27)	현실 이해	• 꿈속의 삶을 현실로 보기	• 공주의 삶과 나의 삶 나누기	『동화 밖으로 나온 공주』
9 (6/3)	긍정적 자세	• 긍정적인 삶을 갖도록 한다.	• 어려울 때 처신 나누기	『새로운 나를 여는 열쇠』
10 (6/10)	나 사랑하기	• 자신의 소중함을 인정하게 한다.	• 각자의 이름을 적고 자신을 사랑한다고 고백하고 소감 나누기 • 자아존중감, 인간관계 사후검사	• 자기 이름 적고 사랑 고백 • 자아존중감, 인간관계 사후검사지

6) 대학생을 위한 독서치료 프로그램이 자아정체감 및 자아존중감에 미치는 효과

■ 2009년 1월 발표, 발표자: 오진령

(1) 목표
① 자신의 솔직한 감정을 알고 표현한다.
② 자신을 이해하고 수용한다.
③ 타인의 말과 행동에 대하여 공감하고 인정한다.
④ 타인에 대한 배려와 수용을 통한 관계를 형성한다.

(2) 참여자: 대학 1, 2, 3학년

(3) 독서치료 프로그램 단계

1단계 도입 단계	• 1회기로 구성 • 오리엔테이션을 통해 집단원의 친밀감을 형성한다. • 독서치료 프로그램의 소개와 이해, 진행과정에 대한 안내, 별칭 정하기와 자기소개를 한다. • 사전검사(자아정체감, 자아존중감 검사)를 실시한다. • 마무리 작업으로 느낌 보고서를 작성한다.
2단계 탐색 단계	• 3회기로 구성 • 자기수용과 자기계발을 목표로 한다. • 집단원의 생각, 느낌, 감정을 있는 그대로 표현하며 자신의 감정을 수용한다. • 자신에 대한 자율성을 키우며, 자신이 선택하고 결정하는 독립적인 자신을 키운다. • 각 회기마다 인식, 동일시, 카타르시스, 통찰, 자기적용의 발문단계를 거친다. • 마무리 작업으로 느낌 보고서를 작성한다.
3단계 실행 단계	• 3회기로 구성 • 타인수용과 관계 맺기를 목표로 한다. • 의미 있는 타인과의 관계에서 타인의 감정, 생각, 행동을 이해하고 받아들인다. • 나와 너의 관계를 넘어서 다른 사람에 대한 배려와 존중을 통하여 상호작용의 원활한 소통으로 관계 맺기를 이룬다. • 각 회기마다 인식, 동일시, 카타르시스, 통찰, 자기적용의 발문단계를 거친다. • 마무리 작업으로 느낌 보고서를 작성한다.
4단계 종결 단계	• 1회기로 구성 • 대학생의 자아정체감 확립을 위한 목표 세우기 • 사후검사(자아정체감, 자아존중감 검사) • 프로그램 참여 소감에 대한 느낌 보고서를 작성한다.

(4) 독서치료 프로그램

회기	주제/목표	독서치료 자료	활동내용
1	오리엔 테이션	설문지 • 자아정체감 검사 • 자아존중감 검사	• 프로그램 내용 소개 • 집단 규칙 정하기 • 별칭 짓기와 자기소개 • 참여동기 • 사전감사 • 소감 나누기
2	자기수용 1	『빨간 나무』 숀 탠, 풀빛	• 수용의 의미 이해 • 자신의 솔직한 감정 알기 • 자신의 솔직한 감정 드러내기 • 소감 나누기 • 느낌 보고서 작성
3	자기수용 2	「마녀의 빵」, O. 헨리 단편, 『세상에서 가장 재미있는 이야기 19가지』	• 자신의 감정, 행동, 언어 등 자신을 받아들이고 수용하기 • 내 마음 표현하기 • 소감 나누기 • 느낌 보고서 작성
4	자기계발	활동지 • 장단점 찾기 • 내가 보는 나, 남이 보는 나 찾기	• 자신이 결정한 것을 행동으로 옮기기 • 자신의 행동변화 살펴보기 • 변화된 느낌 표현하기 • 소감 나누기 • 느낌 보고서 작성
5	타인수용 1	『자전거를 못 타는 아이』 장자크 상뻬	• 타인의 입장(감정, 생각, 행동)을 알기 • 타인 이해 • 타인에 대한 감정 표현하기 • 소감 나누기 • 느낌 보고서 작성하기
6	타인수용 2	「남자와 파리」「달과 공주」, 박성희, 『동화로 열어가는 상담이야기』	• 타인의 감정, 생각, 행동 이해하기 • 타인을 받아들이고 수용하기 • 타인에 대한 느낌 말하기 • 소감 나누기 • 느낌 보고서 작성

| 7 | 관계 맺기 | 「우리는 친구」, 인도 민화, 『세상에서 가장 재미있는 이야기 19가지』 | • 나 아닌 다른 사람에 대한 배려와 수용을 통한 관계 맺기
• 나, 너 그리고 우리에 대한 자신의 느낌 말하기
• 소감 나누기
• 느낌 보고서 작성 |
| 8 | 마무리 | 설문지
• 자아정체감 검사
• 자아존중감 검사 | • 마무리 아쉬움 표현하기
• 집단원 한 사람씩 피드백 주기
• 참여 소감 나누기
• 사후검사
• 소감문 쓰기 |

7) 청소년기 자아정체감 향상을 위한 독서치료

■ 2008년 4월 발표, 발표자: 김재숙, 정선혜

(1) 목표
① 청소년이 자아탐색과정을 통해 자신에 대해 느끼고 있는 점을 발견하고 객관적으로 자신으로 자신을 볼 수 있도록 돕는다.
② 자신을 다른 사람에게 드러내는 가운데 친구들과의 인간관계를 원만히 하도록 돕는다. 청소년도 여러 집단에 속해 있음을 알고 그 속에서 자신의 역할과 역할 수행방법을 알도록 돕는다.
③ 청소년이 자신의 미래를 설계해 보고 자신의 진로를 찾아보도록 돕는다.

(2) 참여자: 중 · 고등학생

(3) 독서치료 프로그램

회기	주제	회기별 목표	독서치료 자료	추후활동
사전 검사	오리엔테이션 및 사전검사	신뢰감 형성 하기	• 자기소개서 • 프로그램 소개 • 필요한 사전검사	• 집단구성원이 서로 만나 별칭을 정하여 그 이유를 설명하고 간단히 자기소개를 한다. • 필요한 검사를 하도록 한다.
1	난 누구일까? (자기탐색)	나의 성장과 정 살펴보기	• 『세 개의 황금열 쇠』	• 추억의 장소, 갖고 싶은 열쇠 그리기 • 명절 풍경 액자 만들기 • 내가 바라는 것 표 만들기
2		내 감정 알아 차리기	• 『개구리왕자』(변 신 손 인형 사용) • 『굴 소년의 죽음』	• 날 힘들게 하는 존재에게 소리 질러 보기 • 나도 작가: 맘에 드는 책 속 캐릭터를 활 용하여 후속편 만들기 • 주인공에게 편지 쓰기
3		나의 좋은 점 과 고쳐야 할 점 알아보기	• 『피노키오』	• 피노키오와 나의 사건 • 나와 피노키오 비교표 만들기(같은 점, 다른 점)
4	넌 무슨 색깔? (나와 다른 사 람들)	주변에서 볼 수 있는 역할 찾아보기	• 『작은 싸앗을 심 은 사람들』	• 등장인물 중 가장 기억나는 사람에게 편 지 쓰기 • 주변 사람들 묘사해 보기(실연)
5		누구나 역할 이 있다.	• 「너에게 전한다」 (시, 안도현)	• 전해 주고 싶은 사람 이야기하기: 내면의 자아에게 속삭여 주기
6		나의 역할과 역할 수행	• 〈굿 윌 헌팅〉	• 등장인물 상징으로 표현하기 - 스트레스 날리기 - 변화되고 싶어요
7	내 맘을 알아 줘!(친구 찾기)	우정에 대한 목표 세우기	• 『진짜도둑』	• 친구들아! 나는 - 이런 친구를 원합니다 - 이럴 때 친구가 필요했어요 - 친구야! 나는 너를 위해~
8		친구 간의 상 호작용 방법 알기	• 『벌거벗은 코뿔 소』	• 이야기 재구성하기 - 친구야 들어줘 - 이럴 땐 네가 싫더라 - 칭찬 릴레이
9		이성친구	• 『루카루카』	• 이렇게 달라요 - 나의 이성 친구는~ - 나는 ~를 위해요

10	내 인생의 그림 그리기(나의 미래)	가치관 명료화 하기	•『목수들의 전쟁』	• 나에게 영향을 준 사람들 찾기 • 역할극
11		개인적 목표 도달하기	•『꽃들에게 희망을』	• 나의 묘비명 만들기 – 난 잘할 수 있어요 – 꼭 해 보고 싶어요
12		나의 미래 설계하기	•『갈매기의 꿈』	• 인생나무 그리기 – 내가 해 보고 싶은 것들 – 미래 설계
종결	더 밝은 내일을 향해서	마무리 및 사후검사		• 지금까지 함께했던 구성원들과 사후검사 및 마무리

8) 초등학생의 자아존중감 향상을 위한 독서치료

■ 2009년 7월 발표, 발표자: 강승원

(1) 목표
① 긍정적인 자아상 향상
② 자아존중감 향상

(2) 참여자: 11세(초등학교 5학년)
(3) 독서치료 전략 및 사용도서 목록
① 이론적 배경
  • 독서치료의 세 가지 원리, 이야기치료 방식, 분석심리학, 자아존중감
② 선정 원리
  • 아니마와 아니무스: 그림책에 등장하는 동물의 이미지를 통해 무의식적 자기원형을 경험함으로써 마음 열기와 긍정적인 자아상 개선(책먹는 여우, 하느님의 눈물, 꿈틀이 사우르스)
  • 그림자와 페르소나: 등장 인물의 마음속에 있는 긍정적인 면과 어두운 면

의 인식을 통한 감정 및 정서표현 능력 개선과 사회적 역할과 외적 인격의 발견으로 자신의 장단점과 관계적인 기술의 필요성 동기부여(선생님 우리 선생님, 고정욱 선생님이 들려주는 장영실, 마법의 설탕 두 조각)

- 콤플렉스 감정: 낮은 자존감 형성과 자아의 기능과 모성 콤플렉스와 부성 콤플렉스 감정의 양면을 탐색하기 위함(까막눈 삼디기, 벌렁코 하영이, 리디아의 정원)
- 집단원형과 신화: 작품 속에 신화적 집단원형을 통해 개인적 경험의 차원을 초월할 집단원형과 자기무의식의 연결 및 통찰과 적용(매듭을 묶으며, 방귀만세, 마법의 설탕 두 조각)
- 자기원형과 개성화: 동화 속의 자기원형적 이미지를 발견 경험하여 자아의 기능 향상과 개성화 경험(아낌없이 주는 나무, 너는 특별하단다, 꽃들에게 희망을, 갈매기의 꿈)

(4) 독서치료 프로그램

회기	주제	독서치료 자료	주요활동
0	예비상담	자기소개서	예비면담, HTP 그림진단
1	마음열기/ 개인 원형	책 먹는 여우/프린치스카 비어만/김영사	자존감검사, 반응적 글쓰기
2		방귀 만세/후쿠다 이와오/아이세움	학교생활 검사, 이야기하기
3		매듭을 묶으며/빌 마틴 주니어/사계절	이야기 만들기, 이야기하기
4	자기발견/ 콤플렉스 감정	까막눈 삼디기/원유순/웅진닷컴	출생이야기 하기
5		너는 특별하단다/맥스루카이도/고슴도치	반응적 글쓰기
6		벌렁코 하영이/조성자/사계절	가족이야기 하기
7	자기사랑/ 그림자와 페르소나	선생님, 우리 선생님/패트리샤 폴라코/시공주니어	학교 생활 이야기하기
8		마법의 설탕 두 조각/미하엘 엔데/소년한길	가족 표현하기
9		지구를 구한 꿈틀이 사우루스/캐런 트래포드/현암사	영상 보며 이야기하기
10		고정욱 선생님이 들려주는 장영실/고정욱/산하	주인공 알아보기

11	감정 표현/ 원형과 신화	아낌없이 주는 나무/쉘 실버스타인/시공 주니어	감정 표현하기
12		리디아의 정언/사라 스튜어트/시공주니어	이미지 이야기하기
13		하느님의 눈물/권정생/산하	동화 들려주기, 이야기하기
14	자아상/ 자기개성화	갈매기의 꿈/리처드 바크/중앙출판사	이야기 구성하기
15		벤 카슨/루이스 부부/비전북출판사	주인공 표정 그리기
16		꽃들에게 희망을/트리나 파울루스/혜원	자기 이미지 확장, 적극적 상상

2. 사회적 기술

사회적 기술 증진을 위한 프로그램 사례는 다음과 같다.

1) 유아의 사회적 태도와 사회적 기술 증진을 위한 소집단 독서 교육 프로그램

■ 2003년 8월 발표, 발표자: 박신형

(1) 참여자: 유아
(2) 독서치료 프로그램

기간 \ 횟수	독서치료 자료	글, 그림 / 옮긴이	출판사	사회적 요소
1~4	우리 친구하자	쓰쓰이 요리코, 하야시 아키코	한림	• 사회적 의사소통 • 또래와의 놀이친구 참여도 • 또래에 대한 놀이의 제안
5~8	꼬니는 친구/ 외톨이 사자는 친구가 없대요	정대영, 나카노히로카주 / 이영준	보림 / 한림	• 집단 소속감 • 또래로부터의 인정 • 타인에 대한 공감도

9~12	구리와 구라의 빵 만들기	나카가와 리에코, 오무라 유리코 / 이영준	한림	• 또래에 대한 놀이나 게임방법 설명 • 스스로의 놀이 활동 고안 • 타인과의 적절한 타협 • 의사결정
13~16	달과 꼬마곰	롤프팽어, 올리케 뮐트겐 / 조국현	아가 월드	• 자신의 권리와 요구 주장 • 타인과의 적절한 타협 • 규칙 따르기 • 의사결정
17~20	카이는 사라를 사라는 팀을 좋아해	에디트슈라이버빅케, 카롤라 홀란드 / 유혜자	문공사	• 감정 표현 및 인식하기 • 또래로부터의 인정 • 좌절과 분노의 효율적 표현
21~24	미안해 친구야	샐리 그린들리, 페니댄	영교	• 감정 표현 및 인식하기 • 우정 • 좌절과 분노의 효율적 표현 • 사과하기 • 충동 억제하기 • 책임감

2) 저소득층 이혼가정 아동의 친사회성 개발 프로그램

■ 2004년 4월 발표, 발표자: 명창순

(1) 참여자: 10세(초등 3)

(2) 독서치료 프로그램

단계	회기	활동 목표	활동명 및 활동 내용	독서치료 자료
준비	1	대상자 상호 이해와 자기 자신에 대해 긍정적으로 느끼기	• 나는 나 자신을 사랑합니다 – '저예요': 자신의 좋은 점 소개 글 쓰기, 자기 모습 그리기 – '오늘의 좋은 소식' 신문 만들기: 자기 자신에 대해 긍정적인 기사 쓰기	• 워크지

초기	2	마음 열기	• 서로 사랑하는 가족 - 그림책, 동시 읽고 이야기 나누기 - 동시 쓰기	• 『언제까지나 너를 사랑해』(그림책) • 「사랑 받고 싶어요」(동시; 『엄마의 런닝구』 중)
	3	자기표현 강화와 감정의 이완 - 가족 상황 표현	• 저녁 여덟시, 우리집 풍경 - 동화를 읽고 이야기 나누기 - 같은 제목으로 글쓰기	• 「저녁 여덟시, 우리집 풍경」(동화; 『동화책을 먹은 바둑이』 중)
표출	4	위로하기 -학교에서 겪는 어려움 표현	• 친구야, 내가 위로해 줄게 - 동화를 읽고 이야기 나누기 - 주인공의 마음이 되어 그림일기 쓰기	• 「독후감 숙제」(동화; 『문제아』 중)
	5	친구 간의 상호작용 기술 익히기	• 왕따, 어떻게 극복할까 - 동화를 읽고 이야기 나누기: 주인공의 마음, 나의 경험, 극복방안 등	• 『내 짝꿍 최영대』(동화책) • 『까마귀 소년』(그림책)
	6	자아존중감 향상하기	• 우리 모두 소중한 존재예요 - 동화, 애니메이션 영화 감상하고 이야기 나누기 - 인상 깊은 장면 그리기	• 『강아지똥』(그림책) • 〈강아지똥〉(비디오테이프)
	7	개별 면담을 통해 중간과정 점검하기	• 개별 면담	
실천	8	도와주기	• 친구야, 내가 도와줄게 - 동화를 읽고 이야기 나누기 - 장애 체험: 두 손으로 귀를 막고 3분간 있기, 입 모양 보고 말 전하기, 눈 가리고 친구의 도움으로 걸어갔다 오기, 눈 가리고 혼자서 걸어갔다 오기 - 등장인물(장애 친구와 장애 친구를 도와주는 친구)에게 하고 싶은 말 편지 쓰기	• 『가방 들어주는 아이』(동화책)

	9	부정적인 감정의 표현 및 정화 I 편안하게 하기	• 숨어 있는 내 마음 들여다보기 – 동화를 읽고 이야기 나누기: 주인공의 마음, 이혼에 대한 나의 생각, 나의 상처와 경험 등	• 『리디아의 정원』(그림책) • 『아빠는 지금 하인리히 거리에 산다』(그림책)
	10	부정적인 감정의 표현 및 정화 II 편안하게 하기	• 아픈 마음 달래주기 – 동화 주인공에게 편지 쓰기	• 『리디아의 정원』(그림책) • 『아빠는 지금 하인리히 거리에 산다』(그림책)
실천	11	협력하기 나누기	• 함께 하는 요리, 나누는 기쁨 – 그림책 보고 이야기 나누기 – 떡볶이 만들기: 방과후교실 친구들에게 나누어 주기	• 『손 큰 할머니의 만두 만들기』(그림책) • 『왜 나누어야 하나요?』(그림책)
	12	긍정적인 미래상 갖기	• 나의 인생을 행복하게 살기 위한 조커 – 동화를 읽고 이야기 나누기: 하고 싶은데 하지 못하는 일, 당연히 나에게 주어진 조커, 내가 갖고 싶은 조커 등 – 앞으로 내 인생을 행복하게 살기 위해 꼭 필요한 조커 만들기	• 『조커: 학교 가기 싫을 때 쓰는 카드』(동화책)
	13	칭찬하기 자신감 향상하기	• 너라면 할 수 있어 – 칭찬 노래 만들어 서로에게 불러주기 – 마법의 칭찬: 다른 대상자 칭찬해 주기 – 자신감 거울: 자신에게 용기 주기	• 『크림, 너라면 할 수 있어』(동화책)
종결	14	자아존중감을 바탕으로 친사회적 행동에 대한 자신감 갖기	• 나는 특별하단다 – 그림책, 애니메이션 감상하고 이야기 나누기 – '나는 특별해' 배지 만들기	• 『너는 특별하단다』(그림책) • 〈너는 특별하단다〉(비디오테이프)
	15	독서치료 프로그램을 통해 변화된 자기 모습을 인식하고, 친사회적 행동 증진하기	• 서로를 초대한 '우정의 파티' – 동화를 읽고 이야기 나누기 – 우정의 파티 초대장 만들어 발표하기 – 다과회 갖기, 그동안의 활동 마무리하고 각자의 결심과 계획을 이야기하기	• 『초대받은 아이들』(동화책)

3) 자폐성 아동의 사회성 발달을 위한 프로그램

■ 2004년 9월 발표, 발표자: 하정혜

(1) 내담자: 7세 자폐아
(2) 독서치료 프로그램

단계	회기	목표	독서치료 자료	활동
기초선	1~4	자기노출과 친밀감 형성		그림책 고르기 HTP와 KFD 그림검사
중재 (초기)	5~6	자기표현	내 귀는 짝짝이	역할극
	7~8		불가사리 꼬마별	친구에게 하고 싶은 말 / 쓰고 그리기
	9		알록달록 코끼리 엘머	
	10		오리가 한 마리 있었어요	역할극
	11		내 친구 루이	
	12~14		조각 찾기	조각 맞추기 / 교대 활동(차례로 읽기)
중재 (중기)	15	자발적 표현과 정서 인식	호랑이와 곶감	이야기 들려주기
	16		콩콩이는 오늘따라 공차기도 재미없습니다	
	17~18		라치와 사자	교대 활동(차례로 읽기)
	19~21		강아지똥	역할극 / 그림 그리기
	22		나 너 좋아해	글쓰기 / 그림 그리기
	23		개구리와 두꺼비가 함께	그림 그리기
	24		강아지똥(비디오)	계획표 만들기
	25~27		지각대장 존	
중재 (말기)	28~29	의사소통과 문제 해결	딸기밭의 꼬마 할머니	이야기 들려주기
	30~31		구룬파 유치원	역할극 / 글쓰기
	32~33		이슬이의 첫 심부름	역할극 / 그림 그리기
	34~36		까마귀 소년	교대 활동(차례대로 읽기)
	37~38		꿀벌나무	글쓰기 / 그림 그리기
유지 및 일반화	39~40	대인관계 향상	장바구니	가게에서 물건 고르기
	41~42		책방 가기	책 고르고 사오기

4) 자존감 향상을 통한 사회성 키우기 프로그램

- 2004년 5월 발표, 발표자: 양인순

(1) 목표

자기의 이해와 탐색을 통해 자아존중감을 기르고, 내면에 숨겨진 자신의 감정을 이끌어 내어 표현함으로써 원활한 사회성을 회복한다.

(2) 참여자: 7세

(3) 독서치료 프로그램

회기	주제	목표	독서치료 자료, 준비물	프로그램 내용
1	자기 이해	서로 친해지기 자기 표현하기	미완성 문장 완성	1. 인도네시아 게임 2. 모임의 이름 정하기 3. 모임에서 지켜야 할 규칙 4. 자기 표현하기
2		나에 대해 알기	『벙어리 꽃나무』 워크지, MP3	1. 내가 제일 잘하는 것, 나의 좋은 점 발표 2. 효과적인 의사표현
3		나에 대해 알기	『벙어리 꽃나무』 색종이, 부채, 풀, 가위	1. 부채에 색종이를 붙여 꽃나무를 만들기 2. 배역을 정하여 한 번씩 돌아가면서 역할놀이 3. 역할놀이를 하고 난 느낌을 표현
4		자신의 모습 비춰보기	『우리, 그림자 바꿀래』	1. 자기 이름의 뜻을 소개하기 2. 12마리 동물의 배역 정해서 역할놀이 3. 자기의 외모 중에서 바꾸고 싶은 부분 4. 자신감 갖기
5		편식, 자신의 다른 모습 수용하기	『난 토마토 절대 안 먹어』 도화지, 크레파스	1. 좋아하는 음식과 싫어하는 음식을 그리기 2. 싫어하는 음식의 새 이름 지어 주기 3. 요리사가 되어 음식 소개하기 4. 엄마와 음식의 새 이름 만들어 적어 오기 (과제)
6		새 친구 사귀기의 어려움을 이해하기	『숲 속에서』	1. 숲 속에서 친구가 도와주지 않았다면? 2. 역할놀이를 통해 친구의 소중함을 인식하기 3. 책 속의 숨은그림찾기
7	두려움	신체의 소중함 알기	『앞니 빠진 꼬마 비버』 도화지, 크레파스	1. 이가 빠졌을 때의 기분 2. 자기 이빨의 충치 수 세어 보기 3. 앞니 빠졌을 때의 모습을 그려 보고 발표

8	두려움	동질감 느끼기	『열무는 치과가 너무 무서워』 작은 상자, 노란 셔츠, 노란 방울	1. 병원에서 있었던 일 나누기 2. 이를 뽑으면 좋은 점 3. 병원에서 울었을 때 엄마의 마음
9	사회성	서로 다른 친구 사귀기(친구)	『내 짝꿍 에이미』 색연필, 설문지	1. 친구와 재미있게 놀았던 일 2. 나와 다른 친구 이해하기 3. 친구에게 어떻게 다가갈까?
10		두려움을 인정하기(친구)	『으뜸 헤엄이』 도화지, 붓, 물통, 물감, 고무도장	1. 친구와 놀 때 어려운 점 2. 도장 찍기 놀이 3. 놀이터에서의 모래놀이
11		남을 배려하기 (친구)	『무지개 물고기』 물고기 모양의 도화지, 색종이, 풀	1. 내가 가진 귀중한 것 2. 물고기 만들며 느낌 나누기 3. 역할놀이
12		자신감 갖기 (친구)	『까마귀 소년』 손인형	1. 친구가 불러 주는 좋은 별명 2. 나의 재주 뽐내기 3. 손인형으로 역할놀이 하기
13		아빠 사랑하기 (가족)	『아빠와 함께 피자놀이를』	1. 퀴즈 2. 아빠가 날 사랑한다고 느낄 때는? 3. 역할놀이 4. 아빠에게 사랑 표현하기, 놀기(과제) 5. 〈아빠 그네〉 시 소개
14		엄마 사랑하기 (가족)	『너를 사랑해, 우리 아기 꼬질이』 종합장, 색연필	1. 엄마가 날 사랑한다고 느낄 때는? 2. 엄마를 돕고 싶어요
15		친구와 함께 하는 나들이	각자 시 한 편, 음료와 간식, 비닐봉지	1. 시 낭송 2. 예쁜 나뭇잎 줍기 3. 나무랑 포옹하기 4. 눈을 감고 나무 숨소리 들어 보기 5. 나무, 새 이름 지어 주기 6. 게임: 무궁화꽃(개나리)이 피었습니다, 369게임 7. 공원의 오리와 황새 관찰하기
16		동생 사랑하기 (가족)	『피터의 의자』 워크지(종합장), 색연필	1. 동생이 있어서 좋은 점 2. 동생이 없다면? 3. 동생에게 편지 쓰기
17		장애에 대한 편견 없애기(친구)	『깃털 없는 오리 보르카』 워크지	1. 나의 신체적인 특징과 친구와 다른 점 2. 게임
18		장애에 대한 편견 없애기(가족)	『내게는 소리를 듣지 못하는 여동생이 있습니다』 워크지	1. 동생에 대한 사랑 확인 2. 내 마음의 소리 3. 장애인에 대한 편견 4. 수화

19	자존감	조부모 사랑하기(가족)	『오른발 왼발』도화지, 사인펜, 색연필	1. 조부모 사랑에 감사하기 2. 조부모에 관한 책 만들기
20		나 자신의 소중함 느끼기	『너는 특별하단다』(책과 비디오)	1. 비디오 시청 2. '소중하다' '특별하다'의 의미 3. 손인형으로 역할 놀이 4. HTP의 나무 그림 그리기
21		성 역할에 대한 편견 없애기	『종이봉지 공주』손인형, 봉투, 가위	1. 진짜 멋진 공주(왕자)의 모습 찾기 2. 나는 무엇이 되고 싶을까? 3. 역할놀이
22		아무리 작은 존재라도 가치가 있음을 깨닫기	『강아지똥』(책과 비디오)워크지, 도화지, 사인펜	1. 내가 잘하는 것 2. 미래의 나의 직업 3. 미래의 명함 만들기 4. 각자 만든 명함으로 자기 소개
23		연극 관람하기	〈강아지똥〉연극 관람, 회비	1. 경기도 문화예술회관에서 관람 2. 다양성
24	독서	책이란 재미있는 것임을 알기	『책 먹는 여우』워크지	1. 사서란? 2. 내가 작가라면? 3. 재미있는 책
25		도서관 탐방하기	간식비, A4용지	1. 내가 만드는 도서관 설계하기 2. 학교 도서관과 교실 구경하기
26	환경	자연 사랑하기	『갯벌이 좋아요』	1. 환경 보호와 생태환경 2. 모험심과 탐구심 키우기 3. 갯벌 생물의 이동 모습 몸으로 표현하기
27		환경과 나의 관계 알기	도토리 교실 탐방 간식비	1. 새와 겨울을 나는 동물 관찰과 실습 2. 눈싸움 3. 자연과 나는 하나
28	성	내 몸의 주인은 나임을 알기	『슬픈 란돌린』〈내 몸은 내가 지켜요〉(비디오)	1. 우리 몸의 소중함 2. '싫어요', '안 돼요' 소리 내어 연습하기
29	두려움	두려움 극복하기	『천둥 케이크』	1. 내 두려움의 원인 찾기 2. 두려움을 이길 수 있는 방법 3. 두려움과 대면하기
30		학교생활 적응 연습	『우리 선생님이 최고야』	1. 학교에 간다면 2. 학교 선생님 그림 그리기 3. 등·하교 시의 인사 4. 친구에게 나를 소개하는 연습하기

| 31 | 두려움 | 죽음의
뜻 알기 | 『살아 있는 모든
것은』 | 1. 죽음의 느낌
2. 주변에 돌아가신 분께 하고 싶은 말
3. HTP 와 KFD 검사
4. 아이들을 위한 기도 |
| 32 | 종결 | 종강 파티 | 다과, 책 | 1. 부모님, 아이들과 함께 종강 파티
2. 부모님과 그동안의 수업과 결과에 대해 나누기
3. 아이들에게 책 선물과 사랑을 전하기 |

3. 형제관계

형제관계에서의 갈등을 치료하기 위한 프로그램 사례는 다음과 같다.

1) 한 가족 내에서 형제간의 갈등을 치료하기 위한 프로그램

■ 2004년 9월 발표, 발표자: 소문주

(1) 참여자: 9세, 10세
(2) 독서치료 프로그램

회기	목표	독서치료 자료	활동내용	준비물
1회	• 사전검사 • 대상자의 동의 얻기		• MBTI 실시 • 1주: HTP 검사, 문장완성검사 • 2주: KFD 검사	종이, 연필

2회	나를 알려요
	'나 보기'
		치프와 초코는
		사이좋게
		지내요
			• 나는 이랬어요!
			  - 내가 오빠여서 좋은 점/싫은 점
			  - 내가 동생이어서 좋은 점/싫은 점
			  - 너는 동생이라서 좋을 것 같아
			  - 너는 오빠라서 좋을 것 같아
			  - 내가 오빠라면
			  - 내가 동생이라면
			• 내가 만일 치프라면
				종이, 연필,
				필기구

3회		장난감 형	• 열 고개 만들기 　- 오빠의 특징, 동생의 특징 • 이름 지어 주기	
4회	• 시새움 • 가족애	동생은 괴로워	- 연극으로 표현하기 　(투덜거리는 장면) - 빙고 게임 　(내가 좋아하는 것, 　네가 좋아하는 것)	• 과제 제시 - 얼굴 표정 스티커로 일주일 동안 상대방에 대한 마음을 표현해 본다. • 표정 스티커
5회		동생의 비밀 (동시)	• 내가 만든 이벤트(하나씩 정하기) • 즐거운 비밀 나누기 　- 있잖아 사실은… • 마음 그리기	종이, 색연필
6회		오빠의 누명을 벗기고 말 거야	• 서로에게 쪽지 쓰기 • 우리의 닮은 점, 다른 점 찾아보기	예쁜 종이
7회		내 동생은 못 말려	• 방법 찾기 　- 서로를 싫어하게 하는 방법 아홉 가지 　- 서로에게 바라는 것 열세 가지	종이, 연필 우리의 약속

(3) 독서치료 프로그램에 사용한 독서치료 자료

회기	독서치료 자료	글, 그림	옮김(엮음)	출판사항
2회	치프와 초코는 사이좋게 지내요	도이카야	김정화	한길사 (2002. 6. 10.)
3회	장난감 형	윌리엄스타이그	이경임	시공주니어(2002. 2. 25.)
4회	동생은 괴로워	크리스티네 뇌스틀링거	김경연	풀빛(2000. 12.)
5회	동생의 비밀 (영·미국 동시집)	윌리엄 블레이크	장경렬	문학과지성사 (2000. 5. 31.)
6회	오빠의 누명을 벗기고 말 테야	크리스티네 뇌스틀링거	김경연	풀빛 (2000. 12.)
7회	내 동생은 못말려	김종렬 글, 이상권 그림		아이세움(2002. 2. 15.)

2) 형제간의 갈등 완화

■ 2005년 1월 발표, 발표자: 임자영

(1) 목표
① 형제간의 다툼을 인정하고 이해하면서 갈등을 완화시킬 수 있다.
② 화를 조절하고 감정을 적절히 표현할 수 있다.

(2) 내담자: 초등 2학년
(3) 독서치료 프로그램

회기	주 제	독서치료 자료	활동 내용	준비물
1회	사전검사	HTP, KFD 검사 문장완성검사, 독서능력 검사 독서흥미 검사, 자아존중감 검사		종이, 연필
2회	가족의 소중함	돼지책	• 가족의 역할 알기 • 가족의 소중함 알기 • 실천표 만들기	8절지, 도화지, 색연필
3회 ~ 4회	우린 서로 달라요.	터널	• 나를 알려요. • 맞추기 게임 • 우린 서로 달라요 • 역할극, 빈 의자 • 편지 쓰기	도화지 색연필 포스트잇 종이 편지지
4회 ~ 5회	형제간의 관계를 회복하기	내동생 장난감 형	• 형, 동생에 대해 각자 느끼는 마음을 적는다. • 부모님이 이럴 때 속상해요. • 이럴 때 귀찮고 싫어요. (역할극) • 이런 말을 해 줘요 • 우린 통해요. • 시를 써요. (모방 시 쓰기)	종이, 색연필
7회	자기감정표 현하기	브루퉁한 스핑키	• 이럴 때 화가 나요. • 화를 긍정적으로 풀어요 • 역할극	종이, 색연필
8회	즐거운 요리 시간	떡볶기 만들기	• 함께하는 즐거움 • 책 만들기	떡볶기,재료, 색연필, 풀, 도화지, 색종이

4. 이혼가정 혹은 한부모가정 아동

이혼가정이나 한부모가정의 아동을 돕기 위한 프로그램 사례는 다음과 같다.

1) 부모의 이혼을 경험한 시설 아동의 우울, 수치심 및 죄책감을 극복하도록 돕기 위한 프로그램

■ 2003년 10월 발표, 발표자: 김유희

(1) 참여자: 9~12세 시설 아동

(2) 독서치료 프로그램

회기	프로그램	주제	독서치료 자료	추후 활동	준비물
1	인사하기	내 모습 알아보기	프로그램의 목적과 진행방법 소개 - 개인 수첩, 스티커 설명, 내 친구 소개하기, 별칭 짓기, 집단 규칙 정하기		색도화지, 색연필, 수첩, 보드마카, 화이트보드
2	나는 어떨까	세상 모든 것은 가치가 있다	강아지똥	타임머신을 타고—자신의 과거, 현재 모습 그려 보기	색연필, 크레파스
3	이혼이란 뭐지	이혼에 대한 이해 및 감정	따로따로 행복하게	역할극—동화 내용 중 의미 있는 상황을 선택하여 그 뒤 상황 연기	등장인물 머리띠, 상황별 카드
4	창피한 게 아니야	수치심 다루기	빨간 우체통이 전해 준 사랑 이야기	주인공의 감정변화를 그림과 색깔로 표현하기	도화지, 크레파스
5	우울한 기분이 들어요	우울 감정 다루기	날개 달린 아이들	나를 슬프게 했던 상황과 감정을 콜라주로 표현하기	색종이, 풀, 잡지, 가위
6	네 잘못이 아닌걸	죄책감 다루기	넌 괜찮아	등장인물에게 주는 선물 만들기	플레이도
7	화가 나면 어떻게 하죠	스트레스와 분노 감정 대처하기	만만치 않은 놈 이대장	팀 대항 볼링게임, 가장 화나는 일을 담은 풍선 터뜨리기	볼링 게임, 풍선 판, 유성매직
8	우리들 모두 씩씩하게	이혼 후 변화에 대처하기	아빠를 기다리며	동화의 전후 이야기 짓기 등장인물에게 편지쓰기	편지지, 연필

| 9 | 그래도 난 소중해 | 내가 가장 소중한 보물 | 세상에서 가장 소중한 보물은 나 | 돌려 그리기 | 도화지, 색연필 |
| 10 | 종결 파티 | 정리 | 활동에 대한 전체적인 평가 이야기하기
개인수첩 스티커 보상하기 | | 다과 선물 |

2) 한부모가정 독서치료 사례

■ 2007년 1월 수련 워크숍 발표, 발표자: 양인순

(1) 목표
자아존중감 향상과 이혼에 대한 정서적 불안감 회복

(2) 참여자: 초등 4학년의 모자원에 있는 아동
(3) 독서치료 프로그램

회기	독서치료 자료	활동
1		HTP 검사와 KFD 검사
2	어? 내가 누구지?	롤링페이퍼에 장점 적고 발표하기
3	너는 특별하단다	친구가 적어 준 장점으로 별칭 정하기
4	내 짝꿍 최영대	내가 만약 영대라면 어떻게 했을까?, 욕을 한 친구에게 편지 보내기
5	쏘피가 화나면—정말 정말 화나면	나를 화나게 만드는 것 적고 발표하기, 화나게 만드는 것 쓴 풍선 터뜨리기
6	화가 나는 건 당연해	
7	난 형이니까	별칭 바꾸기, 귀찮게 하는 여동생에게 편지 쓰기
8	따로따로 행복하게	부모의 이혼 후 불편한 것과 좋은 점 찾아보기, '부부싸움' 이란 제목으로 시 쓰기
9	아빠는 하인리히 거리에 산다	
10	우리 엄마	엄마에게 보내는 편지 쓰기
11	넌 아주 특별해	나에게 편지 쓰기
12	종결	HTP 검사와 KFD 검사

3) 부모의 이혼으로 인한 우울감과 사회적 고립을 극복하기 위한 프로그램

■ 2007년 1월 수련 워크숍 발표, 발표자: 명창순

(1) 목표
① 부모 및 주변 양육자에 대한 면담 통해 아동의 상태를 이해시키고 지지기 반을 만들어 줌(장기적인 만남, 약속, 친척들의 친모 비난 금지 등).
② 아동의 심리적 이완과 안정을 돕기.

(2) 참여자: 8세(초등 2)
(3) 독서치료 프로그램

회기	독서치료 자료	활동
1	지구별에서 온 손님	제목 '지구별에 온 나'로 책 만들기
2		
3	언제까지나 너를 사랑해	자장가 부르기, 네 칸 만화 그리기
4	용기	제목 '용기의 날'로 글쓰기
5	어른이 된다는 건	어른이 되면 좋은 점과 나쁜 점 이야기 나누기
6	리디아의 정원	엄마에게 편지 쓰기, 편지지 꾸미기, 그리고 싶은 것 그리기
7		
9	종결	내 마음에게 편지 쓰기

이상은 2004년부터 최근까지 한국 독서치료학회에서 발표했던 사례를 네 가지 범주로 분류하고 각각의 사례에서 사용했던 프로그램의 내용을 정리한 것이다. 다른 유형의 사례도 발표된 것이 있었으나 사례 수가 적은 것은 넣지 않았다. 이러한 사례를 살펴보면 같은 유형의 문제라 할지라도 치료 목표와 자료 프로그램이 모두 다른 것을 알 수 있다. 이는 독서치료의 기본적인 명제, 즉 참여자가 가지

고 있는 문제의 원인, 상황, 독서 능력, 취향 등에 따라 사용되는 자료와 기법, 프로그램이 융통성을 가져야 하기 때문인 것으로 보인다. 가장 많은 사례 수를 가지고 있는 것이 자아존중감과 관련된 것인데, 이는 참여자가 가지는 많은 문제가 인간발달 과정에서 형성되어야 할 긍정적 자아존중감과 관련이 있다는 의미일 것이다. 참여자에게 심각한 문제 없이 발달에 따른 여러 갈등과 불안을 해소하여 긍정적 발달이 이루어지도록 도와준다는 점에서 그 의미가 크다고 할 것이다. 이에 더해 앞으로는 좀 더 심각한 문제, 즉 학교폭력, 왕따, 인터넷 중독, 성폭력, 우울증 등 여러 문제에 대해, 정신건강 전문가들과 함께 임상적 독서치료를 적용하고 그에 따른 효과를 검증하는 프로그램이 개발되고 발표되어야 할 것이다. 이러한 심각한 정신건강 문제에 독서치료가 적용되고 활용되는 가운데 독서치료의 영역도 더욱 넓어질 것이다.

요 약 >>>

  내담자가 가지는 문제 유형별로 독서치료 프로그램의 사례를 찾아보았다. 같은 문제라도 내담자의 상황이나 독서치료자의 목표 등에 프로그램이 독특성을 갖고 있다는 것을 알 수 있다. 이는 독서치료자가 치료를 시작하기 전에 반드시 염두에 두고 숙고해야 할 점이다.

학습과제

❶ 문제 유형별 프로그램을 계획할 때 고려해야 할 점을 정리해 보시오.
❷ 프로그램을 계획할 때 고려해야 할 참여자의 상황을 정리해 보시오.

제3부

독서치료의 전망

제10장 독서치료 분야의 발전 방향과 연구를 위한 제언

제10장

독서치료 분야의 발전 방향과 연구를 위한 제언

학습 목표 및 개요 ● ● ● ●

　임상 학문으로서 독서치료의 연구과제가 되는 변인을 살펴보고, 이어서 질적 접근에 대한 필요성과 독서치료를 꽃피울 수 있는 사회·문화적 인프라 구축에 대해서 논의한다.

독서치료의 3요소는 책과 내담자, 그리고 독서치료자다. 구체적으로 설명하자면, 책만 있다고 치료가 일어나는 것은 아니며 책은 악보와 같아서 누군가 읽고 적용할 때 비로소 독서가 완성된다. 또 책과 같은 치료적 정보가 담긴 매체가 없다면 일반 상담과 독서치료를 구별할 근거가 없어질 것이다. 원칙적으로 독서치료는 책과 이용자만 있어도 자가 치료 차원에서 치유가 일어날 수 있다. 스스로 자신의 문제를 인식하고 적절한 정보를 찾아 적용하는 가운데 자신의 문제를 극복해 가는 사람도 있지만 그렇지 못한 사람들을 위해서 촉진자가 필요하다. 독서치료자는 치료적 정보가 담겨 있는 매체와 내담자 사이에서 치료적 상호작용이 일어나도록 촉진하는 역할을 담당한다. 한편 독서치료는 진공 상태에서 진행되는 것이 아니며, 적절한 도서의 생산과 분류, 유통, 독서치료가 행해지는 심리사회적 맥락, 상담의 발전이라는 사회적 환경과 맞물려 있다. 독서치료를 연구할 때 이러한 기본 요소와의 상호관계를 염두에 두면 훨씬 접근하는 것이 용이할 것이다.

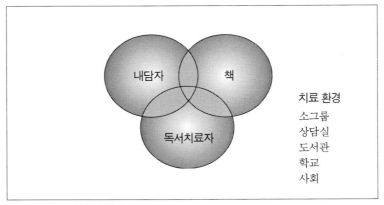

[그림 10-1] 독서치료의 요소

다시 상호작용은 내담자와 책, 내담자와 독서치료자, 책과 독서치료자의 양자 간 상호작용과 세 요소의 상호작용 차원을 포함한다. 따라서 독서치료에 대한 연구들은 이들 상호작용의 차원을 포함한다.

1. 국내 독서치료 연구 동향

학문을 연구하는 데 있어서 선행연구의 흐름을 이해하는 것은 중요하다. 이를 살펴보기 위해 독서치료 관련 단행본 출판이나 학술논문과 학위 논문의 발표 추이를 주목해야 한다. 국내에서 발표된 독서치료 관련 석·박사 학위논문을 중심으로 지금까지의 연구동향을 읽어 보고 앞으로의 과제를 짚어 보자.

1) 국내 독서치료 관련 학위논문 생산 추이

1964년 유중희는 「도서관과 비부리오세라피」라는 글을 『국회도서관보』제1권 제3호에 게재하여 독서치료의 개념을 최초로 지상에다 소개하였다. 뒤이어 1968년 김병수가 「인성치료를 위한 독서요법에 관한 연구」라는 글을 전북교연의 회지인 『교육연구』에 게재한 것을 확인할 수 있다. 이처럼 우리나라에서는 주로 독서치료(bibliotherapy)가 주로 문헌정보학을 전공한 사서들이 관심을 가지고 지상(紙上)에 간헐적으로 소개하다가 1980년대 들어와서 학위 논문이 처음으로 생산된다. 김태경(1984)의 석사논문 「독서요법이 정신과 입원환자의 증상별 행동과 질병예후에 미치는 영향에 관한 연구」는 국내 최초의 학위논문이며 윤달원(1990)의 「非行靑少年의 自我槪念 育成을 위한 讀書療法의 效果」는 최초의 독서치료 관련 박사학위논문이다.

이처럼 문헌정보 전공자를 중심으로 학문적 차원에서 간헐적으로 관심을 보이던 독서치료는 2003년 이후 폭발적인 증가세를 보인다(45쪽 [그림 1-1] 참조). 2009년 4월 현재 국회도서관에서 독서치료, 독서요법, 문학치료, 시치료, 글쓰기치료, 저널치료, 동화치료, 치료적 자서전 글쓰기, 독서상담 등 독서치료 관련 주제어로 국내 석·박사 학위논문을 검색한 결과 365편의 목록을 얻을 수 있었다. 이 가운데서 독서치료와 직접적으로 관련이 없는 것은 제외하고, 독서치료 성격이 짙은 연관 분야 연구들은 포함하였다. [그림 1-1]에서 보듯이 1984년부터 1999년까지는 한 해 평균 한 편이 채 못 되게 논문이 생산되다가 2003년에 이르러 27편, 2004년에 30편, 2005년 53편, 2006년 66편, 그리고 2007년 75편, 2008년도에는 무려 96편으로 가파른 증가 추세를 보인다. 이 가운데 박사 논문은 22편이었다. 이는 국내에서 독서치료가 2000년도 초반까지는 별로 주목을 받지 못하다가 2000년대 중반에 들어서면서 동시 다발적으로 다양한 분야에서 관심을 가지기 시작했음을 보여 주고 있다. 독서치료는 구두 언어로 수행하는 여타 상담과 다르게 매체를 기반으로 하기 때문에 실천적 학문으로 꽃피우기 위해서 독서치료적 인프라 구축이 필수적이다. 다시 말해서 공공 도서관이나 서점을 통한 충분한 독서치료 자료의 공급, 정신건강에 대한 사회적 욕구, 사회적 독서분위기 조성, 심리학의 발전과 맞물리며 독서치료가 크게 발전할 수 있었다.

2) 독서치료 관련 연구 주제와 대상

지금까지 출간된 독서치료 관련 석·박사 학위 논문에서 다루어진 연구주제를 살펴보자. 독서치료 프로그램을 개발하여 효과를 검증하는 방식의 실험 연구 논문의 종속변인으로 가장 많이 다루어진 주제는 자아정체감 또는 자아존중감, 자기효능감과 같은 자아개념에 관련된 발달적 주제다. 최선희(1997)가 「아동의 사회적 자아개념과 인간관계 증진을 위한 독서요법의 효과」라는 논문을 발표한 이래 연구자들이 이 주제를 집중적으로 탐구하고 있다. 2009년 4월까지 116편가량이 자아개념과 관련된 주제를 다루고 있으며, 이는 지금까지 생산된 독서치료 관련 전체 학위 논문의 31%를 상회하는 분량이다. 자아개념 자체만을 종속변인으로 설정하는 경우도 있고 대인관계나 다른 종속변인을 동시에 다루는 경우도 있다. 2008년도에만 39편 정도가 이 주제를 탐구하였다. 이처럼 연구자들이 자아와 관련된 주제를 선호하는 까닭은 독서치료가 자기계발서나 다양한 장르의 문학을 매체로 하기 때문에 구두 언어로만 수행하는 상담에 비해 참여자가 자신의 마음을 비춰 보는 데 훨씬 용이하다고 판단한 까닭인 듯하다. 물론 자아를 이해하는 것이 치유의 기본이기는 하지만 독서치료 발전을 위해서 보다 다양한 발달적 주제와 임상적 문제에 적용하는 것이 바람직할 것이다.

지금까지 독서치료 연구 논문은 절대 다수가 진로 결정이나 사회성 개발, 분노 조절, 정서지능 개발, 학교적응, 대인관계 능력 개발, 공감 능력 향상 등 발달적 · 예방적 차원의 문제에 집중하는 반면 임상적 주제는 소수의 논문에서 다룬다. 예 컨대, 정신과 입원환자의 증상별 행동과 질병예후(김태경, 1984), 청소년의 비행문 제(김용태, 1986), 우울증(구연배, 2008; 김유희, 2003; 박혜원, 2008, 성정희, 2008; 유 혜숙, 1998 등), 외상 경험(백정미, 2005), 상한 마음(김민주, 2003), 성인아이(김경 숙, 2003), 가정폭력(김영자, 2008), ADHD(이승연, 2008), 인터넷 중독(장계숙, 2008) 정도다. 독서치료는 발달적 차원뿐만 아니라 외국의 경우 임상적 차원에서 도 잘 적용할 수 있다고 알려져 있는데 국내 연구의 경우 발달적 · 예방적 주제나 대상에 치우쳐 있는 까닭은 국내 독서치료가 아직 임상적 학문으로서 역사가 짧 고 중증 정신장애를 지닌 사람들을 대상으로 적용할 만한 지도력이 충분히 배양 되지 않은 때문으로 보인다. 소위 『정신장애의 진단 및 통계편람(DSM-IV)』에 규 정된 정신질환 증세를 다루는 독서치료 연구는 앞으로의 과제다.

독서치료의 대상은 남녀노소 골고루 포함하고 있으나 아동 · 청소년 쪽의 논문 이 많이 생산되었고 노인을 대상한 논문(간호옥, 2004; 채란희, 2008 등)은 상대적 으로 극소수였다. 우리 사회는 21세기 들어서면서 급속하게 고령화로 접어들고 있으며 그만큼 노인을 위한 독서치료 연구가 필요하다. 노인은 기억력과 시력이 저하되는 시기이기 때문에 독서매체의 적절한 판독성을 염두에 두고 연구를 진행 해야 한다.

연구 대상과 관련하여 주목할 만한 또 하나의 흐름은 현직 학교 교사가 독서치 료 연구에 대거 참여하면서 현행 교과서를 텍스트로 연구하는 논문이 발표되고 있다. 예컨대, 전미라(2006)와 이정화(2008)의 연구는 중학교 국어 교과서를 독서 치료 매체로 활용하였으며 이진영(2008)과 조혜경(2008), 홍미정(2008) 등은 중학 교 문학 텍스트와 독서치료를 연계하여 연구하였다. 이러한 연구 경향은 학생들 에게 보다 흥미 있고 적절한 매체를 제시하는 데 한계는 있지만 학교 수업과 치유 활동을 분리하지 않으면서 기존의 자료와 구조를 효과적으로 활용할 수 있다는 점에서 주목할 만하다. 현재까지 연구는 중학교 국어 교과서에 한정되어 있지만 초등학교 및 고등학교 과정에까지 확대 적용한다면 자라나는 세대들이 적어도 초·중·고 12년 동안 교과서를 통해서라도 자신의 정신 건강을 돌볼 수 있을 것이다.

공공 도서관의 서비스가 보존 중심에서 이용자 중심의 서비스로 패러다임이 전환되면서 독서치료의 발전에 기폭제 역할을 하고 있다. 본래 공공 도서관은 고대로부터 마음을 치유하는 장소로 여겨져 왔지만 근세 학문이 세분화되면서 마음을 치유하는 책의 기능이 주목을 받지 못하다가 21세기 들어서면서 본래의 기능을 되찾게 된 것은 이용자에게 매우 다행한 일이다. 1985년 장귀녀의 「도서관 봉사로서의 독서요법 적용 가능성에 관한 연구」와 1987년 이미경의 「병원도서관 봉사에 관한 연구」 논문이 발표된 이래 이 주제는 한동안 잠잠하였다. 2003년 들어서 송영임(2003), 신주영(2003) 등이 독서치료와 관련한 도서관의 역할에 대한 논의를 재점화하였으며 김순화(2005)가 「공공 도서관의 독서치료 프로그램 운영에 관한 연구」라는 박사학위 논문을 발표하였다. 기관에 관련된 논문들은 박금희(2006), 이영희(2007), 김만순(2007), 이희자(2007) 등의 연구로 이어지고 있다. 적절한 시기에 적절한 정보를 적절한 사람들에게 연결시키기 위해서 수용자 중심의 도서관 서비스와 보다 체계적이고 신속한 독서치료 참고봉사 서비스를 기대해 볼 만하다. 하지만 근래 공공 도서관이 이용자 중심의 참고봉사 서비스로 방향을 전환한 데 비해 이에 대한 학문적인 접근은 극히 초보단계에 있다. 일반적인 참고봉사에 관한 학위 논문은 상당수 검색되지만 정신 보건이나 독서치료적인 관점에서 참고봉사 및 참고면담을 다룬 논문은 현재까지 찾아볼 수 없으며, 이는 앞으로의 과제로 남아 있다. 참고 봉사의 꽃이라고 할 만한 참고면담(reference interview)에 관한 연구마저 배순자(1981)와 이수경(1989)의 논문 이후 20여 년간 침묵 상태다. 특히 참고면담은 문헌정보학과 상담학이 접목된 실천적 분야이기 때문에 학문적 접근과 실천이 함께 어우러질 때 양질의 서비스를 기대할 수 있을 것이다.

독서치료 3요소를 책과 내담자, 독서치료자로 볼 때 내담자와 관련된 주제가 압도적으로 많고 독서치료자에 관한 연구는 아직 출범하지 못했다. 대신 매체 자체에 대한 연구는 상당한 정도로 흐름을 만들어 가고 있다. 독서치료의 매체는 하드웨어적인 측면에서 책이나 영상, 오디오, 그림책, 기타 시청각 기자재가 있고 소프트웨어적 측면에서 자기계발서와 문학적 장르가 있다. 독서치료 매체로서 자기계발서에 관한 연구는 음주 문제(김수진, 2003)나 암 환자 가족(이운우, 2004) 등 특정 주제별로 도서를 탐색하다가 이소라(2007)가 박사학위 논문에서 '자기조력도서의 평가기준'을 본격적으로 논의하였다. 문학 텍스트에 관한 치유적 분석은 비교적 활발하게 이루어지고 있는데 건국대학교 대학원을 중심으로 우리 고전 텍스트를 이야기치료적 관점에서 조명하는 연구들이, 경북대학교 대학원을 중심으로 보다 분석심리학적 관점에서 문학텍스트에 대한 연구가 이뤄지고 있다. 이 밖에도 개별 작가의 작품에 대해서도 심층적 분석이 이뤄지고 있다(나동광, 2008; 민영미, 2008; 임미화, 2008 등).

요컨대 지금까지 독서치료는 연구 주제 및 대상과 관련하여 임상적 과제보다는 발달적 과제를, 노인을 대상으로 하기보다는 아동, 청소년, 성인을 대상으로 다루어져 왔다. 독서치료자에 관련된 연구보다는 내담자와 프로그램이, 자기계발서보다는 문학 텍스트 연구에 치중된 경향을 보이고 있다. 독서치료적 참고봉사 서비스에서는 실천보다는 학문적 연구가 거의 전무함을 지적하였다.

3) 독서치료적 자료 발굴과 유통

독서치료의 핵심적인 매체는 책 자체가 아니라 책 속에 담겨 있는 내용, 즉 문학 작품과 설명글의 내용이다. 설명글은 '왕따를 당하지 않는 비결'이라든지 '금연 21일 프로그램'과 같이 제목만 보아도 누구를 대상으로 어떤 문제를 해결하고자 하는지 쉽게 알 수 있어 자료를 분류하고 유통하는 데 그다지 어려움이 없다. 반면 시나 소설, 그림책, 기타 서사문은 꼼꼼히 읽고 주의 깊게 평가해 보지 않으면 제목만 가지고 어떤 문제를 다루고 있는지 알아내기가 어렵다. 주제를 포장하여 간접적으로 표현하는 것이 문학의 가장 큰 특징이기도 하다. 따라서 독서치료자는 이러한 자료를 문학적 관점이 아니라 치료자의 눈으로 분석하고 활용하는 지혜가 필요하다.

독서치료는 문학이든 비문학이든 치료적 정보를 매체로 하는 상담이기 때문에 상담자가 참고할 수 있는 독서치료적 목록을 개발해서 유통하는 것이 필수적이다. 한 명의 상담자가 방대한 자료를 개별적으로 분류하고 활용한다는 것은 매우 어려운 일이기 때문이다. 특히 자기계발서(self-help book)는 설명글이기 때문에 제목만 보아도 다루어지는 주제를 파악할 수 있으나 그림책과 시, 소설과 같은 문학작품은 꼼꼼히 읽고 분석해 보아야만 어떤 치료적 주제를 담고 있는지 파악할 수 있어 공신력 있는 독서치료 목록 개발이 필수적이다.

독서치료적 주제를 일부 포함한 체계적 상황별 도서목록은 한국도서관협회(1999)에서 발행한 『국민독서문화 진흥을 위한 독서서지정보 시스템 상의 상황별 독서목록: 아동 청소년 편』이 최초다. 보다 본격적인 독서치료적 도서목록 개발은 한국도서관협회 독서진흥원에서 발행한 『독서치료를 위한 상황별 도서목록』(2004)이라고 볼 수 있다. 이 책은 독서치료적 분류 개념을 깊이 탐구하여 자기계발서를 중심으로 목록을 제시하고 있으나 아쉬운 점은 그림책이나 소설, 시와 같은 문학 자료까지는 미치지 못한다는 점이다. 비슷한 시기에 아동문학과 그림책을 중심으로 학지사에서 『독서치료의 실제』(김현희 외, 2004)라는 독서치료용 2차 자료를 발간하였다. 독서치료 도서목록 개발의 표준을 수립하는 데 있어서 한윤옥(2003, 2004)이 「독서치료를 위한 상황별 독서목록의 기초적 요건에 관한 연구」라는 학술 논문을 발표한 이래 이소라(2007)의 「자기조력도서의 평가기준 수립 및 자기조력 독서치료의 효과에 대한 연구」 박사학위 논문과 박연식(2008a, 2008b)의 '전방향(全方向)독서법' 등으로 논의가 이어지고 있다. "구슬이 서 말이라도 꿰어야 보배"라는 속담처럼 아무리 많은 정보가 도서관이나 서점에 쌓여 있어도 정신 건강의 관점에서 분류, 유통하지 않으면 적시에 쓸 수가 없기 때문에 광범위한 합의가 이루어진 분류표준 확립은 앞으로 해결해야 할 과제다.

4) 독서치료 연구에 대한 접근 방법

지금까지의 독서치료 관련 연구 논문을 분석하면서 느끼는 것 또 한 가지는 연구 방법에 있어서 질적인 접근보다는 양적인 접근이 지배적이라는 점이다. 즉, 양적인 접근의 논문 제목들은 '독서치료 프로그램이 ~에 미치는 영향'으로 표현되어 있다. 논문의 내용은 연구의 목표 설정과 내담자 구성, 자료 선정, 프로그램 구성, 처치, 효과 검증이 주된 내용인데 집단 안에서 일어나는 구체적인 역동에 관한 언급이 빈약한 편이다. 즉, 상담자가 어떤 자료를 가지고 어떤 발문을 했고, 참여자가 어떤 반응을 했는지 집단 안에서 일어난 구체적인 역동에 대한 관찰과 해석이 부족한 편이다. 이 문제는 다른 절에서 자세히 다루기로 한다.

2. 독서치료의 양적 연구

독서치료를 하나의 임상 학문으로 연구하고자 하는 이들에게 가장 막연하게 느껴지는 것은 연구에 대한 개념 정의와 논문으로서 가치가 있는 연구 주제를 발견하는 작업일 것이다. 본래 임상 학문이란 '변인과 변인 사이의 관계'를 알아보고자 하는 것이다. 변인은 세 종류로 독립변인, 종속변인, 매개변인이 있다. 독립변인은 다른 변인에게 작용하거나 다른 변인을 예언하거나 설명해 주는 변인이다. 실험 연구의 경우, 독립변인은 실험자에 의하여 임의로 통제되고 조작되는 변인이다. 따라서 실험변인 또는 처치변인이라고도 한다. 예를 들면, '독서치료가 중년 여성의 우울증에 미치는 효과'를 알아보고자 하는 연구가 있다고 하자. 이때 독서치료 프로그램은 독립변인으로서 실험자에 의하여 임의로 조작되고 통제된다. 자연적인 상태에서는 일반적으로 다른 변인에 영향을 주는 변인을 독립변인이라 한다.

종속변인은 선행 조건인 독립변인에 의해서 영향을 받는 변인을 말한다. 백과사전에 있는 예를 들어 보자. 행동주의적 심리학 연구에서는 피험자가 어떤 환경의 조건이나 자극에 대하여 나타내는 반응으로서 일정한 측정치로 나타낼 수 있다. 예를 들면, 술이 기억에 미치는 영향에 대해 알아보기 위하여 피험자에게 각각 술의 양을 달리하여 마시게 한 다음 단어 목록을 외우게 하는 실험을 했다고 하자. 며칠 뒤 암기한 단어 목록을 회상하게 하여 음주량과 단어회상 점수 사이의 관계를 측정한다. 여기서 선행 조건에 따른 결과인 단어회상 점수가 종속변인이다. 위의 '독서치료가 중년 여성의 우울증에 미치는 효과'에서 종속변인은 이 프로그램에 참여한 피험자의 우울증 정도다. 독서치료는 임상적 문제와 발달적 · 예방적 차원의 문제를 모두 다룰 수 있기 때문에 폭넓은 종속변인을 설정할 수 있다. 예컨대, 발달적 차원에서 자아정체감 문제라든지 대인관계 능력이나 사회적 기술, 진로 결정, 감성지능, 창의성, 분노 조절, 집단 따돌림, 학교생활 적응 문제, 스트레스 대처 등의 종속변인을 다루는 논문을 살펴볼 수 있다. 또 임상적인 종속변인으로 우울증, 치매 노인의 사회적응력, 주의력결핍 과잉행동장애(ADHD), 읽기장애를 종속변인으로 설정한 논문을 볼 수 있다.

연구자를 가장 괴롭히는 것이 매개변인이다. 매개변인이란 독립변인과 종속변인 사이에 끼어들어 영향을 미치는 변인을 말한다. 실험 연구에서 종속변인의 결과가 실험자가 처치한 독립변인의 영향이 아니라 다른 변인으로 인한 것일 가능성은 항상 있는데, 이 때문에 주의 깊은 연구 설계가 필요하다. 즉, 매개변인을 최대한 통제할 수 있는 실험 설계가 필요하다. 다시 '독서치료가 중년 여성의 우울증

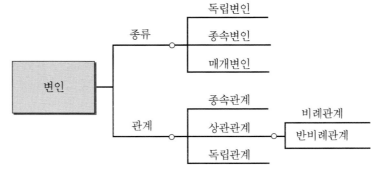

[그림 10-2] 변인의 분류

에 미치는 효과'를 예로 들면, 실험자의 프로그램을 통하여 우울중 치료가 향상된 것이 프로그램의 효과도 있겠지만 날씨나 상담자와의 개인적인 만남과 같은 것이 원인일 수도 있다. 상담은 상담자와 내담자가 맺는 상담적 관계에 기초하여 문제 해결을 돕고자 하는 것이기에 그 자체가 하나의 사건이며 과정이다. 하나의 사건 으로서 상담은 다양한 변인이 상호 긴밀하게 영향을 주고받으며 상담의 효과를 좌 우한다. 따라서 모든 매개변인을 완전히 통제하는 것은 현실적으로 무척 어려운 일이지만 그것을 최소화하도록 노력해야 한다.

변인 간의 관계에는 크게 종속관계, 상관관계, 독립관계가 있다. 상관관계는 다 시 비례관계와 반비례관계로 분류된다. 종속관계는 영향을 미치는 변인에 영향을 받는 변인이 종속되어 있는 관계를 말한다. 상관관계는 어느 것이 원인이고 어느 것이 결과인지를 밝히기 어렵지만 서로 긴밀한 관계를 맺고 있는 것이다. 그리고 독립관계란 서로 영향을 주고받지 않는 변인관계다.

독서치료를 학문적으로 연구하려 할 때 상담의 효과에 영향을 줄 수 있는 변인, 즉 변인으로는 무엇이 있을지 분석해 보는 것이 연구의 출발점이라 할 수 있다. 마 스(Marrs, 1995)는 미국에서 나온 독서치료 연구를 메타 분석한 논문에서 독서치료 요소를 28개로 코드화하였다. 코드 목록은 다음과 같다.

① 실험 설계 성격, 방법, 통제집단의 유무와 스타일, 효과 크기를 결정하기 위
　해 사용된 통계분석 등
② 출판 유형(학술지, 논문, 기타)
③ 한 회기의 길이와 전체 기간
④ 상담 유형(면대면, 집단 모임, 전화상담 등)
⑤ 종속변인 측정방법
⑥ 문제 유형
⑦ 독서 자료의 유형
⑧ 독서 자료의 길이
⑨ 내담자의 평균 연령

⑩ (내담자) 표본의 성비

⑪ 내담자의 교육 수준

⑫ 내담자의 독서 수준과 책의 가독성

⑬ 성격 유형

⑭ 독서 자료 매체

⑮ 읽기 유형

⑯ 읽기 프로그램의 호응도

⑰ 참여자의 탈락률

⑱ 현금 예치나 다른 강화물의 유무와 양

⑲ 표본 크기

⑳ 상담의 이론적 근거

㉑ 처방 길이

㉒ 처방과 평가 사이의 기간

㉓ 내담자 모집 장소

㉔ 숙제의 유무와 유형

㉕ 상담자의 전문성 수준(훈련 정도)

㉖ 임상적 모집단 유무

㉗ 임상적 문제의 경중

㉘ 효과 크기의 계산 방법

이 목록은 독서치료 연구에 대한 메타 분석을 위한 것이지만 상담의 핵심 요소를 중심으로 재분류하여 보면 독서치료의 효과에 영향을 미치는 변인을 일목요연하게 정리해 볼 수 있다. 특히 이미 연구된 다수의 논문을 근거로 분석한 자료이기 때문에 독서치료 연구를 위해 자료를 기록하고 정리하여 유통시킬 때 참고가될 수 있다.

이 내용은 비슷한 것들을 상위 개념으로 묶어 내어 ① 상담자 변인, ② 내담자변인, ③ 문제 변인, ④ 프로그램과 연구방법론 변인, ⑤ 자료 변인, ⑥ 장(場) 변

〈표 10-1〉 독서치료의 하위 변인 재분류

변 인	하위 변인
상담자 변인	전문성 정도, 성별, 나이, 인종, 리더십 스타일
내담자 변인	평균 연령, 성비나 성별, 교육 수준, 독서 수준, 내담자의 소속
문제 변인	문제 유형, 문제의 경중
프로그램 변인/ 연구방법론 변인	실험 설계 성격, 방법, 통제집단 유무, 통계분석, 한 회기의 길이와 전체 기간, 상담 유형(집단, 개인, 전화), 숙제 유무, 임상적 모집단 유무, 상담의 이론적 근거, 강화물 유무, 표본 크기, 종속변인 측정방법, 처방과 평가 사이의 기간
자료 변인	자료의 유형(자기계발서, 시, 소설, 그림책 등의 장르), 매체(책, 오디오, 영상), 길이, 자료의 가독성
장 변인	한국 문화, 시설·기관, 병원, 도서관, 개인상담 기관, 학교, 기타 장의 변인

인으로 재분류할 수 있다. 장 변인은 필자가 덧붙인 것인데, 거시적 차원에서 독서치료가 행해지는 한국 문화라는 변인과 좁은 의미에서는 공공 도서관, 인터넷과 같은 가상공간, 특정 시절과 같은 일정한 독서치료의 장의 문제가 논의에 포함되어야 할 것이다. 마스(1994)의 연구에서 고려하지 못한 장 변인까지 더하여 독서치료의 각 하위 변인을 재분류해 보면 〈표 10-1〉과 같다.

결국 임상 학문으로서 독서치료에 대한 연구는 6개 영역의 변인과 변인 간의 상호관계를 알아보는 것으로 요약할 수 있다. 다음에서는 각 변인에 대해서 좀 더 부연 설명하고자 한다.

1) 상담자 변인

상담의 효과에 영향을 주는 변인으로서 상담자 변인은 매우 중요하다. 같은 프로그램을 같은 대상과 같은 공간에서 실시하더라도 효과가 다른 것은 상담자 자신이 중요한 변인 가운데 하나이기 때문이다. 그렇다면 상담자의 어떤 특성이 상담에 영향을 미치는 변인으로 작용할까? 상담자의 성별, 나이, 인종, 리더십 스타일, 전문성 정도 등을 생각해 볼 수 있다. 상담자와 내담자의 성별을 생각해 볼 때 동성의 상담자가 좋은지, 이성의 상담자가 좋은지, 또 내담자의 연령에 따라서 어떻게 매치하는 것이 좋은지 등이 연구과제가 될 것이다. 인종에 대한 연구는 다른 상담에서 더러 발견할 수 있다. 미국과 같은 다민족 사회에서 상담자와 내담자의 인종문제는 중요한 변인으로 작용할 수 있다. 우리나라 역시 다문화 가정이 빠르게 증가하고 있는 추세여서 그들에게 상담자의 인종이 중요한 변인이 될 수 있다.

상담자의 전문성은 상담의 효과에 영향을 줄 수 있는 변인임을 쉽게 생각해 볼 수 있다. 이론적으로 잘 구성된 프로그램은 지침서대로 누가 진행하더라도 비슷한 효과를 내도록 되어 있다. 그렇지만 현실적으로 상담자의 전문성과 그에 따른 사회적 권위는 그 자체로 매우 중요한 변인임에 틀림없다. 플라시보 효과(placebo effect)가 그것을 입증하는 하나의 사례다. 같은 위약이지만 권위 있는 의사가 확신 있게 권하는 것과 이웃집 아저씨가 권하는 것은 효과가 같지 않을 것이다. 하지만 모든 유형의 독서치료에서 전문성이 높을수록 효과적일 것이라고 속단하기 어렵다. 독서치료의 근간은 적절한 시기에 적절한 사람에게 적절한 책을 연결시키면 독자 스스로가 책과의 상호작용을 통해서 자가 치료가 가능하다는 것이다. 따라서 비록 전문성은 떨어지더라도 책을 읽고 편안하게 나눌 수 있도록 모임을 주선하는 정도로 개입하는 것이 효과적일 수 있다. 거즈(Kurtz, 1997)는 상담 집단에 대한 전문가의 개입 정도에 따라 완전히 자조적인 집단에서부터 고도로 통제되는 전문치료 집단까지 다양한 스펙트럼이 있다는 것을 보여 주고 있다. 한 아이를 기르는 데 반드시 소아과 전문의만 필요한 게 아니라 언니나 동생, 이모, 어머니도 중요한 역할을 하듯이 전문성이 절대적 기준은 아니다. 이러한 집단은 각기 장단점이 있으며 참여자의 목적과 증상의 경중에 따라 적절하게 운용되는 것이 바람직하다.

상담자의 리더십 스타일도 중요한 변인 가운데 하나다. 리더십은 수많은 유형으로 분류할 수 있지만 대개 집단 역학에서는 독재형-민주형-방임형으로 구별한다. 물론 그 사이에 수많은 스펙트럼이 있는 것이 사실이다. 가장 이상적인 것은 세 가지 유형의 리더십을 집단의 상황에 따라 적절하게 구사하는 것이다. 하지만 상담자 자신이 천성적으로 어느 한편에 더 치우치게 마련이다. 그럴 때 상담의 효과에는 어떤 영향을 미칠 것인지 연구해 볼 수 있다. 이 밖에도 상담자의 진솔성, 자기 개방적 태도 등 많은 상담자 변인이 있다.

독서치료 임상가로서 성장하기 위해서 무엇을 어떻게 준비해야 하는지에 대해서는 뒤에서 논의할 것이다.

2) 내담자 변인

상담에서 내담자 변인은 아무리 강조해도 지나치지 않다. 상담의 목표가 '내담자의 바람직한 변화'에 있기 때문이다. 사람은 보편적인 특성을 공유하고 있으면서도 각기 독특한 개성이 있기 때문에 상담자가 양자 모두에 깊은 관심을 기울여야 한다.

내담자 변인으로는 성별, 나이, 배경(문화, 가족, 학교, 또래 등)과 같은 외적 특성과 성격(기질), 귀인 습관, 해결하고자 하는 심리 · 정서적 문제, 읽기 수준 등의 내적 특성이 있다. 내담자 변인에 따라서 상담의 모든 부분이 긴밀하게 적응해야 함은 물론이다. 즉, 내담자의 나이, 성별, 읽기 준비도, 해결하고자 하는 문제의 종류에 따라서 독서 자료의 선택를 비롯하여 프로그램 전체가 긴밀하게 조정되어야 한다. 특히 내담자의 읽기 수준은 독서 자료를 선별하는 데 있어서 중요한 변인이다. 같은 학년이라고 해서 독서 연령이 결코 동일한 것이 아니다. 이는 성인에게도 마찬가지다. 따라서 내담자 변인은 한두 가지만 고려해서는 안 되고 가능한 한 다양한 채널을 통해 정보를 입수한 다음 전체적인 그림을 입체적으로 그려 낼 수 있어야 한다.

내담자는 그 자체로서 변인이지만 상담자와 어떤 관계를 형성하는가에 따라 또다른 변인으로 작용한다. 남성 집단을 남성 상담자가 지도하는 것이 좋은지 혹은 이성의 상담자가 더 효과적인지, 교사이면서 독서치료자인 것이 좋은지 혹은 전문상담교사로 학생들과 관계를 만들어 가는 것이 좋은지 등 연구해야 할 분야가 많다. 내담자와 문제 변인은 매우 밀접한 관련이 있다. 하지만 문제나 증상이 그 사람의 존재 자체는 아니기 때문에 따로 구분해서 설명하고자 한다.

상담은 사람을 돕고자 하는 활동이기 때문에 인간 이해가 필수적이다. 사람은 심리·정서적 차원뿐만 아니라 사회적, 생물학적, 생태학적, 영적 차원을 동시에 지닌 존재로 어느 하나의 이론이나 틀로 다 이해할 수 없다. 따라서 독서치료자는 내담자 이해를 위해 부단히 노력해야 한다.

3) 문제 변인

상담에서 문제 변인은 내담자가 극복하고자 하는 심리·정서적 적응 문제를 가리킨다. 이는 옳고 그름을 따지는 법률적 문제나 경제적 파탄을 회복시키도록 돕는 사회사업적 개입과는 구별되는 문제다. 물론 이런 문제와 심리·정서적 문제는 연관성이 있지만, 상담자가 일차적으로 관심을 가지는 문제는 심리·정서적 문제라는 것이다. 또 상담에서의 문제는 의학적 문제와도 구별된다. 내담자 가운데는 의학적이고 객관적인 자료상으로는 아무런 문제가 없어도 주관적 고통을 호소하는 경우가 많다. 사실 문제 변인과 내담자 변인은 따로 떼어서 생각할 수 없다. 편의상 내담자 변인은 상담에서 직접 다루는 심리적 문제 외적인 것으로 내담자가 지닌 일반적인 속성을 구별하기 위하여 사용하였다.

앞에서 논의한 문제 변인은 크게 발달적 과제와 임상적 과제의 두 가지로 구별된다. 독서치료는 양자를 모두 포괄할 수 있는 장점이 있다. 독서치료 전문가가 된다는 것은 독서치료 자체만을 골똘히 연구하는 것만으로 부족하다. 독서치료가 하나의 독립변인이라면 해결해야 할 문제는 대표적인 종속변인으로서 양자에 모두 깊은 이해가 필요하다. 한 사람이 모든 문제의 전문가가 될 수는 없는 일이다.

대개의 독서치료 연구는 프로그램을 독립변인으로 내담자의 심리·정서적 변화를 종속변인으로 설정하고 연구를 진행한다. 몇 가지 사례를 들어 보면 독서치료 프로그램(독립변인)이 '주의력결핍과 과잉행동 감소에 미치는 효과' '피험자의 자아정체감 정립에 미치는 효과' '자아존중감에 미치는 효과' '사회성에 미치는 효과' '우울증 감소에 미치는 효과' '학교 폭력 행동 개선에 미치는 효과' 등이 있다. 2010년 현재까지 연구자들에 의해서 다루어지는 문제들은 이상심리적 주제보다는 발달적인 것이 주를 이루고 있다. 앞으로 임상적인 분야에서도 연구가 활발하게 이루어지기를 기대해 본다.

4) 프로그램 변인과 연구방법론 변인

(1) 프로그램 변인

프로그램 변인은 대체로 연구 논문에서 독립변인으로 설정된다. 즉, 변화를 일으키기 위해 상담자가 처방하는 변인인 셈이다. 이는 연구자가 가장 용이하면서도 치밀하게 설계해야 하는 부분이기도 하다. 프로그램 변인은 크게 이론적 기초, 자극의 빈도-강도-지속성, 상담의 형식, 독서 자료의 매체, 독서 자료의 내용(장르) 그리고 과제로 나눌 수 있다.

독서치료의 이론적 기초에 대하여 마스(1994)는 행동주의, 인지치료, 인지행동, 그리고 혼합한 형태의 네 가지로 분류하였다. 그러나 실은 이보다 훨씬 복잡한데, 인간의 정신활동 중 가장 고도의 활동이기 때문이다. 독서치료의 이론적 기초에 대해서는 2장에서 다룬 바 있다.

독서는 책이라는 매체에 기록된 문자를 해독하는 단순한 과정 이상이다. 책을 읽을 만큼의 충분한 감각기관의 발달은 물론 지능, 정서, 동기, 맥락(교재, 교사, 사회, 가정환경, 독서의 목적 등), 인간관계 등이 함께 작용하고 있는 복잡한 정신 활동인 것이다. 독서치료는 '이야기(narrative)'의 치료적 기능에 기초하고 있기 때문에 이야기치료 이론과 접목할 수 있다. 특히 문학의 치료적 기능이 좀 더 풍성하게 논의되었으면 하는 바람이다. 문학적 관점에서 문학 행위 자체가 동일시, 카타르시스, 통찰을 유발시키며 타인의 이야기로 자신의 이야기를 편집해 가는 과정이기 때문이다. 독서치료의 이론적 기초는 문학이론과 접목될 때 많은 발전 가능성이 있다.

상담의 본질은 인간을 어떻게 이해할 것인가에 있다. 지금까지 서구 과학은 인간을 비롯하여 모든 사물을 분석적이고 객관적인 패러다임으로 보는 경향이 강했다. 그렇지만 분석을 잘했다고 인간에 대하여 잘 안다고 자만하면 안 된다. 좀 더 거시적인 관점의 담론도 필요한 것이다. 상담의 매우 중요한 목표 중 하나는 '잘 기능하는 인간'이 되도록 돕는 것이다. 잘 기능한다는 것은 거시적 관점에서 자신이 처한 사회와 세계를 이해하고 자신의 역할과 삶의 방향을 설정해야 가능하다. 상담이 이러한 주제를 무시하고 사람을 돕는다는 것은 균형이 깨진 느낌이 들지 않는가?

프로그램 변인 중에서 자극의 빈도-강도-지속성은 중요한 이슈다. 빈도는 일주일에 몇 번 상담을 할 것인지의 문제이며 강도는 한 회기의 길이의 문제다. 그리고 지속성은 전체 상담 기간의 설정 문제다. 아무리 좋은 약도 과다하게 복용하면 독이 되고 독물도 적절한 양을 알맞게 사용하면 약이 되는 것과 같은 이치다. 국내에서 발표된 독서치료 관련 논문은 이에 대한 논의가 부족하다고 생각한다. 즉, 내담자의 어떤 문제를 해결하기 위해서 상담자가 독서 자료를 선택하고 상담을 구조화하고자 할 때 일주일에 몇 번, 한 회기에 몇 분, 언제까지 상담할 것인지를 결정해야 하고 왜 그렇게 구조화했는지 그 타당한 근거를 제시해야 한다는 것이다.

상담 길이의 문제는 현실적인 비용의 관점에서 매우 중요한 이슈가 되고 있다. 같은 효과가 있는 프로그램이라 하더라도 될 수 있는 한 단기간에 저비용으로 효과가 있는 것을 내담자는 물론 보험기관에서도 원할 것이다. 그렇다고 충분히 처방되지 못하면 그 또한 많은 손실을 야기한다. 그런 의미에서의 자극 변인은 연구의 가치가 있는 것이다.

과제의 유무와 유형에 관한 것도 연구될 가치가 있다. 다른 상담에서도 과제는 상담의 효과를 높이기 위해 흔히 사용되는 요소다. 어떤 책을 어떻게 그리고 얼마만큼의 분량을 읽어 오게 할 것인지, 또 그렇게 하는 근거는 무엇인지 등이 논의될 만하다.

독서치료는 인간의 독서 행위에 기초하고 있다. 독서 행위는 넓은 의미에서 정보를 취사 선택하여 수용하는 단계, 처리하는 단계, 표현하는 단계를 모두 포괄한다. 따라서 정보처리 모델에 입각해서 볼 때 독서치료는 정보제공형, 상호작용형, 표현형으로 구별된다. 실제 임상에서는 이들 유형을 어느 정도 비율로 어떻게 결합시킬지를 결정해야 한다.

(2) 연구방법론 변인

독서치료의 변인으로 연구 방법론에 관한 변인도 중요하게 고려되어야 한다. 같은 능력의 사람이라도 좋은 도구를 가진 것과 그렇지 못한 것은 그 효과 면에서 큰 차이를 나타낼 것이다. 독서치료 연구는 다른 상담 연구와 어떤 점에서 공통점과 차이점이 있는지 논의되어야 한다. 내담자의 독서 수준을 평가하는 척도, 특히 독서 자료의 가독성을 쉽고 정확하게 측정하는 도구의 개발은 독서치료의 발전에서 시급한 과제로 보인다. 연구를 위한 효과적인 도구 개발은 매우 중요한 과제인 것이다.

독서치료를 임상 학문으로 연구하고자 할 때 연구자가 가장 주의 깊게 설계해야 하는 부분이 독립변인인 프로그램의 개발이다. 프로그램은 대상과 해결하고자 하는 문제에 적절한 것이어야 함은 두말할 나위가 없다. 이론은 간단한데 실제 프로그램 구성은 만만한 작업이 아니다. 앞에서 마스(1994)가 분석한 대로 실험 설계 성격, 방법, 통제집단의 유무, 통계분석, 한 회기의 길이와 전체 기간, 상담 유형(그룹, 개인, 전화), 숙제 유무, 임상적 모집단 유무, 상담의 이론적 근거, 강화물 유무, 표본 크기, 종속변인 측정방법, 처방과 평가 사이의 기간 등이 주의 깊게 고려되어야 할 것이다.

5) 독서 자료 변인

다시 말하지만, 독서치료의 3요소는 내담자와 상담자 그리고 독서 자료(책)다. 독서 자료는 프로그램 변인 속에 포함될 수 있지만 본질적으로 동의어는 아니고, 또 독서치료에서 매우 핵심적인 요소이므로 따로 다루기로 한다. 미술치료에서 미술매체를 사용하지 않는다면 미술치료가 될 수 없는 것처럼 독서 매체 없는 독서치료는 생각하기 어렵다.

독서치료의 상담 형식은 다른 상담과 비교해 볼 때 독특한 면이 있다. 상담의 전통적인 형식은 주로 면대면 상담과 소집단 상담이 주류를 이루고 있다. 독서치료는 이에 더하여 자가 치료로 각광을 받고 있다. 자가 치료는 이론적으로 상담자가 전혀 개입하지 않아도 적절한 시기에 적절한 사람이 적절한 책을 만나면 책과 독자의 상담적 상호작용을 통해서 치료가 가능하다는 것이다. 실제로 그러한 사례가 다수 보고되고 있다. 이처럼 독서치료는 상담자의 개입 정도에 따라서 가장 강력한 상호작용적 독서치료와 가장 느슨한 자가 치료(self-help) 사이에 다양한 스펙트럼이 존재한다. 이것이 독서치료가 다른 상담에 비해 가지는 경쟁력이기도 하다. 자가 치료를 위한 문헌 목록과 안내서의 개발은 우리나라의 경우 초기 상태에 있어 앞으로 이 분야에 대한 많은 연구가 이루어져야 할 것이다.

독서치료 프로그램의 한 변인으로서 독서 매체의 문제는 현대에 들어와 매우 중요한 이슈로 등장하고 있다. 과거 종이 매체가 주류를 이룰 때에는 독서치료가 곧 책을 가지고 상담하는 것을 의미하였다. 그러나 21세기 멀티미디어 시대가 도래하면서 독서치료는 다양한 매체를 수용하는 방향으로 가고 있다. 사실 책은 정보를 담는 그릇으로 그 자체가 어떤 치료 효과가 있는 것이 아니다. 과거 책 속에 담겨 있던 정보가 오디오북, 비디오(영상), 인터넷을 기반으로 한 하이퍼텍스트 등 다양한 매체의 텍스트로 발전하고 있다. 내담자 또한 책보다는 영상 매체에 더욱 친숙한 경향이 있다. 따라서 독서치료자에게는 각 매체의 특징 및 치료 상황에서 사용할 때의 장단점을 충분히 이해하고 적절하게 활용하는 지혜가 요청된다. 즉, 독서 자료를 제시하는 데 있어서 책만 사용하는 경우, 비디오만 사용하는 경우, 오디오(읽어 주기 포함)만 사용하는 경우, 그리고 세 가지를 적절하게 혼합하여 사용하는 경우 상담의 효과에 어떤 영향을 미칠 것인지에 대한 연구가 필요하다.

독서 자료의 내용(장르) 변인은 독서치료자가 개입할 수 있는 매우 전문적인 영역이면서 동시에 상담의 효과에 지대한 영향을 준다고 볼 수 있다. 내용 변인에는 다시 하위 변인이 있는데, 독서 자료의 장르(시, 소설/동화, 지침서, 혼합 등), 길이, 가독성 등이 그것이다. 특히 어린 상담자일수록 지침서보다는 문학작품을 많이 사용하는데, 문학은 지침서가 갖지 못하는 독특한 기능이 있기 때문이다. 이에 문학을 치료적 관점에서 재조명하는 작업이 필요하다. 또 치료를 염두에 두고 문학을 저술하는 것도 매우 중요하다. 현재 우리나라의 경우는 기존에 쓰인 동화나 소설 등을 문제와 발달 수준별로 분류하는 정도에 그치며 전문적인 치료용 문학은 저술되지 못하고 있는 형편이다. 치료를 목적으로 하는 문학은 치료적이면서도 고도의 심미성을 갖추어야 한다는 까다로운 조건이 있다. 먼저 문학의 어떤 요소가 치료 효과가 있는지의 탐구가 필요하고 비전문가도 쉽게 알아볼 수 있는 표준을 제시해야 한다. 미국의 경우 시대별 독서치료 문학 연구나 한 작가의 작품에 대한 종적인 연구들이 더러 눈에 띈다. 음악치료자가 음악에 대해 그리고 미술치료자가 미술에 대해 깊은 지식을 가지고 접근하는 것처럼, 독서치료자의 전문성은 책 속에 담긴 치료적 정보(즉, 그림책, 시, 소설, 전기, 신화, 동화, 치료적 지침서 등)에 대한 깊은 지식이 경쟁력이다.

독서치료의 핵심인 매체의 종류를 정리해 보면 먼저 신체기관으로 의사소통하는 1차 매체와 1차 매체의 확장인 매체정보, 이러한 정보가 담겨 있는 정보매체로 분류할 수 있다. 1차 매체는 다시 눈과 귀로 정보를 수용하여(수용매체) 입과 손, 몸으로 표현(표현매체)한다. 독서 내용으로서 매체는 비문학적 자기계발서(self-help book)와 시나 소설, 동화 같은 문학으로 나뉜다. 그리고 이러한 정보가 책이나 비디오나 오디오와 같은 특정 매체에 담기게 된다. 앞으로 국내에서 치료적 관점에서 매체에 대한 연구가 더 활발해지길 기대해 본다.

이상에서 논의된 독서치료의 변인은 읽기 자료를 매체로 하여 상담자가 내담자의 문제 해결을 도우려는 일련의 과정에 유기적으로 연관된 것이기에 어느 하나만 떼어서 보기 곤란한 경우가 많을 것이다. 관심 있는 변인을 연구하고자 할 때에는 전체적인 구조를 염두에 두고 매개변인의 간섭을 최대한 배제할 수 있어야 할 것이다. 끝으로 독서치료가 실천되는 장의 문제는 다음 절에서 별도로 논의하고자 한다.

3. 독서치료의 질적 연구

공공 도서관을 필두로 한 독서치료의 저변 확대와 이에 따른 양적인 연구의 비약적인 증가, 정신건강을 위한 치유적 독서의 필요성 증대, 문제와 대상에 대한 폭넓은 적용 가능성에도 불구하고 지금까지 독서치료 연구에서 몇 가지 문제점이 지적된다. 먼저 이소라(2007)는 효과검증이나 프로그램의 개발인 경우 독립변인으로서 독서치료에 대한 조작적인 정의가 충분하지 못한 점, 종속변인을 선택하는 데 있어서 이론적인 근거가 부족한 점, 연구 설계에서 통제 집단이 없거나 있다 해도 실험집단과 통제집단 간의 동질성을 확보하지 못한 점 등을 지적하였다. 이런 문제점은 외국의 경우도 비슷한데 잭과 로난(Jack & Ronan, 2008)은 영어권 독서치료의 연구 역사를 고찰하는 논문에서 체계적 연구의 부족, 독립변수로서 독서치료 프로그램에 대한 조작적 정의의 부족, 이론적 근거가 빈약한 점 등을 문제점으로 제기하였다. 특히 김갑선(2007)은 국내 독서치료 연구가 효과를 검증하는 양적 연구 방식에 치우쳐 있어서 독서치료 과정을 통하여 참여자가 실제적으로 경험하고 변화하는 것은 무엇인지 잘 드러내지 못하고 있는 점을 지적하였다. 즉, 양적인 연구를 통해서는 독서치료 경험 이면에 숨겨진 참여자의 구체적, 미시적, 심층적, 주관적인 경험의 변화의 경험과 과정이 무엇인지, 또 독서치료자와 참여자 간의 다양한 상호작용이 무엇인지 풍부하게 밝혀내지 못하고 있다는 것이다.

독서치료에 관한 연구는 프로그램을 개발하고 효과를 검증하는 방식의 양적 연구와 더불어 사람들이 독서 행위를 통해서 변화되어 가는 과정과 원리 자체를 현상학적으로 탐구하는 질적 접근이 병행되는 것이 바람직하다. 이 절에서는 독서치료 연구의 한 접근 방법으로서 질적 연구의 개념과 독서치료의 질적 연구에 있어서 대표적인 사례, 앞으로의 과제를 차례로 살펴보고자 한다.

1) 질적 연구의 개념

질적 연구(qualitative research)란 양적 연구(quantitative research)와 대비되는 개념으로 단순히 자료를 수집하고 분석하는 방법에서 차이를 보일 뿐만 아니라 실재(reality)에 대한 관점, 지식의 진리성과 발전에 대한 인식론, 과학적 지식을 규정짓는 방법론을 포괄하는 패러다임에 차이가 있다(신경림 외, 2003). 김춘미

(2008)에 따르면 질적 연구란 "통계적 과정이나 다른 양적 방법으로 얻어지지 못했던 성과를 가져올 수 있는 특수한 연구방법으로 한 인간의 삶, 조직의 기능수행, 각종 사회운동, 그에 다른 상호작용관계 등을 연구하는 것"이다. 질(quality)이란 개별 사물의 고유한 속성으로 비교하거나 측정하기 이전의 상태를 가리키는 반면, 양(quantity)은 비교와 측정을 통해 인식되는 관계적 속성이며, 효율적인 커뮤니케이션을 위해 이차적으로 부가된 속성을 말한다(조용환, 2008, p. 15). 따라서 질적 인식이란 사물을 최대한 '있는 그대로' 보기 위해 인위적 개념, 범주, 표준, 척도 등을 통한 부차적 감환을 최소화하는 사고방식이라는 것이다(조용환, 2008).

양적 연구는 실증주의(實證主義)를 그 철학적 배경으로 하며 사회현상의 사실과 원인을 객관적으로 밝히기 위하여 조작적으로 정의된 변수 간의 관계를 외부자적 관점(etic)에서 증명하는 데 초점을 둔다. 연구자는 피험자와 분리되어 객관적 입장에서 검사 등의 측정 도구를 활용하여 양적으로 자료를 분석하여 가설을 검증하고 통계적 방법으로 보고서를 작성한다(조영남, 2001). 반면 질적 연구는 현상학(phenomenology), 구성주의(constructivism) 또는 해석주의(interpretivism)에 이론적 기반을 두고 있으며(조용환, 2008), 내부자적 관점(emic)으로 인간의 의도를 중시하며 거시적 측면에서 귀납적으로 이론을 개발하거나 참여자의 관점을 이해하는 데 초점을 둔다(조영남, 2001). 현상에 대한 이해도 다른데 실증주의는 대개 현상이라는 개념을 오관(五官)으로 지각할 수 있는 구체적이고 객관적인 사물을 전제하는 반면 현상학에서의 현상이란 어떤 의식에 의한 경험의 대상이 의식 앞에 나타나는 구체적인 모습을 말한다(박이문, 2007). 또 현상은 의식이나 그 의식의 물질적 대상만을 따로 가리키는 것이 아니라 의식의 물질적 혹은 비물직적인 대상이 의식과 관계에 의해서 이루어지는 경험을 가리킨다(박이문, 2007, p. 26). 이러한 철학적 전제는 자연스러운 상태에서 참여자의 경험을 탐구하는 질적 연구의 이론적 근거가 되고 있다.

질적 연구는 다양한 흐름이 있는데, 크레스웰(Creswell, 2005)은 전기 연구(biographical study), 현상학적 연구(phenomenological study), 근거이론(ground theory), 문화기술지(ethnography), 사례 연구(case study) 등 다섯 가지 전통을 소개하였다. 이 밖에도 생애사 연구(biography research)와 내러티브 탐구, 포커스 그룹을 이용한 연구 방법, 일상생활 방법론, 역사 연구 등이 있다(신경림, 2004). 양적 연구와 질적 연구는 연구의 대상과 목적에 따라 상호 보완적이며(김미숙, 2006; Strauss & Corbin, 1998), 특히 질적 연구가 유효한 경우로 조용환(2007, pp. 33-34)은 ① 연구하고자 하는 현상, 대상, 지역에 대한 선행연구나 사전 지식이 전혀 또는 거의 없을 때, ② 복잡하고 미묘한 사회적 관계 또는 상징적 상호작용을 탐구할 때, ③ 소집단 또는 소규모 사회의 역동에 관해 국지적이지만 총체적인 연구를 하고자 할 때, ④ 사건의 맥락, 흐름, 구조에 대한 심층적인 분석을 하고자 할 때, ⑤ 현상 이면에 내재한 가치체계, 신념체계, 행위규칙, 적응전략의 파악이 연구의 주목적일 때 등 다섯 가지 경우를 들었다. 비슷한 맥락에서 리처드와 모스(Richards & Morse, 2007, p. 44)도 ① 거의 알려지지 않은 영역 또는 과거에 제시된 지식이 부적절한 것으로 보이는 영역을 이해하고자 할 때, ② 복잡한 상황, 다양한 배경을 가진 자료, 현상, 변화 및 추이 등을 이해하고자 할 때, ③ 특정 환경 또는 과정 내에 있는 참여자에게서 배우고자 하거나, 또는 그들이 경험하는 방식과 그것에 부여하는 의미, 그들이 경험한 것을 어떻게 해석하는지를 배우는 것이 목적일 때, ④ 자신의 관점이나 기존의 연구결과보다는 현실을 반영하는 이론 또는 이론 틀을 구성하는 것이 목적일 때, ⑤ 현상을 깊이 있고 상세하게 이해하는 것이 연구의 목적일 때 질적 접근이 더욱 적절하다고 하였다.

상담은 교육과 더불어 실천적 활동이어서 상담 행위 자체가 사람과 변화에 대한 질적 탐구 과정이라 할 수 있다. 그리고 상담의 성과나 치료적 변인을 규명하기 위해 상담과정에서 내담자 개개인의 체험 수준의 변화와 같은 내적인 변화에 대한 질적인 탐구과정이 필수적이다(연문희, 박남숙, 2001). 서두에서 언급한 것처럼 독서치료 연구경향은 양적 접근이 주류를 이루고 있으며 독서 자료의 치료적 활용이 심리, 정서, 대인관계, 적응문제 해결에 효과가 있음을 거듭 증명해 왔다. 하지만 자료-참여자-촉진자-소집단의 치료적 상호작용 과정은 그 자체로서 매우 다양한 변인이 복잡하게 서로 영향을 주고받기 때문에 프로그램이라는 독립변수와 증상의 개선이라는 종속변수 간의 인과관계라라는 단순한 패러다임으로는 충분히 설명되지 못하는 측면이 많다. 또한 독서치료는 그 속성상 적절한 매체가 중요한 역할을 하기 때문에 프로그램이 개발된 순간부터 더 적절한 자료로 업그 레이드되어야 하며 대상의 독서 수준과 기호에 따라 매체에 적절한 변화를 주어 야 한다.

독서치료는 특정 프로그램을 일반화시키기가 어렵다. 따라서 독서치료 촉진자 는 독서를 통해서 사람이 변화되는 원리와 과정을 충분히 이해하고 여러 가지 상 황에 융통성 있게 대처할 수 있어야 한다. 이러한 이유 때문에 독서치료 현상을 입체적 시각에서 탐구하여 충분히 기술하는 작업은 촉진활동과 독서활동에 모두 도움을 줄 수 있으며 이를 위한 접근방법으로 양적 연구보다 질적인 접근이 적합 하다.

2) 슈로즈의 연구

문학작품을 읽을 때 독자가 어떤 치료적 경험을 하는지에 대하여 제보자에 대한 심층 인터뷰라는 질적 연구방법론을 적용하여 처음으로 독서치료적 심리적 이론 을 제시한 사람은 슈로즈(Shrodes, 1950)로 그녀의 박사학위논문을 통해서 제시했 다. 그녀의 이론은 게슈탈트 심리학의 성격이론과 몰행동이론(molar behavior theory; 전체적·총체적으로 파악한 생활체의 행동), 장이론(field therapy), 프로이트 의 정신분석학 등의 영향을 받았다(Rubin, 1978b). 문학을 치료적으로 읽을 때 독 자의 내면에서 일어나는 심리적 역동으로 슈로즈는 동일시(identification), 투사 (projection), 소산과 카타르시스(abreaction and catharsis), 통찰(insight) 등 네 가지 를 제시하였다. 그녀의 이론은 지금까지도 동일시, 카타르시스, 통찰이라는 세 가 지 원리로 축약된 형태로 독서치료의 심리역동적 원리로서 제시되고 있는데 이들 개념에 대한 그녀의 설명은 다음과 같다.

동일시(identification)란 일반적으로 자기존중을 증가시키기 위하여 대부분 무의식적으로 사람들이 사용하는 수용기제(adaptive mechanism)라고 정의를 내릴 수 있다. 동일시는 다른 사람이나 집단, 어떤 기관, 심지어는 상징과 자신을 실제로, 혹은 상상적으로 연합(affiliation)하는 형식을 취한다. 대체로 이 과정은 자신이 동일시하는 대상에 대한 감탄, 모방하려는 경향, 충성과 소속감을 포함한다. 투사(projection)는 문학에서 두 가지 용도가 있다. 투사는 다른 사람에게 귀인(歸因)시키는 것과 자기 대신 다른 사람의 책임으로 돌리기 위한 자신의 감정과 동기로 구성되어 있다. 이 말은 또한 어떤 사람의 인지와 통각(統覺), 사람과 세상에 대한 인식이라는 말로도 사용된다. 카타르시스(catharsis)는 소산(abreaction)과 동의어로 검열받지 않고 무의식적으로 감정이 방출되는 것을 가리키는 말이다. 이 말은 아리스토텔레스학파의 견지에서 '정서의 정화(purging of emotions)'를 의미한다. 통찰(insight)은 일반적으로 심리치료에서 자신의 동기에 대한 정서적 자각을 지칭하는 말로 사용되는데, 자각은 이전의 경험을 재생하는 것과 이에 수반되는 감정의 정화로부터 발생한다(Shrodes, 1950, p. 36).

슈로즈는 자신의 논문에서 내담자와 독서 매체 사이에 치료적 상호작용이 일어날 수 있도록 하고 또 어떤 치료적 상호작용이 일어났는지 알아보기 위해 발문의 유형을 소개하였다. 즉, 동일시와 관련된 발문, 카타르시스와 관련된 발문, 통찰과 관련된 발문, 투사와 관련된 발문 등이다. 독서치료 상담의 개입방법으로서 적절한 발문을 만들어 활용하는 것은 매우 중요하다. 그러나 이 부분에 대한 연구가 많지 않으므로 앞으로 더 많이 연구되어야 할 것이다. 또한 정신분석에 깊이 영향을 받은 그녀의 연구는 독자의 심리 역동에만 초점을 맞추고 있어 상담에서의 주요 변수인 상담자와 집단 역동, 매체의 특성 등은 고려하지 못하고 있다는 한계가 있다.

3) 콜라치와 코언의 질적연구

콜라치(Colaizzi, 1978, pp. 66-71)는 12명의 제보자로부터 치료적 목적의 독서 경험을 현상학적 방법론으로 연구하여 수행요소(performance components), 수행의 결과 요소(results of performance components), 정서적 요소(affective components), 수행과 정서적 요소 간의 관계(interrelations between performance and affective components), 업무활동내용 요소(content of task activity components), 변화의 자각 요소(awareness of change components), 일시적 요소(temporal components), 상황 요소(situation components) 등 열두 가지 범주를 발견하였다. 그는 이를 다시 ① 책의 드러내는 힘(the revealing power of book), ② 책의 영향에 대한 준비도(readiness to be affected by the book), ③ 독서의 결과(consequences of reading)라는 세 가지 상위 범주로 축약하였다. 또 책에서 강한 영향을 받아 변화되는 독자의 경험을 '독서-변화(reading-change)'라는 핵심 범주로 기술하면서 학습 상황과 학습 내용을 상호 연결시키고자 하는 학습자의 의도적 힘을 매우 강조하였다. 슈로즈(1950)가 독서를 통한 치료적 과정을 심리 역동적(psycho-dynamic) 측면에 초점을 맞춘 데 비해서 콜라치(1978)는 정신적 영역은 물론 신체적 반응에도 주목을 한다는 점에서 포괄적인 패러다임을 제시하였다. 이는 앞으로 독서치료를 연구하는 데 있어서 어떤 요소가 함께 고려되어야 하는지 연구자의 시야를 넓혀 준다는 점에서 의의가 있다.

코언(Cohen, 1992)은 슈로즈(1950)와 콜라치(1978)의 연구를 참고로 하면서 삶의 상황에서 독서를 통해 도움을 받은 경험이 있는 성인 제보자 9명을 심층 면담 기법으로 연구하였다. 그 결과 치료적 독서란 "앎의 방법과 느낌의 방법으로 인도하는 자기에 대한 인식(Recognition of Self led to Ways of Knowing and Ways of Feeling)"이라고 하였다(Colaizzi, 1978, p. 126). 즉, 참여자의 치료적 읽기 경험은 내재적이든 외재적이든 문학의 등장인물에게서 자신을 발견한 것에서 비롯되며 일단 자신을 깨닫게 되면 치료적 읽기의 다른 측면을 경험하여 그들의 삶의 상황에 있어서 어려운 문제에 대한 도움을 받을 수 있다는 것이다. 느낌의 길로 인도하는 자각의 하위 요소는 경험을 나눔, 적절하다는 느낌, 안전감, 희망, 영감, 카타르시스 등이었다. 또한 참여자는 자신에 대한 인식은 앎의 길로 인도하는데, 그들의 상황을 개선하고 건강 돌보기나 학교 제도 같은 관료조직에 적응하는 데 있어서 도움이 되는 양질의 정보를 얻을 수 있다. 즉, 문제를 깊이 이해하고 이를 해결하기 위한 정보를 획득할 수 있게 되는 것이다. 코언(1992)은 치료적 독서의 중심현상을 '자기에 대한 인식(recognition of self)'이라는 핵심 개념으로 요약하였다. 이는 독서치료 과정에서 자기계발서나 문학작품 도서가 참여자의 마음을 비추는 거울이 되어 주기 때문에 일어나는 현상이다. 그의 연구는 인지적 요소를 매우 강조한 패러다임으로서 독서를 통해 어떻게 변화를 촉발시킬 수 있을지 촉진자의 입장에서 전략과 기법을 개발하는 데도 많은 통찰을 준다. 즉, 책을 거울 삼아 자신의 문제를 직면하게 하고 그러한 문제를 해결해 가는 데 도움이 되는 양질의 정보를 자기계발서를 통하여 제공할 수 있다. 이처럼 그의 개념은 문학작품은 물론 자기계발서를 포괄할 수 있는 장점이 있다. 하지만 너무 인지적 측면에 초점을 맞추고 있어서 콜라치(1978)가 넓혀 놓은 몸의 반응과 같은 요소를 포괄하지 못하고 독자의 경험을 입체적으로 다루지 못한 한계가 있다.

4) 국내의 질적 연구를 통한 발견

독서치료 실제적 이론 개발을 목표로 질적 연구방법을 적용한 연구는 이성옥(2006)의 「시 활동 경험의 심리적 치유과정 분석」이 있다. 이 논문에서 저자는 시 활동을 통해서 치료적 경험이 있는 성인 남녀 참여자 14명을 심층 면담하여 정화와 동화 및 조절의 기제에 의한 치료과정을 분석해 내고 있다. 즉, 시를 읽고 쓸 때 감정 해소(정화)와 욕구 충족(동화), 그리고 경험의 확장과 통합(조절)이 일어나면서 과거의 경험에 새로운 의미를 부여하는 방식으로 치료가 일어난다고 하였다. 이 논문은 프로그램을 만들어 실행한 다음 효과를 검증하는 양적 연구와 다르게 시와 참여자가 어떻게 치료적으로 상호작용을 하는지 치료적 경험이 있는 제보자를 의도적으로 표집하여 심층적 측면을 탐구했다는 점에서 의의가 있다.

한편 김길자(2008)는 부정적 정서로 인해 일상생활을 하는 데 어려움을 겪고 있는 여대생의 삶에 대한 관심과 회복과정에 관심을 가지고 대학에 재학 중인 21∼23세 사이의 정서적, 심리적 어려움을 겪고 있는 여대생 4명을 대상으로 연구하였다. 독서치료 활동에서의 심층 면담과 참여 관찰 및 참여자의 독후 활동 기록물을 통해 자료를 수집하고, 스트라우스와 코빈(Strauss & Corbin, 1998)의 근거이론방법을 적용하여 분석하였다. 시간 흐름에 따라 회복과정은 문제인식 단계, 정서적 반응 단계, 문제해결 단계, 자기적용 단계의 4단계로 나타났다고 한다. 이 연구 역시 단순하게 효과만을 검증하는 양적 연구의 한계를 벗어나 치료 목적으로 개입시킨 자료와 참여자가 어떤 상호작용을 통하여 치료에 이르게 되는지 질적 연구의 한 방법론인 근거이론을 처음으로 적용하여 심층적으로 이해하려 했다는 점, 연구자 자신이 촉진자 역할을 하면서 반성적으로 그 과정을 성찰한 점, 지금까지 독서치료에서는 잘 다루어지지 않았던 문제인식 단계를 비중 있게 취급한 점 등에서 의의가 있다.

5) 독서치료의 질적 연구에 관한 전망과 과제

소집단 기반의 독서치료의 필수적인 요소는 '참여자-매체-촉진자-소집단'이며, 참여자는 이들 간의 상호작용을 통하여 치유를 경험한다. 이를 참여자의 시각에서 분석해 보면 [그림 10-3]과 같은 모형이 성립된다. 즉, ① 참여자와 촉진자

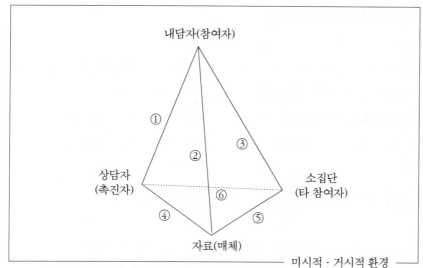

[그림 10-3] **독서치료 요소 간의 상호작용 모형**

간의 상호작용, ② 참여자와 매체 간의 상호작용, ③ 참여자와 타 참여자와의 상호작용(소집단 자체와 상호작용 포함) 등 직접적 상호작용의 차원과, ④ 촉진자와 매체의 상호작용, ⑤ 매체와 타 참여자의 상호작용, ⑥ 타 참여자와 촉진자의 상호작용 등 간접적 상호작용의 차원이 함께 상호작용하는 모형이 된다.

독서치료 요소 간의 상호작용의 관점에서 볼 때 지금까지 독서치료에 관한 국내외 연구는 변화의 주체인 참여자의 치료 경험을 단편적으로만 탐구하여 입체적인 관점을 드러내지 못했다. 다시 말해서 양적 연구에서는 독서치료 프로그램이라는 독립변인과 문제 해결이나 증상의 개선이라는 종속변인 간의 관계에 대한 수량적 연구로서 그 사이에 무슨 일이 일어났는지 깊이 있게 들여다보지 못했다. 따라서 질적 연구를 통해서 다각적이고 입체적인 차원에서 치료적 상호작용을 탐색하여 독서치료 경험 이면에 숨겨진 참여자의 구체적, 미시적, 심층적, 주관적인 경험의 변화의 경험과 과정이 무엇인지, 또 촉진자와 참여자 간의 다양한 상호작용을 통하여 어떻게 변화되어 가는지 더욱 심층적으로 밝힐 수 있을 것으로 기대한다.

4. 독서치료의 미래

하나의 학문이 꽃피려면 요소의 법칙이 적용되어야 한다고 했다. 21세기 우리나라의 독서치료는 매우 적절한 토양을 만났다고 볼 수 있다. 인터넷을 통해서 시골 산골마을에서라도 원하는 책을 쉽게 구할 수 있고 어느 시대보다 독서에 관한 관심이 고조되어 있다. 이에 독서치료의 과제와 전망을 몇 가지 짚어 보고자 한다.

1) 공공 도서관을 중심으로 한 인프라 구축

국가적인 노력으로 공공 도서관이 확대되어 이용자가 훨씬 용이하게 접근할 수 있는 환경이 조성되고 있다. 국립중앙도서관을 비롯하여 많은 도서관에서 어린이

전문 도서열람실을 구비하고 있는 것 또한 주목할 만하다. 필자가 보기에 가장 근본적인 변화는 도서관이 관리와 보존 중심에서 수용자 중심으로 패러다임이 바뀐 것이다. 그러한 맥락에서 공공 도서관의 서비스 가운데 하나로 독서치료를 접목시킨 연구들이 눈에 띄는데, 송영임(2003), 김순화(2005), 박금희(2006) 등의 연구가 있다.

양질의 독서치료 자료를 생산하기 위해서는 먼저 학문적인 연구와 임상이 균형 있게 발전하는 것이 바람직하다. 훌륭한 임상가들이 등장하여 현장에서 효과를 검증하고 사례를 분석하여 우리의 토양에 맞는 독서치료를 개발해 가는 방향으로 나가야 하며, 공공 도서관에서 독서치료 관련 자료를 체계적으로 수집하여 분류하고 연구자들에게 유통시키는 역할도 매우 중요하다. 공공 도서관에서 독서치료 프로그램이 운영되는 사례가 늘고 있으며 상황별 도서목록을 개발하여 유통시키는 등 많은 공헌을 하고 있다. 앞으로의 과제는 공공 도서관이 독서치료적 서지사항을 개발하여 표준화시키는 것이다.

한 예로 부산광역시 남구 도서관(http://library.bsnamgu.go.kr/)을 들 수 있는데, 2009년 8월 현재 해당 도서관 홈페이지에 접속하여 '독서치료'라는 키워드로 자료를 검색해 보면 2,500여 건이 나타난다. 독서치료 관련 설명서로 이런 분량이 결코 나올 수 없는데, 이는 아동 문학과 그림책, 소설과 같은 문학도서를 사서들이 읽어 보고 치료적 주제로 분류하여 서비스하기 때문에 가능한 결과다. 뿐만 아니라 부산광역시 남구 도서관은 1층 어린이 열람실에 독서치료 전용 서가를 마련하여 방대한 분량의 그림책, 아동 문학의 표지에 치료적 주제를 명기하여 열람 가능하도록 비치해 두고 있다. 공공 도서관의 이러한 노력이 전국적으로 시행된다면 정신건강에 대한 책의 영향은 훨씬 강력해질 것이다.

최근 성남시 중앙도서관의 독서치료 상담실의 개관은 주목할 만하다. 성남시 중앙문화정보센터(중앙도서관)에서는 2005년 9월 공공 도서관에서는 최초로 독서치료 상담실을 개관하고 서비스에 들어갔다. 독서치료 상담실은 기존 열람실 253m²(77평)을 리모델링하여 3개의 상담실과 자료실, 연구실 등으로 구성하였다. 강좌가 진행될 상담실에는 대상에 맞는 인테리어와 공간 배치로 상담 분위기를 한층 높였다고 한다. 도서관은 이 상담실을 기반으로 하여 집단 독서치료 상담, 개별 독서치료 상담, 사이버 독서상담 등 다양한 프로그램을 운영하며, 중앙도서관 홈페이지 내에 개설한 '독서상담실'을 통하여 이용자의 온라인 상담에도 응하고 있다. 이 기관에서 양성된 독서치료상담사가 다양한 기관에서 봉사활동을 활발하게 전개하고 있으며 일부는 강사가 되어 후배를 양성하는 재생산체제를 구축한 점은 주목할 만한 모델이다. 이 밖에도 독서치료와 관련한 다양한 프로그램을 제공하는 도서관이 점점 많아지고 있다.

　공공 도서관의 참고봉사 사서의 역할은 갈수록 그 비중이 높아질 것이다. 봉사의 형태는 온라인과 오프라인의 장점을 결합한 형태로 나갈 것이며, 김정근 교수가 지적하듯이 머지않은 장래에 정신건강 전문사서의 등장도 기대할 수 있을 것이다.

2) 수용자 중심의 인터페이스 개발

　책과 사람의 인터페이스(interface)는 매우 다양할 수 있다. 만약 당신이 대형 서점에 간다면 그 서점의 주인은 고객의 관심을 끌 수 있도록 매우 세심한 인터페이스를 구축했을 것이다. 교과서나 참고서, 철학, 문학과 같이 학문적 논리에 따라 책을 배열하거나 출판사를 중심으로 책을 진열해 놓은 것을 쉽게 목격할 수 있다. 또 베스트셀러라든지 스테디셀러와 같이 독자의 관심 정도에 따라 분류할 수도 있다. 서점이든 도서관이든 책과 독자를 연결시키는 작업은 매우 중요한 과제다. 독서치료적으로 책과 사람 사이의 인터페이스를 구축한다는 것은 내담자(독자)의 심리·정서적 요구에 따라 책을 분류하여 유통시킨다는 의미다. 외국의 경우 독서치료용 도서를 소개하는 전문 사이트가 있고, 아마존닷컴(www.amazon.com)과 같은 인터넷 서점은 상당한 수준의 독서치료 인터페이스를 제공하는 것을 볼 수 있다. 예를 들어, 아마존닷컴에 접속해 보자. 첫 페이지 왼쪽 메뉴에서 '책, 음악, DVD(Books, Music, DVD)' 메뉴를 볼 수 있을 것이다. 이 메뉴 가운데 책(Books)을 다시 클릭해 보자. 여러 가지 도서 분류 카테고리가 나오는데, 그중 '건강, 정

[그림 10-4] 아마존 닷컴의 독서치료 인터페이스

신과 몸(Health, Mind & Body)' 항목을 클릭하면 [그림 10-4]와 같이 일반적인 주제를 비롯해서 나이 들기(Aging), 대체의학(Alternative) 등 25개의 주제를 볼 수 있다. 특히 그 가운데 오른쪽 열의 열 번째 주제인 'Self-Help'에서는 자기계발서 도서목록이 눈에 띈다.

또 다른 출판사의 예를 들어 보자. 인터넷 검색을 통하여 [그림 10-5]와 같은 독서치료 전문 출판사를 어렵지 않게 찾을 수 있었다. 독서치료용 아동 및 부모를 위한 도서들이 입양과 양자 돌보기 등을 시작으로 자아존중감까지 14개 주제 목록을 제공한다. 물론 주제를 클릭하면 해당 도서가 그림과 함께 자세하게 소개되어 있다. 이를 볼 때 독서치료 자료를 소개하는 서비스가 영어권에서는 매우 발달되어 있음을 알 수 있다. 우리나라에도 머지않아 이러한 독서치료 전문 사이트나 출판사가 나올 것으로 기대되며, 이는 대형 서점과 인터넷 서점이 나아가야 할 방향 중 하나이기도 할 것이다.

또한 미래에는 정신건강 포털사이트가 등장할 것으로 기대된다. 현재 http://www.reference.com/과 같은 사이트에 접속해 보면 초보 수준이기는 하지만 건강(health) 관련 항목으로 40개의 주제를 설정하고 관련 주제에 대하여 책과 사이트,

MAGINATION PRESS
SPECIAL BOOKS FOR CHILDREN'S SPECIAL CONCERNS

BOOKS BY TOPIC

Please select from the
topics to the right, or scroll
down the page for a
complete listing of our
books.

- Adoption and Foster Care
- Attention Deficit Disorder and Learning Disabilities
- Depression
- Disability
- Divorce
- Death and Dying
- Emotions
- Family Matters
- Fears and Anxieties
- Medical Problems
- Natural Disasters
- Psychotherapy
- School-Related Matters
- Self-Esteem

[그림 10-5] 메지네이션 출판사 독서치료 인터페이스

의료기관 등 다양한 정보를 분류하여 제공하는 것을 볼 수 있다. 정신건강 포털 사이트에서는 인터넷을 통하여 자신의 문제를 진단해 볼 수도 있을 것이며 또 그 문제를 해결하기 위한 자기계발서 및 문학작품, 상담 및 의료 기관 등을 종합적으로 안내받을 수 있을 것이다. 최근에는 독서치료적 안목을 가진 출판사들이 자사의 도서 목록을 치료적으로 분류하여 유통시키는 일을 하고 있기도 하다.

독서치료는 독서 매체를 기반으로 하기 때문에 심리·정서적 문제를 주제로 다루는 작품의 생산과 분류, 유통이 필수적이다. 이런 서비스는 현재 공공 도서관을 중심으로 빠르게 구축되고 있기 때문에 독서치료의 전망이 더욱 밝다.

3) 독서치료 문학의 창작

독서치료는 그 중심에 문학을 가지고 있다. 시와 소설, 동화, 그림책 등을 좀 더 치료적인 관점에서 깊이 연구하고 임상 장면에서 검증하는 변증법적 과정을 통해서, 독서치료는 그 깊이와 영향력을 더해 갈 것이다. 문학과 문학 비평이 문학의 울타리 속에만 갇혀 있는 것은 바람직하지 않다. 문학은 인간의 삶의 모사(模寫)이며 작가의 손을 떠난 이야기는 이미 인류 공통의 소중한 지적 자산이다. 따라서 미래에는 사람의 심리·정서적 문제를 치료할 것을 염두에 두고 창작하는 작가가 많아질 것이다. 치료용 문학이라고 해서 뻔한 결론의 교훈적 이야기일 필요는 없

다. 더욱 심미적인 옷을 입고 독자에게 다가갈 때 문학이 지닌 힘과 치료가 결합되어 더 큰 힘을 발휘하게 될 것이다. 그러기 위해서 작가는 독서치료와 문학 양자 모두에 정통해야 할 것이다. 필자가 모니터해 본 바로는 아동문학의 분야에서 독서치료에 활용할 수 있는 좋은 작품이 속속 출간되고 있어 고무적이다. 하지만 어린 아동을 비롯하여 노년까지 활용할 수 있는 그림책 장르에서는 아직도 외국의 번역물이 주종을 이루고 있어 안타깝기 그지없다. 그림책은 짧은 시간에 읽을 수 있고, 디지털 자료로 쉽게 영상화하여 프레젠테이션이 가능하며, 글과 그림이 상호 보완적으로 메시지를 전달하는 특징이 있다. 다루는 주제 역시 심리 · 정서적 문제와 인간관계 문제, 죽음과 이별, 정체감과 같은 보편적 문제를 폭넓게 다루고 있어 매우 중요한 독서치료 자료가 된다. 앞으로 우리나라 작가들이 우리 정서에 맞는 치료적 그림책을 많이 창작할 날을 기대해 본다.

시 역시 독서치료에서 빼놓을 수 없는 장르다. 지금까지 창작된 시를 독서치료적으로 연구하여 분류하는 작업이 필요할 것이다. 또 그런 시각에서 쓰인 시들이 단행본으로 엮여 출판되는 것도 바람직하다. 미국 시치료학회 연차대회에서는 그 기간 동안 집단 회기에서 사용된 시들을 다시 모아 자료집으로 엮어 유통하고 있다. 시는 어떤 장르보다 간편하면서도 사람들의 정서에 쉽게 접근하는 능력이 있다.

독서치료 자료로서 보통 사람의 보통 살아가는 이야기가 글로 쓰이고 유통될 필요가 있다. 예컨대, 주부가 아이를 기르면서 겪은 애환, 고향 이야기, 노인의 삶, 가장의 생활전선에서 겪는 이야기 등이다. 동시대를 살아가는 사람들의 서사들이 계발되고 유통됨으로써 치료적 자원이 더욱 풍성해질 수 있는 것이다.

4) 통합적 독서치료의 지향

유능한 상담자는 하루아침에 길러지지 않는다. 상담은 실천적 학문으로 깊이 있는 지식과 더불어 몸으로 익혀 가야 할 기술이기도 하기 때문이다. 상담자를 훈련시키는 표준 과정이 개발되고 멘터와 슈퍼바이저가 세워져야 한다. 외국과의 활발한 교류를 통해서 그들의 경험에서 배우되 우리의 토양에 맞는 독서치료를 개발해야 할 것이다. 이를 위해서 학교와 병원, 사회기관 등 다양한 기관의 네트워킹은 물론 상담자, 일선 교사, 작가, 사서, 인터넷 서점 운영자까지 여러 전문가가 팀으로 함께 해야 한다. 미국의 경우만 해도 초기에는 산발적으로 개인 연구소나 다양한 학회가 설립되다가 나중에 전국적인 규모로 연합하는 과정을 거쳤다.

독서치료는 그 속성상 다른 상담과 잘 연합되는 특징이 있다. 그것은 인간의 독서 행위가 정보를 수용, 처리, 표현하는 전체 과정을 포함하고 있는 데서 기인한다. 어떤 상담도 인간의 모든 정신적 문제를 다 다룰 수 없다. 따라서 독서치료의 장점을 잘 발전시켜 가면서 다른 표현예술치료와 인접 상담과의 연합을 통해 인간을 더욱 행복하고 건강하게 이끄는 데 일조해야 할 것이다.

독서치료는 음악이나 미술, 놀이, 심리극, 이야기(narrative), 영화와 같은 인접 매체와도 매우 잘 결합되는 속성이 있다. 미국의 경우 표현예술치료라는 상위개념으로 이러한 매체중심의 상담이 각자 발전하면서 동시에 통합되는 경향을 보여 준다. 국내에서도 현 시점까지는 음악치료나 미술치료, 사이코드라마, 놀이치료 등이 각자 심도 있게 발전을 거듭하고 있다. 하지만 이들 매체가 서로 결합될 때 더 큰 시너지를 얻을 수 있기 때문에 다양한 모습으로 결합될 가능성이 크다. 그러기 위해서는 먼저 각 매체의 특징에 대한 깊이 있는 탐구가 선행되어야 하고 이론적 수준에서 방법론적 수준까지 다양한 통합모델이 연구되어야 할 것이다. 또한 각 분야의 전문가가 팀으로 함께 작업하는 것도 고려할 만하다.

요 약 >>>

    임상 학문으로서 독서치료의 연구는 변인과 변인의 관계에 대해서 탐구하는 것이다. 변인의 종류로는 독립변인(처치변인), 종속변인, 매개변인이 있다. 독서치료에서 독립변인은 대개 독서치료 프로그램을 말하며 처치변인은 내담자가 지닌 증상이나 해결 과제라고 볼 수 있다. 매개변인은 독립변인과 종속변인 사이에 끼어 영향을 미치는 것으로, 최대한 통제해야 양질의 연구 결과를 얻을 수 있다.

    독서치료의 질적 연구는 이제 초기단계에 있다. 독서를 통해 사람이 어떻게 변해 가는지 그 과정과 역동을 있는 그대로 깊이 이해하는 과정은 독서치료의 기반을 더욱 든든히 세워 준다.

    독서치료 활동을 구성하는 핵심 변인으로는 ① 상담자 변인, ② 내담자 변인, ③ 문제 변인, ④ 프로그램과 연구 방법론 변인, ⑤ 매체 변인, ⑥ 장 변인 등이 있다. 이들 변인 자체와 상호관계는 연구의 주된 주제가 될 수 있다.

    독서치료의 사회적 인프라 구축은 적절한 시기에 적절한 사람에게 적절한 정보가 유통되도록 시스템이 개발되고 확장되는 방향으로 나갈 것이다. 이를 위해서 공공 도서관이나 출판사, 서점 등이 수용자 중심의 인터페이스를 개발해 가고 있다. 온라인상의 참고봉사 서비스는 통신의 발달과 더불어 더욱 가속화될 것이다. 뿐만 아니라 독서치료는 매체 중심의 상담이므로 우리 정서에 맞는 그림책과 문학, 시, 기타 치료적 문학을 발굴하고 창작하는 작업이 필수적이다.

🎓 학습과제

❶ 임상 학문으로서 독서치료는 변인과 변인 간의 관계를 탐구하는 작업이다. 이미 발간된 독서치료 학위논문의 목록을 확보하고 제목에서 독립변인과 종속변인을 구별해 보시오.

❷ 독서치료자로서 자신이 질적 연구방법으로 책을 통해 어떻게 변화되었는지 자기인터뷰를 해 보시오.

❸ 독서치료 활동을 구성하는 필수적인 요소를 지적하고 그것이 어떻게 서로 연결

되어 있는지 설명해 보시오.

❹ 독서치료 상담에서 상담자 자신에 대한 이해가 왜 중요한지 설명해 보시오. 가
능하면 상담자로서 자신이 가진 자원(개인적인 경험, 전공, 직업, 열정, 재능,
비전, 동기 등)에 관하여 꼼꼼하게 기록해 보시오.

❺ 한국교육학술정보원 홈페이지(http://www.riss4u.net/)에 접속하여 독서치
료 관련 석·박사 논문을 열람해 보시오. (대부분의 본문을 pdf파일 형태로 제
공하기 때문에 선행연구를 탐구하는 데 유익하다.)

❻ 국내 학위논문과 학술논문은 국립 중앙도서관(http://www.nl.go.kr/) 및 국
회 도서관(http://www.nanet.go.kr/) 홈페이지를 활용해서 독서치료적 참
고봉사 서비스를 요청해 보시오. 예컨대, 홈페이나 전화, 방문을 통해서 '우울
증'을 개선하기 위해 읽을 수 있는 그림책이나 소설을 추천해 달라고 요청해
보시오.

부록

부록 1 생산적 역할과 비생산적 역할 양식

부록 2 독서치료에서의 반응 유형 양식

부록 3 하위 수준의 참여자의 일반적 특징 양식

부록 4 생활적응에 대한 기록 양식

부록 5 독서치료 자료용 참고 목록

부록 6 독서치료 관련 석 · 박사 학위논문 목록

생산적 역할과 비생산적 역할 양식

참여자 _____   집단 _____   독서치료자 _____

※ 대화에서 다음 항목이 나타나면 해당 항목 칸에 ×를 표하시오.

1. 생산적 역할: 설명적 기능(대화내용이나 자료에 대해 더 잘 이해할 수 있게 해 준다.)

항목＼모임일시	/	/	/	/	/	/	/	/	/
정보 얻기 (information-seeking)									
정보 주기 (information-giving)									
명료화하기 (clarifying)									
정교화하기 (elaborating)									

2. 생산적 역할: 표현적 기능(일관성 있는 대화를 할 수 있게 해 준다.)

항목＼모임일시	/	/	/	/	/	/	/	/	/
자발적으로 참여하기 (initiating)									
연결하기 (coordinating)									
초점 맞추기 (orienting)									
요약하기 (summarizing)									
의견 제시하기 (opinion-giving)									

3. 비생산적 역할(역동적인 의사소통을 방해한다.)

항목 \ 모임일시	/	/	/	/	/	/	/	/	/
차단 · 저항 (blocking/resistance)									
공격성 (aggression)									
타인의 인정 추구 (seeking recognition)									
지배 (dominating)									
특별한 관심 (special interest)									
위축 (withdrawal)									

※ 특별한 행동에 대한 기술

_____

_____

_____

_____

_____

_____

_____

부록 2

독서치료에서의 반응 유형 양식

참여자 _____   집단 _____   독서치료자 _____

날짜	모임	모임에서 사용한 자료의 장르-매체
	1	
	2	
	3	
	4	
	5	
	6	
	7	
	8	
	9	
	10	

Part 1. 독서치료 과정에 나타나는 대화

(각 모임에서 다음의 항목이 발생했을 때 해당 항목의 칸에 ×를 표하시오.)

1. 참여빈도

항목＼모임일시	/	/	/	/	/	/	/	/	/
대체로 참여하는 정도임									
가끔 참여하는 정도임									
거의 참여하지 않음									
전혀 참여하지 않음									

2. 자발적 참여정도(적극성)

모임일시 항목	/	/	/	/	/	/	/	/	/
대단히 주의를 기울임									
보통 정도의 주의를 기울임									
약간의 주의를 기울임									
무관심									
적대감이나 화를 냄									

3. 대화 중의 역할

모임일시 항목	/	/	/	/	/	/	/	/	/
대체로 과업지원적임									
대체로 비건설적임									
대화 시작 또는 반응									
대화 시작과 자발적 반응									
타인이 시작한 대화에 반응									

4. 자기 이해를 위한 반응 특성

모임일시 항목	/	/	/	/	/	/	/	/	/
자아-긍정적임(자신의 건강한 인성, 희망적인 것을 언급함)									
일반적으로 긍정적임(대체로 자신을 밝은 관점으로 봄)									
무관심(자신에 대해 무관심함)									
부정적(자주 자신의 실수와 결점을 이야기함)									
무반응(토의에 불참, 거의 무표정함)									

Part 2. 창의적 글쓰기(참여자가 구술 또는 글자로 표현한 것)

1. 글쓰기

모임일시 항목	/	/	/	/	/	/	/	/	/
개인의 건강한 인성에 대한 것									
개인의 문제에 대한 것									
완전하고 일관된 생각									
한 구절									
한 단어									
무반응									

2. 글의 특징

모임일시 항목	/	/	/	/	/	/	/	/	/
개인적 감정 또는 통찰이 나타남									
맥락에 대한 인지적 반응									
맥락과는 무관하나 개인의 관심에 대한 표현									
매우 일반적인 반응									
주제와 무관함									

PART 3. 사회적 상호작용

1. 타인과의 관계

모임일시 항목	/	/	/	/	/	/	/	/	/
집단 내의 타인과의 사회적 상호작용을 주도함									
타인과 자유로운 의사교환									
타인과의 관계에 대한 언급									
타인에 대한 인식을 드러냄									
경이적으로 타인에 대한 인내심을 보임									
타인을 전혀 주목하지 않음									
반감적 언어를 사용하여 남을 대함									
집단을 분열시키는 행동을 함									

2. 독서치료자와의 관계

항목 ＼ 모임일시	/	/	/	/	/	/	/	/	/
치료자에 대해 마음을 열고 자유롭게 대함									
치료자와의 개방적인 상호작용을 주도함									
치료자의 제안에 대체로 반응함									
치료자의 제안에 가끔 반응함									
독서치료자에게 거의 직접적으로 말하지 않음									
눈 맞춤을 회피함									
독서치료자에게 적대적으로 반응함									

부록 3

하위 수준의 참여자의 일반적 특징 양식

참여자 ＿＿＿＿＿＿　　집단 ＿＿＿＿＿＿　　독서치료자 ＿＿＿＿＿＿

날짜	모임	모임에서 사용한 자료의 장르-매체와 자료목록
	1	
	2	
	3	
	4	
	5	
	6	
	7	
	8	
	9	
	10	

Part 1. 참여자의 일반적 특징

A. 태도

1. 일반

항목 ＼ 모임일시	/	/	/	/	/	/	/	/	/	/
조심성 있음(머리를 들고 상대의 눈을 주시함)										
수동적(몸이 느림)										

우울함 (부정적 또는 슬픈 모습)									
기분이 자주 변함									
위축(눈맞춤이 없거나, 기가 죽거나, 의욕저하)									

B. 자신

2. 외모

항목 \ 모임일시	/	/	/	/	/	/	/	/	/
복장이 단정함									
평범함									
단정치 못함									

C. 시간

3. 오리엔테이션

항목 \ 모임일시	/	/	/	/	/	/	/	/	/
공동체에 자신의 시간을 맞춤									
미래에 대한 현실적 계획이 없음									
과거 또는 비현실적인 현재/미래에 사로잡힘									
과거와 현재를 혼동함									

D. 집중력

4. 주의집중 시간

항목 \ 모임일시	/	/	/	/	/	/	/	/	/
일정하게 집중함(눈, 몸)									
상당히 집중하는 편임									
간헐적으로 집중하는 편임									
매우 짧게 집중함									
전혀 집중하지 못함									

Part 2. 독서치료에 대한 반응

A. 참여율

1. 참여 태도

항목 \ 모임일시	/	/	/	/	/	/	/	/	/
자발적으로 참여함									
치료자가 격려하여 참여함									
치료자가 도와주면 참여함									
독서치료모임에 오기를 거부함									

B. 신체적 반응

2. 태도

모임일시 항목	/	/	/	/	/	/	/	/	/
편안해 보임									
정각에 나타남									
혼자있는 것을 견뎌냄									
흥분된 모습									
왔다갔다함									
중도에 가버림									
화를 내며 가버림									

3. 자료에 대한 반응

모임일시 항목	/	/	/	/	/	/	/	/	/
흥미를 가지고 봄									
자료를 사용함									
눈으로 봄									
비정상적인 관련을 지음									
집에 가져감									
망가뜨림									

C. 구술적 형태의 창의적 글쓰기

4. 일반적 반응

항목＼모임일시	/	/	/	/	/	/	/	/	/
완전하게 생각을 씀									
한 문장을 씀									
한 단어를 씀									
참여를 거부함									

5. 반응의 특성

항목＼모임일시	/	/	/	/	/	/	/	/	/
개인적 감정/통찰력 보임									
문맥에 맞는 일반적인 말									
문맥과 무관하나 솔직함									
매우 일반적인 반응									
주제와 관련 없는 반응									

Part 3. 사회적 관계

1. 독서치료 집단내의 타인과의 관계

항목＼모임일시	/	/	/	/	/	/	/	/	/
집단 내의 타인과의 사회적 상호작용을 주도함									
타인과 자유로운 의사교환									
타인에 대한 인식을 드러냄									

경이적으로 타인에 대한 인내심을 보임									
타인을 전혀 주목하지 않음									
반감적 언어를 사용하며 남을 대함									
집단을 분열시키는 행동을 함									

2. 독서치료자와의 관계

모임일시 항목	/	/	/	/	/	/	/	/	/
치료자에 대해 마음을 열고 자유롭게 대함									
치료자와 개방적인 상호작용을 함									
치료자의 제안에 대체로 반응함									
치료자의 제안에 가끔 반응함									
독서치료자에게 거의 직접적으로 말하지 않음									
눈 맞춤을 회피함									
독서치료자에게 적대적으로 반응									

생활적응에 대한 기록 양식

참여자 _____ 집단 _____ 독서치료자 _____

날짜	모임	모임에서 사용한 자료의 장르-매체와 자료 목록
	1	
	2	
	3	
	4	
	5	
	6	
	7	
	8	
	9	
	10	

Part 1. 적응에 대한 관찰기록

A. 모임에 대한 적응

항목＼모임일시	/	/	/	/	/	/	/	/	/
아주 잘 적응함									
적당히 적응함									

변덕스러운 행동을 보임									
부적응									
적응 불가능해 보임									

B. 현실감각

항목 \ 모임일시	/	/	/	/	/	/	/	/	/
매우 잘 수행함									
적당히 수행									
변덕스러운 행동을 보임									
부적응									
적응 불가능해 보임									

C. 자존감

항목 \ 모임일시	/	/	/	/	/	/	/	/	/
자신감 있음									
긍정적임									
일관되지 않은 의견									
부정적 자아상									
인식하지 못함									

Part 2. 참여자의 반응

1. 모임에서의 자기 평가

모임일시 항목	/	/	/	/	/	/	/	/	/
정확한 자기 평가 가능									
자신의 능력에 낙관적									
대체로 좋다고 생각함									
자신에 대한 언급이 거의 없음									
자아-관찰을 하지 않음									

2. 대인관계에 대한 평가(참여자의 가족이나 본인이 중요시하는 사람에 대한 평가)

모임일시 항목	/	/	/	/	/	/	/	/	/
긍정적									
적당함									
부정적									
언급이 없음									

Part 3. 독서치료자의 참여자에 대한 평가

1. 독서치료의 유지를 위해 고려해야 할 점

항목 \ 모임일시	/	/	/	/	/	/	/	/	/
계속적으로 자존감을 세워 줄 필요가 있음									
현실감각의 중요성에 대해 계속 강조해 줄 필요가 있음									
대처 기술을 발달시키기 위한 상호작용이 필요함									

2. 독서치료 구성원으로서의 관계 종료의 결정

항목 \ 모임일시	/	/	/	/	/	/	/	/	/
자기 평가를 유능감 있게 할 수 있게 됨									
모임 밖의 상호작용에서도 도움을 얻을 수 있는 준비가 됨									
대화가 별로 도움이 되지 못함									
기타 이유(별도의 난에 기록할 것)									

※ 특별한 행동에 대한 기술

_____

_____

_____

독서치료 자료용 참고 목록

(1) 독서치료 관련 이론서

- 김현희 외(2003). 독서치료의 실제. 서울: 학지사.
- 김현희 외(2004). 독서치료(개정판). 서울: 학지사.
- 닉 마차(2005). 시치료: 이론과 실제(김현희 외 공역). 서울: 학지사.
- 베스 제이컵스(2008). 감정 다스리기를 위한 글쓰기(김현희 외 역). 서울: 학지사.
- 변학수(2006). 통합적 문학치료. 서울: 학지사.
- 변학수(2007). 문학치료(2판). 서울: 학지사.
- 양유성 외(2008). 발달적 독서치료의 실제. 서울: 학지사.
- 원동연 외(2005). 5차원 독서치료. 서울: 김영사.
- 이영식(2006). 독서치료 어떻게 할 것인가. 서울: 학지사.
- 이영애 외 신성회 회원(2007). 치유가 일어나는 독서모임. 서울: 죠이선교회.
- 이영애(2000). 책읽기를 통한 치유. 서울: 홍성사.
- 제임스 페니베어커(2007). 글쓰기치료(이봉희 역). 서울: 학지사.
- 조지프 골드스타인(2003). 비블리오테라피: 독서치료, 책속에서 만나는 마음치유법(이종인 역). 서울: 북키앙.
- 존 폭스(2005). 시치료(최소영 외 역). 서울: 시그마프레스.
- 캐서린 애덤스(2006). 저널치료(강은주 외 역). 서울: 학지사.
- 캐서린 애덤스(2006). 저널치료의 실제(강은주 외 역). 서울: 학지사.
- 한국도서관협회 독서문화위원회 편(2007). 정신건강과 자아발달을 돕는 체험적 독서치료. 서울: 학지사.
- 한국어린이문학교육연구회(2001). 독서치료. 서울: 학지사.

(2) 아동(유아)문학 교육 이론서

- 강문희, 이혜상(2008). 아동문학교육(2판). 서울: 학지사.
- 강인언, 김영숙(2004). 유아문학교육: 이론과 실제(증보판). 서울: 양서원.
- 고문숙, 임영심(2000). 유아를 위한 문학교육. 서울: 정민사.
- 권정숙(1992). 유아문학 활동 지도의 이론과 실제. 서울: 삼광출판사.
- 김경중(1994). 아동문학론. 서울: 신아출판사.
- 김세희(2001). 유아교사와 부모를 위한 유아 문학교육. 서울: 양서원.
- 김신연, 최재선(2001). 아동문학의 이해와 활용. 서울: 민속원.
- 김현희, 박상희(2008). 유아문학: 이론과 적용. 서울: 학지사.
- 마리나 니콜라예바(1998). 용의 아이들: 아동문학 이론의 새로운 지평(김서정 역). 서울: 문학과지성사.
- 박민수(1998). 아동문학의 시학. 서울: 춘천교육대학 출판부.
- 박선희, 김경중(1999). 유아문학. 서울: 한국방송통신대학 출판부.
- 박춘식(1990). 아동문학의 이론과 실제. 서울: 학문사.
- 서정숙, 남규(2005). 그림책으로 하는 유아 문학 교육. 서울: 창지사.
- 신헌재 외(2007). 아동문학과 교육. 서울: 박이정.
- 심성경 외(2003). 유아문학의 이론과 실제. 서울: 학지사.
- 이상금, 장영희(2001). 유아문학론(개정판). 서울: 교문사.
- 이상현(1987). 아동문학강의. 서울: 일지사.
- 이재철(1988). 아동문학의 이론. 서울: 형설출판사.
- 장혜순(1997). 아동문학론. 서울: 창지사.
- 정선혜(2000). 한국 아동문학을 위한 탐색. 서울: 청동거울.
- 최지훈(1992). 동시란 무엇인가. 서울: 비룡소.
- 하청호, 심후섭(1994). 아동문학. 서울: 정민사.
- 한국어린이문학교육연구회(1999). 환상 그림책으로의 여행. 서울: 다음세대.
- 황정현(2007). 동화교육의 이론과 실제: 교육연극을 중심으로. 서울: 박이정.

(3) 그림책 관련 이론서와 모음서

- 김세희, 현은자(1995). 어린이의 세계와 그림 이야기책. 서울: 서원.

- 김중철 편(1997). 쿠슐라와 그림책 이야기. 서울: 보림.
- 김향금 편(1998). 말썽꾸러기를 위한 바른생활 그림책. 서울: 보림.
- 나카가와 모로코 글/그림(2006). 그림책은 작은 미술관(신명호 역). 서울: 주니어 김영사.
- 마츠이 다다시(1990). 어린이와 그림책. 서울: 샘터 유아교육신서.
- 서정숙(1999). 유아의 전인적 발달을 위한 부모의 그림책 읽어주기. 서울: 창지사.
- 신명호(1994). 그림책의 세계: 시각 표현의 변천과 가능성. 서울: 계몽사.
- 이상금 편(1990). 어린이와 그림책. 서울: 샘터 유아교육신서.
- 이상금(1996). 어린이 그림책의 세계. 서울: 한림출판사.
- 이상금(1998). 그림책을 보고 크는 아이들. 서울: 사계절출판사.
- 현은자 외(2005). 그림책의 그림 읽기. 서울: 학지사.
- 현은자 외(2007). 그림책과 예술교육. 서울: 학지사.
- 현은자, 김세희(2005). 그림책의 이해 1, 2. 서울: 사계절.

(4) 동화 · 동시 모음서

- 게를린데 오르트너(1995). 엄마 이럴 땐 이런 동화를 들려주세요(김경연 역). 서울: 사계절.
- 국어교육을 위한 초등교사모임(2000). 아이들과 함께 하는 동화수업. 서울: 우리교육.
- 국어교육을 위한 초등교사모임(2000). 아이들과 함께 하는 시 수업. 서울: 우리교육.
- 권정생 외(2006). 광복 60년 동안 가장 빛나는 남북한 명작동화. 서울: 효리원.
- 김슬옹(1999). 상상력과 창의력을 키우는 동화 읽기 쓰기. 서울: 다른 세상.
- 김용성(1997). 새로운 생각을 심어주는 EQ동화. 서울: 자유지성사.
- 김용성(1997). 열린 생각을 갖게 하는 EQ동화. 서울: 자유지성사.
- 김용성(1997). 좋은 생각을 들게 하는 EQ동화. 서울: 자유지성사.
- 남미영(1999). 마음을 움직이는 동화. 서울: 세상모든책.
- 남미영(1999). 생각이 크는 동화. 서울: 세상모든책.
- 박정화(1999). 고학년 성교육동화. 서울: 계림출판사.
- 박정화(1999). 저학년 성교육동화. 서울: 계림출판사.
- 방정환 외, 한국명작동화선정위원회 편(2004). 백년 후에 읽어도 좋을 명작동화 1, 2. 서울: 예림당.
- 아동기획부 편(1998). 지혜를 주는 17가지 세계의 동화. 서울: 은의 나라 금의 나라.

- 어린이문화진흥회 기획(2000). 각시붕어가 이상해졌어요(1학년 환경동화). 서울: 여명미디어.
- 어린이문화진흥회 기획(2000). 괭이갈매기가 왕따가 된 까닭(2학년 환경동화). 서울: 여명미디어.
- 어린이문화진흥회 기획(2000). 쓰레기 속에서도 공부를 해요(6학년 환경동화). 서울: 여명미디어.
- 어린이문화진흥회 기획(2000). 오리가 농사를 지어요(5학년 환경동화). 서울: 여명미디어.
- 어린이문화진흥회 기획(2000). 지구야 지구야 정말 미안해(3학년 환경동화). 서울: 여명미디어.
- 어린이문화진흥회 기획(2000). 하느님 지구에 119를 보내 주세요(4학년환경동화). 서울: 여명미디어.
- 유소영(2001). 아동문학 어떻게 이용할까?. 서울: 건국대학교 출판부.
- 유창근 편(1997). 이럴 땐 이런 얘기: 유치원, 초등학교 교사, 학부모를 위한 어린이 문제 상황별 이야기 자료. 서울: 서원.
- 이상교(1999). 책을 사랑하는 아이로 키워주는 동화. 서울: 한국어린이교육연구원.
- 이용원(2000). 생각하는 방법을 배우는 동화. 서울: 한국어린이교육연구원.
- 이해 & 표현연구회(1999). 독서토론용 학습동화. 서울: 초등교육문화연구소.
- 조종순(2000). 예의 바른 아이로 키워주는 동화. 서울: 한국어린이교육연구원.
- 지그프리트 브로케르트(2000). 마음을 치유하는 동화세계: 독일 엄마들의 아이 키우는 방법 1 (곽노의 역). 서울: 종문화사.
- 지그프리트 브로케르트(2000). 마음을 치유하는 동화세계: 독일 엄마들의 아이 키우는 방법 2 (곽노의 역). 서울: 종문화사.
- 지니 G. 피츠패트릭(1997). 동화로 배우는 EQ(김숙영 역). 서울: 웅진출판사.
- 최재숙 글/홍성지 외 그림(1999). 좋은 버릇 길러주는 동화. 서울: 삼성출판사.
- 한국아동문학인협회(1996). 대표 동화동시 96. 서울: 예림당.

(5) 인터넷

① 매체 관련 사이트
- 비디오, 학위논문, 기관지, 아동도서, CD-ROM: 어린이개발센터(삼성)

(http://www.samsungwelfare.org:888/plsql/welfare1/sub_frame?p_id=352)
- 비디오, 학위논문, 아동도서: 한국어린이 육영회 정보센터
  (http://www.yukyoung.or.kr/org/org7/org7-12/org7-12-1.html)
- EBS 홈페이지(http://www.ebs.co.kr)>교양/문화>베스트VOD>기획다큐-아기성장보
  고서(www.ebs.co.kr/homepage/?category=A02B06C02D03E00&progcd=0003798)

2 독서치료 관련 사이트
- 미국시치료학회(http://www.poetrytherapy.org)
- 사단법인 한국독서문화재단(http://gulnara.or.kr)
- 심리지식커뮤니티 카운피아(http://www.counpia.com)
- 이영식 독서치료홈페이지(http://www.bibliotherapy.pe.kr)
- 정운채문학치료(http://kkucc.konkuk.ac.kr/~ucjeong)
- 한국독서치료연구회(http://www.readingclinic.or.kr)
- 한국독서치료학회 독서치료전문가과정 동호회(http://cafe.daum.net/bibliotheraphist)
- 한국독서치료학회(http://www.bibliotherapy.or.kr)
- 한국시치료연구소(http://www.poetrytherapy.or.kr)

3 도서 관련 사이트
- 계몽사(http://www.kemongsa.co.kr/index2.html)
- 권옥경 독서교실(http://my.netian.com/~kokbook/)
- 김슬옹(http://www.quickbook.co.kr/bookstudy/clinic01.html)
- 능인(http://www.nibook.co.kr)
- 다롱이꽃(http://cafe.daum.net/tendy)
- 독서교육(http://www.nread.com/lyh.html)
- 독서교육연구회(http://www.koresa.com)
- 문학동네(http://www.munhak.com/cgibin/Web_store/child.shtml)
- 보림(http://www.borimplc.co.kr)
- 비룡소(http://www.bir.co.kr)
- 사계절출판사(http://www.sakyejul.co.kr)

- 서울 어린이도서관(http://children.lib.seoul.kr)
- 아이북(http://sk.okcashbag.com:13411/mallok/woman/ibook/main/jsp/ ViewSect.jsp)
- 애기 똥풀의 집(http://pbooks.zzagn.net)
- 어린이도서연구회(http://www.childbook.org)
- 어린이문학 오른발, 왼발(http://www.childweb.co.kr)
- 어린이백화점 인터나루(http://www.internaru.com/book/book_ main.htm)
- 어린이서점 엘북(http://www.lbook.com)
- 엄지북(http://www.umjibook.co.kr/clinic/clinic.htm)
- 에듀스토리(http://www.edustory.co.kr)
- 예림당(http://www.yearim.co.kr)
- 윤동원-동화나라(http://www.donghwanara.com)
- 재미마주(http://www.jaimimage.co.kr/jaimimage.htm)
- 조이북(http://joybook.com)
- 지경사(http://www.jigyung.co.kr)
- 책사랑(http://www.booklove.co.kr)
- 청솔(http://www.chungsol.co.kr)
- 키드북(http://www.kidsbook.co.kr/main.htm)
- 키드숍(http://www.kidshop.co.kr)
- 파란나라(http://www.parannara.co.kr)
- 푸른하늘 어린이 책방(http://www.skyblue.co.kr/KidBook/ BestSeller.asp)
- 행복한 왕자(http://happyprince.co.kr/index0.html)

부록 6   (자료: 국회도서관)

1985~2008년 독서치료 관련 석·박사 학위논문 목록

2008년

번호	논문명	저자명	대학	청구기호	학위
1	가정폭력 피해여성을 위한 쉼터에서의 독서치료 프로그램이 주관적 안녕감에 미치는 영향	김영자	국민대학교 교육대학원	TM 370.15 -8-515	석사
2	강아지 똥 동화를 활용한 감상문 쓰기 지도 방안 연구: 문학치료의 기법을 활용하여	정선화	인제대학교 교육대학원	TM 411.07--8-925	석사
3	고등학생의 분노 조절을 위한 인지행동적 시치료 프로그램의 개발과 적용	오재옥	경성대학교 교육대학원	TM 370.15 -8-486	석사
4	고등학생의 자아정체성 확립을 위한 문학 수업 모형 연구	문태라	전남대학교 교육대학원	TM 411.07 -8-229	석사
5	국어과 문학 텍스트를 활용한 독서요법 프로그램이 중학생의 자아존중감과 학업성취도에 미치는 영향	홍미정	가톨릭대학교 교육대학원	TM 411.07 -8-641	석사
6	그림책을 활용한 독서치료가 저소득가정 유아의 자아개념 향상에 미치는 효과	이미애	상주대학교 산업대학원	TM 362.7 -8-11	석사
7	독서상담 프로그램이 저소득층 아동의 자기효능감에 미치는 효과	지경희	부산교육대학교 교육대학원	TM 372.14 -8-64	석사
8	독서요법 집단상담이 부적응 중학생의 자기효능감과 사회성발달에 미치는 영향	강선희	원광대학교 교육대학원	TM 370.15 -8-44	석사
9	독서요법 프로그램이 중학생의 자아존중감과 자기표현에 미치는 효과	한영심	순천대학교 교육대학원	TM 370.15 -8-175	석사
10	독서요법을 통한 저소득층 청소년의 진로결정 자기효능감 향상에 관한 연구	박현희	공주대학교 교육대학원	TM 020.7 -8-24	석사
11	독서요법이 부적응학생의 자아존중감과 사회성 개발에 미치는 효과	진희경	공주대학교 교육대학원	TM 020.7 -8-22	석사
12	독서치료 집단상담 프로그램이 초등학생의 자아존중감 향상 및 사회성 발달에 미치는 효과	유상희	건국대학교 교육대학원	TM 전자형태로만 열람 가능함	석사
13	독서치료 프로그램이 결손가정 초등학교 저학년 아동의 우울과 불안 감소에 미치는 효과	박혜원	강원대학교 교육대학원	TM 371.4 -8-136	석사
14	독서치료 프로그램이 공공도서관과 사서의 이미지에 미치는 영향	박현영	부산대학교 교육대학원	TM 020.7 -8-27	석사
15	독서치료 프로그램이 노인의 기능향상에 미치는 효과: 인지, 우울, 대인관계를 중심으로	채란희	호서대학교 여성문화복지대학원	TM 360 -8-1059	석사
16	독서치료 프로그램이 장애아 어머니의 양육스트레스 및 자아존중감에 미치는 효과	최경화	영남대학교 대학원	TM 370 -8-157	석사

17	독서치료 프로그램이 저소득층 아동의 우울감·자아존중감·정서조절능력에 미치는 효과	조효숙	전북대학교 대학원	TM 649 -8-25	석사
18	독서치료 프로그램이 저소득층 조손가정 아동의 자아존중감과 사회적 기술에 미치는 효과 연구	최윤숙	중앙대학교 사회개발대학원	TM 362.7 ㅊ265ㄷ	석사
19	독서치료 프로그램이 중학생의 공감능력 및 이타주의에 미치는 효과	김경심	인천대학교 교육대학원	TM 370.15 -8-397	석사
20	독서치료 프로그램이 중학생의 스트레스와 인간관계에 미치는 효과	이은주	영남대학교 교육대학원	TM 370.15 -8-117	석사
21	독서치료 프로그램이 중학생의 자아존중감과 학업성취동기에 미치는 효과	방순연	영남대학교 교육대학원	TM 370.15 -8-432	석사
22	독서치료 프로그램이 초등학생의 분노 감소 및 부모와의 유대관계에 미치는 효과	어항숙	호서대학교 여성문화복지대학원	TM 158.3 -8-67	석사
23	독서치료 프로그램이 초등학생의 자아개념 및 자기 통제력에 미치는 영향	박정화	영남대학교 교육대학원	TM 370.15 -8-115	석사
24	독서치료 프로그램이 초등학생의 자아존중감 개선에 미치는 효과	윤미숙	진주교육대학교 교육대학원	TM 372.14 -8-34	석사
25	독서치료 프로그램이 초등학생의 정서지능과 학교생활적응에 미치는 효과	박혜원	강원대학교 교육대학원	TM 371.4 -8-136	석사
26	독서치료가 시설보호아동의 자아존중감 향상에 미치는 영향	최인순	경운대학교 산업정보대학원	TM 360 -8-476	석사
27	독서치료가 우울성향인 고등학생의 자아존중감에 미치는 영향	박종은	가톨릭대학교 대학원	TM 401.84 -8-2	석사
28	독서치료가 저소득층 가정 아동의 성격 요인에 미치는 영향	박지연	경기대학교 대체의학대학원	TM 616.8914 -8-2	석사
29	독서치료가 중학생의 성 태도와 성역할 정체감에 미치는 영향에 관한 연구	홍근혜	성균관대학교 교육대학원	TM 020.7 -8-44	석사
30	독서치료가 중학생의 자아존중감과 대인관계 향상에 미치는 효과	김상희	동아대학교 대학원	TM 371.4 -8-2	석사
31	독서치료가 중학생의 자아존중감향상에 미치는 효과	이두원	충북대학교 교육대학원	TM 411.07 -8-340	석사
32	독서치료가 중학생의 학교적응에 미치는 효과	우현순	경상대학교 교육대학원	TM 370.15 -8-407	석사
33	독서치료가 초등학교 학습부진아의 자아존중감에 미치는 영향	최원호	전남대학교 교육대학원	TM 370.15 -8-203	석사
34	독서치료가 초등학생의 사회성 향상에 미치는 영향	김송이	중앙대학교 교육대학원	TM 020.7 -8-57	석사
35	독서치료가 초등학생의 자아존중감과 학교생활 적응에 미치는 영향	김갑임	아주대학교 교육대학원	TM 370.15 -8-248	석사
36	독서치료가 초등학생의 자아존중감에 미치는 영향에 관한 연구	백미영	대전대학교 교육대학원	TM 370.15 -8-125	석사
37	독서치료가 초등학생의 학업적 자기효능감에 미치는 영향	함수희	이화여자대학교 교육대학원	TM 372.14 ㅎ171ㄷ	석사

38	독서치료가 학습부진아의 성취동기에 미치는 효과	김유희	대구교육대학교 교육대학원	TM 371.90472 ㄱ796ㄷ	석사
39	독서치료가 학습부진아의 학습의욕과 학습습관에 미치는 영향	이은정	부산대학교 교육대학원	TM 371.4 ㅇ824ㄷ	석사
40	독서치료를 통한 여대생의 부정적 정서 회복과정에 대한 근거이론적 연구	김길자	경기대학교 대학원	TD 020 -8-27	석사
41	독서치료를 활용한 아동의 낮은 자존감 향상에 대한 기독교상담 고찰	전은경	나사렛대학교 신학대학원	TM 253.5 -8-75	석사
42	독서치료를 활용한 중학교 소설 교육 방안 연구	이진영	단국대학교 교육대학원	TM 411.07 -8-599	석사
43	독서치료프로그램이 청소년의 자아존중감에 미치는 영향	이영림	백석대학교 사회복지대학원	TM 360 -8-630	석사
44	독서치료프로그램이 초등학교 아동의 공격성 감소에 미치는 효과	오계선	위덕대학교 교육대학원	TM 371.2 -8-257	석사
45	동시를 활용한 독서치료가 초등학생의 자기표현력에 미치는 효과	김미경	울산대학교 교육대학원	TM 371.4 -8-83	석사
46	동화를 통한 정서용어 습득 훈련이 자폐성 아동의 마음읽기 능력에 미치는 효과	이귀연	대구대학교 특수교육대학원	TM 371.9 -8-101	석사
47	문학 수업에서 독서치료가 중학생의 자아 존중감에 미치는 효과	조혜경	부산대학교 교육대학원	TM 411.07 ㅈ526ㅁ	석사
48	문학읽기를 통한 독서치료 방법 연구	이경미	신라대학교 교육대학원	TM 411.07 -8-604	석사
49	문학치료 참여자 간의 공감 연구	윤은정	경북대학교 대학원	TM 당관미소장	박사
50	문학치료 텍스트로서 오태석의 「자전거」 연구	나동광	부경대학교 대학원	TD 411 -8-320	석사
51	문학치료를 통한 빈곤아동의 공격성 해소	심지현	경북대학교 대학원	TM 당관미소장	석사
52	문학치료를 통한 자기치유의 효과에 대한 이론적 고찰	김경란	인천대학교 대학원	TM 411 ㄱ499ㅁ	석사
53	문학치료를 통한 청소년 미혼모의 자아개념 향상	김경희	경북대학교 대학원	TM 당관미소장	석사
54	문학치료방법을 통한 청소년의 자아존중감 회복 방안 연구: SWOT기법과 의미시각화의 적용	김만천	단국대학교 교육대학원	TM 411.07 -8-388	석사
55	문학치료에서 상징의 치유 메커니즘	배영의	경북대학교 대학원	TM 당관미소장	석사
56	문학치료적 '서사' 이론에 따른 고대가요의 시교육적 활용 방안 연구: 〈공무도하가〉, 〈황조가〉를 중심으로	임희섭	건국대학교 교육대학원	TM 411.07 -8-713	석사
57	문학치료적 접근을 통한 〈흥부전〉의 교수·학습 방안	배슬아	인하대학교 교육대학원	TM 전자형태로만 열람 가능함	석사
58	발달적 독서치료가 초등학생의 공격성 감소에 미치는 효과 연구	조원윤	경기대학교 국제·문화대학원	TM 411.07 -8-351	석사

59	발달적 독서치료가 초등학생의 자아존중감 및 또래관계에 미치는 효과	박선숙	광주교육대학교 교육대학원	TM 370.15 ㅂ197ㅂ	석사
60	사이버 독서치료 상담의 필요성에 관한 연구: 대학생 사례를 중심으로	장석례	한양다핵교 교육대학원	TM 370.15 -8-362	석사
61	상호작용적 독서치료가 ADHD 아동의 사회기술 향상에 미치는 영향: 분노조절과 또래 집단 어울리기를 중심으로	이승연	경기대학교 국제·문화대학원	TM 411.07 -8-345	석사
62	설화를 활용한 소아기 우울증 아동의 문학치료 사례 연구: 〈반쪽이〉를 중심으로	성정희	건국대학교 대학원	TM 411 -8-313	석사
63	성경 그림책을 통한 독서치료 프로그램 개발: 정서·행동장애유아를 대상으로	심혜란	서울신학대학교 상담대학원	TM 373.14 -8-33	석사
64	수필 읽기를 통한 독서치료 프로그램이 중학생의 자아정체감에 미치는 효과	윤은옥	평택대학교 상담대학원	TM 362.8286 -8-24	석사
65	시설 아동 및 청소년 대상 독서치료프로그램의 효과 연구: 대구광역시 아동복지시설 독서치료 프로그램을 중심으로	이희숙	계명대학교 교육대학원	TM 020.7 -8-11	석사
66	시치료 방법을 활용한 시교육 방안 연구: 정서 표출을 중심으로	하수민	부산교육대학교 교육대학원	TM 372.4 -8-73	석사
67	신변탄식류 규방가사의 문학치료적 기능	오인빈	원광대학교 교육대학원	TM 411.07 -8-55	석사
68	아침독서 10분 운동이 초등학교 고학년 아동의 공격성과 학교생활적응에 미치는 효과 연구	황기혁	고려대학교 교육대학원	TM 370.15 -8-216	석사
69	어린이를 위한 독서치료연구의 국내 동향분석: 2001년-2007년도 학위논문을 중심으로	인형숙	총신대학교 교육대학원	TM 372.21 -8-610	석사
70	영성 독서 프로그램이 교회 청소년의 자아정체감에 미치는 효과	조현숙	가톨릭대학교 대학원	TM 401.84 -8-1	석사
71	위인전 중심의 독서치료 프로그램이 학습부진아의 자아존중감과 독해력에 미치는 효과	백은영	고신대학교 교육대학원	TM 371.9 -8-203	석사
72	유아기 부모를 위한 독서치료 프로그램이 장애인식 태도와 통합교육 인식에 미치는 효과	이미나	광신대학교 교육대학원	TM 371.90472 -8-4	석사
73	은유치료:문학치료에 대한 은유적 접근	배선윤	경북대학교 대학원	TM 당관미소장	박사
74	이춘풍전의 문학치료적 효용연구	나금자	서울여자대학교 대학원	TM 811 -8-46	석사
75	인터넷 중독 예방을 위한 독서치료 프로그램 적용 사례 연구	장계숙	부산대학교 교육대학원	TM 020.7 -8-25	석사
76	자아 존중감 향상을 위한 독서 프로그램 개발 연구: 중학교 2학년을 중심으로	김회숙	경기대학교 국제·문화대학원	TM 411.07 -8-35	석사
77	저널치료에 기초한 학급단위의 일기쓰기 프로그램이 초등학생의 자아개념과 학교적응에 미치는 효과	이태실	계명대학교 교육대학원	TM 370.15 -9-3	석사
78	전방향 독서법에 따른 독서치료의 자료분류에 관한연구	박연식	경기대학교 국제·문화대학원	TM 411.07 -8-347	석사
79	정신과 병동에서 자기이해를 촉진하는 집단 프로그램 개발 및 효과분석 연구	서인숙	한양대학교 대학원	TM 610.73 -8-23	석사

80	조기퇴직자의 우울증 해소를 위한 독서치료 효과에 관한 연구	구연배	전북대학교 대학원	TD 020 -8-31	박사
81	중학교 국어교과서에 기초한 독서치료 프로그램이 중학생의 자아존중감에 미치는 효과	이정화	부경대학교 교육대학원	TM 370.15 -8-229	석사
82	집단 독서프로그램이 학령기 자녀를 둔 중년여성들의 정신건강에 미치는 영향	김영아	이화여대학교 교육대학원	TM 370.15 ㄱ769ㅈ	석사
83	집단 시치료 운영과 그 교육적 시사점	김혜은	인하대학교 교육대학원	TM 당관미소장	석사
84	〈질투〉를 다룬 설화의 문학치료적 효용 연구	양미선	아주대학교 교육대학원	TM 411.07 -8-108	석사
85	청소년 자아정체감향상을 위한 독서치료용 도서평가: 『갈매기의 꿈』을 중심으로	임미화	경기대학교 국제·문화대학원	TM 411.07 -8-344	박사
86	청소년의 자아존중감 향상을 위한 독서치료 적용 사례 연구: B실업계 고등학교 5명의 남학생을 중심으로	엄경화	부산대학교 교육대학원	TM 020.7 ㅇ237ㅊ	석사
87	초등학교 저학년 학생의 공격성 감소를 위한 독서 요법 사례 연구	김재희	공주교육대학교 교육대학원	TM 372.14 ㄱ851ㅊ	석사
88	초등학생과 대학생의 전래동화 인물 특성에 따른 독서치료 원리 반응 비교: 동일시, 카타르시스 및 통찰을 중심으로	봉서윤	명지대학교 대학원	TM 370.15 -8-463	석사
89	초등학생의 자기개념과 대인관계 향상을 위한 학급단위 독서요법 프로그램 개발	김진경	한국교원대학교 교육대학원	TM 370.15 -8-3	석사
90	초등학생의 자아존중감과 대인관계에 관한 연구: 독서치료프로그램을 활용하여	이영주	상명대학교 대학원	TM 370.15 -8-145	석사
91	초등학생의 자아존중감및 사회성 향상을 위한 독서치료효과에 관한 연구	최영주	한국외국어대학교 교육대학원	TM 370.15 -8-286	석사
92	초등학생의 학습습관 향상을 위한 독서치료 프로그램의 개발과 효과	신희정	광주교육대학교 교육대학원	TM 370.15 ㅅ587ㅊ	박사
93	탄식류 규방가사의 문학치료학적 연구	이소영	건국대학교 교육대학원	TM 전자형태로만 열람 가능함	석사
94	학습된 무기력 극복을 위한 발달적 독서치료에 관한 연구	나지윤	중앙대학교 교육대학원	TM 020.7 ㄴ164ㅎ	석사
95	호질의 문학치료적 효용성에 관한 연구	박세화	건국대학교 교육대학원	TM 전자형태로만 열람 가능함	석사
96	황순원 소설을 활용한 독서치료 연구	민영미	아주대학교 교육대학원	TM 411.07 -8-119	석사

2007년

번호	논문명	저자명	대학	청구기호	학위
1	고전문학을 활용한 영화창작의 연기 활동과 그 문학치료적 효용	이혜선	건국대학교 교육대학원	TM 411.07 ㅇ956ㄱ	석사
2	공공도서관 독서치료 프로그램 참여자의 치유효과에 관한 연구	이희자	경기대학교 대학원	TM 027.4 ㅇ982ㄱ	석사
3	공공도서관 사서의 독서치료 활용 및 인식 연구: 서울시교육청 소속 공공도서관을 중심으로	김만순	고려대학교 교육대학원	TM 027.4 ㄱ615ㄱ	석사
4	국내 독서치료의 현실과 전망에 관한 연구	박준희	상명대학교 정치경영대학원	TM 158.3 ㅂ319ㄱ	석사
5	그룹 자서전 쓰기 프로그램이 중년여성 우울증 치료에 미치는 영향	김인숙	가톨릭대학교 교육대학원	TM 615.851 ㄱ831ㄱ	석사
6	그림동화책 듣고 다시 말하기 활동이 정신지체아동의 언어능력 향상에 미치는 효과	이현미	대구대학교 교육대학원	TM 616.85506 ㅇ948ㄱ	석사
7	글쓰기를 통한 용서치료가 대인관련 외상경험자의 심리적 적응에 미치는 효과	박효정	부산대학교 대학원	TM 616.8916 ㅂ368ㄱ	석사
8	독서교육 프로그램이 아동의 사회적 능력에 미치는 효과	허지연	제주대학교 교육대학원	TM 155.4 ㅎ179ㄷ	석사
9	독서를 활용한 진로 집단상담이 여고생의 진로성숙에 미치는 효과	권미영	울산대학교 교육대학원	TM 373.14 ㄱ441ㄷ	석사
10	독서상담 프로그램이 저소득층 아동의 자아존중감에 미치는 영향	박지인	전주대학교 교육대학원	TM 371.4 ㅂ327ㄷ	석사
11	독서상담 프로그램이 초등학생의 공격성 감소에 미치는 효과	김진아	청주교육대학교 교육대학원	TM 372.14 ㄱ887ㄷ	석사
12	독서상담이 초등학생의 사회적기술 향상에 미치는 효과	이혜숙	부산교육대학교 교육대학원	TM 372.14 ㅇ956ㄷ	석사
13	독서요법 프로그램이 난폭한 아동의 자아존중감 및 인간관계 개선에 미치는 효과: 초등학교 고학년 중심으로	황현미	대진대학교 교육대학원	TM 028.5 ㅎ275ㄷ	석사
14	독서요법 프로그램이 여고생의 음주 지식과 태도에 미치는 효과: 일개 고등학교를 중심으로	김정애	백석대학교 사회복지대학원	TM 362.7083 ㄱ855ㄷ	석사
15	독서요법 프로그램이 초등학생의 자아존중감에 미치는 효과	김선영	창원대학교 교육대학원	TM 370.15 ㄱ689ㄷ	석사
16	독서요법이 중학생의 자아존중감과 대인관계에 미치는 효과	송성순	계명대학교 대학원	TM 370.15 ㅅ335ㄷ	석사
17	독서치료 프로그램의 운영 현황에 관한 연구	조나리	부산대학교 대학원	TM 028.8 ㅈ378ㄷ	석사
18	독서치료 프로그램이 고등학생의 학업자아개념과 학습동기에 미치는 효과	이명회	가톨릭대학교 상담심리대학원	TM 158.3 ㅇ669ㄷ	석사
19	독서치료 프로그램이 저소득 가정 아동의 공감능력과 또래관계에 미치는 효과	이수정	영남대학교 대학원	TM 372.43 ㅇ759ㄷ	석사

20	독서치료 프로그램이 중학교 학습부진아의 자아존중감과 성취동기에 미치는 효과	원미옥	영남대학교 교육대학원	TM 373.14 ㅇ392ㄷ	석사
21	독서치료 프로그램이 중학생의 대인관계에 미치는 효과	최영임	경북대학교 교육대학원	TM 당관미소장	석사
22	독서치료 프로그램이 중학생의 불안과 우울에 미치는 효과	황양자	경북대학교 교육대학원	TM 당관미소장	석사
23	독서치료 프로그램이 초등학생의 자아존중감에 미치는 영향	배옥선	한국외국어대학교 교육대학원	TM 372.43 ㅂ387ㄷ	석사
24	독서치료 프로그램이 ADHD 아동의 충동성 및 자기통제력에 미치는 효과	김애란	대구대학교 특수교육대학원	TM 371.94 ㄱ746ㄷ	석사
25	독서치료가 교과학습부진학생의 학업자아개념과 학업성취도에 미치는 효과	박인순	대구대학교 특수교육대학원	TM 371.90472 ㅂ283ㄷ	석사
26	독서치료가 중학생의 자아존중감과 교우관계에 미치는 효과	이순봉	국민대학교 교육대학원	TM 158.3 ㅇ764ㄷ	석사
27	독서치료가 중학생의 진로의식 성숙에 미치는 효과	손복권	금오공과대학교 교육대학원	TM 370.15 ㅅ324ㄷ	석사
28	독서치료가 초등학생의 교우관계에 미치는 영향	박명화	경인교육대학교 교육대학원	TM 372.14 ㅂ173ㄷ	석사
29	독서치료가 초등학생의 자아존중감 향상과 내적 통제성에 미치는 효과	윤은숙	고신대학교 교육대학원	TM 158.3 ㅇ517ㄷ	석사
30	독서치료가 학습부진아의 자아존중감에 미치는 효과	변명규	대구교육대학교 교육대학원	TM 371.9 ㅂ419ㄷ	석사
31	독서치료가 한부모가정 아동의 자기효능감과 친구관계에 미치는 영향	송계월	대전대학교 경영행정·사회복지대학원	TM 362.7 ㅅ329ㄷ	석사
32	독서치료를 통한 초등학생의 효율적인 자해 행동 감소 방안에 관한 연구: 초등 저학년을 대상으로	정지예	한양대학교 교육대학원	TM 028.5 ㅈ316ㄷ	석사
33	독서치료활동이 경도 정신지체아의 자아개념에 미치는 효과	지명자	대구대학교 특수교육대학원	TM 371.928 ㅈ571ㄷ	석사
34	동화구연 치료 프로그램이 ADHD장애의 경감에 미치는 효과 연구: 단일사례연구	박옥화	목원대학교 산업정보대학원	TM 615.8516 ㅂ252ㄷ	석사
35	동화읽기를 통한 초등학생의 독서 치료에 대한 연구	박효진	목포대학교 교육대학원	TM 당관미소장	석사
36	드라마 활동을 통한 독서능력 신장 방안: 발달적 독서치료를 중심으로	정진영	서울교육대학교 교육대학원	TM 372.4 ㅈ319ㄷ	석사
37	또래관계향상을 위한 독서치료프로그램의 효과	염정숙	대전대학교 대학원	TM 649.58 ㅇ256ㄷ	석사
38	멀티동화를 보고 다시 말하기 활동이 정신지체아동의 어휘다양도와 의미관계 확장에 미치는 효과	강은영	대구대학교 교육대학원	TM 616.85506 ㄱ264ㅁ	석사
39	무의식의 기호적 재현으로서의 문학치료: 문학치료의 표현양식에 내재한 담론의 서사적 균열과 은유적 구조	장선희	경북대학교 대학원	TM 당관미소장	석사
40	문학반응 활성화를 위한 문학치료 교수학습 방안 연구	박삼월	한국교원대학교 교육대학원	TM 372.6 ㅂ189ㅁ	석사

41	문학치료가 가정폭력 피해 여성의 우울증에 미치는 효과	노명자	경북대학교 대학원	TM 당관미소장	석사
42	문학치료적 중재가 결손가정아동의 자아탄력성과 부적응행동에 미치는 효과	박완주	경북대학교 대학원	TD 615.851 ㅂ253ㅁ	박사
43	바리공주설화를 통한 자기서사가 고등학교 여학생의 자아정체감에 미치는 영향	이지영	고려대학교 교육대학원	TM 373.14 ㅇ884ㅂ	석사
44	발달적 독서치료 프로그램이 중학생의 삶의 목적 수준에 미치는 효과	정호남	평택대학교 상담대학원	TM 158.3 ㅈ343ㅂ	석사
45	부부갈등 가정의 아동을 위한 집단상담 프로그램 개발과 효과: 독서치료 집단상담 프로그램이 이야기치료 집단상담 프로그램의 비교	이순욱	경북대학교 대학원	TD 646.78 ㅇ765ㅂ	박사
46	비디오를 활용한 집단독서요법이 정신분열병환자의 자아존중감과 대인관계에 미치는 효과	김현정	강원대학교 대학원	TM 616.890231 ㄱ973ㅂ	석사
47	서사문학을 활용한 독서치료 방법 연구	양주영	한국외국어대학교 교육대학원	TM 411.07 ㅇ229ㅅ	석사
48	설화를 활용한 영화창작치료 연구	나지영	건국대학교 대학원	TM 398.21 ㄴ164ㅅ	석사
49	성경동화활동이 ADHD 아동의 행동에 미치는 효과	박희숙	우석대학교 대학원	TM 371.94 ㅂ372ㅅ	석사
50	소설 교육을 통한 '자기 이해'의 확장 연구	박수정	이화여자대학교 교육대학원	TM 811.307 ㅂ223ㅅ	석사
51	소설창작을 통한 문학치료 연구	강서영	건국대학교 교육대학원	TM 811.3 ㄱ257ㅅ	석사
52	시 활동 경험의 심리적 치유과정 분석	이성옥	숙명여자대학교 대학원	TD 370.15 ㅇ747ㅅ	박사
53	시치료 기법을 활용한 시 수업 방안 연구	차재량	부산대학교 교육대학원	TM 811.07 ㅊ115ㅅ	석사
54	시치료의 국어교육적 수용 방안	박태건	군산대학교 교육대학원	TM 411.07 ㅂ348ㅅ	석사
55	시치료의 국어교육적 활용방안: 강은교를 중심으로	오필하	세종대학교 교육대학원	TM 811.1507 ㅇ338ㅅ	석사
56	아침독서를 활용한 중학생의 자아정체성 신장을 위한 연구	염광미	중앙대학교 교육대학원	TM 028.55 ㅇ256ㅇ	석사
57	외상경험글쓰기의 치료적 효과와 기제: 가정폭력피해여성을 중심으로	박경희	서울대학교 대학원	TD 371.4 ㅂ124ㅇ	박사
58	이춘풍전을 이용한 문학치료의 실제 및 교육적 활용방안 연구	이순옥	건국대학교 교육대학원	TM 전자형태로만 열람 가능함	석사
59	인성교육을 위한 치료적 시 지도 방법 연구	김명숙	경인교육대학교 교육대학원	TM 372.64 ㄱ622ㅇ	석사
60	자기조력도서의 평가기준 수립 및 자기조력 독서치료의 효과에 대한 연구	이소라	충남대학교 대학원	TD 370.15 ㅇ754ㅈ	박사
61	자아존중감 향상을 위한 소설 읽기 방법 연구	서민정	한국교원대학교 대학원	TM 811.07 ㅅ214ㅈ	석사

62	장애아동어머니를 위한 통합적 독서치료 프로그램 개발	김수희	명지대학교 대학원	TD 649.58 ㄱ722ㅈ	박사
63	장애아동의 형제를 위한 독서치료가 형제관계와 형제간 상호작용에 미치는 효과	이수향	덕성여자대학교 대학원	TM 155.4 ㅇ761ㅈ	석사
64	〈장화홍련전〉의 문학치료적 효용성 연구-계모 허씨의 갈등을 중심으로	김성은	건국대학교 교육대학원	TM 이미지로만 열람 가능	석사
65	정호승 시의 심리치료 활용 분석	김지훈	단국대학교 대학원	TM 808.1 ㄱ883ㅈ	석사
66	중학생의 진로성숙도 향상에 독서치료 프로그램이 미치는 영향에 관한 연구	이상애	경기대학교 교육대학원	TM 020.7 ㅇ731ㅈ	석사
67	진로독서프로그램이 여고생의 진로결정 자기효능감과 진로태도 성숙에 미치는 효과	한정아	강원대학교 교육대학원	TM 373.1425 ㅎ164ㅈ	석사
68	진로탐색 집단상담 독서치료 프로그램이 중학생의 자아정체감 및 진로의식성숙에 미치는 효과	최재현	영남대학교 교육대학원	TM 158.3 ㅊ281ㅈ	석사
69	집단 독서 치료가 초등학생의 자기 효능감에 미치는 효과	이상미	경성대학교 교육대학원	TM 372.43 ㅇ728ㅈ	석사
70	치유로서의 글쓰기	남현정	한신대학교 문예창작대학원	TM 811.3 ㄴ238ㅊ	석사
71	학교생활 부적응으로 인한 장기결석 학생의 독서치료를 통한 상담사례 연구	송미현	대불대학교 교육대학원	TM 371.4 ㅅ331ㅎ	석사
72	학습부진아동의 학습기술 향상을 위한 독서요법 프로그램 개발	강영옥	한국교원대학교 대학원	TM 372.14 ㄱ261ㅎ	석사
73	학습부진아의 학업적 자아개념 및 학교적응력 향상을 위한 독서치료 프로그램	김윤회	창원대학교 교육대학원	TM 당관미소장	석사
74	한부모 가정 청소년의 상한 마음 치유를 위한 독서요법 적용에 관한 연구	윤해안	공주대학교 교육대학원	TM 당관미소장	박사
75	홍길동전의 문학치료적 기능에 관한 연구	최소영	건국대학교 교육대학원	TM 전자형태로만 열람 가능함	석사

2006년

번호	논문명	저자명	대학	청구기호	학위
1	결손가정아동의 자아존중감·또래관계·자율성 향상을 위한 독서치료 사례연구	경재연	국민대학교 행정대학원	TM 362.7 ㄱ284ㄱ	석사
2	고전문학의 영화적 창조와 그 문학치료적 효용 연구: 〈황조가〉의 영화화 사례를 중심으로	박민	건국대학교 교육대학원	TM 811.11 ㅂ181ㄱ	석사
3	공공도서관의 독서치료 서비스 활성화에 관한 연구	이영회	배재대학교 행정대학원	TM 당관미소장	석사
4	공공도서관의 어린이 독서치료 효과에 관한 연구	박금회	이화여자대학교 대학원	TD 615.8516 ㅂ143ㄱ	박사

5	그림동화를 활용한 총체적 언어교육 활동이 정신지체 아동의 언어능력에 미치는 영향	이은숙	공주대학교 특수교육대학원	TM 371.92 ㅇ824ㄱ	석사
6	그림책을 이용한 독서치료 효과연구: 만 4~5세 어린이를 대상으로	조정연	경기대학교 교육대학원	TM 615.8516 ㅈ479ㄱ	석사
7	글쓰기고백을 활용한 내적치유상담 프로그램 개발 및 효과검증	김영근	한남대학교 대학원	TD 253.5 ㄱ766ㄱ	박사
8	나이듦과 독서치료	장영남	부산대학교 교육대학원	TM 028 ㅈ123ㄴ	석사
9	독서 클럽을 통한 독서 치료 방안 연구	조혜진	한국교원대학교 교육대학원	TM 411.07 ㅈ526ㄷ	석사
10	독서를 활용한 진로집단상담이 진로결정 자기효능감과 진로태도 성숙에 미치는 영향	최혜숙	강원대학교 교육대학원	TM 371.4 ㅊ337ㄷ	석사
11	독서요법을 통한 인터넷 중독 청소년의 사회성 개발에 관한 연구	김지은	공주대학교 교육대학원	TM 028 ㄱ883ㄷ	석사
12	독서요법을 활용한 독서지도 방법과 효과에 관한 연구	서기문	전주교육대학교 교육대학원	TM 372.4 ㅅ213ㄷ	석사
13	독서요법이 중학생의 학업적 자기효능감 및 자기표현에 미치는 효과	구명숙	동아대학교 교육대학원	TM 370.15 ㄱ412ㄷ	석사
14	독서치료 인식에 관한 연구: 학교(유치원)·상담기관·교회 재직자 중심으로	어금주	총신대학교 교육대학원	TM 372.21 ㅇ232ㄷ	석사
15	독서치료 프로그램을 통한 초등학생의 자아 존중감 및 자기표현력 향상에 관한 연구	황예순	한국방송통신대학교 평생대학원	TM 372.14 ㅎ268ㄷ	석사
16	독서치료 프로그램이 국어부진 중학생의 자아존중감과 학교태도에 미치는 효과	임채희	경북대학교 교육대학원	TM 당관미소장	석사
17	독서치료 프로그램이 남자 중학생의 자아개념과 사회성에 미치는 효과	김일현	영남대학교 교육대학원	TM 371.4 ㄱ836ㄷ	석사
18	독서치료 프로그램이 중학생의 지각향성에 미치는 효과	김미혜	부경대학교 교육대학원	TM 370.15 ㄱ634ㄷ	석사
19	독서치료 프로그램이 초등학교 6학년 아동의 자아존중감에 미치는 효과	임연선	신라대학교 교육대학원	TM 371.4 ㅇ991ㄷ	석사
20	독서치료 프로그램이 초등학교 저학년 아동의 자아존중감 및 학교생활 적응에 미치는 영향	서나라	이화여자대학교 교육대학원	TM 372.14 ㅅ213ㄷ	석사
21	독서치료 프로그램이 초등학교 저학년 ADHD 아동의 부적응행동에 미치는 영향	박숙자	전주대학교 상담대학원	TM 372.14 ㅂ225ㄷ	석사
22	독서치료 프로그램이 초등학생의 학업적 자아개념 및 학습습관에 미치는 효과	정형숙	영남대학교 교육대학원	TM 370.15 ㅈ342ㄷ	석사
23	독서치료 프로그램이 학습부진 중학생의 자아존중감과 학업성취에 미치는 영향	김정연	경원대학교 교육대학원	TM 371.42 ㄱ855ㄷ	석사
24	독서치료 프로그램이 ADHD 아동의 행동변화에 미치는 효과	구순모	아주대학교 교육대학원	TM 371.94 ㄱ415ㄷ	석사
25	독서치료가 실업계 고교생의 자아존중감에 미치는 영향에 관한 연구	윤경희	한남대학교 교육대학원	TM 373.14 ㅇ442ㄷ	석사

26	독서치료가 학습부진아의 학습된 무력감에 미치는 영향	조미숙	부산대학교 교육대학원	TM 371.4 ㅈ397ㄷ	석사
27	독서치료를 이용한 진로상담 프로그램이 고교생의 진로결정과 진로태도 성숙에 미치는 효과	김종하	대불대학교 교육대학원	TM 373.1425 ㄱ868ㄷ	석사
28	독서치료를 활용한 고등학생의 진로결정에 대한 사례연구: 인간 중심 진로상담	강경구	대불대학교 교육대학원	TM 373.1425 ㄱ253ㄷ	석사
29	독서치료를 활용한 학교사회복지 프로그램의 효과성에 관한 연구: 초등학생을 중심으로	최갑덕	남부대학교 사회복지대학원	TM 362.7 ㅊ137ㄷ	석사
30	독서치료의 문학 교육적 활용 방안 연구: '열등감 극복' 제재를 중심으로	정유진	서강대학교 교육대학원	TM 811.07 ㅈ284ㄷ	석사
31	독서치료의 이론과 실제에 관한 연구	김영애	대진대학교 교육대학원	TM 371.4 ㄱ769ㄷ	석사
32	독일어권 청소년 문학을 활용한 독서치료: 청소년의 부정적 정서 해소를 중심으로	서기자	충남대학교 대학원	TD 028 ㅅ213ㄷ	박사
33	동시를 활용한 독서치료프로그램이 저소득층 아동의 자아존중감과 자기표현에 미치는 효과	이남순	경성대학교 교육대학원	TM 155.413 ㅇ621ㄷ	석사
34	또래관계 향상을 위한 독서치료 동화 선정 및 프로그램 효과	문경여	명지대학교 대학원	TM 649.1 ㅁ316ㄷ	석사
35	모자가정 청소년의 자아존중감 향상을 위한 독서치료 효과에 대한 연구	최정숙	전북대학교 대학원	TM 028.8 ㅊ282ㅁ	석사
36	문학의 기능과 문학치료: 문학적 글쓰기를 통한 통합의 과정	김현옥	경북대학교 대학원	TM 당관미소장	석사
37	문학치료 과정에서 나타나는 아동의 정서체험 양상	장희경	한국교원대학교 대학원	TM 372.64 ㅈ135ㅁ	석사
38	문학치료 활동이 ADHD 아동의 정서반응에 미치는 효과	황정금	우석대학교 대학원	TM 371.94 ㅎ271ㅁ	석사
39	문학치료를 통한 인터넷 중독의 중재	김성범	경북대학교 대학원	TM 615.85 ㄱ696ㅁ	석사
40	문학치료에서의 승화의 과정: 문학치료의 치료적 원리에 대한 정신분석적 접근	배종석	경북대학교 대학원	TM 당관미소장	석사
41	문학치료와 적극적 상상	송진희	경북대학교 대학원	TM 당관미소장	석사
42	문학치료적 관점을 적용한 향가 〈처용가〉 지도방법 연구	오은경	건국대학교 교육대학원	TM 811.11 ㅇ329ㅁ	석사
43	문헌 설화에 나타난 여성욕망표출형 서사의 문학치료적 효용 연구	김희정	건국대학교 교육대학원	TM 811.31 ㄱ997ㅁ	석사
44	발달적 독서요법이 아동의 자기통제력 및 충동성에 미치는 영향	홍문숙	동아대학교 교육대학원	TM 372.14 ㅎ246ㅂ	석사
45	발달적 독서치료 프로그램이 유아의 정서지능에 미치는 영향	박경애	성신여자대학교 대학원	TD 372.21 ㅂ123ㅂ	석사
46	발달적 독서치료 프로그램이 중학생의 자아존중감과 대인관계에 미치는 효과	박채임	전주대학교 교육대학원	TM 373.14 ㅂ336ㅂ	석사

47	불교 임종상담의 한 모형연구: 임종자를 위한 불교도서 개발과 적용	박찬용	동국대학교 불교문화대학원	TM 294.4 ㅂ331ㅂ	석사
48	상호작용적 독서치료가 아동의 사회성 향상에 미치는 효과	장미화	계명대학교 대학원	TM 155.4 ㅈ116ㅅ	석사
49	성경적 상담 기법으로서의 독서치료 활용에 관한 연구	조윤희	총신대학교 상담대학원	TM 253.5 ㅈ464ㅅ	석사
50	성장소설 독서요법 프로그램을 통한 중학생의 자아개념 함양	김미옥	부경대학교 교육대학원	TM 028.5 ㄱ634ㅅ	석사
51	수험생 어머니를 위한 독서치료	황은주	부산대학교 교육대학원	TM 028.8 ㅎ269ㅅ	석사
52	시설아동의 자기표현능력에 대한 독서치료 프로그램 효과분석	이춘지	조선대학교 정책대학원	TM 362.73 ㅇ916ㅅ	석사
53	아동의 사회성 향상을 위한 독서치료 방법 연구	윤선숙	경인교육대학교 교육대학원	TM 372.4 ㅇ478ㅇ	박사
54	R-E-J-A법에 의한 아동문학치료 방법론 연구: 전래동화 독서지도를 통한 형제간 갈등의 해소과정을 중심으로	김숙자	서경대학교 대학원	TM 811.07 ㄱ725r	석사
55	양육시설 보호아동의 자아존중감 향상을 위한 독서치료 사례 연구	신화숙	남부대학교 사회복지대학원	TM 362.7 ㅅ587ㅇ	석사
56	어린이집 독서치료 프로그램의 실제와 운영방안 연구	김성곤	가야대학교 행정대학원	TM 362.7 ㄱ693ㅇ	석사
57	유아의 공격성 해소를 위한 문학치료 활동의 효과연구	조민우	우석대학교 대학원	TM 372.21 ㅈ398ㅇ	석사
58	20대학교 우울증을 위한 '만화치료' 가능성 고찰: 작품 〈I'm not gloomy anymore〉를 중심으로	김한재	세종대학교 공연예술대학원	TM 741.5 ㄱ961ㅇ	석사
59	이혼가정 아동의 학교생활 적응을 위한 독서치료 프로그램 개발 및 효과연구	우홍련	서울대학교 대학원	TM 371.4 ㅇ387ㅇ	석사
60	인성함양을 위한 독서지도 방안 연구: 실업계 고등학생을 대상으로	신현순	수원대학교 교육대학원	TM 411.07 ㅅ586ㅇ	석사
61	주부의 마음상함과 독서치료 프로그램 적용에 관한 연구	김수경	부산대학교 대학원	TD 028.8 ㄱ718ㅈ	박사
62	중학교 국어교과에 기초한 독서치료 프로그램이 교우관계에 미치는 효과: 문학단원을 중심으로	전미라	한국교원대학교 대학원	TM 373.14 ㅈ142ㅈ	석사
63	집단독서요법이 학습부진아의 자기표출 및 학습태도에 미치는 효과	옥미현	동아대학교 교육대학원	TM 371.4 ㅇ343ㅈ	석사
64	초등학생의 스트레스 대처를 위한 독서치료 사례연구	최선옥	경기대학교 교육대학원	TM 615.8516 ㅊ226ㅊ	석사
65	학교생활 부적응 학생에 대한 독서치료 방안 연구: 실업계 고등학교를 중심으로	김경희	전주대학교 교육대학원	TM 411.07 ㄱ513ㅎ	석사
66	학교생활 적응을 위한 독서치료 프로그램의 효과	이서연	충남대학교 교육대학원	TM 371.4 ㅇ735ㅎ	석사

2005년

번호	논문명	저자명	대학	청구기호	학위
1	〈구운몽〉을 통한 문학치료와 교육적 활용 연구	박미경	건국대학교 교육대학원	TM 811.07 ㅂ179ㄱ	석사
2	〈구운몽〉의 감상과 재창작을 통한 문학치료 연구	김미애	건국대학교 교육대학원	TM 811.07 ㄱ634ㄱ	석사
3	〈나무꾼과 선녀〉의 인물갈등 연구	서은아	서울여자대학교 대학원	TD 398.2 ㅅ221ㄴ	박사
4	ICT 독서치료의 문식성 향상 효과: '결손가정' 아동을 중심으로	홍란수	서원대학교 교육대학원	TM 411.07 ㅎ244i	석사
5	공공도서관의 독서치료 프로그램 운영에 관한 연구: 울산남부도 서관을 중심으로	김순화	부산대학교 대학원	TD 028.5 ㄱ729ㄱ	박사
6	그룹홈 아동의 자아존중감 및 사회성 향상을 위한 독서치료 효과 에 관한 연구	이현숙	성산효도 대학원대	TM 362.7 ㅇ951ㄱ	석사
7	그림책을 활용한 독서치료 프로그램이 유아의 자아존중감 향상 에 미치는 효과	문경애	부산대학교 교육대학원	TM 372.21 ㅁ316ㄱ	석사
8	글 있는 그림책을 이용한 독서치료 프로그램이 시설아동의 자아 존중감에 미치는 효과	이선영	성균관대학교 교육대학원	TM 372.21 ㅇ742ㄱ	석사
9	글쓰기를 통한 자기개방이 신체화 및 심리적 안녕감에 미치는 효 과: 정서인식, 정서표현, 정서표현 모호성을 중재변인으로	이은숙	부산대학교 대학원	TM 157.9 ㅇ824ㄱ	석사
10	글쓰기를 통한 자기노출이 외상 경험에 미치는 효과	백정미	아주대학교 대학원	TM 152.1824 ㅂ411ㄱ	석사
11	기독교인의 우울증 치료 방안으로서의 독서치료 연구	김인례	나사렛대학교 신학대학원	TM 253.5 ㄱ829ㄱ	석사
12	독서 치료 프로그램이 중학생의 자아존중감과 인간 관계에 미치 는 효과	이혜경	영남대학교 교육대학원	TM 373.144042 ㅇ956ㄷ	석사
13	독서요법 집단상담이 초등학교의 자아개념에 미치는 효과	김순량	부산교육대학교 교육대학원	TM 372.14 ㄱ727ㄷ	석사
14	독서요법 집단상담이 초등학생의 자기효능감에 미치는 효과	이지현	경인교육대학교 교육대학원	TM 당관미소장	석사
15	독서요법 프로그램을 통한 중학생의 자아정체감 향상에 관한 연 구	최미영	홍익대학교 교육대학원	TM 371.4 ㅊ193ㄷ	석사
16	독서요법 프로그램이 초등학교 고학년 학생의 공격성 감소에 미 치는 효과	노윤정	공주교육대학교 교육대학원	TM 372.14 ㄴ274ㄷ	석사
17	독서요법 프로그램이 한 부모 가정 초등학생의 자기존중감 및 대 인관계에 미치는 영향	이종렬	한국교원대학교 교육대학원	TM 372.14 ㅇ863ㄷ	석사
18	독서요법을 통한 청소년의 학교폭력행동 개선에 관한 연구: 중학 교 폭력 가해학생을 대상으로	방숙영	공주대학교 교육대학원	TM 028.5 ㅂ383ㄷ	석사
19	독서요법이 중학생의 자아존중감에 미치는 영향	심종숙	한국외국어대학 교 교육대학원	TM 371.4 ㅅ594ㄷ	석사

20	독서치료 프로그램 적용이 학습장애아의 자아존중감과 사회성에 미치는 영향	박위란	고신대학교 교육대학원	TM 371.926 ㅂ258ㄷ	석사
21	독서치료 프로그램이 비만 청소년의 자아존중감 향상에 미치는 효과	김명회	천안대학교 문헌 정보대학원	TM 028 ㄱ623ㄷ	석사
22	독서치료 프로그램이 비만아동의 자아존중감 향상에 미치는 효과	장오숙	천안대학교 문헌정보대학원	TM 028.5 ㅈ123ㄷ	석사
23	독서치료 프로그램이 아동의 자아존중감에 미치는 효과	구현숙	신라대학교 교육대학원	TM 372.14 ㄱ426ㄷ	석사
24	독서치료 프로그램이 중학교 1학년 학생의 자아존중감 향상과 대인관계 개선에 미치는 효과	이연숙	신라대학교 교육대학원	TM 373.14042 ㅇ787ㄷ	석사
25	독서치료 프로그램이 초등학교 입문기 아동의 정서지능 및 사회성에 미치는 효과	양명숙	고려대학교 교육대학원	TM 370.152 ㅇ225ㄷ	석사
26	독서치료가 언어영재아의 자아존중감과 성취동기에 미치는 영향	신혜숙	부산대학교 대학원	TM 370.15 ㅅ586ㄷ	석사
27	독서치료가 읽기 부진아의 독해력과 자아개념에 미치는 효과	김인경	대구대학교 특수 교육대학원	TM 371.9044 ㄱ829ㄷ	석사
28	독서치료가 초등학생의 자아존중감 향상에 미치는 영향	김남숙	성균관대학교 교육대학원	TM 372.14 ㄱ557ㄷ	석사
29	독서치료가 초등학생의 자아존중감 향상에 미치는 효과	구옥란	인제대학교 교육대학원	TM 372.14 ㄱ418ㄷ	석사
30	독서치료를 통한 경도발달장애아동의 인지발달에 관한 연구	신창호	한국외국어대학 교 교육대학원	TM 371.92 ㅅ584ㄷ	석사
31	독서치료를 통한 아동의 긍정적 자아개념 향상에 관한 연구	이기영	한남대학교 교육대학원	TM 372.14 ㅇ618ㄷ	석사
32	독서치료의 목회상담적 활용방안 연구	함종협	장로회신학대학 교 대학원	TM 253.5 ㅎ172ㄷ	석사
33	독서활동을 통한 문학치료 방법 연구	허영주	경희대학교 교육대학원	TM 811.07 ㅎ178ㄷ	석사
34	발달적 독서요법 프로그램이 초등학교 학생의 자아개념과 독서력에 미치는 영향	송혜숙	가톨릭대학교 교육대학원	TM 372.4 ㅅ343ㅂ	석사
35	발달적 독서치료를 통한 자아실현에 관한 연구	이원지	중앙대학교 교육대학원	TM 028.5 ㅇ814ㅂ	석사
36	부적응학생 독서요법을 통한 건전한 생활 향상 방안: K고등학교 사례를 중심으로	김상일	천안대학교 문헌정보대학원	TM 028.5 ㄱ677ㅂ	석사
37	사회복지사의 독서치료 활용에 관한 인식 연구: 서울특별시내 복지기관의 사회복지사를 중심으로	성연수	건국대학교 행정대학원	TM 361.3 ㅅ238ㅅ	석사
38	서사문학을 활용한 독서 치료 연구	유영경	영남대학교 교육대학원	TM 811.07 ㅇ428ㅅ	석사
39	수준별 독서요법이 중학생의 인간관계 개선에 미치는 효과 연구	성지화	천안대학교 문헌정보대학원	TM 028.5 ㅅ239ㅅ	석사
40	시 치료가 초등학생 자아개념 향상에 미치는 효과	윤정미	광주교육대학교 교육대학원	TM 372.14 ㅇ526ㅅ	석사

41	시설청소년을 위한 독서치료	염세영	부산대학교 대학원	TM 362.796 ㅇ256ㅅ	석사
42	시치료가 정서지능 향상에 미치는 효과성 연구	최소영	경기대학교 국제 · 문화대학원	TM 615.8516 ㅊ232ㅅ	석사
43	아동의 공감 및 친사회적 행동 증진을 위한 동화상담 프로그램 구안	김경숙	부산교육대학교 교육대학원	TM 372.14 ㄱ511ㅇ	석사
44	20대학교 여성의 상처와 독서를 통한 치유에 관한 연구: K의 이야기를 중심으로	김은엽	부산대학교 대학원	TM 615.8516 ㄱ814ㅇ	석사
45	〈이춘풍전〉에 나타난 문학치료적 기능	정경아	건국대학교 교육대학원	TM 811.31 ㅈ155ㅇ	석사
46	저소득층 자기보호아동을 위한 독서치료	김선혜	부산대학교 대학원	TM 당관미소장	석사
47	집단 독서치료 프로그램이 성인 여성의 자아존중감, 삶의 질과 영적 자존감에 미치는 효과	송부옥	고신대학교 교육대학원	TM 371.4 ㅅ333ㅈ	석사
48	집단독서요법이 중학생의 자아존중감과 자기표현능력 향상에 미치는 효과	김정아	아주대학교 교육대학원	TM 371.4 ㄱ855ㅈ	석사
49	집단독서요법프로그램이 중학생의 자아존중감과 내적통제성에 미치는 효과	김윤숙	한서대학교 교육대학원	TM 370.153 ㄱ799ㅈ	석사
50	초등학생의 자아개념 향상을 위한 역할놀이 중심 독서요법의 효과	신경숙	광주교육대학교 교육대학원	TM 372.14 ㅅ563ㅊ	석사
51	〈하생기우전〉의 재창작을 통한 문학치료 연구	서원순	건국대학교 교육대학원	TM 811.31 ㅅ219ㅎ	석사
52	학급경영에 적용한 독서치료 사례연구	박인선	부산대학교 교육대학원	TM 028.5 ㅂ283ㅎ	석사
53	학령기 아동의 분노 대응 능력 향상을 위한 통합적 독서치료 프로그램 개발 연구	채혜정	숙명여자대학교 대학원	TD 615.8516 ㅊ123ㅎ	박사

2004년

번호	논문명	저자명	대학	청구기호	학위
1	〈구운몽〉을 이용한 문학치료 연구	최윤경	건국대학교 교육대학원	TM 811.3107 ㅊ265ㄱ	석사
2	독서 치료가 중학생의 자아 존중감 및 성취 동기에 미치는 영향	이정이	한양대학교 교육대학원	TM 371.4 ㅇ849ㄷ	석사
3	독서 프로그램 활동을 통한 부적응 학생의 자아존중감 확립 연구	유재구	아주대학교 교육대학원	TM 411.84 ㅇ433ㄷ	석사
4	독서요법 집단상담 프로그램이 초등학생의 자기개념 및 사회성에 미치는 효과	심경일	한국교원대학교 교육대학원	TM 372.14 ㅅ589ㄷ	석사
5	독서요법을 통한 저소득층 이혼 가정 아동의 친사회성 개발에 관한 연구	명창순	공주대학교 교육대학원	TM 028.5 ㅁ232ㄷ	석사

6	독서요법이 고등학생의 자아개념 향상에 미치는 영향 연구: 국어 학습 부진학생을 대상으로	문명란	경원대학교 교육대학원	TM 371.4 ㅁ317ㄷ	석사
7	독서요법이 여중생의 자아존중감에 미치는 효과	류해철	경북대학교 교육대학원	TM 당관미소장	석사
8	독서요법이 초등학교 영재의 자기지각과 사회적 지지수준에 미치는 영향	전윤선	부산대학교 대학원	TM 371.95 ㅈ147ㄷ	석사
9	독서요법이 초등학생의 창의성 향상에 미치는 효과	이원룡	부산대학교 교육대학원	TM 372.14 ㅇ811ㄷ	석사
10	독서요법프로그램이 고등학생의 자기표현 및 자아존중감 향상에 미치는 효과	선효원	부산대학교 교육대학원	TM 373.14 ㅅ232ㄷ	석사
11	독서치료 프로그램이 부적응 아동의 자아존중감과 학교생활 적응에 미치는 효과	유정실	영남대학교 교육대학원	TM 372.14 ㅇ434ㄷ	석사
12	독서치료가 발표불안 아동의 학습태도 변화에 미치는 영향에 관한 연구	한명자	성균관대학교 교육대학원	TM 372.14 ㅎ157ㄷ	석사
13	독서치료가 왕따 당하는 초등학생의 자아개념에 미치는 효과	권혜영	경북대학교 대학원	TM 649.1 ㄱ464ㄷ	석사
14	독서치료가 자폐성 아동의 사회성 발달에 미치는 효과	하정혜	가톨릭대학교 교육대학원	TM 372.4 ㅎ148ㄷ	석사
15	독서치료가 초등학교 아동의 자아개념에 미치는 효과	황문희	대구교육대학교 교육대학원	TM 372.14 ㅎ264ㄷ	석사
16	독서치료가 ADHD 학생의 주의력결핍·과잉행동·충동성에 미치는 효과	배성연	대구교육대학교 교육대학원	TM 371.9 ㅂ387ㄷ	석사
17	독서치료를 통한 어린이 교화단 활성화 방안에 대한 연구 시안	이연길	원불교대학원대	TM 615.8516 ㅇ786ㄷ	석사
18	〈바리공주〉를 활용한 문학치료의 실제 및 그 교육적 활용 방안 연구	전영숙	건국대학교 대학원	TD 811.07 ㅈ145ㅂ	박사
19	부적응 아동에 대한 아동문학 치료의 사례 연구	국은순	우석대학교 대학원	TM 362.795 ㄱ428ㅂ	석사
20	암환자와 가족을 위한 독서치료	이운우	부산대학교 대학원	TM 025.5 ㅇ799ㅇ	석사
21	에.테.아. 호프만의 『최면술사』 연구: 문학의 치료적 기능을 중심으로	박지선	숙명여자대학교 대학원	TM 833 ㅂ326ㅇ	석사
22	유아에 대한 동화의 교육치료적 효과	심명회	우석대학교 대학원	TM 362.795 ㅅ589ㅇ	석사
23	읽기 부진아를 위한 독서치료 프로그램 연구	임성관	중앙대학교 교육대학원	TM 028.5 ㅇ991ㅇ	석사
24	중년여성의 사회심리적 위기감과 독서치료에 관한 연구	이기숙	동아대학교 교육대학원	TM 374.22 ㅇ617ㅈ	석사
25	중학생의 자아개념 향상을 위한 독서요법 프로그램 개발 및 효과 검증	정수	연세대학교 교육대학원	TM 371.4 ㅈ255ㅈ	석사
26	중학생의 자아정체성 성장을 위한 독서요법 연구	이문숙	대전대학교 교육대학원	TM 당관미소장	석사

27	집단 따돌림 학생의 인성치료를 위한 독서요법 적용 사례 연구: 집단 따돌림 피해학생을 중심으로	이규선	계명대학교 교육대학원	TM 028.5 ㅇ597ㅈ	석사
28	초등학생의 자아개념과 독서태도에 미치는 독서치료의 효과 연구	정애숙	충남대학교 대학원	TM 025.5 ㅈ264ㅊ	석사
29	치매노인의 사회적응력 강화를 위한 예술치료 적용 집단 사회사업 사례연구: 문학치료 활동 적용을 중심으로	간호옥	서울여자대학교 대학원	TM 362.6 ㄱ251ㅊ	석사
30	칭찬을 병행한 ADHD 아동의 독서치료에 관한 연구	김서경	전북대학교 교육대학원	TM 372.14 ㄱ682ㅊ	석사

2003년

번호	논문명	저자명	대학	청구기호	학위
1	귀신 이야기의 형성 과정과 문학치료적 의의	하은하	서울여자대학교 대학원	TD 811.31 ㅎ146ㄱ	박사
2	대학생의 '문제음주'와 독서치료	김수진	부산대학교 교육대학원	TM 028.5 ㄱ722ㄷ	석사
3	독서교육이 유아의 창의성 및 자아개념에 미치는 효과: 독서치료 프로그램을 중심으로	문기임	광주대학교 산업대학원	TM 372.4 ㅁ317ㄷ	석사
4	독서를 통한 진로집단상담 프로그램이 여고생의 진로결정 자기효능감과 진로태도 성숙에 미치는 효과	배은경	계명대학교 교육대학원	TM 371.425 ㅂ387ㄷ	석사
5	독서요법을 통한 초등학생 '왕따' 치료	김은주	공주대학교 교육대학원	TM 372.4 ㄱ814ㄷ	석사
6	독서요법의 기독교상담에의 적용에 관한 연구	김유경	아세아연합신학대학교 대학원	TM 253.5 ㄱ795ㄷ	석사
7	독서요법이 중학생의 자아존중감 및 내적통제성에 미치는 영향	안민희	경희대학교 교육대학원	TM 371.4 ㅇ154ㄷ	석사
8	독서요법이 초등학생의 자아존중감 향상에 미치는 효과	김해란	부산교육대학교 교육대학원	TM 372.14 ㄱ963ㄷ	석사
9	독서치료와 도서관의 역할에 대한 연구	신주영	부산대학교 대학원	TM 025.5 ㅅ583ㄷ	석사
10	문학치료의 방법과 응용	유영애	경북대학교 교육대학원	TM 당관미소장	석사
11	〈봉산탈춤〉〈양반과장〉의 이본과 그 문학치료적 의미	조진하	건국대학교 교육대학원	TM 811.2 ㅈ494ㅂ	석사
12	부모의 이혼을 경험한 시설아동을 위한 독서치료의 효과: 우울,수치심 및 죄책감을 중심으로	김유희	숙명여자대학교 대학원	TM 362.73 ㄱ796ㅂ	석사
13	성경적 상담학과 독서 치료의 만남: 로렌스 크렙의 이론을 중심으로	이재익	영남신학대학교 신학대학원	TM 253.5 ㅇ843ㅅ	석사
14	성인아이(Adult Child) 문제와 독서치료	김경숙	부산대학교 교육대학원	TM 028.5 ㄱ511ㅅ	석사

15	시적 화자에 대한 공감(empathy)프로그램이 고등학교 학생의 자아개념 및 학교태도에 미치는 효과	이숙진	가톨릭대학교 교육대학원	TM 411.07 ㅇ762ㅅ	석사
16	어린이의 상한 마음을 돌보기 위한 독서치료 서비스 방안 연구: 부산지역 공공도서관 어린이실을 중심으로	김민주	부산대학교 대학원	TM 028.5 ㄱ637ㅇ	석사
17	역기능 장병 치유를 위한 목회 돌봄 프로그램 연구: CARE4 단계를 중심으로	안남기	아세아연합신학 대학교 대학원	TM 253.5 ㅇ149ㅇ	석사
18	자기통제훈련을 병행한 독서치료의 효과: 주의력결핍 과잉행동장애 아동을 대상으로	김현애	가톨릭대학교 교육대학원	TM 372.4 ㄱ973ㅈ	석사
19	저소득층 가정 아동의 자아존중감 증진을 위한 독서치료 효과	이지혜	숙명여자대학교 대학원	TM 362.7 ㅇ886ㅈ	석사
20	정신보건을 위한 공공도서관 역할 연구: 독서치료의 적용과 관련하여	송영임	부산대학교 대학원	TM 027.4 ㅅ338ㅈ	석사
21	조선왕조실록에 나타난 시경 인용 양상과 그 문학치료적 의의	강미정	건국대학교 대학원	TD 811.9 ㄱ255ㅈ	박사
22	중학생들의 자아존중감 향상을 위한 독서치료 연구	이선영	충남대학교 대학원	TM 028.5 ㅇ742ㅈ	석사
23	중학생의 자아정체성 신장을 위한 독서요법 연구	임은숙	제주대학교 교육대학원	TM 028.5 ㅇ993ㅈ	석사
24	집단적 독서요법이 부적응학생의 자아정체감과 인간관계에 미치는 효과	강성미	강원대학교 교육대학원	TM 371.4 ㄱ258ㅈ	석사
25	청소년의 상처난 마음을 돌보기 위한 독서치료 서비스 개발 방안 연구: 중·고등학교 도서관을 중심으로	정재희	부산대학교 대학원	TM 028.5 ㅈ298ㅊ	석사
26	초등학교에서의 아동상담을 위한 독서치료의 인식 및 활용에 관한 연구	진미영	인하대학교 교육대학원	TM 372.14 ㅈ592ㅊ	석사
27	학습 부진아의 자아개념 및 학습동기 향상을 위한 독서치료 프로그램의 효과검증	김미화	경북대학교 교육대학원	TM 당관미소장	석사

2002년

번호	논문명	저자명	대학	청구기호	학위
1	아동상담자의 독서치료 활용현황 및 인식연구	전소희	숙명여대학교 대학원	TM 649.1 ㅈ144ㅇ	석사
2	아동의 수줍음 감소를 위한 독서치료 프로그램의 효과	정은해	경북대학교 대학원	TM 649.58 ㅈ288ㅇ	석사

2001년

번호	논문명	저자명	대학	청구기호	학위
1	독서요법이 대학생의 자아정체감 정립에 미치는 효과 연구	이희정	충남대학교 대학원	TM 025.52 ㅇ982ㄷ	석사
2	집단적 독서 요법을 통한 고등학교 학생의 자아 개념 향상에 관한 연구	반금현	가톨릭대학교 교육대학원	TM 615.8516 ㅂ377ㅈ	석사

2000년

번호	논문명	저자명	대학	청구기호	학위
1	글쓰기 치료가 내향성 청소년들의 자아개념에 미치는 영향	김현숙	계명학교 교육대학원	TM 158.1 ㄱ972ㄱ	석사
2	독서요법이 초등학생의 주의력 결핍과 과잉행동 감소에 미치는 효과	김욱준	동아대학교 교육대학원	TM 당관미소장	석사
3	독서지도가 인성발달에 미치는 영향에 관한 연구	김종활	경주대학교 행정경영대학원	TM 372.4 ㄱ868ㄷ	석사

1999년

번호	논문명	저자명	대학	청구기호	학위
1	奇'자 평어와 관련된 한시의 특성과 문학치료적 효과에 대한 연구: 『詩話叢林』을 중심으로	조은상	건국대학교 대학원	TM 811.91 ㅈ494ㄱ	석사

1998년

번호	논문명	저자명	대학	청구기호	학위
1	老人의 憂鬱症 解消를 위한 讀書療法 硏究	유혜숙	중앙대학교 대학원	TD 615.8516 ㅇ438ㄴ	박사

1997년

번호	논문명	저자명	대학	청구기호	학위
1	아동의 사회적 자아개념과 인간관계 증진을 위한 독서요법의 효과	최선희	경북대학교 육대학원	TM 370.15 ㅊ226ㅇ	석사

1996년

번호	논문명	저자명	대학	청구기호	학위
1	RET 집단상담과 RET 독서요법이 아동의 스트레스 감소에 미치는 효과차이	금종운	동아대학교 교육대학원	TM 당관미소장	석사

1992년

번호	논문명	저자명	대학	청구기호	학위
1	精神科 患者에 대한 詩治療 活用에 관한 연구	현륜이	숭실대학교 대학원	TM 362.22 ㅎ193ㅈ	석사

1990년

번호	논문명	저자명	대학	청구기호	학위
1	讀書指導方案 및 그 效果에 관한 연구: 國民學校 4學年을 중심으로	정점숙	숙명여자대학교 교육대학원	TM 372.41 ㅈ298ㄷ	석사
2	非行靑少年의 自我槪念 育成을 위한 讀書療法의 效果	윤달원	성신여자대학교 대학원	TD 370.15 ㅇ449ㅂ	박사

1987년

번호	논문명	저자명	대학	청구기호	학위
1	病院圖書館 奉仕에 관한 硏究: 환자를 중심으로	이미경	성균관대학교 대학원	TM 025.5 ㅇ679ㅂ	석사

1986년

번호	논문명	저자명	대학	청구기호	학위
1	靑少年 非行 治療를 爲한 讀書療法에 關한 硏究	김용태	원광대학교 교육대학원	TM 371.42 ㄱ781ㅊ	석사

1985년

번호	논문명	저자명	대학	청구기호	학위
1	도서관 봉사자로서의 독서요법 적용 가능성에 관한 연구	장귀녀	이화여자대학교 대학원	TM 028 ㅈ113ㄷ	석사

1984년

번호	논문명	저자명	대학	청구기호	학위
1	독서요법이 정신과 입원환자의 증상별 행동과 질병예후에 미치는 영향에 관한 연구	김태경	서울대학교	TM 610.73 ㄱ936ㄷ	석사

참고문헌

간호옥(2004). 치매노인의 사회적응력 강화를 위한 예술치료 적용 집단 사회사업 사례연 구: 문학치료 활동 적용을 중심으로. 서울여자대학교 대학원 석사학위논문.

강현국(1998). 반응중심 문학론의 시 교육 적용 연구. 대구교육대학교 교육대학원 석사 학위논문.

고미영(2002). 이야기 치료와 가족치료. 기독교 상담심리치료학회, 1-17.

고정원(2007). 학교 적응을 위한 독서활동 개발 연구: 학교 부적응 여중생을 대상으로. 경기대학교 국제·문화대학원 석사학위논문.

고정자(2001). 오늘날의 결혼과 가족. 서울: 형설출판사.

구연배(2008). 조기퇴직자의 우울증 해소를 위한 독서치료 효과에 관한 연구. 전북대학교 대학원 박사학위논문.

구자행 편(2005). 버림받은 성적표. 서울: 보리출판사.

금용태(1986). 青少年 非行 治療를 爲한 讀書療法에 關한 研究. 원광대학교 교육대학원 석사학위논문.

권혁준(1997). 문학이론과 시교육. 서울: 도서출판 박이정.

권혜영(2004). 독서치료가 왕따 당하는 초등학생의 자아개념에 미치는 효과. 경북대학교 대학원 석사학위논문.

김갑선(2007). 독서치료 관련 학위논문의 연구 경향 분석: 1984-2006. 독서문화연구, 6, 153-187.

김경숙(2003). 성인아이(Adult Child) 문제와 독서치료. 부산대학교 교육대학원 석사학위논문.

김교남(2004). 공공도서관 주부독서회 운영에 관한 연구: 부산광역시 교육청 소속 11개 공공도서관을 중심으로. 부산대학교 교육대학원 석사학위논문.

김길자(2008). 독서치료를 통한 여대생의 부정적 정서 회복과정에 대한 근거이론적 연구. 경기대학교 대학원 박사학위논문.

김만순(2007). 공공도서관 사서의 독서치료 활용 및 인식 연구: 서울시교육청 소속 공공도서관을 중심으로. 고려대학교 교육대학원 석사학위논문.

김명희(1999). 아동행동지도-이론과 실제. 서울: 교육아카데미.

김미숙(2006). 양적 방법과 질적 방법의 통합에 대하여. 교육사회학연구, 16(3), 43-64.

김민주(2003). 어린이의 상한 마음을 돌보기 위한 독서치료 서비스 방안 연구: 부산지역 공공도서관 어린이실을 중심으로. 부산대학교 대학원 석사학위논문.

김병수(1968). 인성치료를 위한 독서요법에 관한 연구. 전라북도교육연구회지: 교육연구, 25, 12-14.

김상욱(1993). 신비평과 소설교육: 소설교육론. 서울: 평민사.

김성민(2001). 분석심리학과 기독교. 서울: 학지사.

김수진(2003). 대학생의 '문제음주'와 독서치료. 부산대학교 교육대학원 석사학위논문.

김순화(2005). 공공도서관의 독서치료 프로그램 운영에 관한 연구: 울산남부도서관을 중심으로. 부산대학교 대학원 박사학위논문.

김승국(1995). 특수교육학. 서울: 양서원.

김양선(1996). 소그룹 그림책 읽기에서 그림책에 대한 5세 유아의 반응. 이화여자대학교 대학원 석사학위논문.

김영숙, 이재연 편역(1997). 아동을 위한 상담이론과 방법. 서울: 교육과학사.

김영자(2008). 가정폭력 피해여성을 위한 쉼터에서의 독서치료 프로그램이 주관적 안녕감에 미치는 영향. 국민대학교 교육대학원 석사학위논문.

김영철(1993). 현대시론. 서울: 건국대학교 출판부.

김용태(1986). 청소년 비행치료를 위한 독서요법에 관한 연구. 원광대학교 교육대학원 석사학위논문.

김욱준(2000). 독서요법이 초등학생의 주의력 결핍 과잉행동 감소에 미치는 효과. 동아대학교 교육대학원 석사학위논문.

김유숙(2002). 가족치료(개정판). 서울: 학지사.

김유희(2003). 부모의 이혼을 경험한 시설아동을 위한 독서치료의 효과: 우울, 수치심 및 죄책감을 중심으로. 숙명여자대학교 대학원 석사학위논문.

김윤환(2008). 시 창작에서 심리치료의 이해와 적용. www.koli.info.

김은주(2003). 독서요법을 통한 초등학생 '왕따' 치료. 공주대학교 교육대학원 석사학위논문.

김재엽, 조학래(1998). 한국가정의 자녀폭력실태의 문제점. 제19회 한국아동예방협회 세미나 자료집. 서울: 아동학대예방협회.

김종운(1996). RET 집단상담과 RET 독서요법이 아동의 스트레스 감소에 미치는 효과 차이. 동아대학교 대학원 석사학위논문.

김종주(1986). 시치료의 임상경험. 원광정신의학회지: 원광 정신의학, 3(3), 3-17.

김종주(1989). B 병동 시화전. 서울: 하나의학사.

김종주(1990). 상승과 하강의 노래: 조울증 환자의 시세계. 임상예술, 5, 20-31.

김종주, 이경수(1986). 시 치료 과정에서 관찰되는 정신 역동에 관한 고찰. 원광정신의학회지, 원광 정신의학, 2(2), 221-232.

김지훈(2007). 정호승 시의 심리치료 활용분석. 단국대학교 대학원 석사학위논문.

김춘경, 정여주(2000). 상호작용 놀이를 통한 집단상담: 이론과 실제. 서울: 학지사.

김춘미(2008. 10.). 근거이론 연구방법론. 대한질적연구 간호학회 제4회 학술세미나 자료집(pp. 1-8). 서울: 대한질적연구 간호학회.

김태경(1985). 독서요법이 정신과 입원 환자의 증상별 행동과 질병 예후에 미치는 영향에 관한 연구. 서울대학교 간호학대학원 석사학위논문.

김태현, 전길양, 이영자, 임선영(2004). 현대가족복지. 서울: 하우.

김현숙(1999). 글쓰기치료가 내향성 청소년들의 자아개념에 미치는 영향. 계명대학교 교육대학원 석사학위논문.

김현희 외(2001). 독서치료. 서울: 학지사.

김현희 외(2003). 독서치료의 실제. 서울: 학지사.

김현희 외(2004). 독서치료(개정판). 서울: 학지사.

김현희(1999). 아동문학의 연구방법. 한국어린이문학교육연구회 편. 환상그림책으로의 여행. 서울: 다음세대.

김현희(2000). 아동을 위한 독서치료: 상호작용의 과정. 한국유아교육학회 2000년도 정기총회 및 춘계학술대회 자료집: 교육개혁과 유아교육, 79-87.

김현희(2001). 독서치료란 무엇인가? 한국 어린이 문학교육학회 제3차 학술대회 자료집: 독서치료의 가능성 탐색, 15-50.

김현희(2003). 심리학에서의 시치료의 위치: 이론적, 역사적 배경. 한국독서치료학회 발표 자료.

김형경(2006). 사람 풍경. 서울: 예담.

김형태(2003). 상담심리학. 서울: 동문사.

김홍신 외(2004). 내 삶을 바꾼 칭찬 한마디. 서울: 21세기북스.

김홍운(1999). 성인아이의 분노조절을 위한 집단상담 프로그램의 개발과 적용. 충남대학교 대학원 박사학위논문.

김희경, 이정숙(1998). 문제아 임상심리학. 서울: 교문사.

나동광(2008). 문학치료 텍스트로서 오태석의 「자전거」 연구. 부경대학교 대학원 석사학위논문.

나해숙(2006). Gestalt 예술치료가 우울장애 환자의 대인관계에 미치는 영향. 미술치료연구, 13(2), 361-385.

명창순(2004). 독서요법을 통한 저소득층 이혼 가정 아동의 친사회성 개발에 관한 연구. 공주대학교 교육대학원 석사학위논문.

문덕수(1995). 세계문예대사전. 서울: 교육출판사.

민영미(2008). 황순원 소설을 활용한 독서치료 연구. 아주대학교 교육대학원 석사학위논문.

박금희(2006). 공공도서관의 어린이 독서치료 효과에 관한 연구. 이화여자대학교 대학원 박사학위논문.

박연식(2008a). 전방향 독서법에 따른 독서치료. 서울: 고요아침.

박연식(2008b). 전방향 독서법에 따른 독서치료의 자료분류에 관한 연구. 경기대학교 국제·문화대학원 석사학위논문.

박이문(2007). 현상학과 분석철학. 서울: 지와 사랑.

박태건(2007). 시 치료의 국어교육적 수용 방안. 군산대학교 교육대학원 석사학위논문.

박혜원(2008). 독서치료 프로그램이 결손가정 초등학교 저학년 아동의 우울과 불안 감소에 미치는 효과. 강원대학교 교육대학원 석사학위논문.

반금현(2001). 집단적 독서요법을 통한 고등학교 학생의 자아개념 향상에 관한 연구. 가톨릭대학교 교육대학원 석사학위논문.

배순자(1981). 참고상담에 있어서 사서와 이용자간의 커뮤니케이숀의 기능에 관한 연구. 연세대학교 대학원 석사학위논문.

배지영(1996). 역할놀이와 동화활동이 유아의 이타행동에 미치는 효과. 계명대학교 교육대학원 석사학위논문.

백정미(2005). 글쓰기를 통한 자기노출이 외상 경험에 미치는 효과. 아주대학교 대학원 석사학위논문.

변우열(1990). 비행청소년 선도를 위한 독서요법: 소년원을 중심으로. 고성수 선생님 정년퇴임기념논집. 동론문집발행위원회.

변우열(1996). 비행청소년 인성치료를 위한 독서요법. 도서관논집, 26, 131-168.

변학수(2005). 문학치료. 서울: 학지사.

변학수(2006). 통합적 문학치료. 서울: 학지사.

변학수(2007). 문학치료: 자발적 책읽기와 창의적 글쓰기를 통한 마음의 치유. 서울: 학지사.

보건복지부(2001). 우리나라 아동학대 현황.

복지부 알코올 의존증 환자의 전쟁(2000. 5. 8). 한국일보, 29면.

서미정(2002). 중학생의 집단따돌림 경험에 대한 문제해결적 글쓰기와 고백적 글쓰기 프로그램의 효과비교. 전남대학교 대학원 석사학위논문.

서정숙, 남규(2005). 그림책으로 하는 유아문학교육. 서울: 창지사.

성정희(2008). 설화를 활용한 소아기 우울증 아동의 문학치료 사례 연구: <반쪽이>를 중심으로. 건국대학교 대학원 석사학위논문.

손정표(2000). 신독서지도방법론. 대구: 태일사.

송명자(2008). 발달심리학. 서울: 학지사.

송성자(2005). 가족과 가족치료. 서울: 법문사.

송영임(2003). 정신보건을 위한 공공도서관 역할 연구: 독서치료의 적용과 관련하여. 부산대학교 대학원 석사학위논문.

신경림 외(2003). 질적연구 용어사전. 서울: 현문사.

신경림(2004). 질적 연구방법론. 서울: 이화여자대학교출판부.

신주영(2003). 독서치료와 도서관의 역할에 대한 연구. 부산대학교 대학원 석사학위논문.

아동학대 갈수록 늘어(2000. 5. 26). 한국일보.

양유성(2004). 이야기치료. 서울: 학지사.

연문희, 박남숙(2001). 교육과 상담에서의 질적 연구. 연세 교육연구, 14(1), 243-263.

오영림(2001). 유형별 일기쓰기가 정신지체아의 자기표현 능력 신장에 미치는 영향. 특수교육총연합회 KRF 연구결과 논문.

오탁번, 이남호(2001). 서사문학의 이해. 서울: 고려대학교 출판부.

오필하(2007). 시 치료의 국어교육적 활용방안: 강은교를 중심으로. 세종대학교 교육대학원 석사학위논문.

외면해서는 안 될 편조모 편조부 가정(2004. 3. 30.). 실버타임즈.

유정실(2004). 독서치료 프로그램이 부적응 아동의 자아존중감과 학교생활 적응에 미치는 효과. 영남대학교 교육대학원 석사학위논문.

유정화(2002). 로웰의 고백 시 형성과 자기 치료. 성결대학교 논문집, 31, 611-626.

유중희(1964). 도서관과 비부리오세라피. 국회도서관보, 1(3), 133-139.

유혜숙(1998). 노인의 우울증 해소를 위한 독서요법 연구. 중앙대학교 대학원 박사학위논문.

윤달원(1990). 비행청소년의 자아개념 육성을 위한 독서요법의 효과. 성신여자대학교 대학원 박사학위논문.

윤정미(2005). 시 치료가 초등학생 자아개념 향상에 미치는 효과. 광주교육대학교 교육대학원 석사학위논문.

윤초화, 고승우(2005). 詩 치료! 목 놓아 울기보다 시와 웃어보자. 서울: 청목출판사.

이대균, 송정원(1999). 유아생활지도. 서울: 양서원.

이무석(2006). 30년 만의 휴식. 서울: 비전과 리더십.

이미경(1987). 병원 도서관 봉사에 관한 연구: 환자를 중심으로. 성균관대학교 대학원 석사학위논문.

이성옥(2007). 시 활동 경험의 심리적 치유과정 분석. 숙명여자대학교 교육대학원 박사학위논문.

이소라(2007). 자기조력도서의 평가기준 수립 및 자기조력 독서치료의 효과에 대한 연구. 충남대학교 대학원 박사학위 논문.

이소희(1999). 기독교적 관점에서 본 아동발달과 양육. 서울: CUP.

이소희, 정민자, 김경희, 박인전, 손지미, 김영란, 홍계옥, 도미향, 김민정(2001). 현대가족복지론. 서울: 양서원.

이수경(1989). 참고면담 상에서의 커뮤니케이션기법 적용에 관한 연구. 이화여자대학교 대학원 석사학위논문.

이숙진(2003). 시적 화자에 대한 공감프로그램이 고등학교 학생의 자아개념 및 학교태도에 미치는 효과. 가톨릭대학교 교육대학원 석사학위논문.

이승연(2008). 상호작용적 독서치료가 ADHD 아동의 사회기술 향상에 미치는 영향: 분노조절과 또래 집단 어울리기를 중심으로. 경기대학교 국제·문화대학원 석사학위논문.

이승훈(2007). 정신분석 시론. 서울: 문예출판사.

이승희(2003). 시편을 통한 우울증 치료방안 연구. 한영신학대학교 기독상담대학원 석사학위논문.

이어령 편저(1996). 문장백과 대사전. 서울: 금성출판사.

이연옥(2001). 한국 공공도서관 운동사 연구. 부산대학교 대학원 박사학위논문.

이영식(2002). 독서치료를 위한 과제와 전망. 성균관대학교 독서치료 전문가과정 특강 자료.

이영식(2006). 독서치료 어떻게 할 것인가. 서울: 학지사.

이영애(2001). 책읽기를 통한 치유. 서울: 홍성사.

이영희(2006). 공공도서관의 독서치료 서비스 활성화에 관한 연구. 배재대학교 행정대학원 석사학위논문.

이운우(2004). 암환자와 가족을 위한 독서치료. 부산대학교 문헌정보대학원 석사학위논문.

이은정, 조성호(2000). 심리적 상처경험에 대한 글쓰기 고백의 효과. 한국심리학회지: 상담 및 심리치료, 12(2), 205-220.

이장호(1995). 상담심리학. 서울: 박영사.

이장호, 김정희(1998). 집단상담의 원리와 실제. 서울: 박영사.

이정화(2008). 중학교 국어교과서에 기초한 독서치료 프로그램이 중학생의 자아존중감에 미치는 효과. 부경대학교 교육대학원 석사학위논문.

이종숙(1986). 독서요법에서의 사서의 역할. 도서관, 41(3), 37-50.

이지혜(2003). 저소득층 가정 아동의 자아존중감 증진을 위한 독서치료 효과. 숙명여자대학교 대학원 석사학위논문.

이진영(2008). 독서치료를 활용한 중학교 소설 교육 방안 연구. 단국대학교 교육대학원 석사학위논문.

이희자(2007). 공공도서관 독서치료 프로그램 참여자의 치유효과에 관한 연구. 경기대학교 대학원 석사학위논문.

이희정(2001). 독서요법이 대학생의 자아정체감 정립에 미치는 효과 연구. 충남대학교 대학원 문헌정보대학원 석사학위논문.

임미화(2008). 청소년 자아정체감 향상을 위한 독서치료용 도서평가: 『갈매기의 꿈』을 중심으로. 경희대학교 대학원 석사학위논문.

임은정(2002). 독서요법 프로그램과 분노조절 훈련프로그램이 아동의 공격력 감소에 미치는 효과. 전남대학교 대학원 석사학위논문.

임재영(2001). 글쓰기를 통한 삶의 인식. 전남대학교 대학원 석사학위논문.

임혜숙, 김선(2000). 주의산만 아동에 대한 이해와 훈련 프로그램. 서울: 특수교육.

장계숙(2008). 인터넷 중독 예방을 위한 독서치료 프로그램 적용 사례 연구. 부산대학교 교육대학원 석사학위논문.

장귀녀(1985). 도서관 봉사로서의 독서요법 적용 가능성에 관한 연구. 이화여자대학교 대학원 석사학위논문.

장미옥(2004). 글쓰기를 통한 자기효능감 향상에 관한 연구: 소집단 토의학습을 중심으로. 세종대학교 교육대학원 석사학위논문.

장화정, 한지숙, 이정은, 김지연(2000). 신고의무자가 알아야 할 아동학대 예방사업. 서울: 보건복지부 가정아동복지과, 중앙아동학대 예방센터.

장휘숙(1996). 아동심리학. 서울: 배영사.

전국보육교사교육대학원협의회 편(1999). 아동문제 및 행동수정. 서울: 양서원.

전미라(2006). 중학교 국어교과에 기초한 독서치료 프로그램이 교우관계에 미치는 효과: 문학단원을 중심으로. 한국교원대학교 대학원 석사학위논문.

전소희(2002). 아동상담자의 독서치료 활용현황 및 인식연구. 숙명여자대학교 대학원 석사학위논문.

정여주(2009). 만다라 그리기. 서울: 학지사.

정운채(2006). 문학치료의 이론적 기초. 서울: 문학과 치료.

정정숙(1996). 성경속의 가정. 서울: 도서출판 베다니.

정현규(1995). 자기치료로서의 글쓰기: 자크프리트 렌츠의 독일어 시간 연구. 서울대학교 대학원 석사학위논문.

조숙진(2003). 시적 화자에 대한 공감(empathy)프로그램이 고등학교 학생의 자아개념 및 학교태도에 미치는 효과. 가톨릭대학교 교육대학원 석사학위논문.

조영남(2001). 질적 연구과 양적 연구. 초등교육연구논총, 17(2), 307-329.

조용환(2008). 질적연구: 방법과 사례. 서울: 교육과학사.

조혜경(2008). 문학 수업에서 독서치료가 중학생의 자아 존중감에 미치는 효과. 부산대

교육대학원 석사 학위논문.

조희숙 외 11인(1998). 아동발달심리. 서울: 학지사.

조희숙(2003). 글쓰기 발표지도가 중학생의 자아존중감 및 자기표현에 미치는 효과. 전
　　남대학교 대학원 석사학위논문.

차봉희(1993). 독자반응비평. 서울: 고려원.

차재량(2007). 시 치료 기법을 활용한 시 수업 방안 연구. 부산대학교 교육대학원 석사학
　　위논문.

채란희(2008). 독서치료 프로그램이 노인의 기능향상에 미치는 효과: 인지, 우울, 대인관
　　계를 중심으로. 석사학위논문. 호서대학교 여성문화복지대학원 석사학위논문.

최선희(1997). 아동의 사회적 자아개념과 인간관계 증진을 위한 독서요법의 효과. 경북대
　　학교 교육대학원 석사학위논문.

최소영(2004). 시치료가 정서지능 향상에 미치는 효과성 연구. 경기대학교 국제문화대학
　　원 석사학위논문.

최소영(2006). 치료적 시문학교육이 청소년의 정신 건강에 미치는 영향 연구: 시치료의
　　이해와 임상사례 연구를 중심으로. 문학교육학, 20, 297-342.

최순형, 김수정(1998). 인간의 사회적 성격적 발달. 서울: 학지사.

최정미(2002). 독서요법을 통한 시설아동의 심리행동의 변화에 관한 연구: 아동복지시설
　　S원 3, 4학년생 5명을 대상으로. 부산대학교 문헌정보대학원 석사학위논문.

취중진단 취중실언(2000. 9. 25). 중앙일보, 6면.

통계청(2000). 인구동태 통계연보.

통계청(2002, 2003). 인구동태조사.

통계청(2003). 인구구성비.

하정혜(2004). 독서치료가 자폐성 아동의 사회성 발달에 미치는 효과. 가톨릭대학교 교
　　육대학원 석사학위논문.

한국도서관협회(1999). 국민도서문화 진흥을 위한 독서서지정보 시스템 상의 상황별 독서목록:
　　아동 · 청소년 편. 서울: 한국도서관협회.

한국도서관협회(2004). 독서치료를 위한 상황별 독서치료: 성인편. 서울: 한국도서관협회.

한국어린이문학교육학회 독서치료연구회(2001). 독서치료. 서울: 학지사.

한국유아교육학회 편(1996). 유아교육사전(용어 편). 서울: 한국사전연구사.

한덕웅(1994). 퇴계심리학. 서울: 성균관대학교 출판부.

한윤옥(2003. 3.). 독서치료를 위한 상황별 독서목록의 기초적 요건에 관한 연구: 상황설
　　정 및 분류체계와 관련하여. 한국문헌정보학회지, 37(1), 5-25.

한윤옥(2004. 9.). 독서치료를 위한 상황별 독서목록의 기초적 요건에 관한 연구 II: 사례
　　분석을 통한 상황설정 및 분류체계 예시. 한국문헌정보학회지, 38(3), 249-275.

한정란, 조해경, 이이정(2004). 노인 자서전 쓰기. 서울: 학지사.

현윤이(1992). 정신병 환자에 대한 시치료 활용에 관한 연구. 숭실대학교 대학원 석사학위논문.

황의백(1996). 독서요법. 서울: 범우사.

홍미정(2008). 국어과 문학 텍스트를 활용한 독서요법 프로그램이 중학생의 자아존중감과 학업성취도에 미치는 영향. 가톨릭대학교 교육대학원 석사학위논문.

Achenbach, T. M. (1991). Manual for the child behavior checklist/4-18 and 1991 Profile. In B. Doll & C. Doll (1997). *Bibliotherapy with young people: Librarians and mental health professionals working together*. Englewood, Colorado: Libraries Unlimited.

Adams, K. (2006a). 저널치료(강은주 외 역). 서울: 학지사. (원전은 1990년 출간)

Adams, K. (2006b). 저널치료의 실제(강은주 외 역). 서울: 학지사. (원전은 1998년 출간)

Adler, A. (1954). *Understanding human nature* (W. B. Wolfe, Trans.). New York: Fawcett. (original work published 1927)

Alston, E. F. (1962). Bibliotherapy and psychotherapy. In R. J. Rubin (1978). *Bibliotherapy sourcebook*. AZ: Oryx Press.

American Association of School Librarians and Association for Educational Communications and Technology. (1988). Information power: Guidelines for school library media programs. In B. Doll & C. Doll (1997). *Bibliotherapy with young people: Librarians and mental health professionals working together*. Englewood, Colorado: Libraries Unlimited.

American Psychiatric Association. (2000). *Diagnostic and statistical manual of mental disorder* (4th ed., Text Revision). Washington, DC: APA.

Angus, L. E., & McLeod, J. (2004). *Handbook of narrative and psychotherapy*. Thousand Oaks: Sage.

Ashley, L. F. (1987). Bibliotherapy and reading interests: Patterns, pitfalls, and predictions. In B. Doll & C. Doll (1997). *Bibliotherapy with young people: Librarians and mental health professionals working together*. Englewood, Colorado: Libraries Unlimited.

Astrov, M. (Ed.). (1962). *American indian prose and poetry: An anthology*. New York: Capricorn.

Augustinus, A. (2004). 성 어거스틴의 고백록(김광채 역). 서울: 기독교문서선교회.

Baikie, K. A., & Wilhelm, K. (2005). Emotional and physical health benefits of expressive writing. *Advances in Psychiatric Treatment, 11*, 338-346.

Baldwin, C. (1977). One to one: Self-understanding through journal writing. In A.

M. Hynes & M. Hynes-Berry (1994). *Biblio/poetry therapy-the interactive process: A handbook.* St. Cloud, MN: North Star Press of St. Cloud.

Baldwin, N. (1976). The therapeutic implications of poetry writing: A methodology. In A. M. Hynes & M. Hynes-Berry (1994). *Biblio/poetry therapy-the interactive process: A handbook.* St. Cloud, MN: North Star Press of St. Cloud.

Barker, R. L. (1995). *The social work dictionary* (3rd ed.). Washington, DC: NASW Press.

Benne, M. (1991). Principles of children's services in public libraries. In B. Doll & C. Doll (1997). *Bibliotherapy with young people: Librarians and mental health professionals working together.* Englewood, Colorado: Libraries Unlimited.

Bernstein, B. (1981). Psychiatric therapy through the creative arts. In A. M. Hynes & M. Hynes-Berry (1994). *Biblio/poetry therapy-the interactive process: A handbook.* St. Cloud, MN: North Star Press of St. cloud.

Bernstein, J. E. (1989). Bibliotherapy: How books can help young children cope. In B. Doll & C. Doll (1997). *Bibliotherapy with young people: Librarians and mental health professionals working together.* Englewood, Colorado: Libraries Unlimited.

Berry, F. M. (1977). Contemporary bibliotherapy: Systematizing the field. In R. J. Rubin (Ed.), *Bibliotherapy sourcebook.* AZ: Oryx Press.

Bettelheim, B. (1998). 옛 이야기의 매력(김옥순, 주옥 역). 서울: 시공주니어.

Beutler, L. F., & Berren, M. R. (1995). *Intergrative assessment of adult personality.* New York: Guilford.

Birdwhistell, R. (1970). *Kinesics and context.* Philadelphia: University of Pennsylvania Press.

Blanton, S. (1960). *The healing power of poetry therapy.* New York: Crowell.

Blinderman, A. A. (1973). Shamans, witch doctors, medicine men and poetry. In Leedy, J. J. (Ed.), *Poetry the Healer* (pp. 127-141). Philadelphia: Lippincott.

Bordin, E. (1968). *Psychological counseling* (2nd ed.). New York: Appleton Century Crofts.

Boutler, L. F., & Berren, M. R. (1995). *Intergrative assessment of adult personality.* New York: Guilford Press.

Brammer, L. (1979). *The helping relationship process and skills* (2nd ed.). Englewood Cliffs, NJ: Prentice-Hall.

Brand, A. G. (1979). The use of writing in psychotherapy. *Journal of Humanistic Psychology, 19*(4), 53-72.

Brand, A. G. (1980). *Therapy in writing: A psycho-educational enterprise.* Lexington, MA: Health.

Brems, C. (1999). *Psychotherapy: Processes and techniques.* Boston: Allyn & Bacon.

Bromley, K. D. (1992). *Language arts: Exploring connections* (2nd ed.). Boston: Allyn & Bacon.

Buber, M. (1963). Healing through meeting. In M. Buber (Ed.), *Pointing the way: Collected essays by martin buber.* New York: Harper & Row.

Bump, J. (1990). Innovative bibliotherapy approaches to substance abuse education. In B. Doll & C. Doll (1997). *Bibliotherapy with young people: Librarians and mental health professionals working together.* Englewood, Colorado: Libraries Unlimited.

Burks, H. M., & Stefflre, B. (1979). *Theories of counseling* (3rd ed.). New York: Graw-Hill.

Burns, G. W. (2001). *101 healing stories: Using metaphors in therapy.* New York: John Wiley & Sons.

Butler, D. (1997). 쿠슐라와 그림책 이야기(김중철 역). 서울: 보림. (원전은 1979년 출간)

Butterfield-Picard, H. et al. (1982). Hospice the adjective, not the noun: The future of a national priority. In A. M. Hynes & M. Hynes-Berry (1994). *Biblio/poetry therapy-the interactive process: A handbook.* St. Cloud, MN: North Star Press of St. Cloud.

Cambell, J. (1976). The Masks of God: Creative mythology. In A. M. Hynes & M. Hynes-Berry (1994). *Biblio/poetry therapy-the interactive process: A handbook.* St. Cloud, MN: North Star Press of St. Cloud.

Caprara, G. V., & Cervone, D. (2005). 성격탐구(이한규, 김기민 역). 서울: 학지사. (원전은 2000년 출간)

Cattell, R. B. (1943). Fluctuation of sentiments and attitudes as a measure of character integration and of temperament. *American Journal of Psychology, 56,* 195-216.

Census Brief. (September, 1997). http://www.census.gov/prod/3/97pubs/cb-9701.pdf

Chambers, A. (1983). *Introducing books to children.* Boston: The Horn Book.

Chandler, G. E. (Apr.-Jun., 1999). A creative writing program to enhance self-esteem and self-efficacy in adolescents. *Journal of Child & Adolescent Psychiatric Nursing, 12* (2), 70-78.

Chartier, R., & Cavallo, G. (2006). 읽는다는 것의 역사(이종삼 역). 서울: 한국출판마케팅

연구소. (원전은 1999년 출간)

Chatton, B. (1988). Apply with caution: Bibliotherapy in the library. In B. Doll & C. Doll (1997). *Bibliotherapy with young people: Librarians and mental health professionals working together.* Englewood, Colorado: Libraries Unlimited.

Chelton, M. (1980). Booktalking: You can do it. In B. Doll & C. Doll (1997). *Bibliotherapy with young people: Librarians and mental health professionals working together.* Englewood, Colorado: Libraries Unlimited.

Clancy, M., & Lauer, R. (1978). Zen telegrams: A warm-up technique for poetry therapy groups. In A. M. Hynes & M. Hynes-Berry (1994). *Biblio/poetry therapy-the interactive process: A handbook.* St. Cloud, MN: North Star Press of St. Cloud.

Clear, V. (1966). *The disadvantaged: A program for understanding.* New York: The Library.

Cohen, L. J. (1992). Bibliotherapy: The experience of therapeutic reading from the perspective of the adult reader. Unpublished doctoral dissertation. New York University.

Colaizzi, P. F. (1978). Psychological research as the phenomenologist views it. In R. S. Valle. & M. King (Eds.), *Existential-phenomenological alternatives for psychology* (pp. 48-71). New York: Oxford University Press.

Coleman, M., & Ganong. L. H. (1990). The uses of juvenile fiction and self-help books with step-families. *Journal of Counseling & Development, 68,* 327-331.

Colville, B. (1990). Magic mirrors. In B. Doll & C. Doll (1997). *Bibliotherapy with young people: Librarians and mental health professionals working together.* Englewood, Colorado: Libraries Unlimited.

Combs, G., & Freedman, J. (1990). *Symbol, Story, and Ceremony: Using Metaphor in Individual and Family Therapy.* New York: Norton.

Connor, J. G. (1985). Children's services handbook. In B. Doll & C. Doll (1997). *Bibliotherapy with young people: Librarians and mental health professionals working together.* Englewood, Colorado: Libraries Unlimited.

Corey, G. (1995). 상담과 심리치료의 제기법(안창일, 박경 역). 서울: 중앙적성출판사. (원전은 1986년 출간).

Corey, G. (2001). 상담 및 심리치료의 통합적 접근(현명호, 유제민 역). 서울: 시그마프레스. (원전은 1986년 출간).

Corey, M. S., & Corey, G. (2001). 집단상담: 과정과 실제(김명권, 김창대, 박애선, 전종국, 천성문 역). 서울: 시그마프레스.

Cottone, R. R., & Tarvydas, V. M. (1998). *Ethical and professional issues in counseling*. Upper Saddle River, NJ: Merrill.

Council for the Accreditation of Counseling and Related Educational Programs. (1994). CACREP accreditation standards and procedures manual. In B. Doll & C. Doll (1997). *Bibliotherapy with young people: Librarians and mental health professionals working together*. Englewood, Colorado: Libraries Unlimited.

Crago, H. (2006). Healing texts: bibliotherapy and psychology. In P. Hunt (Ed.), *Understanding children' s literature* (2nd ed., pp. 180-189). London, New York: Routledge.

Crain, W. C. (2007). 발달의 이론(서봉연 역). 서울: 중앙적성출판사. (원전은 1983년 출간)

Creswell, J. W. (2005). 질적연구방법론: 다섯 가지 전통(조흥식, 정선욱, 김진숙, 권지성 역). 서울: 학지사. (원전은 1998년 출간).

De Salvo, L. (1999). *Writing as a way of healing*. Boston, MA: Beacon Press.

Deutach, H. (1973). Confrontations with myself: An epilogue. In A. M. Hynes & M. Hynes-Berry (1994). *Biblio/poetry therapy-the interactive process: A handbook*. St. Cloud, MN: North Star Press of St. Cloud.

Doll, B. (1996a). Children without friends: Implications for practice and policy. In B. Doll & C. Doll (1997). *Bibliotherapy with young people: Librarians and mental health professionals working together*. Englewood, Colorado: Libraries Unlimited.

Doll, B. (1996b). Prevalence of psychiatric disorders in children and youth: An agenda for advocacy by school psychology. In B. Doll & C. Doll (1997). *Bibliotherapy with young people: Librarians and mental health professionals working together*. Englewood, Colorado: Libraries Unlimited.

Doll, B., & Doll, C. (1997). *Bibliotherapy with young people: Librarians and mental health professionals working together*. Englewood, Colorado: Libraries Unlimited.

Dollar, J., & Miller, N. E. (1950). *Personality and psychotherapy: An analysis in terms of learning, binicing, and culture*. New York: McGraw-Hill.

Drum, D. J. (1987). Do we have a multiple personality?. In B. Doll & C. Doll (1997). *Bibliotherapy with young people: Librarians and mental health professionals working together*. Englewood, Colorado: Libraries Unlimited.

Egan, G. (1982). *The skilled helper*. California: Brooks/Cole.

Egan, G. (1999). 유능한 상담자: 상담의 문제 대처적 접근(제석봉, 유계식, 박은영 역). 서울:

학지사. (원전은 1994년 출간)

Elias, M. J., & Tovias, S. E. (1996). Social problem solving: Interventions in the schools. In B. Doll & C. Doll (1997). *Bibliotherapy with young people: Librarians and mental health professionals working together*. Englewood, Colorado: Libraries Unlimited.

Erikson, E. (1963). *Childhood and society* (2nd ed.). New York: W. W. Norton.

Esterling, B. A., Antoni, M. H., Fletcher, M. A. et al. (1994). Emotional disclosure through writing or speaking modulates latent Epstein-Barr virus antibody titers. *Journal of Consulting and Clinical Psychology, 62,* 130-140.

Esterling, B. A., Antoni, M. H., Kumar, M., & Schneiderman, N. (1990). Emotional repression, stress disclosure responses, and Epstein-Barr viral capsid antigen titers. *Psychosomatic Medicine, 52,* 397-410.

Evans, D. R. (2000). 상담의 필수기술(성숙진 역). 서울: 나남출판. (원전은 1993년 출간)

Flandorf, V. S. (1967). *Books to help children adjust to a hospital situation.* Chicago: Association of Hospital and Institution Libraries.

Flandorf, V. S. (1967). Books to help children adjust to a hospital situation. In M. T. Moody & H. K. Limper (1971). *Bibliotherapy: Methods and materials.* Chicago: American Library Association.

Fox, J. (2005). 시치료(최소영 외 역). 서울: 시그마프레스. (원전은 1997년 출간)

Fox, R. E., Korvacs, A. L., & Graham, S. R. (1985). Proposals for a revolution in the preparation and regulation of professional psychologists. In B. Doll & C. Doll (1997). *Bibliotherapy with young people: Librarians and mental health professionals working together*. Englewood, Colorado: Libraries Unlimited.

Frame, M. W., & Doll, B. (1997). Cautions for bibliotherapist leaders. In B. Doll & C. Doll (1997). *Bibliotherapy with young people: Librarians and mental health professionals working together* (pp. 57-64). Englewood, Colorado: Libraries Unlimited.

Frasier, M., & McCannon, C. (1981). Using bibliotherapy with gifted children. *Gifted Child Quarterly, 25,* 81-84.

Freud, S. (1959). The relation of the poet to day-dreaming. *Collected Papers of Sigmund Freud, Vol. 4* (J. Riviere, Trans.). New York: Basic Books. (Original work published 1908)

Gambrill, E. (1997). *Social work practice: A critical thinker's guide.* New York: Columbia University Press.

Gattman, J. 남은영(2007). 내 아이를 위한 사랑의 기술(남은영 역). 서울: 한국경제신문. (원

전은 1998년 출간)

Gerkin, C. V. (1986). *Widening the horizons*. Philadelphia: Westminster Press.

Gladding, S. T., & Gladding, C. (1991). The ABCs of bibliotherapy for school counselors. In B. Doll & C. Doll (1997). *Bibliotherapy with young people: Librarians and mental health professionals working together*. Englewood, Colorado: Libraries Unlimited.

Gold, J. (2003). 비블리오테라피(이종인 역). 서울: 북키암. (원전은 2001년 출간).

Goldberg, C., & Crespo, V. (2004). *Seeking the compassionate life: The moral crisis for psychotherapy and society*. westport, CT: Praeger.

Goldstein, A. P. (1988). The Prepare curriculum. In B. Doll & C. Doll (1997). *Bibliotherapy with young people: Librarians and mental health professionals working together*. Englewood, Colorado: Libraries Unlimited.

Good, C. (1966). *Dictionary of education*. New York: McGraw-Hill.

Gornicki, S. B. (1981). Using fairy tales to change perceptions of self and others. Paper presented at the annual convention of the American Personnel and Guidance Association.

Grindler, M. C., Stratton, B. D., & McKenna, M. C. (1997). *The right book, the right time: Helping children cope*. Needham Heights, MA: Allyn & Bacon.

Gubert, B. K. (1993). Sadie peterson delaney: Pioneer bibliotherapist. In B. Doll & C. Doll (1997). *Bibliotherapy with young people: Librarians and mental health professionals working together*. Englewood, Colorado: Libraries Unlimited.

Gumaer, J. (1990). 아동상담과 치료(이재연, 서영숙, 이명조 역). 서울: 양서원. (원전은 1984년 출간).

Halsted, J. (1988). Guiding gifted readers. In B. Doll & C. Doll (1997). *Bibliotherapy with young people: Librarians and mental health professionals working together*. Englewood, Colorado: Libraries Unlimited.

Harington, J. N. (1985). Reference service in the children's department: A case study. In B. Doll & C. Doll (1997). *Bibliotherapy with young people: Librarians and mental health professionals working together*. Englewood, Colorado: Libraries Unlimited.

Harrower, M. (1972). *The therapy of poetry*. Springfield, IL: Charles C.

Hart, M. F. (1988). Bibliotherapy and judaica children's librarian. In B. Doll & C. Doll (1997). *Bibliotherapy with young people: Librarians and mental health professionals working together*. Englewood, Colorado: Libraries Unlimited.

Hebert, T. P. (1991). Meeting the affective needs of bright boys through bibliotherapy. In B. Doll & C. Doll (1997). *Bibliotherapy with young people: Librarians and mental health professionals working together.* Englewood, Colorado: Libraries Unlimited.

Hendrickson, L. B. (1988). The 'Right' book for the child in distress. In B. Doll & C. Doll (1997). *Bibliotherapy with young people: Librarians and mental health professionals working together.* Englewood, Colorado: Libraries Unlimited.

Heninger, O. E. (1981). Poetry therapy. In S. Arieti (Ed.), *American Handbook of Psychiatry, Vol. 7* (2nd ed., pp. 553-563). New York: ASIC Book.

Hepworth, D. H., Rooney, R. H., Rooney, G. D., Strom-Gottfried, K. & Larsen, J. (2006). *Direct social work practice: Theory and skills* (7th ed.). Belmont, CA: Thomson Brooks/Cole.

Holland, N. N. (1975). Five readers reading. In A. M. Hynes & M. Hynes-Berry (1994). *Biblio/poetry therapy-the interactive process: A handbook.* St. Cloud, MN: North Star Press of St. Cloud.

Holmquist, R., & Armelius, B. A. (1996). The patients contribution the therapists countertransference feelings. *Journal of Nervous and Mental Disease, 184,* 660-666.

Horning, K. T. (1994). How can I help you? The joys and challenges of reference work with children. In B. Doll & C. Doll (1997). *Bibliotherapy with young people: Librarians and mental health professionals working together.* Englewood, Colorado: Libraries Unlimited.

Huck, C. S. (1993). *Children's literature in the elementary school* (5th ed.). New York: Holt, Rinehart & Winston.

Hughes, J. N. (1988). Cognitive behavior therapy with children in schools. In B. Doll & C. Doll (1997). *Bibliotherapy with young people: Librarians and mental health professionals working together.* Englewood, Colorado: Libraries Unlimited.

Hynes, A. M. (1990). Possibilities for biblio/poetry therapy services in libraries. *Catholic Library World, 61*(6), 264-267

Hynes, A. M., & Hynes-Berry, M. (1994). *Biblio/poetry therapy-the interactive process: A handbook.* St. Cloud, MN: North Star Press of St. Cloud.

Imber-Black, E., Robert, J., & Whiting, R. (1988). *Rituals in families and family therapy.* New York: W. W. Norton.

Ivey, A. E., Ivey, M. E., & Simek-Morgan, L. (1997). *Counseling and psychotherapy: A multicultural persperctive* (4th ed.). Needham Heights, MA: Allyn & Bacon.

Jack, S. J., & Ronan, K. R. (2008). Bibliotherapy: Practice and research. *School Psychology International, 29* (2), 161-182.

Jacobs, B. (2008). 감정 다스리기를 위한 글쓰기(김현희, 이영식 역). 서울: 학지사. (원전은 2004년 출간).

Jalongo, M. R. (1988). *Young children and picture books: Literature from infancy to six.* Washington, DC: NAEYC.

Jennerich, E. Z., & Jennerich, E. J. (1987). The Reference interview as a creative art. In B. Doll & C. Doll (1997). *Bibliotherapy with young people: Librarians and mental health professionals working together.* Englewood, Colorado: Libraries Unlimited.

Jeon, K. W. (1992). Bibliotherapy for gifted children. In B. Doll & C. Doll (1997). *Bibliotherapy with young people: Librarians and mental health professionals working together.* Englewood, Colorado: Libraries Unlimited.

Johnson, F. E., Hasselt, V. van, & Hersen, M. (1997). Rapport, empathy and reflection. In M. Hersen, & V. van Hasselt (Eds.), *Basic interviewing: A practical guide for counselors and clinicians* (pp. 41-56). Mahwah, NJ: Lawrence Erlbaum Associates Pub.

Jones, E. H. (2001). *Bibliotherapy for bereaved children: Healing reading.* London and Philadelphia: Jessica Kingsley Pub.

Jones, R. E. (1969). Treatment of a psychotic patient by poetry therapy. In J. J. Leedy (Ed.), *Poetry therapy: The use of poetry in the treatment of emotional disorders* (pp. 19-25). Philadelphia: Lippincott.

Joshua, J. M., & DiMenna, D. (2000). *Read two books and let's talk next week: Using bibliotherapy in clinical practice.* New York: John Wiley & Sons.

Jung, C. G. (1972). On the relation of analytical psychology to poetry. In J. Campbell (Ed.), *The portable Jung* (R. F. C. Hull Trans.). New York: Viking Press. (original work published 1922)

Kadushin, A. H. (1990). *The social work interview: A guide for human service professionals* (3rd ed.). New York: Aldine de Gruyter.

Kanaan, J. (1975). The Application of adjuvant bibliotherapeutic techniques in resolving peer acceptance problems. In A. M. Hynes & M. Hynes-Berry (1994). *Biblio/poetry therapy-the interactive process: A handbook.* St. Cloud, MN: North Star Press of St. Cloud.

Katz, G., & Watt J. (1992). Bibliotherapy: the use of self help books in psychiatric treatment. *Canadian Journal of Psychiatry, 37,* 1730-1738.

Kendall, P. C., & Braswell, L. (1985). Cognitive-behavioral therapy for impulsive children. In B. Doll & C. Doll (1997). *Bibliotherapy with young people: Librarians and mental health professionals working together.* Englewood, Colorado: Libraries Unlimited.

Knopf, I. J. (1984). Childhood psychology: A developmental approach (2nd ed.). In A. M. Hynes, & M. Hynes-Berry (1994). *Biblio/poetry therapy-the interactive process: A handbook.* St. Cloud, MN: North Star Press of St. Cloud.

Kohut, H., & Wolf, E. (1978). Disorders of the self and their treatment. *International Journal of Psychoanalysis, 59,* 413-425.

Kolvin, I., Miller, J. J. W., & Fleeting, M. (1988). Risk and protective factors for offending with particular preference to deprivation. In M. Fleeting (Ed.), *Studies of Psychosocial Risk: The Power of Longitudinal Data* (pp. 7-95). New York: Cambridge University Press.

Kruse, G. M., & Horning, K. T. (1989). *Guidelines for book discussions.* Children's Book Center.

Kurtz, L. F. (1997). *Self-help and support groups.* Thound Oaks: Sage.

Lack, C. R. (Spring, 1985). Can bibliotherapy go public? Collection building. In B. Doll & C. Doll (1997). *Bibliotherapy with young people: Librarians and mental health professionals working together.* Englewood, Colorado: Libraries Unlimited.

Lauer, R. (1978). Abuses of poetry therapy. In A. Lerner (Ed.), *Poetry in the therapeutic experience* (pp. 72-80). New York: Pergamon Press.

Leedy, J. J. (1969). *Poetry therapy: The use of poetry in the treatment of emotional disorders.* Philadelphia: Lippincott.

Leedy, J. J. (Ed.). (1973). *Poetry the healer.* Philadelphia: Lippincott.

Leedy, J. J. (Ed.). (1985). *Poetry as healer: Mending the troubled mind.* New York: Vanguard Press.

Lejeune, A. L. (1969). Bibliocounseling as a guidance technique. In R. J. Rubin (1978). *Bibliotherapy sourcebook* (pp. 200-210). Phoenix, AZ: Oryx Press.

Lerner, A. (1992). Poetry therapy corner. *Journal of Poetry Therapy, 7,* 54-56.

Lerner, A. (Ed.). (1994). *Poetry in the therapeutic experience* (2nd ed.). St. Louise, MO: MMB Music.

Litchfield, B., & Liechfield, N. (2002). 기독교상담과 가족치료(정동섭, 정성준 역). 서울: 예수전도단. (원전은 1999년 출간)

Lundsteen, S. (1964). A Thinking improvement program through literature. In A. M.

Hynes & M. Hynes-Berry (1994). *Biblio/poetry therapy-The interactive process: A Handbook*. St. Cloud, MN: North Star Press of St. Cloud.

Manier, D., & Olivares, A. (2005). Who benefits from expressive writing? Moderator variables affecting outcomes of emotional disclosure interventions. *Counseling and Clinical Psychology Journal, 2*(1), 15-28.

Many, J., & Cox, C. (1992). *Reader stance and literary understanding: Exploring the theories, research, and practice*. Norwood. NJ: Ablex Pub.

Marrs, R. W. (1995). A meta-analysis of bibliotherapy studies. *American Journal of Community Psychology, 23,* 843-870.

Mash, E. J., & Barkley, R. A. (1989). Treatment of childhood disorders. In B. Doll & C. Doll (1997). *Bibliotherapy with young people: Librarians and mental health professionals working together*. Englewood, Colorado: Libraries Unlimited.

Maslow, A. (1962). *Towards a psychology of being*. Princeton, NJ: D. van Nostrand.

Mazza, N. (1999). *Poetry Therapy*. Washington, DC: CRC Press.

Mazza, N. (2005). 시치료(김현희 외 역). 서울: 학지사. (원전은 2003년 출간)

McAdams, D. P. (1993). *The story we live by*. New York: William Morrow and Company.

McWilliams, N. (2005). 정신분석적 사례이해(권석만, 김윤희, 한수정, 김향숙, 김지영 역). 서울: 학지사. (원전은 1999년 출간)

Mince, J. (1992). Discovering meaning with families. In J. D. Atwood (Ed.), *Family therapy: A systemic-behavior approach* (pp. 321-343). Chicago, IL: Nelson-Hall.

Minuchin, S., & Fishman, H. C. (1981). *Family therapy techniques*. Cambridge: Harvard University Press.

Moody, M. T., & Limper, H. K. (1971). *Bibliotherapy: Methods and materials*. Chicago: Illinois: American Library Association.

Moores, A., & Rubin, R. (1984). Let's talk about it: A planner's manual. In B. Doll & C. Doll (1997). *Bibliotherapy with young people: Librarians and mental health professionals working together*. Englewood, Colorado: Libraries Unlimited.

Moreno, J. L. (1946/1948/1969). *Psychodrama, Vols. 3*. New York: Beacon House.

Morgan, A. (2003). 이야기치료란 무엇인가?(고미영 역). 서울: 청록출판사. (원전은 2000년 출간)

Morgan, A. (2004). 어린이 이야기치료(손철민 역). 서울: 은혜출판사. (원전은 1999년 출간)

Morris, R. J., & Kratochwill, T. R. (1983). Treating children's fears and phobias. In B. Doll & C. Doll (1997). *Bibliotherapy with young people: Librarians and mental health professionals working together.* Englewood, Colorado: Libraries Unlimited.

Morrison, M. R. (1973). A defense of poetry therapy. In J. J. Leedy (Ed.), *Poetry the Healer* (pp. 100-111). Philadelphia: Lippincott.

Moses, H. A., & Zaccaria, J. S. (1969). Bibliotherapy in an educational context: Rationale and principles. In R. J. Rubin (1978). *Bibliotherapy sourcebook* (pp. 230-239). AZ: Oryx Press.

National Association of School Psychologists. (1994). The standards for training and field placement programs in school psychology. In B. Doll & C. Doll (1997). *Bibliotherapy with young people: Librarians and mental health professionals working together.* Englewood, Colorado: Libraries Unlimited.

Nichols, M. P. (1987). *The self in the system: Expanding the limits of family therapy.* New York: Brunner/Mazel.

Oaklander, V. (1978). Windows to our children. In B. Doll & C. Doll (1997). *Bibliotherapy with young people: Librarians and mental health professionals working together.* Englewood, Colorado: Libraries Unlimited.

Otto, H. A. (1973). Group methods to actualize human potential: A handbook. In A. M. Hynes & M. Hynes-Berry (1994). *Biblio/poetry therapy-The interactive process: A handbook.* St. Cloud, MN: North Star Press of St. Cloud.

Ouzts, D. T. (1991). The emergence of bibliotherapy as a displine. *Reading Horizons, 31,* 199-206.

Palmer, S. (Ed.). (2004). 상담 및 심리치료의 이해(김춘경, 이수연, 최웅용, 홍종관 역). 서울: 학지사. (원전은 2000년 출간)

Pardeck, J. A., & Comps, A. M. (1986). Books for early childhood: A developmental perspective. In B. Doll & C. Doll (1997). *Bibliotherapy with young people: Librarians and mental health professionals working together.* Englewood, Colorado: Libraries Unlimited.

Pardeck, J. A., & Pardeck, J. T. (1984). An overview of the bibliotherapeutic treatment approach: Implications for clinical social work practice. In B. Doll & C. Doll (1997). *Bibliotherapy with young people: Librarians and mental health professionals working together.* Englewood, Colorado: Libraries Unlimited.

Pardeck, J. T. (1989). Children's literature and adoption. In B. Doll & C. Doll

(1997). *Bibliotherapy with young people: Librarians and mental health professionals working together*. Englewood, Colorado: Libraries Unlimited.

Pardeck, J. T. (1994). Using literature to help adolescents cope with problems. In B. Doll & C. Doll (1997). *Bibliotherapy with young people: Librarians and mental health professionals working together*. Englewood, Colorado: Libraries Unlimited.

Pardeck, J. T. (1995). Bibliotherapy: An innovative approach for helping children. *Early Child Development and Care*, 110, 83-88.

Pattison, E. M. (1973). The psychodynamics of poetry by patients. In J. J. Leedy (Ed.), *Poetry the healer* (pp. 197-214). Philadelphia: Lippincott.

Pearce, S. S. (1996). *Flash of insight: Metaphor and narrative in therapy*. Needham Heights, MA: Allyn & Bacon.

Pennebaker, J. W. (1990). *Opening up: The healing power of expressing emotions*. New York: Guilford.

Pennebaker, J. W. (2004). *Wiriting to heal: A guided journal for recovering from trauma and emotional upheaval*. Oakerland, CA: New Harvainger Publications.

Pennebaker, J. W. (2007). 글쓰기치료(이봉희 역). 서울: 학지사. (원전은 2004년 출간)

Pennebaker, J. W., & Beall, S. K. (1986). Confronting a traumatic event: Toward an understanding of inhibition and disease. *Journal of Abnormal Psychology, 95*, 274-281.

Pennebaker, J. W., & Seagal, J. D. (1999). Forming a story: The health benefits of narrative. *Journal of Clinical Psychology, 55*(10), 1243-1254.

Pennebaker, J. W., Hughes, C. F., & O' Heeron, R. C. (1987). The psychophysiology of confession: Linking inhibitory and psychosomatic processes. *Journal of Personality and Social Psychology, 52*, 781-79.

Pennebaker, J. W., Kiecolt-Glaser, J., & Glaser, R. (1988). Disclosure of traumas and immune function: Health implications for pyschotherapy. *Journal of Consulting and Clinical Psychology, 56*, 239-245.

Perls, F. S. (1976). *The Gestalt approach & eyewitness to therapy*. New York: Bantam Book.

Phares, E. J. (1987). 성격심리학(홍숙기 역). 서울: 박영사. (원전은 1984년 출간)

Plasse, B. R. (1995). Poetry Therapy in a Parenting Group for Recovering Addicts. *Journal of Poetry Therapy, 8*(3), 135-142.

Porterfield. A. E. (1967). *Mirror for adjustment: Therapy in home, school, and society through seeing yourself and others in books.* Fortworth, TA: Texas Christian University Press.

Powell, M. A. (1993). 서사 비평이란 무엇인가?(이종록 역). 서울: 대한예수교장로회출판국. (원전은 1990년 출간)

Prescott, F. C. (1922). *The poetic mind.* New York: Macmillan.

Progoff, I. (1975). At a journal workshop: The basic text and guide for using the intensive journal. In A. M. Hynes & M. Hynes-Berry (1994). *Biblio/poetry therapy-The interactive process: A handbook.* St. Cloud, MN: North Star Press of St. Cloud.

Progoff, I. (1992). *At a journal workshop: Writing to access the power of the unconscious and evoke creative ability.* Penguin Group USA.

Propp, V. (1975). Morphologie des marchens. *Suhrkamp Taschenbuch Wissenschaft, 131.* Frankfurt a.M.

Putzel, J. (1975). Toward alternative theories of poetry therapy, doctoral dissertation, University of Massachussetts. *Dissertation Abstracts International, 36,* 3012B-3013B.

Radford, M. L. (1989). Interpersonal communication theory in the library context: A review of current perspectives. In B. Doll & C. Doll (1997). *Bibliotherapy with young people: Librarians and mental health professionals working together.* Englewood, Colorado: Libraries Unlimited.

Raymond, J. C. (1992). 현대심리치료(김정희, 이장호 역). 서울: 중앙적성출판사. (원전은 1985년 출간)

Richards, L., & Morse, L. M. (2007). 질적연구방법: 초보자를 위한 길잡이(신경림, 고성희 조명옥, 이영희, 정승은 역). 서울: 현문사. (원전은 2006년 출간).

Rico, G. (1983). *Writing the natural way.* Boston: J. P. Tarcher.

Riordan, R. J. (1996). Scriptotherapy: Therapeutic writing as a counseling adjunct. *Journal of Counseling & Development, 74,* 263-269.

Riordan, R. J., & Wilson, L. S. (1989). Bibliotherapy: Does it work? *Journal of Counseling & Development, 67,* 506-507

Rogers, C. R. (1942). *Counseling and psychotherapy.* Boston: Houghton Mifflin Company.

Rolfs, A. M., & Super, S. I. (1988). Guiding the unconscious: The process of poem selection for poetry therapy groups. *The Arts in Psychothetapy, 15,* 119-126.

Rosen, G. M. (1987). Self-help treatment books and the commercialization of psychotherapy. In B. Doll & C. Doll (1997). *Bibliotherapy with young people:*

Librarians and mental health professionals working together. Englewood, Colorado: Libraries Unlimited.

Rosen, S. (1982). *My voice will go with you*. New York: W. W. Norton.

Rosenblatt, L. M. (1976). *Literature as exploration* (3rd ed). New York: Noble and Noble.

Rosenblatt, L. M. (1978). *The reader, the text, the poem: The transactional theory of the literary work*. Carbondale and Edwardsville: Southern Illinois University Press.

Rossiter, C., Brown, R., & Gladding, S. T. (1990). A new criterion for selecting poems for use in poetry therapy. *Journal of Poetry Therapy, 4*, 5–11.

Rubin, M. (1988). Epidemiological approaches to developmental psychop athology. In B. Doll & C. Doll (1997). *Bibliotherapy with young people: Librarians and mental health professionals working together*. Englewood, Colorado: Libraries Unlimited.

Rubin, R. J. (1977). The use of bibliotherapy in corrections. In B. Doll & C. Doll (1997). *Bibliotherapy with young people: Librarians and mental health professionals working together*. Englewood, Colorado: Libraries Unlimited.

Rubin, R. J. (1978a). *Bibliotherapy sourcebook*. AZ, Canada: Oryx Press.

Rubin, R. J. (1978b). *Using bibliotherapy: A guide to theory and practice*. AZ, Canada: Oryx Press.

Ryle, A. (1990). *Cognitive analytic therapy, active participation in change: A New Integration in Brief Psychotherapy*. Chichester: Wiley.

Sameroff, A. J., Seifer, R., & Zax, M. (1982). Early development of children at risk for emotional disorder. In B. Doll & C. Doll (1997). *Bibliotherapy with young people: Librarians and mental health professionals working together*. Englewood, Colorado: Libraries Unlimited.

Sawyer, W. E., & Comer, D. E. (1996). Growing up with literature. In B. Doll & C. Doll (1997). *Bibliotherapy with young people: Librarians and mental health professionals working together*. Englewood, Colorado: Libraries Unlimited.

Schauffler, R. H. (1925). *The poetry cure: A pocket medicine chest of verse*. New York: Dodd, Mead & Co.

Schlichter, C. L., & Burke, M. (1994). Using books to nurture the social and emotional development of gifted students. *Rooper Review, 16*, 280–283.

Schloss, G. A. (1976). Psychopoetry: A new approach to self-awareness through poetry therapy. New York: Grosset and Dunlap.

Schulty, D. (1995). 인간성격의 이해(이상우, 정종진 역). 서울: 중앙적성 출판사. (원전은 1977년 출간)

Sexton, K. (1977). The reference interview and the young adult. In B. Doll & C. Doll (1997). *Bibliotherapy with young people: Librarians and mental health professionals working together.* Englewood, Colorado: Libraries Unlimited.

Shakespeare, W. (1990). 멕베스(이덕수 역). 서울: 형설출판사.

Sheiman, J. (1972). The Case for 'naturals' of poetry therapy (Paper presented at the second association of poetry therapy, Brooklyn, NY). In A. M. Hynes & M. Hynes-Berry (1994). *Biblio/poetry therapy-The interactive process: A handbook.* St. Cloud, MN: North Star Press of St. Cloud.

Shiryon, M. (1973). Literatherapy: Theory and application. In R. J. Rubin (1978). *Bibliotherapy sourcebook.* AZ: Oryx Press.

Shrodes, C. (1950). *Bibliotherapy: A theoretical and clinical-experimental study.* Unpublished doctoral dissertation. University of California, Berkeley.

Shrodes, C. (1960). Bibliotherapy: An application of psychoanalytic theory. *American Image, 17,* 311-319.

Shulman, L. (1984). *The skills of helping: Individual and groups* (2nd ed.). Itasca, IL: Peacock.

Singer, J. L. (1976). Mind play: The creative uses of fantasy. In A. M. Hynes & M. Hynes-Berry (1994). *Biblio/poetry therapy-The interactive process: A handbook.* St. Cloud, MN: North Star Press of St. Cloud.

Slomski, G. (2003). *Gale encyclopedia of alternative medicine.* Looksmart.

Smiles, S. (2005). 인격론(정준희 역). 서울: 21세기북스. (원전은 1871년 출간).

Smith, P. (1984). Stellung des mythos. In C. Lévi-Strauss & J.-P. Vernant (u.a.), *Mythos ohne illusion.* Suhrkamp, S.51f.

Smith, A. (1989). Will the real bibliotherapist please stand up?. In B. Doll & C. Doll (1997). *Bibliotherapy with young people: Librarians and mental health professionals working together.* Englewood, Colorado: Libraries Unlimited.

Smyth, J. M., Stone, A. A., Hurewitz, A., & Kaeil, A. (1999). Effects of writing about stressful experiences on sympton reduction in patients with asthma or rheumatoir arthritis. *JAMA, 281*(14), 1304-0309.

Sneider, P. (1993). *Writer as artist.* Los Angeles: Lowell House.

Sohn, D. (1969). Pictures for writing. In A. M. Hynes & M. Hynes-Berry (1994). *Biblio/poetry therapy-The interactive process: A handbook.* St. Cloud, MN: North Star Press of St. Cloud.

Sorrell, J. M. (1994). Writing as inquiry in qualitative nursing research: Elaborating the web of meaning. In P. L. Chinn (Ed.), *Advances in methods of inquiry for nursing* (pp. 1-12). Frederick, MD: Aspen.

Spera, S. P., Buhrfeind, E. D., & Pennebaker, J. W. (1994). Expressive writing and coping with job loss. *Academy of Management Journal, 37,* 722-733.

Spiegel, D., Bloom, J. R., Kraemer H. C., & Gottheil, E. (1989). Effect of psychosocial treatment on survival of patients with metastatic breast cancer. *Lancet, 2,* 888-891.

Strauss, A. L., & Corbin, J. (1990/1998). *Basic of qualitative research: Techniques and problems for developing grounded theory* (2nd ed.). Thousand Oaks, CA: Sage.

Sullivan, J. (1987). Read aloud sessions: Talking sensitive issues through literature. In B. Doll & C. Doll (1997). *Bibliotherapy with young people: Librarians and mental health professionals working together.* Englewood, Colorado: Libraries Unlimited.

Tews, R. M. (1961). Introduction, library trends. In M. T. Moody & H. K. Limper (1971). *Bibliotherapy: Methods and materials.* Chicago: American Library Association.

Tews, R. M. (1969). Bibliotherapy. In M. T. Moody & H. K. Limper (1971). *Bibliotherapy: Methods and materials.* Chicago: American Library Association.

U. S. Census Bureau. (2002). http://www.census.gov/prod/2003pubs/p60-222.pdf

U. S. Department of Education, Office of Educational Research., & Improvement. (1990). Services and resources for young children in public libraries. In B. Doll & C. Doll (1997). *Bibliotherapy with young people: Librarians and mental health professionals working together.* Englewood, Colorado: Libraries Unlimited.

Washington Library Association, Children's and Young Adult Services. (1989). Advocating access: Developing community library services to children and young adults in Washington state. In B. Doll & C. Doll (1997). *Bibliotherapy with young people: Librarians and mental health professionals working together.* Englewood, Colorado: Libraries Unlimited.

Webb, E. J. et al. (1974). Unobtrusive measures: Nonreactive research in the social sciences. In A. M. Hynes & M. Hynes-Berry (1994). *Biblio/poetry therapy-The interactive process: A handbook.* St. Cloud, MN: North Star Press of St. Cloud.

Weiner, I. B. (1982). Child and adolescent psychopathology. In A. M. Hynes & M.

Hynes-Berry (1994). *Biblio/poetry therapy-The interactive process: A handbook*. St. Cloud, MN: North Star Press of St. Cloud.

Welch, J. G. (1982). Topics for getting in touch: A poetry therapy sourcebook. In A. M. Hynes & M. Hynes-Berry (1994). *Biblio/poetry therapy-The interactive process: A handbook*. St. Cloud, MN: North Star Press of St. Cloud.

Werder, L. F., & Schulte-Steinicke, B. (2004). 교양인이 되기 위한 즐거운 글쓰기(김동희 역). 서울: 들녘.

Werry, J. S. (1979). Psychomatic disorders, psychogenic symptoms, and hospitalization. In H. C. Quay & J. S. Werry (Eds.), *Psychopathological disorders of childhood* (2nd ed.). New York: Wiley.

White, M., & Epston, D. (1990). *Narrative means to therapeutic ends*. New York: W. W. Norton.

Whitmont, E. C., & Kaufman, Y. (1973). Analytical psychotherapy. In R. Cosini (Ed.), *Current psychotherapies* (pp. 85-117). Itasca, IL: F. E. Peacock.

Witkin, S. L. (1995). Family social work: A critical constructionist perspective. *Journal of Family Social Work, 1*(1), 33-45.

Yalom, I. D. (1975). The theory and practice of group psychotherapy. In A. M. Hynes & M. Hynes-Berry (1994). *Biblio/poetry therapy-The interactive process: A handbook*. St. Cloud, MN: North Star Press of St. Cloud.

Yalom, I. D. (1980). *Existential psychotherapy*. New York: Basic Books.

Zaccaria, J. S. & Moses, H. A. (1968). *Facilitating human development through reading: The use of bibliotherapy in teaching and counseling*. Champaign, IL: Stipes Publishing.

Zinker, J. (1977). *Creative process in gestalt therapy*. New York: Random House.

본문 예시 도서

30년만의 휴식, 이무석 지음, 서울: 비전과 리더십, 2006.

Love That Dog, 샤론 크리치 지음, 신현림 옮김, 서울: 승산, 2002.

가끔 새가 되고 싶을 때가 있다, 연필시 동인 지음, 서울: 예림당, 1992.

가족앨범, 실비아 다이네르트 글, 울리케 볼얀 그림, 엄혜숙 옮김, 서울: 사계절출판사, 2004.

갑옷 속에 갇힌 기사, 로버트 피셔 지음, 김연수 옮김, 서울: 뜨인돌, 2002.

개가 무서워요, 볼프 에를브루흐 글/그림, 서울: 사계절출판사, 1993.

개구리 왕자, 그림형제 지음. 서울: 베틀북, 2005.

개구쟁이 해리, 진 자이언 글, 마가렛 블로이 그레엄 그림, 김중철 옮김, 서울: 다산기획, 1994.

그 남자가 원하는 여자, 그 여자가 원하는 남자, 김성묵 지음, 서울: 김영사, 2003.

금붕어 2마리와 아빠를 바꾼 날, 닐 게이먼 글, 데이브 맥킨 그림, 윤진 옮김, 서울: 소금창고, 2002.

까마귀 소년, 야시마 타로 글/그림, 윤구병 옮김, 서울: 비룡소, 1996.

끔찍한 것을 보았어요, 마거릿 홈스 글, 캐리 필로 그림, 유미숙 옮김, 서울: 미래아이(미래 M&B), 2006.

나무도령, 최정원 지음, 서울: 영림카디널, 2008.

나쁜 어린이 표, 황선미 지음, 서울: 웅진닷컴, 1999.

내 동생 싸게 팔아요, 임정자 글, 김영수 그림, 서울: 아이세움, 2006.

내 동생, 주동민 시, 조은수 그림, 서울: 창비, 2003.

내 짝꿍 최영대, 채인선 글, 정순희 그림, 서울: 재미마주, 1997.

내가 사랑한 야곱, 캐서린 패터슨 글, 박지윤 그림, 강승임 옮김, 서울: 지경사, 2001.

달라질 거야, 앤서니 브라운 글/그림, 허은미 옮김, 서울: 아이세움, 2003.

두근두근 우타코씨, 다나베 세이코 지음, 서울: 여성신문사, 2008.

마음의 녹슨 갑옷, 로버트 피셔 지음, 박종평 옮김, 서울: 골든에이지, 2008.

만약 내가 갓난아기라면, 이브 타렛 글/그림, 박희준 옮김, 서울: 다다북스(은나팔), 2008.

말을 듣지 않는 남자 지도를 읽지 못하는 여자, 앨런 피즈, 바바라 피즈 지음, 이종인 옮김, 2004, 서울: 가야북스, 2005,

모르는 척, 우메다 순사쿠, 우메다 요시코 지음, 송영숙 옮김, 서울: 길벗어린이, 1998.

무지개 물고기와 흰수염고래, 마르쿠스 피스터 지음, 지혜연 옮김, 서울: 시공주니어, 2009.

문제아, 박기범 지음, 서울: 창비, 1999.

미녀와 야수, 잔 마리 르프랭스 드 보몽 지음, 서울: 베틀북, 2005.

미안해, 샘 맥브래트니 글, 제니퍼 이처스 그림, 김서정 옮김, 서울: 주니어랜덤, 2008.

미운 오리 새끼, 안데르센 지음, 서울: 웅진주니어, 2005.

바다에 간 코르크, 마크 서머셋 글, 로완 그림, 홍연미 옮김, 서울: 물음표, 2008.

발레리나 벨린다, 에이미 영 지음, 이주희 옮김, 서울: 느림보, 2003.

밤을 켜는 아이, 레이 브래드베리 지음, 이상희 옮김, 서울: 국민서관, 2005.

버림받은 성적표, 구자행 엮음, 서울: 보리, 2005.

부루퉁한 스핑키, 윌리엄 스타이그 글/그림, 조은수 옮김, 서울: 비룡소, 1995.

불균형, 우오즈미 나오코 지음, 이경옥 옮김, 서울: 우리교육, 2004.

빨간 나무, 숀 탠 지음, 김경연 옮김, 풀빛, 2002.

빨간 봉투의 요정, 한국어린이문학협의회 엮음, 너도 겁쟁이, 서울: 창비, 2001.

사람 풍경, 김형경 지음, 서울: 예담, 2006.

상처와 용서, 송봉모 지음, 서울: 성바오로딸수도회, 1998.

상한 감정의 치유, 데이비드 A. 씨맨즈 지음, 송헌복 옮김, 서울: 두란노, 2001.

새로운 엘리엇, 그레이엄 가드너 지음, 부희령 옮김, 서울: 생각과 느낌, 2006.

생각이 너무 많은 여자, 수잔 놀렌-혹스마 지음, 오민영 옮김, 서울: 한언, 2004.

숨겨진 상처의 치유, 정태기 지음, 서울: 규장, 2002.

슬픈 만돌린, 카트린 마이어 글, 아테네 블라이 그림, 허수경 옮김, 서울: 문학동네, 2003.

쏘피가 화나면: 정말 정말 화나면, 몰리 뱅 지음, 이은화 옮김, 서울: 아가월드, 2000.

아가야, 안녕?, 제니 오버렌드 글, 줄리 비바스 그림, 김장성 옮김, 서울: 사계절, 2000.

아주 철학적인 오후, 하인츠 쾨르너, 롤란트 퀴블러, 볼프람 아이케, 브루노 슈트라이벨 지음, 이수은 옮김, 서울: 조화로운삶, 2007.

알리체의 일기, 알리체 스투리알레 지음, 이현경 옮김, 서울: 비룡소, 2001.

양파의 왕따일기, 문선이 글, 박철민 그림, 서울: 파랑새어린이, 2001.

어둠을 무서워하는 꼬마 박쥐, 게르다 바게너 글, 에밀리오 우르베루아가 그림, 최문정 옮김, 서울: 비룡소, 1997.

에디에게 잘 해 주렴, 버지니아 플레밍 글, 플로이드 쿠퍼 그림, 강연숙 옮김, 서울: 느림보, 2003.

엠마, 웬디 커셀만 글, 바바라 쿠니 그림, 강연숙 옮김, 서울: 느림보, 2004.

연금술사, 파울로 코엘료 지음, 최종수 옮김, 파주: 문학동네, 2004.

오소리 아저씨의 소중한 선물, 수잔 발레이 글/그림, 정효정 옮김, 서울: 지경사, 1998.

왜 나만 미워해!, 박현진 글, 윤정주 그림, 서울: 천둥거인, 2006.

우리 친구하자, 쓰쓰이 요리코 글, 하야시 아키코 그림, 김현주 옮김, 서울: 한림출판사, 2001.

운하의 소녀, 티에리 르냉 지음, 조현실 옮김, 서울: 비룡소, 2002.

율리와 괴물, 유타 바우어 글/그림, 카테리나 스티그리츠 옮김, 서울: 문학동네, 2006.

이안의 산책, 로리 리어스 글, 카렌 리츠 그림, 이상희 옮김, 서울: 큰북작은북, 2005.

인어공주, 안데르센 지음, 서울: 베틀북, 2005.

있는 그대로가 좋아, 이상석 엮음, 서울: 보리출판사, 2005.

자장면대통령, 신현득 지음, 서울: 아동문예사, 2003.

작은 씨앗을 심는 사람들, 폴 플라이쉬만 지음, 김희정 옮김, 서울: 청어람미디어, 2001.

죽으면, 아픈 것이 나을까요?, 유리 브레이바르트 글, 파트 브레이바르트 그림, 김현희 옮김, 서울: 느림보, 2002.

친구랑 싸웠어!, 시바타 아이코 글, 이토 히데오 그림, 이선아 옮김, 서울: 시공주니어, 2006.

터널, 앤서니 브라운 글/그림, 장미란 옮김, 서울: 논장, 2002.

틀려도 괜찮아, 마키다 신지 지음, 유문조 옮김, 서울: 토토북, 2006.

피터의 의자, 에즈라 잭 키츠 글/그림, 이진영 옮김, 서울: 시공사, 2000.
하프타임, 서연 지음, 서울: 자음과모음, 2003.
형제라는 이름의 타인, 양해영 지음, 서울: 올림, 2001.
화성에서 온 남자 금성에서 온 여자, 존 그레이 지음, 김경숙 옮김, 서울: 동녘라이프, 2006.
흔들리는 마음. 할아버지 요강, 임길택 글, 이태수 그림, 서울: 보리, 1995.

참고사이트

Adams의 Journal Therapy [http://www.journaltherapy.com]
Magination Press [http://www.maginationpress.com/bbytopic.html]
PsychoNews [http://www.psychonews.co.kr/index.php3]
school health-양호선생님 마당 [http://www.schoolhealth.co.kr/]
경북대학교 문학치료학과 [http://www-2.knu.ac.kr/~lt]
교육정보를 지향하는 '우산' [http://home.hanmir.com/~didok/]
김정덕의 보건실 [http://user.chollian.net/~hskimjd/]
대한간호협회 KNA [http://chonnam.chonnam.ac.kr/~ychoi/nrchild.htm]
독서치료전문가 카페 [http://cafe.daum.net~독서치료전문가]
미국시치료협회(NAPT) [http://www.poetrytherapy.org]
반갑습니다. 특수교사 한종선입니다 [http://se9247.hihome.com/frame.html]
발달심리학회 [http://cafe.daum.net/psydevelopment/]
부산광역시 남구 도서관 [http://library.bsnamgu.go.kr]
사회복지 정보원 [http://welfare.or.kr/]
상담가 [http://my.netian.com/~b810bs/job/counseller.htm]
새로운 임상심리전문가 및 임상심리사 수련과정 안내 [http://trut.chungbuk.ac.kr/~leeb
    k/kcpa-traing01.htm]
시치료 카페 [http://cafe.daum.net/poetrytherapist]
심리사 안내 [http://my.netian.com/~myplot/job-2.htm]
심리학의 자격증 [http://my.netian.com/~dudeo99/doc/licence.htm]
아마존 닷컴 [http://www.amazon.com]
안녕하세요 사회복지사 임원균입니다 [http://user.chollian.net/~wgim/]
양호교사의 친구 날아라 양호교사 [http://www.narara.org/]
이영식의 독서치료 [http://www.bibliotherapy.pe.kr]
임상심리학회 [http://kcp.or.kr/]
전북대학교대학원 임상언어병리학과 [http://lalacom.chonbuk.ac.kr/speech2/]
정운채 문학치료학 [http://kkucc.konkuk.ac.kr/~ucjeong]

존 폭스의 시치료 [http://www.poeticmedicine.com]

한국독서치료학회 [http://www.bibliotherapy.or.kr]

한국시치료연구소 [http://poetrytherapy.or.kr]

한국심리학회 산하 분과학회 [http://www.koreanpsychology.org/01_intro/intro_
content_02.htm]

한국심리학회 상담 및 치료심리학회 [http://www.koreanpsychology.org/]

한국아동학회 [http://www.childkorea.or.kr/index.htm]

한국어린이문학교육학회 [http://www.childrenbook.org]

한국인간발달학회 [http://www.humandevelopment.or.kr/]

한국학교보건교육연구회 [http://www.shes.or.kr/index.htm]

찾아보기

인 명

간호옥 377
고미영 327
고승우 305
고정원 15
구연배 379
권혁준 68
권혜영 44
김갑선 396
김경숙 379
김길자 402
김만순 380
김미숙 398
김민주 379
김병수 43
김성민 255
김수진 381
김순화 380, 405
김영자 379

김영철 272
김용태 43, 379
김욱준 44
김유숙 326-328
김유희 379
김윤환 305
김종주 279, 304
김지훈 279
김태경 44, 379
김현숙 252, 260
김현희 19, 44, 152, 231, 276, 382
김혜은 279
김홍신 336, 337

나동광 381
남규 160

문덕수 272
민영미 381

박금희 380, 405
박남숙 398
박연식 151, 163, 382
박이문 397
박태건 279
박혜원 379
배순자 380
백정미 379
변우열 43
변학수 44, 102, 151, 161, 192, 193

서미정 252, 261
서정숙 160
성정희 379

손정표 44
송성자 256
송영임 46, 380, 405
신경림 396, 398
신주영 380

양유성 44, 269
연문희 398
오영림 261
오재옥 279
오탁번 329, 330
오필하 279
유정화 279
유중희 43
유혜숙 379
윤달원 43, 377
윤정미 279
윤초화 305
이경수 279
이남호 329, 330
이미경 378
이성옥 272, 273, 304, 305, 402
이소라 381, 382, 396
이수경 380
이숙진 279
이승연 379
이승훈 273, 275
이승희 279
이어령 272
이영식 37, 44
이영희 380
이운우 381
이은정 259
이정화 379

이종숙 44
이진영 379
이희자 380
임미화 381
임재영 262

장계숙 379
장귀녀 44, 380
장미옥 262
전경원 52, 53, 100, 117
전미라 379
정현규 252, 260
조성호 259
조영남 397
조용환 397, 398
조혜경 379
조희숙 252, 260

차봉희 68
차재량 279
채란희 379
최선희 44, 378
최소영 279, 305

하수민 279
한윤옥 382
현윤이 279
홍경자 102
홍미정 379
황의백 44

Adams, K. 252, 255, 262, 264,
    265, 296
Adler, A. 80, 281

Angus, L. E. 322
Ashley. L. F. 16, 52
Astrov, M. 277
Assagioli, R. 254
Augustine, A. 251

Baikie, K. A. 261
Bandura, A. 84
Barker, R. L. 220
Benne, M. 227
Bernstein, J. E. 16, 28
Berry, F. M. 17, 279
Birdwhistell, R. 240
Blake, W. 292
Blanton, S. 37, 278
Blinderman, A. A. 277
Bloom, J. R. 259
Bonhoeffer, D. 15
Bowlby, J. M. 72
Brammer, L. 221
Brand, A. G. 252, 276, 280
Braswell, L. 222
Bromley, K. D. 16
Brown, R. 304
Buber, M. 317
Buhrfeind, E. D. 259
Bump, J. 52, 117
Burke, M. 16, 324
Butler, D. 21

Cattell, R. B. 79
Chambers, A. 69
Chandler, G. E. 252, 259
Chatton, B. 52-54

Clear, V. 42

Cohen, L. J. 401, 402

Colaizzi, P. F. 400, 401, 402

Colville, B. 52

Combs, G. 242, 302, 303

Corbin, J. 398, 403

Corey, G. 98

Corey, M. S. 98

Cox, C. 69

Crago, H. 21, 30, 39

Creech, S. 291

Creswell, J. W. 397

Crothers, S. M. 16

De Salvo, L. 251, 265, 266

Dillon, D. 169

Dillon, L. 169

DiMenna, D, 51

Doll, B. 16, 20, 51, 52, 100, 117, 207

Doll, C. 16, 20, 51, 52, 100, 117, 207

Egan, G. 217, 218

Epston, D. 311, 323

Erikson, E. H. 75, 259

Esterling, B. A. 259

Fishman, H. C. 227

Flandorf, V. S. 41

Fox, J. 295

Fraiser, M. 53

Frankl, V. 316

Freedman, J. 302, 303

Freud, S. 70

Frost, R. 292

Galt II, J. 39

Gambril, E. 220

Ganong. L. H. 54

Gladding, C. 53, 304

Gladding, S. R. 34

Gladding, S. T. 53, 304

Glaser, R. 259

Goldberg, C. 318

Good, C. 16

Gornicki, S. B. 16

Grespo, V. 318

Grindler, M. C. 18, 22, 35

Gubert, B. K. 40

Gumaer, J. 103, 105-107

Halsted, J. 53, 54

Harrower, M. 279

Hart, M. F. 16, 28

Hebert, T. P. 18, 53

Hendrickson, L. B. 53

Heninger, E. O. 273

Hepworth, D. H. 223

Hersen, M. 220

Holland, N. N. 150

Holmes, M. 29

Horning, K. T. 230

Huck, C. S. 21, 22

Hughes, J. N. 222, 259

Hurewitz, A. 258

Hynes, A. M. 16, 18, 29, 36, 51, 52, 54, 103, 150, 182, 304

Hynes-Berry, M. 16, 18, 29, 36, 51, 54, 103, 150, 182, 304

Imber-Black, E. 303

Ingarden, R. 68

Iser, W. 68

Jack, S. J. 394

Jacobs, B. 37

Jalongo, M. R. 151, 161

Jauβ, H. R 68

Johnson, F. E. 220

Jones, E. H. 20, 40, 277

Joshua, J. M. 51

Jung, C. G. 80, 255

Kaeil, A. 258

Kanaan, J. 193

Katz, G. 226

Kaufmann, Y. 281

Keats, J. 262

Kendall, P. C. 222

Kiecolt-Glaser, J. 259

Kraemer, H. C. 259

Kruse, G, M. 230

Kurtz, L. F. 388

Lack, C. R. 53

Larsen, J. 223

Lauer, R. 307

Leedy, J. J. 42, 276, 278, 304, 307

Lejeune, A. L. 17

Lerner, A. 278

Liechfield, B. 326

Liechfield, N. 326
Limper, H. K. 16, 17, 39
Lundsteen, S. 193

Manier, D. 250
Many, J. 69
Marrs, R. W. 387, 391, 393
Maslow, A. 254, 257, 283
Mazza, N. 44, 99, 279, 280, 282,
     283, 302
McAdams, D. P. 268
McCannon, C. 53
McKenna, M. C. 18, 22
McLeod, J. 322
Menninger, K. 17
Miller, J. J. W. 84
Minuchin, S. 227
Moody, M. T. 16, 17, 39, 283
Moreno, J. L. 278
Morrison, M. R. 277
Morse, L. M. 17
Moses, H. A. 17, 42

O' Heeron, R. C. 259
Olivares, A. 250
Ouzts, D. T. 17

Pardeck, J. A. 53, 151
Pardeck, J. T. 18, 28, 53, 100,
     117, 144, 151
Pattison, E. M. 280
Pearce, S. S. 317
Pennebaker, J. W. 252, 258,
     259, 265
Perls, F. S. 82, 256
Piaget, J. 73, 275
Plasse, B. R. 252, 261
Porterfield. A. E. 42
Prescott, F. C. 277
Putzel, J. 276, 280

Radford, M. L. 228
Richards, L. 398
Rico, G. 296
Riordan, R. J. 20, 250
Robert, J. 303
Rogers, C. R. 82, 239, 241, 253
Rolfs, A. M. 304
Ronan, K. R. 396
Rooney, G. D. 223
Rooney, R. H. 223
Rosen, G. M. 18, 20
Rosenblatt, L. M. 69, 150
Rossiter, C. 304
Rubin, M. 39, 40, 130, 399
Rush, B. 39
Ryle, A. 251

Sartre, J. P. 313
Schauffler, R. H. 277
Schlichter, C. L. 16
Schloss, G. A. 278, 283
Schulte-Steinicke, B. 262
Seagal, J. D. 258
Sheiman, J. 198
Shrodes, C. 17, 36, 105, 150,
     399, 400, 401
Shulman, L. 242
Smiles, S. 298
Smith, A. 16
Smyth, J. M. 258
Sneider, P. 252, 260
Speigel, D. 259
Spera, S. P. 259
Stone, A. A. 258
Stratton, B. D. 18, 22
Strauss, A. L. 398, 403
Strom-Gottfried, K. 223
Sullivan, J. 53
Super, S. I. 304

Tews, R. M. 17, 39, 40

Van Hasselt, V. 220
Varley, S. 133

Watt, J. 226
Werder, L, F, 252, 262
White, M. 311, 323
Whiting, R. 303
Whitmont, E. C. 281
Wilhelm, K. 261
Wilson, L. S. 20
Wolberg, K. 99

Yalom, I. D. 64, 316

Zaccaria, J. S. 17, 42
Zinker, J. 282

내 용

1차 매체 395
1차 순환반응기 74
2차 도식협응기 74
2차 순환반응기 74
3인칭 관찰자 시점 169
3차 순환반응기 74
5분간 전력 질주 267
ADHD 4, 29, 166, 379
CPT 232
DVD 404
HTP 검사 357, 365, 366, 368, 370, 362, 370
KFD 검사 350, 362, 366, 368, 370
MBTI 366
NAPT 264
PTS 증후군 252
RPT 233
SHAPE 237
SOLER 218

가독성 152, 219, 386
가면 78, 198
가상놀이 69
가상인물 114, 117
가정폭력 48, 379
가정폭력 피해 여성 121
가족 34, 368
가족관계 184
가족조각 256, 257
가족치료 256, 311
가족치료 모델 256

가족치료 학파 325, 340
각운 272
갈등 118
감각운동기 74
감성지능 382
감수성 282
감정 공유 304
감정 반응 107, 122, 198
감정 이완 360
감정 인식 58
감정 정화 49
감정 표현 358
감정이입 19, 61, 69, 108, 134, 193, 196, 241, 276
감정이입적 반응 138
감정이입적 침묵 135
감정적 통찰력 50
강화 19, 65, 92, 99, 116, 136, 146, 187, 190, 335
강화법 93, 94
강화효과 221
개방적 접근 135
개방적 태도 36
개방형 질문 133
개성화 255, 357
개인 원형 357
개인 일기 18, 20, 66
개인무의식 80
개인심리학적 관점 95
개인적 가치 223
개인치료 216
개입 128, 131, 132, 133, 135,

136-138, 143, 192
개입방법 134, 398
객관화 320, 322, 325
거울 59
건강교육 자료 191
게슈탈트 기법 256
게슈탈트 심리학 397
게슈탈트 이론 256, 282
게슈탈트 치료자 222
격려 202
격언 298
결속력 127
경계 설정 128
경청 214, 220, 221, 240, 244, 334, 339
고립감 76
고백록 251
고백적 글쓰기 251, 261
고정관념 84, 94, 176
고차원적 자기 254
고찰 103, 107-111, 147, 345, 346
공간 구성 125
공감 18, 27, 32, 133, 134, 153, 160, 161, 163, 175, 179, 219, 220, 242, 291, 305, 339, 345, 346
공감 능력 향상 377
공감도 358
공감적 동일시 283
공감적 반응 220
공감적 이해 240, 242, 253

공격성 414
공격욕 71, 72, 78
공공 도서관 405, 408
공공 도서관 봉사 45
공공 도서관 서비스 380, 405
공공 도서관 운동사 45
공동지도자 116
공조 활동 227
공포 163, 194, 205, 275
공포감 22, 168
과도기 단계 98
과잉행동 44
과제의 유무와 유형 392
과학소설 192
관계 맺기 352, 354
관계성 313
관계의 신뢰성 129
교육과학부 231
교육복지실 48
구강기 71
구성 단계 98
구성주의 395
구술적 형태 424
구조적 프로그램 118
구조화된 저널 쓰기 267
구체적 조작기 74
권장도서 목록 205
귀납적 사고 75
귀인 400
귀인 습관 389
그림 21
그림 그리기 163
그림자 81, 356, 357
그림책 20, 28, 156, 161, 165,

173, 205, 219, 348, 360, 381,
395, 407, 409
극화 활동 101
근거이론 397
근거이론방법 403
근원적 은유 321, 322
글쓰기 18-20, 37, 66, 102, 163,
187, 188, 216, 219, 238, 283,
295, 311, 362,
글쓰기 기법 296
글쓰기치료 5, 27, 28, 238, 249,
251, 377
글쓰기치료 분과 252
글쓰기치료사 257
긍정적 강화 85
긍정적 관심 82
긍정적 미래상 361
긍정적 자아개념 259, 260
긍정적 주제 155, 170, 172
기관실습 235
기독교상담 311
기록 129, 130
기록 보관하기 131
기본모형 195
기분 81
기사 192
기질 389
기질지성 85
깨달음 107, 215
꿈 87, 255, 332

나르시시즘 260
낙관주의 330
남근기 72

남녀 차이 33
남성성 81
낭만주의 철학 283
낮은 성취감 269
낮은 자존감 256
내담자 변인 386, 387, 389
내담자 중심 상담 95
내담자 중심 상담이론 88
내러티브 탐구 398
내면세계 193
내면화 326
내적 인격 81
내적 자아 59, 135, 194
내적 치유 266
네트워킹 410
노년기 34
노년학 70
노래 208
노숙자 4, 48
노인 198
노화 51
녹음 129, 130
녹화 129, 130
논픽션 20, 158
놀이치료 410
뉴스 쓰기 146

다면적 인성검사 266
다문화 가정 237, 388
다문화 문학 206
다시 말하기 163
다중 장애 21
다중적 은유 322
단기치료 215

단어 모으기 296
단어 바구니 297
단어분석 258
단어회상 382
단편 158, 192, 205, 208
단편문학 206
단편소설 18
대구 시 쓰기 296
대구법 179
대리 경험 105
대안적 은유 322
대안적 이야기 321, 327, 328, 334
대안적 해석 315
대인 간 의사소통 261
대인관계 56, 61, 184, 185, 252, 258, 315, 362, 430
대인관계 과정 27
대인관계 기술 114
대인관계 능력 187, 384
대인관계 능력 개발 379
대중가요 289, 291
대중음악 189, 192
대처방법 348
대체 자료 204
대체의학 405
대화 기법 256, 257
대화 패턴 140
도덕성 78, 81, 239
도서 목록 36, 43
도서 서비스 39
도서 취급 39
도서관 봉사 38
도서관 사서 36, 39, 41, 227, 228

도서관 서비스 39, 41
도서관 전문가 227, 228
도서관치료 24
도식 74
도약대 265, 267
도입 단계 102, 352
도표화 323
독립변인 383, 390, 391, 396, 404
독립심 33
독서 능력 165, 371
독서 매체 393, 394
독서 수준 101, 205, 207, 393
독서 자료 393
독서 자료 가독성 393
독서 자료 내용 394
독서 자료 장르 394
독서 클리닉 26
독서 행위 390, 408
독서 흥미 40
독서교육 25
독서-변화 401
독서상담 24, 377
독서예방책 24
독서요법 24, 26, 42, 377
독서지도 25, 229
독서치료 35, 188, 269, 283
독서치료 관련 이론 235
독서치료 단계 98
독서치료 동료집단 체험 231
독서치료 목록 380
독서치료 발전과정 38
독서치료 실습 236
독서치료 유형 28

독서치료 자료 20
독서치료 전략 131
독서치료 전문가 47, 227, 233, 234, 235
독서치료 프로그램 214
독서치료 회기별 독특성 143
독서치료 효과 22
독서치료사 233, 234, 235
독서치료사 1급 234
독서치료사 2급 234
독서치료용 2차 자료 380
독서치료자 214, 216, 227
독서치료적 인프라 378
독서흥미 검사 368
독자관점이론 69
독자반응 68
독자반응구조 69
독자반응이론 68, 69
독창성 314
독특한 성과 찾기 326
돌출 행동 104
동극 25
동기 82, 101, 391
동기화 281
동료실습훈련 235
동물행동학적 견해 72
동반자 행동 73
동성연애 51
동시 360
동영상 20
동일시 21, 37, 49, 52, 53, 68, 72, 87, 105, 106, 152, 153, 160-162, 166, 167, 339, 352, 391, 399

동일시과정 105
동종의 시 선정 원리 304
동질감 364
동화 20, 28, 74, 165, 208, 275, 324, 369, 395, 402, 408
동화과정 276
동화책 200, 340
동화치료 375
두뇌생리학 66
두려움 22, 160, 261, 329, 363, 365, 366
두운법 272
등장인물 49, 151, 160, 193, 193, 228, 313, 319, 369
따돌림 32, 33, 44, 166

라포 형성 123, 220
레코드 209
류머티즘 258
리더십 386
리듬 156, 172, 179, 180, 192, 199, 272, 304, 307
리듬감 161

마고 181
마고성 181
마무리 140, 143
마술 164
마음 비우기 275
마음 잇기 프로젝트 297
만다라 300
만성 우울 120
만성 정신질환자 189
만성 환자 190

만성적 퇴행 질환자 198
만화 197
말하기 반응 183
말하기 중심 프로그램 260
말하기치료 318
망상 128
망상적 참여자 128
매개변인 383-385, 395
매개체 262
매체 112, 374, 378, 380, 417
매체 선정 116
맥락 374, 391
메시지 105
메타 분석 387
면담 121, 371
면대면 상담 391
명료화 58, 61, 100, 110, 415
명명하기 109, 112
명상 254
명상시간 255
명시적 계약 120
모방 275
모방시 291, 292, 294
모성 콤플렉스 357
목적 지향적 251
목표설정 215
몰입 192
몰행동이론 399
무드음악 199
무력감 83, 155, 194, 261
무용치료 26
무의식 71, 81, 86, 87, 105, 111, 192, 253, 255, 263, 274, 275, 316, 329, 330, 357,

무의식적 갈등 330
무의식적 자기원형 356
무조건적 긍정적 관심 89
무조건적 긍정적 존중 240
묵시적 계약 120
문자 단계 103
문장 구조 158, 162, 167
문장 완성하기 265, 267
문장완성검사 266, 296, 366, 368
문제 당면 접근방법 35
문제 변인 386, 387, 390
문제 외재화 325, 326
문제 이야기 328, 337
문제 인식 단계 401
문제 표출 325
문제 행동 규명 92
문제인식 단계 401
문제해결 단계 117, 401
문제해결적 글쓰기 261
문체 116, 151, 152, 156, 158-160, 164, 170, 181, 182, 189, 192, 228, 304
문학 비평 408
문학교육 68
문학작품 24
문학적 분석 122
문학적 완결성 161
문학적 요소 311, 314
문학치료 24, 28, 377
문화기술지 398
문화적 적합성 161
물리적 환경 124
물활론적 사고 74
미국 도서관협회 39-41, 206

미국 시치료학회 232, 271, 272, 278, 409
미디어 187, 191, 202, 209
미디어 전문가 227
미술 262
미술 보충 자료 199
미술 활동 199
미술치료 26, 269, 393, 410
민감성 244
민담 282, 328
민요 192

반구조적 프로그램 118
반복 161, 192
반복 리듬 192
반복 진술 134
반비례관계 385
반사거울 277
반사적 지도 114
반성적 글쓰기 27, 251
반응 69
반응 유형 105, 415
반응 잠재력 281
반응적 글쓰기 357
반응적 독서치료 34
발달심리 전문가 236
발달심리사 236
발달장애 26
발달적 독서치료 15, 17, 18, 24, 29, 30, 35, 44, 55, 58, 59, 66, 100, 107, 115, 120, 158, 198, 226, 232
발달적 독서치료 집단 203
발달적 수준 118

발달적 적합성 161
발달적 접근 215
발달적 집단 186, 201
발달적 참여자 198
발달지체 아동 59
발라드 192
발문 219, 220, 400
발문 단계 352
방과 후 프로그램 48
방시 쓰기 20
방어적 태도 98
방임형 386
배경 151, 162, 228, 322
배려 364
배변훈련 71
배신감 166
배출구 252
백일몽 164, 330
법적 기준 224
법적 존중 223
베스트셀러 406
변증법적 과정 408
변형 282
변형모형 196
별칭 126, 352, 370
병렬 345, 346
병리학적 증상 123
병원 도서관 서비스 39
병치 103, 108, 109, 111, 112, 147
병치 단계 111
보건복지가족부 231
보내지 않은 편지 256
보상 78, 93, 369

보존개념 74
보충 자료 189, 196, 197, 200
보편적 주제 152, 169, 171, 175, 176, 181
복잡성 158
본능 78, 86
본연지성 85
부도지 181, 182
부모 교육 261
부부/부모에서의 갈등 33
부성 콤플렉스 357
부정적 감정 361
부정적 자아개념 82
부정적 정서 해소 44
부차적 감환 397
부호화 84
분노 51, 52, 155, 166, 184, 185, 205, 265, 301, 359
분노 조절 44, 165, 377, 384
분노 폭발 166
분노감정 369
분리감정 99
분리불안 73
분석심리학 255, 356, 381
분석심리학적 관점 95
분석심리학적 요소 255
분위기 117, 185
분위기 조성 활동 196, 199
분출 102
불신감 75
불안 175, 261, 275, 372
불안감 155
불안위계표 93
비구조적 프로그램 118

비디오 209, 394
비례관계 385
비문학 도서 27
비밀 보장 223, 225
비생산적 역할 415, 416
비언어적 개입 134
비언어적 긍정 134
비언어적 반응 240
비언어적 표현 201
비언어적 행동 127, 221
비지시적 상담 253
비지시적 성격 132
비지시적 접근방법 35
비합리적 신념 90
비합리적 잠재성 89
비행청소년 43
비형식적 인터뷰 방법 123
빈 의자 기법 92, 94, 256, 257

사건 162
사건 전개 151
사고 시작 74
사고정지법 93
사기 저하 166
사례 발표 235
사례 연구 398
사례 협의 235
사본 파일 209
사서 227
사이코드라마 410
사이코드라마 이론 283
사전 예비 접근방법 35
사전검사 46, 344, 352, 366
사진 21

사행시 268
사회 복귀 프로그램 29
사회 · 정서적 스트레스 수준 114
사회구성주의 311
사회복지사 39, 257
사회성 363, 364
사회성 개발 377
사회성 발달 32, 362
사회성 증진 48
사회적 고립 371
사회적 기술 78, 261, 358, 384
사회적 상호작용 80, 420
사회적 양식 80
사회적 조망 능력 114
사회적응력 258, 382
사회학습이론의 관점 84, 95
사회화 61, 72
사후검사 46
산문 192
상담 기법 26
상담 길이 390
상담심리사 231
상담이론 253
상담자 변인 384, 385
상상 183, 192
상상 여행 254
상상력 22, 56, 181, 185, 192, 315, 329
상실 51
상실감 27, 28
상응 원리 304
상징 23, 87, 192, 205, 280, 300, 302, 337, 400
상징적 상호작용 398

상징적 활동 74
상징적/의식적 요소 302, 307
상징체계 262
상징화 280, 322
상형문자 250
상호 보완적 관계 270
상호 보완적 역할 통합 치료 269
상호 의존성 62
상호 존중과 지지 132
상호 피드백 99
상호작용 16, 18, 19, 24, 27, 34, 53, 54, 59, 65, 66, 91, 99, 114, 117, 145, 190, 244, 376, 388
상호작용 과정 19, 272
상호작용적 대화 272
상호작용적 독서치료 34, 36, 37, 55, 108
상호존중감 256
상황별 도서 목록 205
색인 206
생산적 역할 413
생산적 행위 316
생애사 연구 396
서비스 36, 378
서사 48, 50, 66, 409
서지사항 403
선반 파일 209
선입견 84, 94, 128
설명글 379
설정 단계 102
섭식장애 51, 324
성 164, 365
성 역할 365

성 학대 22
성격 238, 314, 389
성격 묘사 116
성격이론 77
성매매 여성 4, 48
성욕 71, 72, 78
성인 문맹자 189
성인아이 379
성장 143
성장 모형 280
성장 지향적 128
성적 욕구 255
성추행 23
성폭력 48, 163, 372
성폭행 43
셰어링 102
소설 20, 28, 42, 165, 395, 408
소외감 31, 269
소집단 상담 391
수련 감독체제 186
수용 18, 88, 94, 134, 239-241, 291, 363, 410
수용기제 400
수용매체 395
수용자 중심 380, 405, 406
수용적 240, 271
수용적 분위기 125
수채화 166
수치심 75, 90, 318, 369, 369
수피즘 254
수필 205, 208
수필집 193
수행 단계 144
수화문자 191

슈퍼바이저 134
슈퍼비전 231
스크립터테라피 250
스크립텀 250
스테디셀러 406
스토리텔링 338
스트레스 175, 258, 369
스트레스 감소 44
스트레스 대처 384
슬픔 205
승화 275
시 3, 14, 18, 20, 28, 111, 145, 165, 189, 192, 205, 208, 272, 395, 408, 409
시 쓰기 219, 238, 261, 267
시각 보충 자료 197, 200
시각장애자 40, 191
시각적 이미지 156
시간 구성 124
시간 캡슐 117
시간량 140
시간성 314
시간적 연속성 314
시설 아동 369
시의 치료적 힘 278
시적 화자 276, 345, 346
시집 200, 205
시청각 자료 18, 20, 35, 66, 206, 210
시치료 5, 27, 28, 37, 41, 42, 99, 233, 272, 377
시치료 단계 98
시치료 모델 283
시치료 원리 278

시치료 학회 42
시치료사 233
시치료사 자격검정위원회 232
시치료협회 278
시학 38, 275, 276
시행 기간 125
신경증 17, 275, 280, 282
신경증적 애착 87
신경증적 징후 330
신뢰 129, 143, 221
신뢰감 75, 77, 98, 99, 214
신뢰감 회복 256
신뢰성 129, 130
신문 기사 20
신체 안전 22
신체 접촉 256
신체언어 91
신체적 반응 401
신체화 현상 253
신학적 해석 311
신화 158, 255, 323, 329, 357, 358, 395
신화 재구성 323
신화적 집단 원형 357
실물 보충 자료 198, 200
실물 자료 198, 200
실습훈련 236
실존적 공백 316
실존적 문제 64
실존철학 256
실증주의 397
실행 단계 352
실험 변인 383
실험 설계 393

실험 연구 46
실험자 383
실험집단 396
심리 역동 400, 401
심리 역동적 원리 399
심리검사 100
심리극 256
심리사회적 이론 75, 95
심리성적 86, 95
심리성적 이론 71
심리시학 278
심리-영성 통합 257
심리적 실체 104
심리적 억압 252
심리적 위기 251
심리적 이완 371
심리적 젖 31
심리적 치료 기법 251
심리치료 25, 310
심리평가 26
심미적 관점 70, 154
심미적 구체화 69
심미적 독서 69
심사 인터뷰 123
심상 93, 183, 192
심적 조절과정 85
심층 면담 46, 400
심층 면담 기법 399
심층부 이야기 339
심화과정 235
쓰기 반응 183

아니마 81, 356
아니무스 81, 356

아동 성 피해 254
아동도서 전문가 114
아리스토텔레스학파 400
아마존닷컴 406
안전 307
안전감 401
안전장치 273, 274
알코올 의존증 4, 60, 124, 194
애도 28
애착 행동 73
애착관계 73
약물 요법 258
약물 의존 183
약물 의존성 184
약물 의존자 29, 60
약물 중독 35, 124, 203
약물치료 51
양성성 82
양심 81
양심 원리 78
양적 연구 395-398
양호교사 231, 236
어조 228
어조 파악 346
억압 71, 80, 86, 106, 175, 230, 253, 257, 330
언어 157
언어 패턴 90
언어장애자 191
언어적 개입 132
언어적 리듬 104
언어적 상호작용 147
언어치료사 231, 236
언어화 117

에세이 20, 28, 158
엘렉트라 콤플렉스 72
여백 327
역기능 312
역기능적 원가족 256
역기능적 의사소통 256
역동성 99, 117
역전이 304
역할 모델 108, 333
역할극 66, 90, 93, 94, 17, 101, 118, 144, 163, 283, 333, 362, 368, 369
연관성 110, 128
연구방법론 변인 387, 391, 393
연역적 사고 75
열등감 76, 80, 335
열정 205, 237, 316
영감 281, 401
영구성 322
영상 매체 392
영성심리학 257
영향력 있는 주제 153, 166, 168, 170-173, 175, 176, 178, 179, 182
영혼을 위한 약 상자 39
영혼을 치유하는 장소 38
영화 20, 163, 192, 196, 209
영화 수업 206
예방적 차원 377
예비 참여자 114
옛이야기 329, 330
오관 397
오드 262
오디오 381

오디오북 394

오명에 대한 지각 감소 259

오이디푸스 콤플렉스 72

옹알이 73

왕따 261, 372

왕따 예방 48

외모 콤플렉스 350

외상 경험 379

외상 후 스트레스 29

외상 후 스트레스 장애 29

외재적 반응 187

외재화 326

요약 141

욕구 원형 281

욕구위계설 254

욕동 275, 261, 369, 369

우울감 265, 371

우울증 4, 29, 44, 58, 258, 269, 275, 326, 372, 379, 384

우정 196

우화 158, 179, 192, 324, 329

운동 경로 50

운동재생 과정 84

원본 자료 208

원본 파일 208

원시적 감정 255

원시적 성향 255

원초적 상흔 192

원초적 자원 339

원형 255, 358

원형적 이야기 320, 321

원형적 지혜 329

웹스터 신 국제사전 제3판 17

위안 273, 274, 307

위축 416, 423

유머 90, 151, 160

유목적적 글쓰기 251, 252

유목화 개념 74

유아의 갈등 30

유언 145

육하원칙 138

윤리강령 224

윤리성 129

윤리적 기준 130, 224

윤리적 존중 223

융통성 244

은유 23, 24, 112, 154, 157, 181, 192, 272, 302, 303, 307, 316, 321, 331, 334, 337, 339, 340

은유법 191

은유적 이미지 321, 334

은유적 이야기 317

음미 256

음악 21, 199, 262

음악치료 26, 254, 269, 410

응집 135

응집력 111

의도적 글쓰기 251

의사소통 62, 88, 154, 184, 185, 191, 221, 240, 274, 280, 281, 343, 344, 349, 358, 362, 416

의사소통 기술 261

의사소통 능력 27, 146

의사소통이론 256

의성어 161

의식 265, 303

의식 자료 110

의식화 330

의인화 기법 325

의태어 161

의학적 보조 수단 252

이미지 56, 57, 63, 80, 84, 107-109, 111, 116, 156, 158, 166-168, 170-173, 176, 179-181, 183, 191, 192, 198, 272, 284, 291, 296, 302, 304, 307, 321, 334, 358

이별 409

이상 추구 시기 162

이상화 260

이야기 310, 391

이야기 구조 24, 340

이야기 줄거리 193

이야기상담 311

이야기치료 5, 27, 50, 309-312, 314, 315, 323, 340, 379, 391

이야기치료 방식 356

이야기하는 이미지 157

이야기학 310

이완훈련 93

이중관계 226

이질 집단 77

이타심 184, 185

이퇴계의 관점 95

이해 55, 59

이해 조성 100, 101

이해될 만한 주제 154, 169, 179

이혼 35, 44, 51, 160, 369-371

이혼가정 189, 359, 369

인간관계 160, 349, 354, 391, 409

인간관계 사전검사 350

인간발달 70, 77
인간발달 영역 95
인격화 326
인물 151, 162, 314, 322
인물 소개 193
인본주의 256, 283
인본주의적 관점 82, 95
인생 의미 316
인성지도 43
인식 103, 105, 109-111, 147, 150, 183, 345, 346, 352
인식력 183, 185
인지발달이론 73, 95
인지적 기법 90
인지적 영역 316
인지적 통찰 251
인지주의 222
인지치료 389
인큐베이터로서의 글쓰기 262
인터넷 394
인터넷 중독 372, 379
인터뷰 121
인터페이스 406
인프라 구축 373
인형극 25
일관성 21, 75
일기 20
일기쓰기 146, 261
일대일 독서치료 196
일대일 치료방법 119
일차적 자료 200
일치성 219
읽기 수준 189, 387
읽기부진 342

읽기부진아 26
읽기장애 384
읽기장애아 26
임상심리 전문가 236
임상심리사 236
임상심리학 263
임상심리학자 231
임상적 독서치료 17, 19, 29, 55, 58, 63, 65, 66, 100, 107, 113, 115, 116, 120, 122, 124, 203, 226, 372
임상적 접근 215
임상적 집단 126, 127, 186, 201
임상적 참여자 198, 202
임상치료 269
입양 51, 54, 160, 405

자가 치료 20, 37, 47, 374, 388, 393, 394
자극 빈도 392
자극 빈도-강도-지속성 391
자기 55, 59, 81, 202, 237, 255
자기가치감 33
자기각성 91
자기감정 표현 347, 368
자기개방 260, 266
자기개방적 글쓰기 259
자기개성화 358
자기객관화 162
자기결정권 225
자기경영 262
자기계발 258, 262, 352, 353
자기계발 독서치료 20
자기계발서 3, 20, 27, 28, 33,

51, 66, 177, 216, 378, 381, 382, 395, 402, 407, 408
자기고백적 글쓰기 259
자기긍정 111
자기노출 274, 362
자기몰두 76
자기발견 257, 274, 347, 357
자기방어 35, 51
자기사랑 357
자기성찰 254, 270
자기성취 254
자기소개 197
자기수용 88, 89, 162, 242, 343, 352, 353
자기실현 255
자기원형 357
자기이해 19, 25, 52, 56, 88, 89, 111, 140, 141, 143, 144, 206, 215, 237, 238, 239, 243, 251, 258, 266, 268, 270, 363, 418
자기인식 30, 106, 109, 180, 191, 240, 242, 242, 344, 401, 402
자기인터뷰 412
자기자각 274
자기적용 103, 109, 110, 345, 346, 352
자기적용 단계 403
자기적응 243
자기점검 251, 262, 263, 373
자기점검 도구 251
자기조절 83
자기존중 399
자기지각 59, 259, 261
자기직면 274

자기책임의식 88
자기침체 76
자기탐색 89, 273, 274, 285, 307, 343, 344, 355
자기통제 274
자기통찰 264, 305
자기파괴적 89
자기표현 91, 343, 344, 362, 363
자기표현 능력 261
자기확신 349
자기효능감 84, 260, 262, 378
자료 모음집 206, 207, 209
자료 변인 386, 387
자료 선택 100, 101
자료 제시 100, 101
자발적 반응 150, 196
자살 120, 190, 225, 230
자살 충동 155
자서전 18, 20, 66, 144
자서전 쓰기 145, 269
자서전적 글쓰기치료 268
자신감 94, 175, 240, 261, 266, 268, 348, 361, 364
자아 78, 80, 255
자아개념 22, 44, 76, 160, 255, 266, 268, 345, 378
자아경계 84
자아방어 275
자아상 356, 358
자아성장 256
자아승화 275
자아신화 180, 181
자아실현 86, 88, 214, 254
자아의식 239

자아정체감 33, 44, 86, 162, 325, 328, 349, 351, 352-354, 378, 384
자아정체감 위기 162
자아조절 83
자아존중감 4, 19, 30, 44, 48, 55, 120, 155, 166, 175, 252, 254, 258-260, 268, 342, 347, 349-353, 356, 357, 360, 361, 363, 365, 368, 370, 372, 378, 407, 429, 431
자아탐색 354
자아통정성 76
자아해방 275
자유로운 쓰기 296
자유연상 21, 87, 146
자율성 75
자율적 진행 140
자작시 262
자존감검사 357
자주적 성격 251
자체평가 123
자폐성 아동 44, 362
자해 71
작업 단계 98, 99, 102
작업치료 41
잠복기 72
잠재력 실현 경향성 253
잠재성 106
장 변인 384, 385
장기치료 215
장르 24, 187, 191, 192, 207, 394, 417
장애 23, 24, 191, 364

장애 극복 205
장애인 198
장이론 399
장편 158
장편 동화 165
재구성 340
재명명하기 109
재진술 328
재초점화 139, 140
재향군인 원호국 40, 41
저널 217, 265
저널 기법 257
저널 쓰기 219, 251, 254, 261, 296
저널치료 252, 255, 257, 377
저널치료사 257
저널치료센터 264
저항 49, 87, 98, 99, 127, 128, 136, 145, 192, 242, 244, 416
저항감 189, 220
적극적 경청 133, 221, 241
적대감 188
적성검사 266
적응성 243
적응전략 396
적응환경 72
적절한 개입 147
전기 42, 144, 395
전기 연구 395
전래동화 328, 330
전략적 침묵 134
전망적 성격 83
전망적 성향 92
전문상담교사 231, 236

전문성 233, 387, 388
전문적 가치 223
전방향 독서법 382
전설 255
전의식 280, 329, 330
전이 87, 112, 138, 304
전이분석 238
전이해결 단계 87
전조작기 74
절망 194
절망감 76, 155
절차 119, 147
점자책 191
정보제공형 390
정보제공형 독서치료 37
정보추출식 독서 69
정서 185, 391
정서 다스리기 273
정서 인식 362
정서 조절 274
정서불안 4, 29
정서심상법 93
정서장애아 26
정서 표현 357
정서적 기법 90
정서적 동일시 276
정서적 반응 단계 403
정서적 언어 258
정서적 조화 30
정서적 통합 194
정서지능 개발 379
정신건강 190, 378, 407
정신건강 전문가 114, 115, 119,
    228, 229, 372

정신과 전문의 231, 236
정신보건 간호사 231, 236
정신보건 사회복지사 231, 236
정신보건학 263
정신분석이론 253, 279
정신분석적 관점 78, 95
정신분석적 상담 86, 95
정신분석학 48, 66, 256
정신분석학적 관점 49
정신분열적 환상 190
정신장애의 진단 및 통계편람
    65, 379
정신적 외상 317
정신지체 63, 189, 193
정신지체아 186
정신질환 51, 122
정신질환자 39, 55, 186, 190,
    205, 217
정신통합치료 254
정체감 76, 100, 182, 214, 309,
    312, 319, 326, 409
정체감 혼미 76
정체감 획득 76
정화 37, 52, 147, 273, 274, 275,
    400, 402
정확한 공감적 이해 89
정확한 구절화 133
조력자 155, 179, 216
조성과정 143
조울증 190
조작적 정의 396
조절 74, 275, 402
조절과정 276
조직화 117

조회 기술 227
조회서비스 228, 229
존재론 문제 329
존중 134, 219, 242
종결 단계 99, 352
종결과정 142
종속변인 378, 383, 390, 393,
    396, 404
좌절감 138, 265
죄의식 75, 78
죄책감 27, 104, 265, 369, 369
주관적 경험 268
주관화 321, 322
주변 단어 296
주의력결핍 44, 292
주의력결핍 과잉행동장애 384
주의집중 139, 190
주의집중 능력 57
주장훈련법 93
주제 116, 151, 152, 158, 159,
    164, 182, 189, 191, 192, 196,
    207, 228, 304, 313, 314, 322
주제별 시 목록 305
죽음 366, 409
준비를 위한 단계 100
중독 51, 254
중독 증상 261
중심 단어 296
중재 116
중재 환상 영역 84
중증 뇌장애자 50
중증 정신장애 377
즐거움 54, 205, 273, 307
증오 184, 301

지금 여기 83, 256
지능 389
지배적 이야기 327
지속성 390
지시적 개입 135, 137, 140, 147
지역 아동센터 48
지지 단계 99
지지적 분위기 127
지체장애 29
직관 198, 262
직관적 상상력 262
직면 128, 178, 189, 259, 274
직면 기술 220
직접 개입 135
진로 결정 379, 384
진로 탐색 33, 48
진솔성 387
진실성 89, 240
질병예후 377
질적 연구 395-398
질적 연구방법론 399
질적 인식 397
질적 접근 373
질투 155, 184
질투심 31
집단 35, 154
집단 감수성 훈련 121
집단 독서치료 188, 196, 286
집단 따돌림 384
집단 소속감 358
집단 역동 400
집단 원형 357
집단 치료방법 119
집단둔감법 93

집단무의식 80, 255, 262
집단치료 217, 272

참가 대상 113
참고면담 378
참고봉사 404
참고봉사 서비스 380, 381
참담한 경험 252
참여 관찰 402
참여 프로그램 261
참여자 77, 216, 263
참여자 모집 122
참여자 심사 121, 123
참여자 중심 214, 215, 240, 242
창세 설화 182
창세가 182
창의성 27, 111, 118, 144, 239, 281, 282, 384
창의적 구성하기 146
창의적 글쓰기 18, 28, 37, 59, 139, 144, 199, 296, 419, 426
창작 글 187
창조 단계 103
창조성 295
창조적 자아 281
책 소개하기 230
책임 유형 131
책임감 강조 단계 91
처벌 78
처치변인 381
척도 395
청각 보충 자료 199, 200
청각장애자 191
청결훈련 84

청소년 비행 문제 379
청소년 시치료 277
체계적 둔감법 93
체중 조절 22
체질적 경향성 77
체질적 기질 79
초기 단계 98, 100
초기 면담 86
초기 성 훈련 84
초의식 262
초인격주의 254, 257
초자아 78, 329
촉매 35, 53, 104, 106, 112, 150, 157, 163, 304
촉매 역할 110, 182
촉진자 36, 37, 145, 284, 295, 374, 403
촉진적 개입 131
추론 단계 103
추수상담 215
추후 활동 100, 102, 144
취향 371
치료 295, 402
치료 모형 280
치료과정 36
치료용 문학 409
치료적 개입 37
치료적 글쓰기 4, 251, 377
치료적 상호작용 400
치료적 은유 335, 340
치료적 이야기 331, 338
치료적 읽기 24, 401
치료적 지침서 395
치료적 토론 131

치료적 힘 317
치환 280
친구 사귀기 205
친구와의 갈등 32
친밀감 27, 76, 102, 116, 352, 362
친사회적 행동 361
침묵 134

카세트테이프 209
카타르시스 18, 21, 38, 49, 50,
　52, 105, 106, 115, 117, 243,
　257, 273, 276, 283, 307, 352,
　390, 399, 400, 401
카타르시스 과정 275
카테고리 404
커뮤니케이션 397
코드화 385
코리와 코리의 단계 98
콜라주 시도 273
콤플렉스 175, 335, 357, 357
쾌락 원리 78

타인수용 352, 353
타임머신 369
탐색 단계 352
텍스트 102, 139
토론 4, 18, 19, 24, 29, 35, 36,
　53, 59, 64, 66, 141, 144, 154,
　187, 188, 190, 195, 209, 230,
　331
토론 주제 128
통각 400
통각 단계 99
통계분석 385

통역자 191
통정성 77
통제 126, 273, 274, 307
통제집단 260, 393, 396
통찰 21, 24, 25, 36, 37, 39, 49,
　50-52, 87, 100, 102, 108,
　109, 111, 131, 134, 139, 145,
　147, 155, 157, 179, 181, 192,
　200, 215, 220, 253, 256, 270,
　276, 282, 305, 311, 324, 352,
　357, 391, 399, 400, 402, 426,
통찰력 18, 117
통합 37, 109, 110, 243
통합 단계 100, 102
통합예술치료사 236
통합적 독서치료 407
통합적 이해 150
퇴행 30, 63, 151
퇴행 행동 104
퇴행성 환자 110, 125
투사 321, 322, 399, 400
특수교사 231, 236
특이 행동 127
특질 79
특질이론 79
특질이론 관점 95

파지과정 84
판타지 164, 280
패러다임 310
페르소나 81, 356, 357
편견 84, 94, 176, 192, 364, 365
편지 쓰기 20, 146
편집증 환자 129

평가 109, 119
평가 단계 100, 103
평가방법 119
평생교육 70
포스터 형식 143
포스트모더니즘 311
포커스 그룹 398
폭력 163, 164
표현 기법 158
표현매체 395
표현예술적 독서치료 37, 66
표현예술치료 26, 28, 410
표현적 기능 413
표현적/창조적 요소 295, 307
표현형 392
프로그램 개발 393, 396
프로그램 변인 387, 391, 393
플라시보 효과 388
플롯 116, 151, 160, 179, 193,
　207, 228, 314, 319
피드백 102
픽션 20
필로우북 251

하위 변인 394
하위 의식 265
하이퍼텍스트 394
학교적응 379, 384
학교폭력 372
학대 51, 254
학습된 무기력 342
학습이론 256
학습장애 59, 189, 193
학습장애아 186

한국도서관협회 205, 380
한국독서치료학회 5, 47, 206, 233, 252
한국문학치료학회 47
한국어린이문학교육학회 47
한국인문치료학회 47
한국통합문학치료학회 47
한부모가정 369, 370
합리적 신념 90
합리적 잠재성 89
합리적 정서 90
합리적-정서적 상담이론 89, 95
항문기 71, 77
해방감 경험 251
해석주의 397
해석학 315
해석학적 모델 311
해석학적 접근 337
해탈 경지 275
핵가족 80
행동 계획 102
행동 단계 100

행동 모델 99
행동 변화 115
행동 소거 93
행동 수정 93
행동 원칙 61, 62
행동 유형 190
행동 패턴 123
행동계약법 93
행동장애 122
행동주의 256, 391
행동주의적 상담 95
행동주의적 상담이론 92
허구적 인물 117
허구적 최종 목적 281
현상학 256, 397
현상학적 방법론 400
현상학적 연구 397
현상학적 예술이론 68
현상학적 접근 46
현실감각 429, 431
혐오요법 93
형제간 갈등 31, 366, 368

형제관계 205, 366
형태주의 222
형태주의적 관점 95
형태주의적 상담 95
호스피스 프로그램 121
호칭 126
호흡법 257
화 301, 368, 370
화술 수준 123
환경 자극 92
환상 76, 105, 160, 193, 255, 330, 332
활자화 268
회고적 성격 83
회복 여행 257
회상 320
회피 128
효과검증 396
후속 모임 125
훈련 영역 373
흥미 114
희곡 158, 192, 208

◉ 저자 소개 ◉

◆ 김현희

이화여자대학교 대학원 교육심리학과(석사)

미국 University of Illinois(at Urbana-Champaign) (Ph.D.)

독서치료 전문가, 기독교상담 전문가

한국독서치료학회 초대회장, 한국어린이문학교육학회 초대회장

현 열린사이버대학교 예술상담학과 교수, 한국독서치료학회 독서치료 전문가과정 교수, 한국독서
치료학회 고문, 한국어린이문학교육학회 이사, 한국영상영화치료학회 이사

[저서 및 역서]

독서치료(공저), 독서치료의 실제(공저), 유아문학: 이론과 적용(2판, 공저), 유아문학교육(공저),
감정 다스리기를 위한 글쓰기(공역), 시치료(공역), 죽으면, 아픈 것이 나을까요?(역) 외 다수

◆ 김재숙

덕성여자대학교 대학원 유아교육학과 유아교육 전공(석사)

덕성여자대학교 대학원 유아교육학과 유아교육 전공(박사)

독서치료 전문가

현 마포구립 상수 청소년 독서실 관장, 덕성여자대학교 대학원 유아교육학과 강사, 한국 독서치료
학회 이사

[저서 및 역서]

독서치료(2판, 공저), 독서치료의 실제(2판, 공저), 발달적 독서치료의 실제(공저), 영유아 언어교
육, 유아교사를 위한 실외놀이 가이드북, 시치료(공역) 외 다수

◆ 강은주

미국 University of Iowa (M.A.)

미국 University of Iowa (Ph.D.)

독서치료 전문가, 수원지원 협의이혼 상담위원, 국군 제2군 장병상담위원

현 총신대학교 유아교육과 교수, 한국독서치료학회 회장, 한국어린이문학교육학회 이사

[저서 및 역서]

독서치료(2판, 공저), 독서치료의 실제(2판, 공저), 발달적 독서치료의 실제(공저), 저널치료(공역),
저널치료의 실제(공역), 시치료(공역), 기독교 유아교육의 통합교육과정, 장애아 통합교육 프로그
램, 나도 예수님을 알아요(이중언어 그림책) 외 다수

◆ 나해숙

경북대학교 대학원 문학치료학과 박사과정수료

영남대학교 대학원 교육학과 상담심리 전공(박사)

아동문학가(제23회 창주문학상 수상, 아동문학평론 당선)

한국상담학회, 한국미술치료학회, 한국독서치료학회 이사

현 한국예술치료연구소장(영남대학교 환경보건대학원), 한국통합예술치료학회장, 가야대학교 아
   동학과/계명문화대학 사회복지과/대구산업정보대학 사회복지과 겸임교수, 대전대학교 대학원
   예술치료 강사

[저서 및 역서]

춤 · 동작 치료와 심층심리학(공역) 외 다수

◆ 양유성

미국 Calvin Theological Seminary(Th.M.)

미국 Boston University(Th.D.)

독서치료 전문가

현 평택대학교 신학전문대학원 및 상담대학원 교수, 한국독서치료학회 고문, 한국목회상담협회 자
   격관리위원장 및 수련감독

[저서 및 역서]

목회상담 실천입문(공저), 발달적 독서치료의 실제(공저), 외도의 심리와 상담, 이야기치료 외 다수

◆ 이영식

장로회신학대학교 신학대학원(신학 석사, 기독교교육 부전공)

한남대학교 학제신학대학원(목회상담학 석사)

계명대학교 대학원 교육학과 상담심리 전공(박사과정 수료)

독서치료 전문가

현 한국독서치료학회 이사, 독서지도 및 독서치료, 서사학 강사, 한국독서치료학회 영남지회 공동
   대표

[저서 및 역서]

독서치료 어떻게 할 것인가, 발달적 독서치료의 실제(공저), 감정 다스리기를 위한 글쓰기(공역),
저널치료의 실제(공역) 외 다수

• 이지영
이화여자대학교 대학원 교육심리학과 상담심리 전공(석사)
프랑스 Université de Paris X(Nanterre) (심리학박사)
독서치료 전문가
현 이화여자대학교 평생교육원 강사, 한국독서치료학회 교육부 이사

[저서 및 역서]
인간의 심리학적 이해(공저) 외 다수

• 정선혜
성신여자대학교 대학원 국어국문학 전공(석사)
성신여자대학교 대학원 국어국문학 전공(박사)
독서치료 전문가
아동문학평론가 〈아동문학평론〉 등단(1980), 동시작가 〈아동문학연구〉 등단(2001)
현 한국교원대학교 겸임교수, 디지털서울문화예술대학교 방송문예학과 외래교수, 한국독서치료학회 독서치료 전문가과정 강사 겸 총무이사, 한국아동문학학회 부회장, 〈아동문학평론〉 상임운영위원

[저서 및 역서]
독서치료의 실제(공저), 발달적 독서치료의 실제(공저), 시치료(공역), 엄마가 딸에게 주는 사랑의 편지(동수필집), 한국 아동문학을 위한 탐색(평론집, 2001년 방정환 문학상 수상), 다롱이꽃(동심치유 한영 동시집) 외 다수

상호작용을 통한
독서치료

2010년 3월 15일 1판 1쇄 발행
2023년 1월 20일 1판 7쇄 발행

지은이 • 김현희 · 김재숙 · 강은주 · 나해숙
　　　　양유성 · 이영식 · 이지영 · 정선혜
펴낸이 • 김 진 환
펴낸곳 • (주)**학지사**
　　　　04031 서울특별시 마포구 양화로 15길 20 마인드월드빌딩 5층
대표전화 • 02) 330-5114　　　　팩스 • 02) 324-2345
등록번호 • 제313-2006-000265호
홈페이지 • http://www.hakjisa.co.kr
페이스북 • https://www.facebook.com/hakjisabook
ISBN 978-89-6330-265-2 93180

정가 20,000원

출판미디어기업 **학지사**

간호보건의학출판 **학지사메디컬** www.hakjisamd.co.kr
심리검사연구소 **인싸이트** www.inpsyt.co.kr
학술논문서비스 **뉴논문** www.newnonmun.com
원격교육연수원 **카운피아** www.counpia.com